Möglichkeiten und Grenzen der Vertragsgestaltung im Befristungsrecht

Schriften zum Deutschen und Europäischen Arbeits- und Sozialrecht

Herausgegeben von Ulrich Preis

Band 38

Zur Qualitätssicherung und Peer Review der vorliegenden Publikation

Die Qualität der in dieser Reihe erscheinenden Arbeiten wird vor der Publikation durch den Herausgeber der Reihe geprüft.

Notes on the quality assurance and peer review of this publication

Prior to publication, the quality of the work published in this series is reviewed by the editors of the series.

Maximilian Otto Houf

Möglichkeiten und Grenzen der Vertragsgestaltung im Befristungsrecht

Ein Beitrag zum Zusammenwirken der Kontrollinstrumente im Befristungsrecht nach der Schuldrechtsmodernisierung

PETER LANG

Bibliografische Information der Deutschen Nationalbibliothek
Die Deutsche Nationalbibliothek verzeichnet diese Publikation in der Deutschen Nationalbibliografie; detaillierte bibliografische Daten sind im Internet über http://dnb.d-nb.de abrufbar.

Zugl.: Köln, Univ., Diss., 2021

Umschlagabbildung:
Siegel der rechtswissenschaftlichen Fakultät der Universität zu Köln.
Abdruck mit freundlicher Genehmigung der Universität zu Köln.

D 38
ISSN 1861-4582
ISBN 978-3-631-85356-6 (Print)
E-ISBN 978-3-631-86753-2 (E-PDF)
E-ISBN 978-3-631-86754-9 (EPUB)
DOI 10.3726/b19051

Peter Lang – Berlin · Bern · Bruxelles · New York ·
Oxford · Warszawa · Wien

Diese Publikation wurde begutachtet.

www.peterlang.com

Für Frederick Wilfrid Otto Houf,
geboren 12. September 2018

Danksagung

Mein Dank beginnt bei meiner Mutter, Katja Houf, die unendlich viel investiert und geopfert hat, um mir das Leben zu erleichtern und die Ausbildung zu ermöglichen, so dass dieses Werk überhaupt geschaffen werden konnte. Unterstützt wurden wir von Robert, Anneliese, Nana und Hua sowie Felicitas, denen andere Werke zu widmen sind. Unvergessener Dank gilt auch Dagmar Stein und Anni Downes.

Unendliche Dankbarkeit gebührt meiner Ehefrau, Christiane Fabel-Houf, die nicht nur bei dieser Arbeit mir den Rücken freigehalten hat, sondern auch im Übrigen mein Leben fabelhaft macht.

Mein besonderer Dank gilt meinem Doktorvater, Professor Dr. Dr. h.c. Ulrich Preis, der mich motiviert und angespornt hat, dieses Werk zu beginnen und auch zu beenden. Herrn Professor Dr. Christian Rolfs danke ich für die schnelle und konstruktive Zweitkorrektur und kritische Begleitung dieser Arbeit im Lauf der Zeit.

Abschließend bedanke ich mich bei meinen Freunden (im Besonderen Hendrik und Milan sowie Tobias, Florian, Kai, Jan, Maximilian und Clemens), ohne die diese Arbeit niemals beendet worden wäre, da sie mit Aufmunterung, Kölsch und kritischen Anmerkungen, die Zeit neben dieser Arbeit begleitet haben.

Inhaltsverzeichnis im Überblick

Inhaltsverzeichnis

§ 1 Einleitung

Die Möglichkeiten der Vertragsgestaltung im Arbeitsrecht sind vielfältig. Diese Arbeit widmet sich einem dieser Teilbereiche der Vertragsgestaltung, dem Befristungsrecht. Das Befristungsrecht hat erheblichen Einfluss auf die Vertragsgestaltung, da es den Vertragsparteien die Möglichkeit gewährt, die „Dauer" oder „Laufzeit" des Arbeitsvertrages beziehungsweise des Arbeitsverhältnisses festzulegen, was (bezüglich des gesamten Arbeitsverhältnisses) insbesondere durch das Teilzeit- und Befristungsgesetz („*TzBfG*") einfachgesetzlich einschränkt und gewissen Regeln unterworfen wird. Es bestehen im Wesentlichen zwei unterschiedliche Möglichkeiten, einen Arbeitsvertrag im Ganzen zu befristen, nämlich die Befristung mit Sachgrund und die sachgrundlose Befristungsabrede, wobei die kalendermäßige Befristung die Regel darstellt. Die einzelnen Varianten zur Ausgestaltung der Befristungsabrede werden nachstehend ab Seite 25 (§ 2 Möglichkeiten der Vertragsgestaltung) in der Arbeit dargestellt (nachfolgend erfolgen Verweise innerhalb dieser Arbeit mit „*S.*").

Neben der Möglichkeit der Befristung des gesamten Arbeitsverhältnisses – ob mit Sachgrund oder sachgrundlos – besteht für die Arbeitsvertragsparteien auch die Option, nur einen Teil der Arbeitsbedingungen (wie etwa die Dauer der Arbeitsleistung, die Arbeitszeit, den Arbeitsplatz oder die Berechtigung zu Nutzung eines Dienstwagens sowie sonstigen Nebenleistungen oder die Position/Tätigkeit im Betrieb) zu befristen. Diese Art der Vertragsgestaltung (auch Befristung von Einzelarbeitsbedingung oder Teilbefristung genannt) steht den Parteien als Ausfluss der privatrechtlichen Vertragsfreiheit zur Verfügung und ist in dem auf Dauer angelegten arbeitsvertraglichen Verhältnis ein denkbares und in der Praxis häufig verwendetes Flexibilisierungsmittel. Hier stellte sich bereits vor der Kodifikation des TzBfG die Frage, nach welchen Prinzipien diese Form der Vertragsgestaltung zu kontrollieren ist[1]. Darüber hinaus, welche Regelungen und Vorgaben zur Befristung des gesamten Arbeitsverhältnisses auch im Bereich der Befristung einer Einzelarbeitsbedingung zu beachten sind; mithin ob die Regelungen des TzBfG auch auf die Befristung einzelner Arbeitsbedingungen direkt, analog oder gar keine Anwendung finden (hierzu ab S. 181),

1 Grundlegend *Löwisch*, ZfA 1986, 1; *Preis*, S. 429 ff.; *ders.*, AuR 1994, 139 (146); *Hofelich*, S. 120 ff., S. 147; weitere Stellungnahmen im Schrifttum zusammenfassend dargestellt bei *Richardt*, S. 173 ff.

beziehungsweise ob sie zumindest durch eine gewisse Ausstrahlungswirkung Einfluss auf die Rechtmäßigkeitsvoraussetzungen der sonstigen Vertragsgestaltung respektive Vertragskontrolle haben. Eine Zuspitzung hat diese Frage durch das Inkrafttreten des TzBfG und der Reintegration des Arbeitsrechts in die Kontrolle der Allgemeine Geschäftsbedingungen nach den §§ 305 – 310 Bürgerlichen Gesetzbuchs („*BGB*"; §§ 305 – 310 BGB nachstehend auch „*AGB-Recht*") beziehungsweise des allgemeinen Zivilrechts durch die Schuldrechtsmodernisierung im Jahre 2002 (hierzu ausführlich ab S. 98) erhalten.

Im Rahmen der Schuldrechtsreform/-modernisierung im Jahre 2002 wurde die normative Kontrolle eines Arbeitsvertrags durch die nun auf den Arbeitsvertrag anzuwendende AGB-Kontrolle auf eine neue Grundlage gestellt. Zweck dieser gesetzlichen Anpassungen (hierzu im Detail ab S. 98) war insbesondere die Herstellung vertraglicher Parität zwischen den Parteien des Arbeitsvertrags, weswegen das zuvor normierte AGB-Gesetz in das allgemeine Schuldrecht des BGB integriert wurde und der Anwendungsbereich der Reglungen auf das Arbeitsrecht eröffnet wurde.[2] Dabei handelte es sich nicht nur um eine einfache Anpassung der gesetzlichen Regelungen, sondern vielmehr um eine Reform von grundsätzlicher Bedeutung. *Preis* hat die Auswirkungen dieser Reform beispielsweise wie folgt zusammengefasst: „[Die] *Integration des Arbeitsrechts in die AGB-Kontrolle hat einen Paradigmenwechsel bewirkt. Die Rechtsprechung hat sich in den dogmatischen Grundlagen der Inhaltskontrolle vollständig gewandelt. Allmählich tritt Rechtssicherheit ein, wandelt sich die Vertragsgestaltung, auch wenn noch einige dogmatische Fragen offen sind.*"[3]

Eine derjenigen dogmatischen Fragen, die es nach Reintegration des Arbeitsrechts in das allgemeine Zivilrecht respektive in das Privatrechtssystem[4] zu beantworten gilt, betrifft das Zusammenwirken der Kontrolle der Allgemeinen Geschäftsbedingungen gemäß §§ 305 bis 310 BGB mit den speziellen materiellrechtlichen Normen des Arbeitsrechts, wie beispielsweise denen des TzBfG. An dieser Stelle sei angemerkt, dass die Inhaltskontrolle eines Arbeitsvertrags „*die Anwendung aller zwingende*(n), *dispositive*(n) *und richterrechtlichen Instrumente*"[5] bedeutet. Somit steht fest, dass sich die „Inhaltskontrolle" weder

---

2 Zum Regelungszweck des AGB-Gesetzes siehe u.a. BT-Drucks. 7/3919, S. 13, zur Anpassung und Übertragungsmotivation siehe BT-Drucks. 14/6857, S. 53 f.; hierzu im Detail ab S. 98.

3 *Preis*, NZA-Beil. 2006, 115.

4 *Preis*, NZA-Sonderbeil. 16/2003, 19; *Reuter*, FS Hilger/Stumpf, S. 573 (579, 582).

5 *Preis/Roloff*, ZfA 2007, 43 (44).

isoliert auf die §§ 307 bis 309 BGB noch auf das Befristungsrecht stützen lässt. Da mehrere verschiedene Kontrollinstrumente Anwendung finden, gilt es als einer der Schwerpunkte dieser Arbeit zu klären, wie diese verschiedenen Kontrollinstrumente bei der Inhaltskontrolle einer arbeitsvertraglichen Abrede im Befristungsrecht miteinander in Beziehung stehen. Soweit die einzelnen Kontrollinstrumente unterschiedliche Wertungen beinhalten, gilt es Wertungsharmonie herzustellen. Denn Ziel und Maßgabe ist und muss eine einheitliche Vertragskontrolle sein, zu welcher auch die Befristungskontrolle im Ganzen zu zählen ist. Letztlich stellt sich die Frage, ob AGB-Kontrolle und TzBfG im gleichen Umfang angewendet werden können, beziehungsweise ob hierfür überhaupt eine Notwendigkeit besteht, oder ob dies gerade zwingend zu fordern ist (siehe ab S. 119). Die Frage des Regelungszusammenhangs bedarf der Analyse der Zwecke der Gesetze, welche auf die Befristungsabrede des gesamten Arbeitsverhältnisses wirken, was im Speziellen TzBfG (hierzu S. 72) sowie das AGB-Recht (ab S. 112) sind, deren jeweiligen Normcharaktere (ab S. 130) und deren Regelungsinhalt und Anwendungsbereiche. Im Rahmen der Darstellung des Zusammenwirkens der Gesetze auf das Befristungsrecht soll ein Vorschlag zur wertungswiderspruchsfreieren Vertragskontrolle gemacht werden (siehe ab S. 136). Dies umfasst auch die Rechtsfolgen(seite).

Die Vertragsgestaltungsfreiheit des Arbeitgebers wird neuerdings im Bezug zum Befristungsrecht wieder einmal sowohl in der Politik[6] als auch in der Rechtsprechung und hieraus folgend auch im Schrifttum diskutiert. Thematisiert wird insbesondere die juristische wie auch gesellschaftspolitische Frage eines möglichen Missbrauchs der Vertragsgestaltungsfreiheit durch den Arbeitgeber. Gerade die Möglichkeit zur sachgrundlosen Befristung des gesamten Arbeitsverhältnisses und die hierfür kodifizierten Voraussetzungen gemäß § 14 Abs. 2 TzBfG waren und sind Grund für eine Vielzahl von Entscheidungen. Herauszuheben ist sicherlich die Entscheidung des Bundesverfassungsgerichts („*BVerfG*“) vom 6. Juni 2018 sowie die sich hieran anschließenden Entscheidungen des Bundesarbeitsgerichts („*BAG*“) unter Beachtung der neueren Vorgaben durch das BVerfG. Das BVerfG entschied unter anderem, dass das Vorbeschäftigungsverbot nach § 14 Abs. 2 Satz 2 TzBfG, wonach eine sachgrundlose Befristung unzulässig ist, wenn ein Arbeitnehmer bei demselben Arbeitgeber zuvor beschäftigt war, nicht durch Rechtsprechung dahingehend ausgelegt werden darf, dass diese auf einen Zeitraum von drei Jahren beschränkt ist. Die Beweggründe und

6 Zum aktuellen Koalitionsvertrag der Bundesregierung 19. Legislaturperiode siehe ab S. 264.

Leitlinien der Entscheidungen sollen in dieser Arbeit dargestellt und einer ersten Bewertung unterzogen werden (siehe ab S. 82).

Beachtet man die Möglichkeiten und Grenzen der Vertragsgestaltung im Befristungsrecht, so muss immer auch das Spannungsfeld zum Kündigungsschutz beachtet werden. Dieses Spannungsfeld soll in einem Teil dieser Arbeit beleuchtet werden (siehe hierzu S. 53). Hier stellt sich insbesondere die Frage, wie sich das Befristungsrecht neben dem striktem und älteren Kündigungsschutzrecht entwickelt hat, wo weiterhin Überschneidungspunkte liegen und wo sich beide Rechtsinstitute des Arbeitsrechts voneinander abgrenzen. Das Kündigungsrecht bietet ein engmaschiges Regelungswerk, welches nicht nur durch das Kündigungsschutzgesetz („*KSchG*") unterschiedlichste Rechtmäßigkeitsvoraussetzungen an die arbeitgeberseitige Kündigung des Beschäftigungsverhältnisses knüpft. Mit einem grenzenlosen und regelungsfreien Befristungsrecht ließe sich das Kündigungsrecht umgehen, was bereits sehr früh Bestandteil der Rechtsprechung im Befristungsrecht war (siehe hierzu ab S. 63). Hierzu im Einklang steht die Erkenntnis der Legislative, dass das Befristungsrecht ein wichtiger Bestandteil der Beschäftigungspolitik und ein notwendiges Vehikel des Arbeitsrechts ist; dessen Historie und Einordnung in die derzeitigen normativen Vorgaben sollen in dieser Arbeit skizziert werden (vergleiche ab S. 64).

In dieser Arbeit soll die Rechtsprechung zur Befristung einer Einzelarbeitsbedingung (siehe hierzu ab S. 199) unter anderem auch in Abgrenzung zu anderen Flexibilisierungsinstrumenten im Arbeitsvertragsrecht gesetzt werden. In der letzten Zeit hat sich eine differenzierte Rechtsprechung entwickelt, die unter Beachtung einer Erheblichkeitsschwelle von 25 % der im Synallagma stehenden Leistung, eine „reine" Interessensabwägung nach Vorgaben der AGB-Kontrolle anwendet; sofern die Erheblichkeitsschwelle überschritten wird, bedarf es einer der Voraussetzungen für die Befristung des gesamten Arbeitsverhältnisses entsprechenden sachlichen Rechtfertigung.[7] Auch diese noch im Detail darzustellende Rechtsprechung zur Befristung einer Einzelarbeitsbedingung wird in dieser Arbeit einer kritischen Betrachtung unterzogen (siehe hierzu im Detail S. 218).

Diese Arbeit soll abgeschlossen werden mit zwei Teilbereichen des Befristungsrechts und der sich hieran anknüpfenden Vorgaben an die Vertragsgestaltung, nämlich der Kontrolle eines vermeintlichen institutionellen oder individuellen Rechtsmissbrauch (ab S. 251, § 9 Rechtsmissbrauch im Befristungsrecht) sowie

---

7 Siehe nur zuletzt BAG v. 23.3.2016 – 7 AZR 828/13, NZA 2016, 881; v. 25.4.2018 – 7 AZR 520/16, NZA 2018, 1061.

der Vorgaben an die schriftliche Fixierung des Befristungsgrundes (ab S. 269, § 10 Schriftliche Fixierung eines Befristungsgrundes) in der Vertragsabrede sowie der Möglichkeit des Nachschiebens von Befristungsgründen (ab S. 279). Hier stellt sich die Frage der Übertragbarkeit der Grundsätze der Befristung des gesamten Arbeitsverhältnisses auf die Grundsätze zur Befristung einer Einzelarbeitsbedingung. Für die Beantwortung dieser Möglichkeit der Übertragung sollen die gesetzliche Lage und die Rechtsprechung hierzu skizziert und einer Bewertung unterzogen werden.

§ 2 Möglichkeiten der Vertragsgestaltung

Die Vertragsfreiheit in ihren unterschiedlichen Ausgestaltungen (etwa Vertragsbegründungsfreiheit oder Vertragsgestaltungsfreiheit) als Bestandteil der Privatautonomie im deutschen Recht begründet sich in der allgemeinen Handlungsfreiheit nach Art. 2 Abs. 1 GG und wird darüber hinaus im Arbeitsvertragsrecht durch die Berufsfreiheit nach Art. 12 GG konkretisiert.[8] Sie ist die Basis der Möglichkeiten der Vertragsgestaltung (sogenannte Vertragsgestaltungsfreiheit)[9] und gibt dem Einzelnen die Möglichkeit, seine (rechtlichen) Interessen nach seiner freien Wahl mit anderen zu regeln oder eben auch nicht. Diesem Recht werden, wie der allgemeinen Handlungsfreiheit im Generellen, Grenzen nur durch die Freiheit des Anderen sowie durch normative Grenzen gesetzt. Entsprechend *Linke* stellt der Vertrag daher richtigerweise *„das zentrale Instrument freiheitlicher Selbstbestimmung des Individuums“* dar.[10] Bereits in den Motiven zum Bürgerlichen Gesetzbuch wurde ausgeführt, dass *„die Parteien ihre Rechts- und Verkehrsbeziehungen nach ihrem Ermessen mit obligatorischer Wirkung unter sich bestimmen“*[11] können. Auch die Vereinbarung zwischen einem Arbeitgeber und einem Arbeitnehmer stellt einen Vertrag dar, da zwei übereinstimmende, sich auf einander beziehende Willenserklärungen vorliegen; mithin wurde der Versuch unternommen den Arbeitsvertrag in einer Art Legaldefinition in § 611a BGB zu konkretisieren.[12]

Den Bedürfnissen der Parteien des Arbeitsvertrags kann es in einer Vielzahl von Fällen entsprechen, den gesamten Arbeitsvertrag (befristetes Arbeitsverhältnis) oder auch einzelne Klauseln des Arbeitsvertrags (Befristung einer Einzelarbeitsbedingung) nicht auf Dauer, sondern nur für einen bestimmten oder bestimmbaren Zeitraum abzuschließen. Insofern normiert § 620 Abs. 1 BGB auch die Selbstverständlichkeit der Vertragsgestaltungsfreiheit, dass Dienst- und Arbeitsverhältnisse auch auf Zeit geschlossen werden können.[13] Die

---

8 Maunz/Dürig/*Di Fabio*, Art. 2 Abs. 1 GG Rn. 101 ff.

9 Vergleiche hierzu auch MüKoBGB/*Busche*, BGB, Vor § 145 Rn. 6.

10 *Linke*, S. 1.

11 Vgl. *Mugdan*, Motive, S. 1.

12 Zur Normierung des § 611a BGB und dessen Regelungsinhalt sowie -sinn vgl. *Preis*, NZA 2018, 817 ff; kritischer *Richardi*, NZA 2017, 36 ff; *ders.* NZA 2018, 974 ff.

13 Vgl. Staudinger/*Preis*, 2019, BGB, § 620 Rn. 1 f.; ferner hinsichtlich des verfassungsrechtlichen Rahmens des Befristungsrechts *Persch*, S. 56 ff. m.w.N.

Arbeitsvertragsparteien haben in einem ersten Schritt die Möglichkeit, ihre Vertragsbedingungen und die Art und Weise der Durchführung frei bestimmen zu können; auch die Laufzeit des Arbeitsverhältnisses frei zu bestimmen. Die Gründe für die Vereinbarung einer Befristung sind vielfältig. Im Vordergrund stehen dabei aber zumeist der vorübergehende Bedarf an Kapazität (wobei die Gründe hierfür wiederum zahlreich sind), der Wunsch nach Flexibilität oder vorübergehende persönliche Gründe.

Beide Parteien des Arbeitsverhältnisses können ein Interesse an einer solchen zeitlichen Begrenzung haben. Typischerweise hat jedoch der Arbeitgeber ein größeres Interesse an einer Befristung des gesamten Arbeitsverhältnisses als der Arbeitnehmer, der regelmäßig nach Sicherheit und Kontinuität strebt. Das besondere Interesse eines Arbeitgebers an dem Abschluss eines befristeten Arbeitsverhältnisses begründet sich im Besonderen darin, dass ein befristetes Arbeitsverhältnis mit Zeitablauf oder dem Eintritt eines vorher konkretisierten Ereignisses endet und es folglich keiner Kündigung (beziehungsweise Kündigungsgründe) bedarf. Dies hat vor allem zur Folge, dass auch die kündigungsrechtlichen Besonderheiten und Schutzvorschriften bei einem nur befristeten Arbeitsverhältnis nicht greifen; mithin steht die Befristung des gesamten Arbeitsverhältnisses in einem Spannungsverhältnis zum Kündigungsschutz, was nachfolgend ab S. 53 dargestellt wird.

Die Gründe/Motivation zum Abschluss einer Befristung einer Einzelarbeitsabrede sind dagegen unterschiedlicher. So kann es durchaus im Interesse des Arbeitgebers wie auch des Arbeitnehmers liegen, einzelne Regelungen für einen bestimmten oder bestimmbaren Zeitraum zu modifizieren. Der typische Fall ist hier die Arbeitszeitverlängerung oder -verkürzung. Ebenso denkbar ist auch die befristete Gewährung einer Gratifikation oder sonstiger zusätzlicher Leistungen.

A. Ausgestaltungen des befristeten Arbeitsverhältnisses

Die Befristung des gesamten Arbeitsverhältnisses kann durch die Vertragsparteien in unterschiedlichen Ausgestaltungen erfolgen. Anknüpfungspunkt für die Antwort auf die Frage, was unter einem „befristeten Arbeitsvertrag" zu verstehen ist, bietet § 3 Abs. 1 TzBfG (siehe zum Anwendungsbereich und der Entwicklung des TzBfG S. 63): Hiernach bedarf es eines auf bestimmte Zeit geschlossenes Arbeitsverhältnisses. Ausweichlich der Gesetzesbegründung (vergleiche BT-Drucks. 14/4374, S. 15) ist diese normative Begriffsbestimmung in § 3 TzBfG deckungsgleich mit der Definition in der dem Gesetz zugrunde liegenden europäischen Rahmenvereinbarung[14] (siehe hierzu nachfolgend S. 32). § 3 Nr. 1 der europäischen Rahmenvereinbarung definiert den *„befristet beschäftigten Arbeitnehmer"* als eine *„Person mit einem direkt zwischen dem Arbeitgeber und dem Arbeitnehmer geschlossenen Arbeitsvertrag oder -verhältnis, dessen Ende durch objektive Bedingungen wie das Erreichen eines bestimmten Datums, die Erfüllung einer bestimmten Aufgabe oder das Eintreten eines bestimmten Ereignisses bestimmt wird"*.[15] Insofern wird auch die Möglichkeit der Befristung durch eine auflösende Bedingung von der Definition der Rahmenvereinbarung erfasst. Das TzBfG kennt zwar auch die auflösende Bedingung eines Arbeitsverhältnisses (siehe § 21 TzBfG), unterteilt die Befristungsabrede jedoch in die Kalenderbefristung und die Zweckbefristung. Beide sind damit letztlich Unterarten der zeitlichen Begrenzung eines Arbeitsverhältnisses. Nachfolgend sollen die typischen (teilweise normierten) Fallkonstellationen und Varianten der Befristungsregelungen des gesamten Arbeitsverhältnisses dargestellt werden:

I. Kalendermäßige Befristung

Der häufigste Fall einer Befristung des gesamten Arbeitsverhältnisses ist die kalendermäßige Befristung. Gemäß Satz 2 des § 3 Abs. 1 TzBfG liegt eine kalendermäßige Befristung vor, *„wenn seine Dauer kalendermäßig bestimmt ist"*. Dies kann in der Gestalt erfolgen, dass der Arbeitsvertrag ein genaues Enddatum des Arbeitsverhältnisses ausweist, eine Zeitdauer („sechs Monate") mit Angabe des Beginns des Arbeitsverhältnisses vorgegeben wird oder ein Verweis auf einen zeitlich klar bestimmten Ablauf im Arbeitsvertrag ausgewiesen wird (zum Beispiel: „für die LitCologne", „für die Dauer des Winterschlussverkaufs", „bis Aschermittwoch").[16] Wichtig ist, dass das Ende der Vertragslaufzeit zu Beginn des Befristungsverhältnisses exakt feststeht, wobei eine Bestimmbarkeit ausreichend ist.[17] Sofern es bereits an einer Bestimmbarkeit fehlt („circa anderthalb Jahre"), ist die Befristungsabrede nicht wirksam geschlossen worden, sodass das Arbeitsverhältnis auf unbestimmte Zeit (dauerhaft) geschlossen ist.[18] Eine

---

14 Europäische Richtlinie zur EGB-UNICE-CEEP-Rahmenvereinbarung über befristete Arbeitsverträge, RL 1999/70/EG des Rates vom 28.6.1999, (Anhang) ABl. EG 1999 Nr. L 175, S. 43 ff.

15 RL 1999/70/EG des Rates vom 28.6.1999, (Anhang) ABl. EG 1999 Nr. L 175, S. 46.

16 Hierzu ferner u.a. A/P/S/*Backhaus*, TzBfG, § 3 Rn. 4; Staudinger/*Preis*, 2019, BGB, § 620 Rn. 23; MüKoBGB/*Hesse*, TzBfG, § 3 Rn. 10.

17 Vgl. Staudinger/*Preis*, 2019, BGB, § 620 Rn. 23 m.w.N.

18 A/P/S/*Backhaus*, TzBfG, § 3 Rn. 12; Staudinger/*Preis*, 2019, BGB, § 620 Rn. 23; *Dörner*, Rn. 39.

ausreichende Bestimmbarkeit wird durch das Schriftformgebot nach § 14 Abs. 4 TzBfG unterstützt und hat sich an dem Transparenzgebot nach § 307 Abs. 1 Satz 2 BGB, dem Überraschungsverbot nach § 305c Abs. 1 und der Unklarheitenregel zu Lasten des Verwenders nach § 305c Abs. 2 BGB zu messen (siehe hierzu ausführlich S. 156).

II. Zweckbefristung

Bei einer Zweckbefristung ist die Dauer des Arbeitsverhältnisses gerade nicht kalendermäßig bestimmt, sondern ergibt sich aus Art, Zweck oder Beschaffenheit der konkreten Arbeitsleistung.[19] Normative Anknüpfung findet sich in § 620 Abs. 2 BGB und § 3 Abs. 1 Satz 2 TzBfG. Die Vertragsparteien gehen bei Vertragsschluss davon aus, dass das beendende Ereignis sicher eintreten wird. Lediglich der genaue Zeitpunkt steht nicht fest (zum Beispiel: „Vertretung des Mitarbeiters Müller", „Fertigstellung des Projektes XY und Abnahme durch den Kunden Schmitz"). Die Rechtsprechung fordert für die Wirksamkeit der Zweckbefristung einen sachlichen Grund („Zweck der Befristung"), dessen Fortfall durch eine vom Arbeitgeber zum Zeitpunkt des Vertragsschlusses hinreichend konkrete Prognose ausgewiesen wird, wofür er in einem Rechtsstreit die Darlegungs- und Beweislast trägt.[20] Auch die Zweckbefristung hat Bestimmbarkeitsanforderungen zu erfüllen; es wird gefordert, dass der Zweck so genau zwischen den Parteien konkretisiert wird, dass das erwartete Ereignis „zweifelsfrei" feststellbar ist.[21] Zu beachten ist in diesem Zusammenhang § 15 Abs. 2 TzBfG, wonach eine zweiwöchige Auslauffrist vor Beendigung der Zweckbefristung normiert wird.

III. Auflösende und aufschiebende Bedingung

Gehen die Vertragsparteien nicht sicher davon aus, dass der Eintritt des Ereignisses kommen wird, liegt eine auflösende Bedingung im Sinne des § 158

---

19 Anstatt vieler A/P/S/*Backhaus*, TzBfG, § 3 Rn. 13.

20 Siehe nur zuletzt BAG v. 23.5.2018 – 7 AZR 16/17, NZA 2018, 1549 (1550 = Rn. 15); v. 21.3.2017 – 7 AZR 222/15, NZA 2017, 631 (633 = Rn. 27 f.); v. 15.5.2012 – 7 AZR 35/11, NZA 2012, 1366 (1368 = Rn. 29 f.); v. 17.3.2010 – 7 AZR 640/08, NZA 2010, 633 (634 = Rn. 12 f.).

21 Staudinger/*Preis*, 2019, BGB, § 620 Rn. 25; ErfK/*Müller-Glöge*, TzBfG, § 3 Rn. 10; siehe hierzu m.w.N. auch BAG v. 21.3.2017 – 7 AZR 222/15, NZA 2017, 631 (633 = Rn. 21); v. 15.5.2012 – 7 AZR 35/11, NZA 2012, 1366 (1368 = Rn. 23 m.w.N. aus der Rspr.).

Abs. 2 BGB (in Verbindung mit § 21 TzBfG) vor.[22] Mit Eintritt der auflösenden Bedingung ist das Arbeitsverhältnis beendet. Eine auflösende Bedingung findet sich im Arbeitsvertrag regelmäßig bei der Konstellation, dass die Einstellung des Arbeitnehmers vor der in dem Betrieb notwendigen Zustimmung des Betriebsrates nach § 99 Abs. 1 Satz 1 BetrVG erfolgt. In diesem Fall wird regelmäßig vereinbart:

> „Sofern der Betriebsrat der Einstellung nicht zustimmt, endet das Arbeitsverhältnis mit Ablauf des Tages, an dem der Arbeitgeber der Mitarbeiterin/dem Mitarbeiter dies mitteilt."[23]

Meist wird das Arbeitsverhältnis jedoch unter der *aufschiebenden Bedingung* der Zustimmung des Betriebsrates gestellt, was ebenso möglich ist, jedoch keine Befristungsabrede darstellt und auch nicht im TzBfG geregelt ist.[24] Letztlich ist die Unterscheidung zwischen der auflösenden und der aufschiebenden Bedingung für die Praxis durch die Gleichschaltung beider Institute in § 21 TzBfG ohne große Relevanz.[25] Zu beachten ist, dass die auflösende Bedingung zwingend eines sachlichen Grundes bedarf, was sich aus der ausschließlichen Verweisung im § 21 TzBfG auf § 14 Abs. 1 TzBfG ergibt.[26] Dieser sachliche Grund ist zwingend im Arbeitsvertrag (schriftlich) anzugeben, §§ 14 Abs. 4, 21 TzBfG.[27]

IV. Mindest- oder Höchstdauer

Wenngleich die kalendermäßige Befristung und die Zweckbefristung die maßgebliche Unterteilung darstellen, bestehen weitere Gestaltungsmöglichkeiten der Befristungsabrede.

Die Vertragsparteien können eine Mindest- oder eine Höchstdauer beziehungsweise deren Kombination vereinbaren. Diesbezüglich ist zu beachten, dass

---

22 ErfK/*Müller-Glöge*, TzBfG, § 3 Rn. 12, § 21 Rn. 2; Däubler/Hjort/Schubert/Wolmerath/*Tillmanns*, TzBfG, § 3 Rn. 16; MüKoBGB/*Hesse*, TzBfG, § 3 Rn. 14; zuletzt zur Abgrenzung Zeitbefristung gegenüber auflösender Bedingung: BAG v. 14.6.2017 – 7 AZR 608/15, NZA 2018, 385 (387 = Rn. 16).

23 Preis/*Rolfs*, Der Arbeitsvertrag, II B 10 Rn. 145.

24 Däubler/Hjort/Schubert/Wolmerath/*Tillmanns*, TzBfG, § 3 Rn. 20.

25 So auch MüKoBGB/*Hesse*, TzBfG, § 3 Rn. 14.

26 Preis/*Rolfs*, Der Arbeitsvertrag, II B 10 Rn. 147.

27 Siehe ErfK/*Müller-Glöge*, TzBfG, § 21 Rn. 8; MüKoBGB/*Hesse*, TzBfG, § 21 Rn. 27; Preis/*Rolfs*, Der Arbeitsvertrag, II B 10 Rn. 145 ff.

die alleinige Vereinbarung einer Mindestdauer keine Befristungsabrede darstellt, sondern dass durch diese lediglich die nach § 15 Abs. 3 TzBfG grundsätzlich ausgeschlossene ordentliche Kündigung jedenfalls für die vorgegebene Mindestdauer ausgeschlossen wird.[28] Die Vereinbarung einer Höchstdauer des Vertragsverhältnisses stellt demgegenüber eine Befristungsabrede im Sinne des § 3 Abs. 1 TzBfG dar. Das Arbeitsverhältnis soll nur längstens bis zum vorgegebenen Ereignis laufen; mithin unabhängig von einer vorherigen ordentlichen Kündigung sodann enden.[29] Häufigste Regelung einer Höchstdauer ist die Altersgrenzenregelung in einem Arbeitsvertrag.[30]

V. Kettenbefristung

Darüber hinaus ist es grundsätzlich legitim zum wiederholten Male einen befristeten Arbeitsvertrag zu schließen. Diese unter dem – meist negativ behafteten – Stichwort der *Kettenbefristung* bezeichnete Art der Vertragsgestaltung beziehungsweise -durchführung ist grundsätzlich nicht zu beanstanden und von der Vertragsgestaltungfreiheit gedeckt. Gleichwohl ist sowohl für den Kautelarjuristen als auch für die Vertragsparteien Vorsicht geboten, da durch die unstrittige Gefahr zum Rechtsmissbrauch Wirksamkeitsschranken bestehen (müssen). Bei der Kontrolle der Rechtmäßigkeitsvoraussetzung der sich an die abgelaufene Befristungsvereinbarung anschließenden weiteren Befristungsabrede ist zwischen einer Befristung mit Vorliegen eines Sachgrundes und einer sogenannten „sachgrundlosen" Befristung zu unterscheiden (hierzu sogleich). Die anschließende Befristung an eine sachgrundlose Befristung ist, sofern sie ebenso sachgrundlos erfolgt, nur im Rahmen des § 14 Abs. 2 Satz 1 2. Halbs. TzBfG wirksam. Hiernach darf binnen eines Zeitraums von insgesamt zwei Jahren nur eine dreimalige Verlängerung, die jeweils eine neue Befristungsabrede darstellt, erfolgen. Darüber hinaus darf nach Satz 2 kein vorheriges Arbeitsverhältnis mit demselben Arbeitgeber gegeben sein. Ob und wie dieses Vorbeschäftigungsverbot bei der sachgrundlosen Befristung eingeschränkt auszulegen ist, wird aktuell (wiedermal) allgegenwärtig diskutiert. Das BAG hatte ursprünglich in der Entscheidung vom 4. April 2011[31] das Vorbeschäftigungsverbot dahingehend im Wege

---

28 Staudinger/*Preis*, 2019, BGB, § 620 Rn. 29; A/P/S/*Backhaus*, TzBfG, § 3 Rn. 31 m.w.N.

29 Staudinger/*Preis*, 2019, BGB, § 620 Rn. 29.

30 Hierzu zuletzt BAG v. 18.1.2017 – 7 AZR 236/15, NZA 2017, 849; A/P/S/*Backhaus*, TzBfG, § 3 Rn. 26; ErfK/*Müller-Glöge*, TzBfG, § 14 Rn. 56 ff.

31 BAG v. 6.4.2011 – 7 AZR 716/09, NZA 2011, 905; vgl. zum Streitstand über diese Rechtsprechung die Nachweise in ErfK/*Müller-Glöge*, TzBfG, § 14 Rn. 96.

der richterlichen Rechtsfortbildung eingeschränkt, dass dieses (an der regelmäßigen Verjährung orientiert) nur für einen Zeitraum von drei Jahren gilt. Sofern also eine Beschäftigung länger als drei Jahre zurücklag, konnten die Arbeitsvertragsparteien eine sachgrundlose Befristungsabrede wirksam vereinbaren. Diese Entscheidung war nicht unumstritten und wurde meist mit Blick auf den Wortlaut und die Entstehungsgeschichte der Norm als verfassungswidrig kritisiert, was anschaulich *Höpfner* zusammenfasste.[32] Sieben Jahre nach der Entscheidung des BAG entschied nun das BVerfG mit Entscheidung vom 6. Juni 2018, dass die Norm verfassungsgemäß sei, gleichwohl die richterliche Rechtsfortbildung des BAG, welche gegen den „klar erkennbaren Willen des Gesetzgebers" verstoße, nicht im Einklang mit dem Rechtsstaatsprinzip stehe und dadurch zu unterbleiben habe.[33] Diese Entscheidung vom BVerfG wurde nunmehr vom BAG in seiner Entscheidung vom 23. Januar 2019 bestätigt (zu den nunmehr geltenden Grenzen der Kettenbefristung im Rahmen der sachgrundlosen Befristung siehe ab S. 257).[34]

Der aktuelle Koalitionsvertrag zwischen CDU, CSU und SPD „Ein neuer Aufbruch für Europa/ Eine neue Dynamik für Deutschland/ Ein neuer Zusammenhalt für unser Land" plant die Zulässigkeitsvoraussetzungen der sachgrundlosen Befristung weiter einzuschränken. So soll die sachgrundlose Befristung *„nur noch für die Dauer von 18 statt bislang von 24 Monaten zulässig* [sein und], *bis zu dieser Gesamtdauer* [...] *auch nur noch eine einmalige statt einer dreimaligen Verlängerung möglich* [sein]." (siehe hierzu auch ab S. 264) [35]

Mangels normativer Beschränkung ist die Kettenbefristung einer Befristungsabrede mit Sachgrund deutlich umstrittener, deren Wirksamkeitskontrolle in Gestalt der Rechtsmissbrauchskontrolle näher ab S. 251 dargestellt wird.

VI. Befristete Anschlussbeschäftigung

Des Weiteren haben die Vertragsparteien auch die Möglichkeit, sich im Anschluss an ein unbefristetes Arbeitsverhältnis auf eine befristete *Anschlussbeschäftigung* zu einigen. Das TzBfG verlangt auch für eine solche nachträgliche Befristung eines zuvor unbefristeten Arbeitsverhältnisses einen Sachgrund, mit dessen Vorliegen eine grundsätzlich wirksame Vertragsgestaltung gegeben ist;

---

32 *Höpfner*, NZA 2011, 893.

33 BVerfG v. 6.6.2018 – 1 BvL 7/14 und 1 BvR 1375/14, NZA 2018, 774 = AP TzBfG § 14 Nr. 170.

34 BAG v. 23.1.2019 – 7 AZR 733/16, NZA 2019, 700.

35 Koalitionsvertrag vom 12.3.2018, S. 52.

mithin sind dieselben Zulässigkeitserwägungen wie bei einer „normalen" Befristung zu beachten.[36] Dies hat das BAG mit Urteil vom 15. Februar 2017 nochmals herausgestellt und hierbei seine ständige Rechtsprechung bestätigt.[37] Es ist in diesem Zusammenhang insbesondere unbeachtlich, ob ein Kündigungsschutz für das unbefristete Arbeitsverhältnis zu beachten gewesen wäre, welche die Kündigung unter Umständen als unwirksam ausgewiesen hätte oder ob die Parteien sich überhaupt darüber bewusst waren, dass ein unbefristetes Arbeitsverhältnis zwischenzeitlich vorlag.[38]

B. Befristungsabrede mit Sachgrund

I. Einführung

Sofern die Befristung des gesamten Arbeitsverhältnisses angestrebt wird, fordert § 14 TzBfG als maßgebende Norm (Sonderbefristungstatbestände finden sich ferner beispielsweise in § 21 BEEG, § 6 PflegeZG und dem WissZeitVG) für die materielle Zulässigkeit der Befristungsabrede in der Regel einen sachlichen Grund (siehe § 14 Abs. 1 TzBfG).[39] Es besteht nach der Gesetzesbegründung ein *„Regel-Ausnahme-Verhältnis zwischen der Befristung mit Sachgrund und ohne Sachgrund"*.[40] Es sind (neben den abschließend normierten Ausnahmen nach § 14 Abs. 2, Abs. 2a, Abs. 3 TzBfG) keine Ausnahmen vom Sachgrunderfordernis vorgesehen.[41] § 14 Abs. 1 TzBfG stellt neben dem Vorliegen eines sachlichen Grundes keine weiteren Voraussetzungen an die Befristungsabrede auf, insbesondere werden weder eine Höchstdauer der Befristung noch eine maximale Anzahl an Verlängerungen ausgewiesen.[42] Dies führt jedoch nicht unmittelbar zu einer Einschränkung, denn auch der sachliche Grund *„steht in*

---

36 A/P/S/*Backhaus*, TzBfG, § 14 Rn. 20; ErfK/*Müller-Glöge*, TzBfG, § 14 Rn. 13; Meinel/Heyn/Herms/*Meinel*, TzBfG, § 14 Rn. 74.

37 BAG v. 15.2.2017 – 7 AZR 223/15, NZA 2017, 908 (insbes. 912 = Rn. 38 ff.); bereits vgl. BAG v. 24.1.1996 –7 AZR 496/95, NZA 1996, 1089 (1090 m.w.N.); v. 3.12.1997 – 7 AZR 651/96, NZA 1998, 1000 (1001); v. 8.7.1998 – 7 AZR 245/97, NZA 1999, 81.

38 Hierzu anstatt aller ErfK/*Müller-Glöge*, TzBfG, § 14 Rn. 13 ff. m.w.N.

39 So auch der Gesetzgeber BT-Drucks. 14/4374, S. 13.

40 BT-Drucks. 14/4374, S. 13.

41 Siehe auch A/P/S/*Backhaus*, TzBfG, § 14 Rn. 16; Boecken/Joussen/*Boecken*, TzBfG, § 14 Rn. 3 f.

42 Staudinger/*Preis*, 2019, BGB, § 620 Rn. 18.

einem Spannungsverhältnis zur verfassungsrechtlich gewährleisteten Vertrags- und Gestaltungsfreiheit des Arbeitgebers.“[43]

§ 14 Abs. 1 Satz 2 TzBfG stellt acht nicht abschließende („insbesondere“) Grundtatbestände des sachlichen Grundes dar, definiert jedoch den Begriff des „sachlichen Grundes“ selbst nicht. Der Gesetzgeber hat sich bei den aufgezählten Sachgründen an der jahrzehntelangen Rechtsprechung des BAG orientiert.[44] Weiterhin ist es jedoch möglich, andere nicht genannte Tatbestände der Befristung als Sachgrund zugrunde zu legen, welche sich jedoch, unter Berücksichtigung der aufgezählten Sachgründe, im Wertungsmaßstab gleichwertig sein müssen.[45] In diesem Zusammenhang ist zu beachten, dass der Arbeitgeber oder etwaige Tarifvertragsparteien nicht frei neue (unter Umständen den Arbeitnehmer weniger schützende) Sachgründe vereinbaren können, was sich bereits aus § 22 TzBfG ergibt; mithin müssen auch etwaige Befristungsgründe in Tarifverträgen den „*in § 14 I TzBfG zum Ausdruck kommenden Wertungsmaßstäben entsprechen.*“[46] Es besteht hinsichtlich der Sachgründe keine Vertrags-, Betriebsvereinbarungs- oder Tarifdisposition, jedenfalls keine die nicht zugunsten des Arbeitnehmers zu werten ist.[47]

Es bedarf keiner Kongruenz von Dauer der Befristungsabrede und Befristungsgrund; mithin muss der Beendigungszeitpunkt des Vertrages nicht mit dem prognostizierten Wegfall des Befristungsgrundes übereinstimmen, sondern kann auch davor liegen.[48]

Von den acht enumerativ aufgeführten Sachgründen nach § 14 Abs. 1 Satz 2 TzBfG sollen nachfolgend zwei Gründe genauer und im Detail dargestellt

---

43 *Feuerborn*, S. 49.

44 BT-Drucks. 14/4374, S. 13, 18; siehe auch A/P/S/*Backhaus*, TzBfG, § 14 Rn. 30 m.w.N.

45 BAG v. 13.10.2004 – 7 AZR 218/04, NZA 2005, 401; v. 16.3.2005 – 7 AZR 289/04, NZA 2005, 923 (926); v. 11.9.2013 – 7 AZR 107/12, NZA 2014, 150 (152 = Rn. 29); v. 23.7.2014 – 7 AZR 771/12, NZA 2014, 1341 (1346= Rn. 49); v. 18.3.2015 – 7 AZR 115/13, NZA-RR 2015, 569 (570 = Rn. 13); A/P/S/*Backhaus*, TzBfG, § 14 Rn. 81; Meinel/Heyn/Herms/*Meinel*, TzBfG, § 14 Rn. 31; MüKoBGB/*Hesse*, TzBfG, § 14 Rn. 9; Boecken/Joussen/*Boecken*, TzBfG, § 14 Rn. 14 f.

46 BAG v. 9.12.2009 – 7 AZR 399/08, NZA 2010, 495 (496 = Rn. 15); hierzu auch zuletzt BAG v. 16.1.2018 – 7 AZR 21/16, NZA 2018, 663 (665 = Rn. 27 f.).

47 Preis/*Rolfs*, Der Arbeitsvertrag, II B 10 Rn. 68; Boecken/Joussen/*Boecken*, TzBfG, § 14 Rn. 45 ff. m.w.N.

48 Vgl. hierzu BAG v. 27.7.2016 – 7 AZR 545/14, NZA 2016, 1531 (1534 = Rn. 33 m.w.N); ErfK/*Müller-Glöge*, TzBfG, § 14 Rn. 19; Preis/*Rolfs*, Der Arbeitsvertrag, II B 10 Rn. 19; ausführlich A/P/S/*Backhaus*, TzBfG, § 14 Rn. 46 ff.

werden, nämlich der *„vorübergehende Bedarf"* nach Abs. 1 Satz 2 Nr. 1 und der Sachgrund der *„Vertretungsbefristung"* nach Abs. 1 Satz 2 Nr. 3. Diese Einschränkung begründet sich durch die Relevanz für die Praxis und die Parallelen zu der Befristung einer einzelnen Arbeitsbedingung, welche regelmäßig – sofern überhaupt notwendig – auf beide Befristungsgründe gestützt wird.

II. Vorübergehender betrieblicher Bedarf

§ 14 Abs. 1 Satz 2 Nr. 1 TzBfG konkretisiert den Sachgrund damit, dass *„der betriebliche Bedarf an der Arbeitsleistung nur vorübergehend besteht"*. Dies umfasst zwei zu differenzierende Fallgruppen. Zum einen kann ein vorübergehend erhöhter Arbeitskräftebedarf (vorübergehender Mehrbedarf) vorliegen, zum anderen kann bereits zum Vertragsschluss vorhersehbar künftig ein Arbeitskräftebedarf wegfallen (absehbarer Minderbedarf).

Vorübergehender Mehrbedarf liegt oftmals zu gewissen Saisons vor, welche hinreichend bestimmbar sind, etwa der Weinlese oder dem Winterschlussverkauf. Die Gesetzesbegründung nennt als Beispiele für einen absehbaren Minderbedarf Einschränkungen des Arbeitsvolumens nach Inbetriebnahme einer neuen technischen Anlage oder den Mehrbedarf durch Abwicklungsarbeiten bis zur Betriebsschließung.[49]

- „Frau/ Herr ... wird für die Zeit des Winterschlussverkaufs vom .... bis zum .... eingestellt."
- „Das Arbeitsverhältnis zwecks Unterstützung bei der Abwicklung des Geschäftsbetriebs der Arbeitgeberin beginnt am ... und endet am ..."
- „Das Arbeitsverhältnis ist befristet für die Dauer der Sommerferien im Freistaat Bayern."[50]

Auf Tatbestandsseite muss der vorrübergehende Bedarf objektiv gegeben sein, was sich darin konkretisiert, dass erkennbare Umstände bei Vertragsschluss vorliegen, die nur auf einen temporären Bedarf an (zusätzlicher) Arbeitsleistung in dem Betrieb schließen lassen. Typischerweise liegt eine solche Periode auch bei der Projektbefristung vor.[51] Es muss zum *„Zeitpunkt des Vertragsschlusses*

---

49 BT-Drucks. 14/4374, S. 19.

50 Siehe für weitere Beispiele der Vertragsgestaltung Preis/*Rolfs*, Der Arbeitsvertrag, II B 10 Rn. 30.

51 Siehe hierzu nur zuletzt BAG v. 21.8.2019 – 7 AZR 572/17, NZA 2019, 1709 (1711 = Rn. 21 f. m.w.N.).

mit hinreichender Sicherheit zu erwarten [sein], *dass nach dem vorgesehenen Vertragsende für die Beschäftigung des befristet eingestellten Arbeitnehmers kein dauerhafter betrieblicher Bedarf mehr besteht*", was der darlegungs- und beweisbelastete Arbeitgeber anhand konkreter Anhaltspunkte in einer Prognose zum Zeitpunkt des Vertragsschlusses zu begutachten hat.[52]

III. Vertretung eines anderen Arbeitnehmers

Der Sachgrund der Vertretung nach § 14 Abs. 1 Satz 2 Nr. 3 TzBfG gewährt dem Arbeitgeber die Möglichkeit, einen vorrübergehenden Bedarf an Arbeitsleistung abzudecken, welcher durch den Ausfall eines Mitarbeiters entstanden ist.[53] Diese Befristungsabrede rechtfertigt sich in der „*Vertretung eines anderen Arbeitnehmers*". Der Arbeitgeber hat also typischerweise die Position in seinem Unternehmen bereits mit einer Arbeitskraft besetzt, welche nun zeitlich begrenzt vorrübergehend ausfällt, wobei der Arbeitsaufwand kompensiert werden muss. Zu beachten ist, dass dieser Bedarf – in Abgrenzung zum Sachgrund nach Nr. 1 – nicht durch einen veränderten Betriebsablauf herrührt, sondern durch den Ausfall eines Mitarbeiters beziehungsweise seiner Arbeitskraft.[54] Der zeitweise Ausfall kann seinen Ursprung in den unterschiedlichsten Gründen finden. Bedingung ist, dass sie im Kontext mit dem Ausfall der Arbeitskraft stehen, also ein Kausalzusammenhang zwischen dem zeitweiligen Ausfall des Vertretenen und der Einstellung der Vertretungskraft besteht. Denkbar ist daher beispielsweise ein Ausfall durch eine Krankheit, Erholungsurlaub, Sabbatjahr, Mutterschutz oder Elternzeit. Für die letzteren beiden Gründe finden sich spezielle Befristungsgründe in § 21 Bundeselterngeld- und Elternzeitgesetz (BEEG).

---

52 St. Rspr. siehe BAG v. 16.1.2018 – 7 AZR 21/16, NZA 2018, 663 = AP TzBfG § 14 Nr. 165 (Rn. 16); v. 21.3.2017 – 7 AZR 222/15, NZA 2017, 631 (633 = Rn. 28 m.w.N.); zustimmend ErfK/*Müller-Glöge*, TzBfG, § 14 Rn. 23; Preis/*Rolfs*, Der Arbeitsvertrag, II B 10 Rn. 30; A/P/S/*Backhaus*, TzBfG, § 14 Rn. 139 ff.

53 St. Rspr. BAG v. 21.11.2018 – 7 AZR 234/17, NZA 2019, 611 (612 = Rn. 16 f. m.w.N); v. 21.2.2018 – 7 AZR 765/16, NZA 2018, 858 (859 = Rn. 12 ff.); ErfK/*Müller-Glöge*, TzBfG, § 14 Rn. 34 ff.

54 BAG v. 21.2.2018 – 7 AZR 765/16, NZA 2018, 858 (859 = Rn. 13); v. 17.5.2017 – 7 AZR 420/15 (NZA 2017, 1600 (1601 = Rn. 10); v. 26.10.2016 – 7 AZR 135/15, NZA 2017, 382 (384 = Rn. 14 m.w.N.).

> „Frau/ Herr ... wird zur Vertretung des sich in Elternzeit befindenden Mitarbeiters Herr ... bis zum ... eingestellt.“[55]

Da – gerade in größeren Unternehmen – oftmals der Bedarf einer vorübergehenden Arbeitskraft durch regelmäßige Ausfälle von Mitarbeitern gegeben ist und daher oftmals die Voraussetzungen dieses Sachgrundes objektiv vorliegen, verweisen viele Arbeitgeber gerne auf § 14 Abs. 1 Satz 2 Nr. 3 TzBfG bei befristeter Einstellung „neuer“ Mitarbeiter. Hinzutritt der Umstand, dass keine normative Grenze hinsichtlich der Länge oder der Häufigkeit der sich anschließenden Befristungsabreden existiert; mithin die Zahl der sich wiederholenden Befristungsabreden grundsätzlich nicht beschränkt ist. Gleichwohl gewährt die Rechtsprechung keine grenzenlose Aneinanderreihung von Befristungsabreden, sondern führt eine (Rechts-) Missbrauchskontrolle durch (siehe hierzu im Detail ab S. 251).

C. Sachgrundlose Befristungsabrede

Neben der Befristungsabrede mit einem Sachgrund haben die Parteien (respektive der Arbeitgeber) nach § 14 Abs. 2 TzBfG auch die Möglichkeit – sofern die weiteren Voraussetzungen beachtet werden – eine sachgrundlose Befristung zu vereinbaren. Diese Vertragsgestaltung – dies vorweg – steht im besonderen Spannungsverhältnis mit dem Kündigungsschutz (siehe hierzu im Detail ab S. 53). Regelmäßig verwendete Klauseln sind hier:

> - „Frau/ Herr ... wird vom ... bis zum ... eingestellt.“
> - „Frau/ Herr ... wird ab dem ... für 6 Monate eingestellt.“
>
> oder
>
> *„a) Frau/Herr ... wird mit Wirkung vom ... für die Dauer von fünfzehn Monaten befristet nach § 14 Abs. 2 TzBfG eingestellt.*
> *b) Das Arbeitsverhältnis beginnt am ... und endet am ...* “[56]

Das TzBfG ermöglicht neben § 14 Abs. 2 TzBfG als „Grundform“ zwei weitere Ausgestaltungen der sachgrundlosen Befristung. Gemäß § 14 Abs. 2a TzBfG ist

55 Siehe auch Preis/*Rolfs*, Der Arbeitsvertrag, II B 10 Rn. 44.
56 Preis/*Rolfs*, Der Arbeitsvertrag, II B 10 Rn. 76.

die sachgrundlose Befristung bis zu vier Jahre möglich, wenn sich das Unternehmen in der Gründungsphase befindet. Ferner besteht nach § 14 Abs. 3 TzBfG die Möglichkeit, einen Mitarbeiter ab dem 52. Lebensjahr bis zu fünf Jahre sachgrundlos zu beschäftigen. Wichtig ist, dass bei allen sachgrundlosen Befristungsvarianten – den Normen entsprechend – nur kalendermäßig befristete Arbeitsverträge (Zeitbefristung) möglich sind; mithin zweckbefristete oder auflösend bedingte Arbeitsverträge nicht sachgrundlos nach § 14 Abs. 2, Abs. 2a, Abs. 3 TzBfG geschossen werden können.[57]

Von besonderem Interesse ist, dass beide Varianten der sachgrundlosen Befristung entgegen der „Grundnorm" des § 14 Abs. 2 TzBfG keine zahlenmäßige Begrenzung der Verlängerung eines kalendermäßig befristeten Vertrags ausweisen und dem Arbeitgeber daher eine enorme Flexibilität gewährt wird. Nach § 14 Abs. 2 TzBfG darf es binnen der zwei Jahre sachgrundloser Beschäftigung nur zu einer dreimaligen Verlängerung kommen. Unter Verlängerung ist das einvernehmliche Hinausschieben des ursprünglichen Enddatums des Arbeitsverhältnisses zu verstehen, wobei die sonstigen Abreden des Vertrags unberührt bleiben.[58]

§ 14 Abs. 2a TzBfG wurde mit dem Ziel eingeführt, unter Berücksichtigung des starken Anstiegs der Arbeitslosigkeit im Jahre 2003, etwaige Beschäftigungshemmnisse abzubauen.[59]

Der Rechtsprechung entsprechend ist es grundsätzlich keine Rechtmäßigkeitsvoraussetzung einen Sachgrund anzugeben oder anzugeben, dass die sachgrundlose Befristung angewendet werden soll (siehe hierzu jedoch im Detail S. 269). Insofern hat der Verwender der Vertragsklausel die oben dargestellten Möglichkeiten der Vertragsformulierung.

Wie bereits vorstehend (ab S. 30) angesprochen, ist bei einer sachgrundlosen Befristung die normative Grenze des § 14 Abs. 2 TzBfG zu beachten, welche nunmehr – streng am Wortlaut orientiert – nur eine dreimalige Wiederholung der Befristungsabrede binnen zwei Jahren erlaubt, wobei grundsätzlich ein Vorbeschäftigungsverbot zwischen den Arbeitsvertragsparteien zu beachten ist. Dies hat das BVerfG mit Entscheidung vom 6. Juni 2018[60] unter anderem mit

---

57 So auch ausdrücklich der Gesetzentwurf der Bundesregierung, BR-Drucks. 421/03, S. 22.

58 Siehe hierzu im Detail ErfK/*Müller-Glöge*, TzBfG, § 14 Rn. 87 ff.; A/P/S/*Backhaus*, TzBfG, § 14 Rn. 371 ff. m.w.N. auch aus der Rspr.

59 Vgl. BT-Drucks. 15/1204, S. 10.

60 BVerfG v. v. 6.6.2018 – 1 BvL 7/14 und 1 BvR 1375/14, NZA 2018, 774 = AP TzBfG § 14 Nr. 170.

der Begründung einer Verhinderung von rechtsmissbräuchlichen Vertragsgestaltung herausgestellt, dem sich BAG mit Entscheidung vom 23. Januar 2019[61] (unter Änderung der Rechtsprechung) anschloss und in der Folge weiter konkretisierte (siehe hierzu im Detail ab S. 78). Die derzeitige Bundesregierung plant laut Koalitionsvertrag, begründet durch rechtsmissbräuchliche Vertragsgestaltung eine (weitere) Einschränkung des derzeitigen Befristungsrechts des gesamten Arbeitsvertrags (eine kritische Würdigung hierzu folgt ab S. 264).

D. Befristung einer Einzelarbeitsbedingung

Darüber hinaus folgt aus dem eingangs Gesagten ebenso das Recht der Vertragsparteien, während der Vertragslaufzeit Modifikationen – auch lediglich temporär – vorzunehmen. Mit anderen Worten dürfen sie auch nur einzelne Arbeitsbedingungen befristen. Insofern gilt, dass *einmal festgelegte Regelungen nicht versteinern dürfen*, wie es das Bundesarbeitsgericht (BAG) bereits 1970 ausführte.[62]

Die Zulässigkeit der Befristung einer einzelnen Arbeitsbedingung ergibt sich – wie *Löwisch*[63] maßgeblich herausgearbeitet hat – aus der Vertragsfreiheit, welche sich aus der Privatautonomie nach Art. 2 Abs. 1 GG beziehungsweise für das Arbeitsvertragsrecht aus Art. 12 Abs. 1 in Verbindung mit Art. 2 Abs. 1 GG ergibt.[64]

Eine Befristungsvereinbarung – egal ob des gesamten Arbeitsverhältnisses oder einer einzelnen Arbeitsbedingung – ist sowohl zu Beginn (Neueinstellung) als auch während des laufenden Arbeitsverhältnisses denkbar.[65] Dem Grunde nach besteht die Möglichkeit, jede Vertragsbedingung zeitlich zu verändern. Insbesondere wird dies im Bereich der befristeten Übertragung von Funktionen, bei der Befristung von Arbeitszeitregelungen, von Entgelten sowie von Sozialleistungen diskutiert, wobei zu beachten ist, dass für den Arbeitnehmer sowohl eine günstigere, zeitlich begrenzte, als auch eine objektiv ungünstigere Modifikation der Arbeitsbedingungen möglich ist. Charakterisierend für diese Flexibilisierungsmittel ist, dass die Modifikation mit Zeitablauf oder Bedingungseintritt

61 BAG v. 23.1.2019 – 7 AZR 733/16, NZA 2019, 700.

62 BAG v. 30.7.1970 – 3 AZR 44/68, NJW 1970, 1620 (1621).

63 *Löwisch*, ZfA 1986, 1 (5).

64 Maunz/Dürig/*Di Fabio*, Art. 2 Abs. 1 GG Rn. 101 ff. m.w.N.

65 Grundlegend *Löwisch*, ZfA 1986, 1 (2 ff.).

automatisch wieder entfällt, es also „keines Ausführungsaktes durch den Arbeitgeber" mehr bedarf.[66]

Das praktische Bedürfnis der Arbeitsvertragsparteien für ein solches Vertragsgestaltungsmittel kann sich aus einer Vielzahl an Gründen ergeben. So kann sowohl von Seiten des Arbeitgebers als auch des Arbeitnehmers die wirtschaftliche Situation maßgebend sein, sodass eine Veränderung für einen gewissen Zeitraum als notwendig oder förderlich erachtet wird. Darüber hinaus kann es auch zur Überbrückung eines Ausfalls eines anderen Mitarbeiters hilfreich sein, die Arbeitszeit (sodann regelmäßig auch das Arbeitsentgelt) eines verbleibenden Arbeitnehmers zu erhöhen oder seine Position im Unternehmen befristet zu verändern. Der Arbeitgeber mag sich gegebenenfalls – aus unterschiedlichsten Gründen – nicht für unbestimmte Zeit binden, sondern will sich die Entscheidung der Bindung an das modifizierte Arbeitsvertragsverhältnis vorbehalten.

Das Vertragsgestaltungsmittel der Befristung einer einzelnen Arbeitsbedingung kann durchaus auch positive Effekte für beide Seiten haben: Der Arbeitgeber hat bereits zum Zeitpunkt der Befristung darüber Kenntnis, wann die modifizierte Entgeltbindung endet und hat hierüber eine Entscheidungsfreiheit. Ebenso kann der Arbeitnehmer sich auf das Ende der modifizierten Leistungsgewährung bereits zum Zeitpunkt des Vertragsschlusses einstellen.[67] Letzteres ist ein eklatanter Unterschied zum Flexibilisierungsmittel des Widerrufsvorbehalts.

Beim Widerrufsvorbehalt erfolgt die Leistungszusage des Arbeitgebers an den Arbeitnehmer regelmäßig unbefristet, gleichzeitig räumt der Arbeitgeber sich jedoch die Möglichkeit/Befugnis zur Ausübung des Widerrufes der Leistung ein.[68]

Regelmäßig in der Praxis verwendet werden somit folgende Möglichkeiten der Vertragsgestaltung der Befristung einer einzelnen Arbeitsbedingung:

---

66 Preis/*Preis*, Der Arbeitsvertrag, II V 70 Rn. 73.

67 Hierzu bereits *Richardt*, S. 167.

68 Hierzu anstatt aller Preis/*Preis*, Der Arbeitsvertrag, II V 70 Rn. 14 ff; H/W/K/*Roloff*, BGB, Anh. §§ 305-310 Rn. 57; zur Rspr. unter anderem BAG v. 16.7.1976 – 5 AZR 270/75, AP BGB § 611 Lohnzuschläge Nr. 7; v. 14.6.1995 – 5 AZR 126/94, NZA 1995, 1194; v. 12.1.2005 – 5 AZR 364/04, NZA 2005, 465; v. 24.1.2017 – 1 AZR 772/14, NZA 2017, 931.

- „Arbeitnehmer erhält für die kommenden sechs Monate einen Zuschlag in Höhe von … Euro."
- „Die wöchentliche Arbeitszeit des Arbeitnehmers wird für die Monate Oktober bis Dezember wegen des Weihnachtsgeschäfts um 10 Stunde erhöht."
- *„Der Arbeitnehmer erhält eine monatliche Zulage in Höhe von … Euro. Diese ist befristet bis zur Inbetriebnahme der Maschine XY am …, durch die der Arbeitsaufwand deutlich zurückgehen wird. Um betriebsbedingte Kündigungen zu vermeiden, entfällt ab diesem Zeitpunkt die Zulage."*[69]

Oder hinsichtlich etwaiger Sonderzahlungen/Zuschläge:

- „Der Arbeitnehmer erhält bis zur Eröffnung der Cafeteria einen Essenzuschuss in Höhe von … Euro pro Monat."
- „Der Arbeitgeber gewährt dem Arbeitnehmer bis zum Erhalt eines neuen Dienstwagens für jeden gefahrenen Kilometer … Euro, die der Arbeitnehmer im Auftrag des Arbeitgebers nach schriftlicher Anzeige in seinem Privatwagen fährt."

Gleichwohl kann die Gestaltungsmöglichkeit nicht grenzenlos sein, sondern bedarf zwingend rechtlicher Einschränkungen, die sich zum Teil aus normativen Grenzen aber auch aus der Rechtsprechung ergeben (siehe hierzu ab S. 179).

---

69 Preis/*Preis*, Der Arbeitsvertrag, II V 70 Rn. 90 Typ 5 lit. b).

§ 3 Grenzen der Vertragsgestaltung

A. Einleitung

Die Grenzen der Vertragsgestaltung werden durch eine Vielzahl von Kontrollinstrumenten gezogen, welche jeweils selbst einer Rechtfertigung bedürfen. Zu beachten ist nämlich, dass jede Vertragsgestaltung – wie vorstehend soeben skizziert – verfassungsrechtlich durch die Privatautonomie geschützt wird und bereits die Kontrolle einen (möglicherweise gerechtfertigten) Eingriff darstellt. Vertragskontrolle, insbesondere mit materiell-rechtlichem Fokus auf den Inhalt der Abrede, bedeutet stets Einschränkung der Privatautonomie in Gestalt der Vertragsautonomie.[70] Diese Einschränkung durch den Gesetzgeber ist jedoch zur Herstellung einer gewissen Vertragsparität unter Beachtung des Schutzes der Schwächeren notwendig. Dies hat das BVerfG auch in aller Deutlichkeit bereits vor der Schuldrechtsreform herausgestellt: Bei einer strukturellen ungleichen Verhandlungsstärke einer Partei bedarf es der Vertrags-/Inhaltskontrolle durch die Gerichte, wodurch die gestörte Vertragsparität ausgeglichen werden soll.[71] Der Gesetzgeber kommt hierdurch seiner Pflicht zum (Rechts-)Schutz nach.[72] So wurde bereits in den Motiven zum Bürgerlichen Gesetzbuch ausgeführt, dass die Freiheit, die *Rechts- und Verkehrsbeziehungen* selbst zu bestimmen, nur *„soweit nicht allgemeine oder bestimmte einzelne absolute Gesetzesvorschriften entgegenstehen“*[73] gilt. Bei manchen Abreden hat er dies durch gezielte Kodifizierung des Fachgebiets getan. Hierzu zählen auch das TzBfG und die AGB-Kontrolle.

Nachfolgend wird kurz die Strahlkraft des gesetzlichen Verbots nach § 134 BGB sowie der Sittenwidrigkeit nach § 138 BGB auf das Befristungsrecht skizziert. Sodann folgt eine intensive Betrachtung und Darstellung des Regelungsinhalts und der hieraus für das Befristungsrecht des gesamten Arbeitsvertrags resultierenden Grenzen des Benachteiligungsverbots sowie des Gleichbehandlungsgebot (ab S. 43). Im Anschluss soll das Spannungsfeld unter

---

70 *Preis*, S. 37 ff.

71 BVerfG v. 7.2.1990 – 1 BvR 26/84, NZA 1990, 389 (390); v. 19.10.1993 – 1 BvR 567/89 ua, NJW 1994, 36; v. 5.8.1994 – 1 BvR 102/89, NJW 1994, 2749.

72 Zum Themenkomplex Vertragsparität unter verfassungsrechtlichen Gesichtspunkten *Preis/Rolfs*, DB 1994, 261 ff.

73 Vgl. *Mugdan*, Motive, S. 1.

Beachtung der Gemeinsamkeiten und Unterschiede zwischen Befristungsrecht und Kündigungsschutzrecht dargestellt werden (S. 53).

B. Gesetzliches Verbot sowie sittenwidriges Rechtsgeschäft als gesetzliche Grenzen

Eine Grenze der Vertragsgestaltung im Allgemeinen wird durch § 134 BGB gezogen. Seit dem Urteil des BAG vom 18. Oktober 2006 besteht jedoch Einigkeit, dass „*Verstöße gegen die befristungsrechtlichen Vorschriften des TzBfG, somit auch gegen § 14 Abs. 2 TzBfG,* [...] *nicht zur Nichtigkeit des Arbeitsvertrags* [führen], *sondern allenfalls dazu, dass die Befristung unwirksam ist und der Arbeitsvertrag als auf unbestimmte Zeit geschlossen gilt (§ 16 TzBfG).*“[74] Ebenso weist auch die AGB-Kontrolle in Gestalt des § 306 BGB Rechtsfolgen für den Fall eines Verstoßes aus. Insofern wäre es sinnentleert, einen Verstoß gegen das AGB-Recht (speziell gegen die dortige Inhaltskontrolle) als einen Verstoß gegen ein gesetzliches Verbot einzustufen.[75] Folglich hat die ansonsten stets vorrangige Norm des § 134 BGB für das Befristungsrecht als eigenständige Norm regelmäßig keine Bedeutung.

Vor der Schuldrechtsmodernisierung wurde eine Inhaltskontrolle der Arbeitsvertragsbedingungen meist aus den §§ 138, 242 BGB abgeleitet; dies ist mit der Reintegration des Arbeitsrechts in das AGB-Recht nun obsolet. Folglich sind die §§ 138, 242 BGB nur dann zu prüfen, wenn sich die Benachteiligung des Arbeitnehmers „*aus einem anderen Aspekt als aus den §§ 307 ff. BGB ergibt.*“[76] Größter Anwendungsbereich des § 138 BGB liegt vor, wenn eine tatsächliche Individualabrede vorliegt, was im Arbeitsrecht nur sehr selten gegeben ist.[77] § 242 BGB hat demgegenüber im Befristungsrecht weiterhin insofern einen bedeutenden Anwendungsbereich, als dass das Institut des individuellen als auch des institutionellen Rechtsmissbrauchs weiterhin unter diese Norm zu subsumieren ist (siehe hierzu ausführlich ab S. 251).

---

74 BAG v. 18.10.2006 – 7 AZR 749/05, AP TzBfG § 14 Nr. 28 = juris (Rn. 21).

75 *Preis/Roloff,* ZfA 2007, 43 (82 f.) m.w.N; ferner MüKoBGB/*Wurmnest,* BGB, Vorb. zu § 307 Rn. 9 m.w.N.

76 *Preis/Roloff,* ZfA 2007, 43 (81); siehe auch anstatt aller MüKoBGB/*Wurmnest,* BGB, Vorb. zu § 307 Rn. 10 m.w.N.

77 MüKoBGB/*Wurmnest,* BGB, Vorb. zu § 307 Rn. 10; *Lakies,* AR-Blattei SD 172, Rn. 29.

C. Benachteiligungsverbote sowie Gleichbehandlungsgebot als Grenze der Vertragsgestaltung

Grenzen der Vertragsgestaltung im Arbeitsvertragsrecht ergeben sich ferner aus Diskriminierungs- beziehungsweise Benachteiligungsverboten sowie Gleichbehandlungsgeboten. Diese Prinzipien des Arbeitsrechts haben nur vermeintlich die gleiche Stoßrichtung. Insofern ist zu berücksichtigen, dass Diskriminierungsverbote im generellen eine Differenzierung aufgrund bestimmter Kriterien verbieten, wohingegen das Gleichbehandlungsgebot „nur" die Gleichbehandlung von gleichem und die Ungleichbehandlung von ungleichem fordert.[78]

Normative Grundlage etwaiger Diskriminierungsverbote bildet zunächst das allgemeine Gleichbehandlungsgebot in Art. 3 GG, welches gleichwohl nur den Träger öffentlicher Gewalt unmittelbar verpflichtet. Die Arbeitsvertragsparteien sind (außer im öffentlichen Dienst) lediglich Grundrechtsträger und nicht Grundrechtsadressat.[79] Ferner normiert auch das europäische Primärrecht Grundsätze über die Freiheit und Gleichbehandlung sowie Diskriminierungsverbote, aus denen sich auch unmittelbare Drittwirkung für das Privatrecht ergeben können. Normative Bezugspunkte stellen die Regelung zur Freizügigkeit gemäß Art 45 AEUV und das Verbot der Diskriminierung wegen des Geschlechts im Erwerbsleben nach Art. 157 AEUV dar, welche unmittelbar auch Wirkung auf ein Arbeitsverhältnis in Deutschland haben und zu beachten sind.[80] Hinzutritt mit Blick auf das europäische Recht ein allgemeines Verbot der Diskriminierung wegen des Alters, welches durch das grundlegenden Urteil in Sachen *Mangold* durch die Entscheidung des EuGH vom 22. November 2005 geprägt wurde.[81] Das europäische Recht hat jedoch nicht nur unmittelbare Wirkungen auf das deutsche Arbeitsrecht, sondern veranlasste auch die Legislative zur Handlung: Insofern fußen – einzig mit Blick auf eine Diskriminierung im arbeitsrechtlichen Befristungsrecht – unter anderem das Allgemeine Gleichbehandlungsgesetz

78 Hierzu *Pallasch*, RdA 2015, 108 (111 m.w.N.); MüHdbArbeitsR/*Benecke*, 4. Aufl. 2018, § 32 Rn. 111.

79 ErfK/*Schmidt*, GG, Art. 3 Rn. 29.

80 Grundlegend EuGH v. 8.4.1976 – Rs. 43/75, NJW 1976, 2068; zum Ganzen MüHdbArbeitsR/*Benecke*, 4. Aufl. 2018, § 32 Rn. 115.

81 EuGH v. 22.11.2005 – C 144/04, NZA 2005, 1345; zur Untersuchung der unmittelbaren Drittwirkung des Unionsrecht auf das Rechtsverhältnis zwischen Privaten zuletzt *Wank*, RdA 2020, 1 m.w.N. zur Besprechung und Entwicklung der Entscheidung des EuGH in Sachen Mangold vgl. dort Fn. 93.

(„*AGG*")[82] sowie das Diskriminierungsverbot für Teilzeit- und befristet Beschäftigte nach § 4 TzBfG auf europäischen Richtlinien.[83]

Hinsichtlich befristet beschäftigter Arbeitnehmer normiert § 4 Abs 2 TzBfG als Konkretisierung des allgemeinen arbeitsrechtlichen Gleichbehandlungsgrundsatzes,[84] unabhängig vom AGG (vergleiche § 2 Abs. 3 Satz 1 AGG), dass wegen der Befristung des Arbeitsvertrags keine Schlechterstellung mit vergleichbaren unbefristet Beschäftigten vorliegen darf, es sei denn, dass sachliche Gründe eine unterschiedliche Behandlung rechtfertigen. In Satz 2 des § 4 Abs 2 TzBfG erfolgt eine Konkretisierung des vorstehenden Grundsatzes hinsichtlich des Arbeitsentgelts oder anderer teilbarer geldwerter Leistungen (beispielsweise Sozialleistungen, betriebliche Altersversorgung oder Urlaub). Nach Satz 3 haben für sämtliche Arbeitnehmer dieselben Beschäftigungsbedingungen zu gelten. § 4 Abs. 2 TzBfG ist zwingend; mithin weder durch Einzelvertrag noch durch einseitiges Bestimmungsrecht des Arbeitgebers oder durch Tarifvertrag disponibel (§ 22 Abs. 1 TzBfG). Durch diese Konkretisierung des allgemeinen arbeitsrechtlichen Gleichbehandlungsgrundsatzes in § 4 Abs. 2 TzBfG ist ein „Rückgriff" auf § 157 AEUV oder Art. 3 GG nicht mehr notwendig.[85] „*Sinn und Zweck der Diskriminierungsverbote des § 4 TzBfG ist* […] *eine Gleichbehandlung der befristet Beschäftigten mit vergleichbaren Dauerbeschäftigten.*"[86] Den befristet beschäftigten Arbeitnehmern sind die Leistungen mindestens in dem gleichen Umfang zu gewähren, wie sie auch diejenigen mit einem vergleichbaren unbefristeten Arbeitsverhältnis erhalten (sogenannter pro-rata-temporis-Grundsatz)[87]. Der sachliche Rechtfertigungsgrund für die Benachteiligung darf nicht in der Befristungsabrede selbst liegen; eine Benachteiligung darf also nicht „wegen der

---

82 Allgemeines Gleichbehandlungsgesetz vom 14.8.2006, BGBl. I S. 1897.

83 Das AGG folgt aus vier Richtlinien (RL 2000/43/EG, RL 2000/78/EG, RL 2002/73/EG und RL 2004/113/EG); § 4 I TzBfG setzt RL 97/81/EG des Rates v. 15.12.1997 um; § 4 II TzBfG folgt aus der Rahmenvereinbarung über befristete Arbeitsverträge, aufgenommen in die RL 1999/70/EG des Rates v. 28.6.1999, ABlEG 10.7.1999, L 175 S. 43 ff.

84 BT-Drucks. 14/4374, S. 13; BAG v. 15.07.2004 – 6 AZR 25/03, BeckRS 2004, 30343247 (= juris Rn. 24); *Preis/Gotthardt*, DB 2000, 2065 (2070); KR/*Bader*, TzBfG, § 4 Rn. 1; ErfK/*Preis*, TzBfG, § 4 Rn. 13.

85 *Preis/Gotthardt*, DB 2000, 2065 (2070); KR/*Bader*, TzBfG, § 4 Rn. 2; ErfK/*Preis*, TzBfG, § 4 Rn. 14, Rn. 16.

86 BAG v. 6.9.2018 – 6 AZR 836/16, AP § 16 TVöD Nr. 7 (Rn. 24).

87 Vgl. BT-Drucks. 14/4374, S. 15.

Befristung“ erfolgen.[88] Bereits der Gesetzesbegründung ist es zu entnehmen, dass – abweichend vom pro-rata-temporis-Grundsatz – ein vollständiger Ausschluss einer Zusatzleistung gestattet ist, sofern *„bei nur kurzzeitigen Arbeitsverhältnissen die anteilige Gewährung von bestimmten Zusatzleistungen nur zu sehr geringfügigen Beträgen führt, die in keinem angemessenen Verhältnis zum Zweck der Leistung stehen.“*[89]

Der Abschluss eines „lediglich“ befristen Arbeitsverhältnisses kann unter weiteren Umständen jedoch einen Verstoß gegen das AGG darstellen und den Anwendungsbereich des § 2 Abs. 1 Nr. 2 AGG eröffnen.[90] Mit dem AGG wurden zwar insgesamt vier Richtlinien umgesetzt,[91] jedoch dient es mit Blick auf das Verfassungsrecht der Konkretisierung des Gleichberechtigungsgebots nach Art. 3 Abs. 2 GG und des Diskriminierungsverbots nach Art. 3 Abs. 3 GG.[92] Nach der Rechtsprechung des EuGH sowie des BAG sind unter „Arbeitsbedingungen“ im Sinne des § 2 Abs. 1 Nr. 2 AGG neben den vertraglichen Bedingungen zu denen die konkrete Vertragsdurchführung zu erfolgen hat, auch alle mit dem Arbeitsvertrag verbundenen Umstände zu verstehen.[93] Der Abschluss eines befristeten Arbeitsvertrags ist nach einhelliger Ansicht unter den „Entlassungsbedingungen“ nach § 2 Abs. 1 Nr. 2 AGG zu subsumieren.[94] Die Bereichsausnahme nach § 2 Abs. 4 AGG hinsichtlich des Kündigungsrechts gilt nur hinsichtlich der allgemeinen und besonderen Regelungen des Kündigungsrechts und ist nicht (auch nicht analog) auf das Befristungsrecht übertragbar.[95]

---

88 Siehe u.a. BAG v. 19.12.2007 – 5 AZR 260/07, NZA-RR 2008, 275 (277 = Rn. 20); H/W/K/*Schmalenberg*, TzBfG, § 4 Rn. 22, Rn. 27.

89 BT-Drucks. 14/4374, S. 16.

90 BAG v. 6.4.2011 – 7 AZR 524/09, NZA 2011, 970; BeckOK ArbR/*Bayreuther*, TzBfG, 59. Ed. 1.3.2021, § 14 Rn. 16; KR/*Treber*, AGG, § 2 Rn. 3; ErfK/*Schlachter*, AGG, § 2 Rn. 9.

91 RL 2000/43/EG, RL 2000/78/EG, RL 2002/73/EG und RL 2004/113/EG siehe hierzu auch BT-Drucks. 16/1780, S. 1.

92 Nachstehende Urteile jeweils zum § 611a BGB alte Fassung BVerfG v. 16.11.1993 – 1 BvR 258/86, NZA 1994, 745; v. 21.9. 2006 – 1 BvR 308/03, NZA 2007, 195; BAG v. 24.4.2008 – 8 AZR 257/07, NZA 2008, 1351 (1352); Zur AGG Umsetzung siehe auch BT-Drucks. 16/1780, S. 22; ErfK/*Schlachter*, AGG, Vorb. Rn. 5.

93 EuGH v. 13.07.1995 – C-116/94, NZA-RR 1996, 121 (122); BAG v. 20.3.2012 – 9 AZR 529/10, NZA 2012, 803 (804 = Rn. 12 m.w.N).

94 BAG v. 6.4.2011 – 7 AZR 524/09, NZA 2011, 970 (971 = Rn. 14); v. 17.3.2016 – 8 AZR 677/14, BeckRS 2016, 67630; BeckOK ArbR/*Roloff*, AGG, 59. Ed. 1.3.2021, § 2 Rn. 9; ErfK/*Schlachter*, AGG, § 2 Rn. 9; KR/*Treber*, AGG, § 2 Rn. 3.

95 KR/*Treber*, AGG, § 2 Rn. 11, Rn. 16 m.w.N; ErfK/*Schlachter*, AGG, § 2 Rn. 17.

§ 4 Abs. 2 TzBfG wird gemeinhin als Verbotsgesetz im Sinne des § 134 BGB gewertet, sodass etwaige diskriminierende und nicht durch sachliche Gründe gerechtfertigte Regelungen und Handlungen des Arbeitgebers nichtig sind.[96] Der benachteiligte befristete Beschäftigte erhält einen Anspruch auf die konkrete Leistung, die vergleichbare unbefristete Beschäftigte desselben Betriebs erhalten.[97] Zu beachten ist, dass § 4 Abs. 2 TzBfG nicht die Begründung eines befristeten Arbeitsverhältnisses verhindern oder pönalisieren soll.[98] Die (erstmalige) Begründung des befristeten Arbeitsverhältnisses ist regelmäßig von der Vertragsfreiheit gedeckt und kann nur unter dem Gesichtspunkt der konkreten Ausgestaltung gegen Ungleichbehandlungsverbote verstoßen.[99] Im Fokus der Norm liegt also die Ausgestaltung des konkreten befristeten Arbeitsverhältnisses; ein neues oder weiteres Arbeitsverhältnis kann sich hieraus nicht ergeben.

Mit Blick auf die Diskriminierungsverbote nach § 4 Abs. 2 TzBfG sowie nach dem AGG stellt sich die Frage, ob der Diskriminierte nur einen Anspruch auf Schadensersatz hat oder die Diskriminierung nicht vielmehr einen Kontrahierungszwang für den Arbeitgeber zur Folge hat. Ein Kontrahierungszwang zum Abschluss eines (un-)befristeten Arbeitsvertrags ist grundsätzlich auf zwei Wegen denkbar: Zum einen könnte durch die Diskriminierung die Befristungsabrede – in Anlehnung an §§ 14, 16 Satz 1 TzBfG – unwirksam oder nichtig sein und hierdurch ein unbefristetes Arbeitsverhältnis entstehen. Zum anderen könnte die Rechtsfolge einer Diskriminierung – etwa im Wegen der Naturalrestitution – immer das Entstehen eines unbefristeten Arbeitsverhältnisses sein.

Grundsätzlich gilt die allgemeine Werteentscheidung im Befristungsrecht, welche auch in § 15 Abs. 6 AGG normiert wurde, dass kein Arbeitnehmer beziehungsweise ein Arbeitsverhältnis dem Arbeitgeber aufgedrängt werden kann; mithin ist ein Kontrahierungszwang regelmäßig ausgeschlossen.[100] Folglich kann eine Diskriminierung selbst niemals taugliche Grundlage für eine Einstellung eines Bewerbers sein. Die Vertragsabschlussfreiheit des Arbeitgebers als Ausfluss der Privatautonomie ist selbst bei schwersten Benachteiligungen zu

96 Dies stellte bereits *Richardi* zu § 2 Abs. 1 BeschFG 1985 fest NZA 1992, 625 (626); A/P/S/*Greiner*, TzBfG, § 4 Rn. 3; ErfK/*Preis*, TzBfG, § 4 Rn. 5.

97 H/W/K/*Schmalenberg*, TzBfG, § 4 Rn. 29, Rn. 31; KR/*Bader*, TzBfG, § 4 Rn. 17; ErfK/*Preis*, TzBfG, § 4 Rn. 72.

98 KR/*Bader*, TzBfG, § 4 Rn. 3; ErfK/*Preis*, TzBfG, § 4 Rn. 14, Rn. 16.

99 BAG v. 27.11.2008 – 6 AZR 632/08, NZA-RR 2009, 490 (491 = Rn. 21); A/P/S/*Greiner*, TzBfG, § 4 Rn. 21; Meinel/Heyn/Herms/*Herms*, TzBfG, § 4 Rn. 122.

100 Siehe u.a. *Horcher*, RdA 2014, 93 (93); *Pallasch*, RdA 2015, 108; Däubler/Bertzbach/*Deinert*, AGG, § 15 Rn. 148; ErfK/*Schlachter*, AGG, § 15 Rn. 21.

schützen, sodass der Verletzte nur einen Anspruch auf Schadensersatz geltend machen kann.[101] Während des Beschäftigungsverhältnisses hat das BAG bereits des Öfteren wegen des Gleichbehandlungsgrundsatzes dem Arbeitnehmer einen Anspruch (beispielsweise Anspruch auf beamtenrechtliche Besoldung) auf Änderung des Synallagmas zugesprochen.[102]

Von einem Kontrahierungszwang im Befristungsrecht[103] kann überhaupt nur dann ausgegangen werden, wenn der Arbeitgeber sich bereits einmal für den konkreten Arbeitnehmer entschieden hat. Es kann entweder die Befristungsabrede zur Befristung des Arbeitsverhältnisses diskriminierend sein oder es ist diskriminierend, dass dem Arbeitnehmer im Anschluss an ein bestehendes Beschäftigungsverhältnis kein – oder nur ein befristeter – Arbeitsvertrag angeboten wurde. Überzeugenderweise ist § 15 Abs. 6 AGG (bis auf eine Ausnahme, hierzu sogleich) nicht beliebig analog auf alle befristungsrechtlichen Konstellationen zu übertragen, sondern ein Vertragsschluss wegen einer Benachteiligung ist möglich.[104]

Mit Entscheidung vom 13. August 2008 hat das BAG festgestellt, dass regelmäßig kein Anspruch auf Vertragsverlängerung aus dem Gleichbehandlungsgrundsatz gefolgert werden kann, wenn der beendete befristete Arbeitsvertrag rechtmäßig sachgrundlos nach § 14 Abs. 2 TzBfG befristet war.[105] Der Siebte Senat argumentiert, dass der Grundsatz der Vertragsfreiheit Vorrang genießt und folglich der Arbeitgeber die normativen Grenzen der Befristung eines Arbeitsverhältnis (hier § 14 Abs. 2 TzBfG) ohne weitere Rechtfertigungsbedürftigkeit ausnutzen kann.[106] Dies wurde mit Entscheidung vom 5. Dezember

---

101 BAG v. 21.9.2011 – 7 AZR 150/10, NZA 2012, 317 (322 = Rn. 44); v. 20.10.2015 – 9 AZR 743/14, NZA 2016, 299 (302 f. = Rn. 19); *Horcher*, RdA 2014, 93 (97 f.); ErfK/*Schlachter*, AGG, § 15 Rn. 21; Däubler/Bertzbach/*Deinert*, AGG, § 15 Rn. 148; MüHdbArbeitsR/*Benecke*, 4. Aufl. 2018, § 32 Rn. 74.

102 BAG v. 14.8.2007 – 9 AZR 943/06, NZA 2008, 99 (100); v. 11.4.2006 – 9 AZR 528/05, NZA 2006, 1217 (1218); v. 25.2.2010 – 6 AZR 911/08, NZA 2010, 561; siehe auch *Horcher*, RdA 2014, 93 (97 f. m.w.N.).

103 Weitere Kontrahierungszwänge im Arbeitsrecht folgen aus § 613a BGB, § 78a BetrVG und § 10 AÜG; zu den verfassungsrechtlichen Grundlagen und Bedenken des Kontrahierungszwangs siehe *Horcher*, RdA 2014, 93 (94 ff.).

104 *Horcher*, RdA 2014, 93 (97 f.); ErfK/*Schlachter*, AGG, § 15 Rn. 21; a.A. Däubler/Bertzbach/*Deinert*, AGG, § 15 Rn. 148 m.w.N; wohl auch MüKoBGB/*Thüsing*, AGG, § 15 Rn. 42 f.

105 BAG v. 13.8.2008 – 7 AZR 513/07, NZA 2009, 27; bestätigt durch BAG v. 21.6.2012 – 8 AZR 364/11, NZA 2012, 1345 (1350 = Rn. 51).

106 BAG v. 13.8.2008 – 7 AZR 513/07, NZA 2009, 27 (29 = Rn. 22 f.).

2012 nochmals ausdrücklich bestätigt und sogar für die Konstellation einer tarifvertraglich verlängerten sachgrundlosen Befristung eines Betriebsratsmitglieds angewendet.[107] Vorstehender Gedanke muss konsequenterweise auch für Befristungen mit Sachgrund gelten. Sofern also der befristete Arbeitsvertrag mit Sachgrund erfolgte und rechtmäßig beendet wurde, kann aus dem Gleichbehandlungsgrundsatz oder sonstigen Benachteiligungen kein Anspruch auf Abschluss eines weiteren Arbeitsvertrags folgen.[108] Vielmehr muss es dem Arbeitgeber regelmäßig möglich sein, sich im Wege der Befristung nach Vertragsende auch vollständig von dem Arbeitnehmer zu lösen.

Vorstehender Grundsatz wurde mit Entscheidung vom 25. Juni 2014 eingeschränkt beziehungsweise konkretisiert.[109] Die Klägerin erhielt zunächst für ein Jahr ein nach § 14 Abs. 2 TzBfG sachgrundlos befristetes Arbeitsverhältnis, welches, nachdem sie in den Betriebsrat gewählt wurde, für ein weiteres Jahr verlängert wurde. Im Anschluss teilte der Beklagte der Klägerin mit, dass ihr Arbeitsverhältnis nicht verlängert werden würde und sie nicht weiterbeschäftigt werden könne. Die Klägerin trägt letztlich vor, dass sie einzig wegen ihrer Tätigkeit im Betriebsrat nicht weiter beschäftigt werden solle und bei der Beklagten regelmäßig eine „Entfristung" auf ein befristetes Arbeitsverhältnis folgen würde. Der Beklagte trägt hiergegen unter anderem vor, dass auch mit vier weiteren Arbeitnehmern keine „Verlängerung" erfolgte. Das BAG führt aus, dass die Befristungsabrede des sachgrundlosen Arbeitsverhältnisses unwirksam sein kann, wenn diese tatsächlich nur wegen der Betriebsratstätigkeit erfolgte.[110] Zwar scheitere es in der gegebenen Konstellation an der nicht ausreichenden Beweisführung der Klägerin, jedoch sei es grundsätzlich möglich, dass ein befristet beschäftigtes Betriebsratsmitglied einen Anspruch auf Abschluss eines Folgevertrags nach § 78 Satz 2 BetrVG in Verbindung mit §§ 280 Abs. 1, 823 Abs. 2, 249 Abs. 1 BGB habe, sofern der Arbeitgeber den Folgevertrag nur wegen der Betriebsratstätigkeit ablehne.[111] Aus dem Verbot der Benachteiligung von Betriebsratsmitgliedern nach § 78 Satz 2 BetrVG folge ein Anspruch auf Schadensersatz (nach § 280 Abs. 1 BGB und nach § 823 Abs. 2 BGB in Verbindung mit § 78 Satz 2 BetrVG), welcher im Wege der Naturalrestitution (§ 249 Abs. 1 BGB)

---

107 BAG v. 5.12.2012 – 7 AZR 698/11, NZA 2013, 515.

108 So auch *Horcher*, RdA 2014, 93 (98); A/P/S/*Backhaus*, TzBfG, § 15 Rn. 112; ErfK/*Schlachter*, AGG, § 15 Rn. 21; ErfK/*Müller-Glöge*, TzBfG, § 15 Rn. 7.

109 BAG v. 25.6.2014 – 7 AZR 847/12, NZA 2014, 1209 = AP BetrVG 1972 § 78 Nr. 14.

110 BAG v. 25.6.2014 – 7 AZR 847/12, NZA 2014, 1209 (1210 = Rn. 17).

111 BAG v. 25.6.2014 – 7 AZR 847/12, NZA 2014, 1209 (1211 = Rn. 28 ff.).

auszugleichen sei.[112] „*Wenn daher ohne die gegen § 78 S. 2 BetrVG verstoßende Benachteiligung ein Folgevertrag mit dem Betriebsratsmitglied abgeschlossen worden wäre, kann dieses als Schadensersatz den Abschluss eben eines solchen Vertrags verlangen.*“[113] § 15 Abs. 6 AGG sei bei einer Benachteiligung nach § 78 BetrVG nicht anwendbar, da wegen des über den personenbezogenen Schutzzweckes hinausgehend, nämlich der Schutz des Betriebsrats als Organ, keine vergleichbare Interessenslage vorliege (anders gleichwohl bei einer Benachteiligung nach § 612a BGB; hierzu sogleich).[114]

Folglich kann aus einer Diskriminierung nur dann ein unbefristetes Arbeitsverhältnis folgen, wenn die Befristungsabrede selbst diskriminierend ist. Dies hat das BAG mit Entscheidung vom 6. April 2011 festgestellt und dabei ausgeführt, dass „[e]*ine an das Lebensalter des Arbeitnehmers anknüpfende Vereinbarung über die Dauer eines befristeten Arbeitsverhältnisses* [...] *diesen i. S. von § 3 I 1 AGG* [benachteiligt,] *wenn mit einem anderen – jüngeren – Arbeitnehmer in vergleichbarer Situation eine längere Befristungsdauer vereinbart worden wäre.*“[115] Durch die unmittelbare Benachteiligung gemäß § 3 Abs. 1 Satz 1 AGG des Arbeitnehmers in Form der Benachteiligung wegen des Alters (§ 1 Var. 7 AGG) ist die Befristungsabrede unwirksam gemäß § 7 Abs. 2 AGG.[116] Dass einem jüngeren, aber vergleichbaren Beschäftigten ein Arbeitsvertrag mit einer längeren Laufzeit angeboten wird, lässt sich auch nicht nach § 10 AGG rechtfertigen, da das gewählte Mittel weder erforderlich noch angemessen im Sinne des § 10 Satz 3 AGG ist.[117] Hinsichtlich der Rechtsfolge einer unwirksamen Befristungsabrede des gesamten Arbeitsverhältnisses stellt der Siebte Senat fest, dass § 139 BGB nicht anwendbar ist, da eine Befristungsabrede nicht teilbar ist, weil es „*keine Befristung ohne bestimmte Dauer*“ gibt.[118] Ferner sei auch weder § 140 BGB noch seien die „*Grundsätze zur ‚Anpassung nach oben*‘“ anwendbar, sodass auch nicht eine „*andere – längere – Befristungsdauer angenommen werden*“ kann.[119] Folglich hat die Unwirksamkeit der Befristungsabrede einen unbefristeten Fortbestand des Arbeitsverhältnisses zur Folge. Dem steht auch nicht § 15 Abs. 6 AGG

---

112 BAG v. 25.6.2014 – 7 AZR 847/12, NZA 2014, 1209 (1211 = Rn. 30).
113 BAG v. 25.6.2014 – 7 AZR 847/12, NZA 2014, 1209 (1211 = Rn. 30 a.E.).
114 BAG v. 25.6.2014 – 7 AZR 847/12, NZA 2014, 1209 (1211 = Rn. 31 f.).
115 BAG v. 6.4.2011 – 7 AZR 524/09, NZA 2011, 970 (1. Orientierungssatz, siehe auch Rn. 17).
116 BAG v. 6.4.2011 – 7 AZR 524/09, NZA 2011, 970 (971 = Rn. 15 ff.).
117 BAG v. 6.4.2011 – 7 AZR 524/09, NZA 2011, 970 (972 = Rn. 23 ff.).
118 BAG v. 6.4.2011 – 7 AZR 524/09, NZA 2011, 970 (972 = Rn. 29).
119 BAG v. 6.4.2011 – 7 AZR 524/09, NZA 2011, 970 (972 = Rn. 30).

entgegen, welcher in der vorliegenden Konstellation, einer nach § 7 Abs. 2 AGG unwirksamen Befristungsabrede, nicht (auch nicht analog) anwendbar ist. Es ist nicht vergleichbar, ob der Arbeitgeber gezwungen wird einen abgelehnten Arbeitnehmer doch zu beschäftigen oder (wie hier) „*einen Arbeitnehmer, den er aus eigener Willensentscheidung auf einer bestimmten Position eingestellt hat, weiterzubeschäftigen.*“[120]

Abschließend ist auf der Ebene der Diskriminierungsverbote hinsichtlich der Befristungsabrede auf das Maßregelungsverbot nach § 612a BGB beziehungsweise § 5 TzBfG hinzuweisen. § 5 TzBfG stellt für die Befristung des gesamten Arbeitsverhältnisses und der sich aus dem TzBfG ergebenden Rechte eine Spezialregelung zu § 612a BGB dar, welche jedoch im Ergebnis nicht über den Anwendungsbereich hinaus geht, sondern de facto das Gleiche regelt.[121] Geschützt ist nach § 5 TzBfG beispielsweise die rechtmäßige und in zulässiger Weise erfolgende Geltendmachung des Rechts auf Gleichbehandlung nach § 4 Abs. 2 TzBfG, das Recht auf Information über entsprechend unbefristete Arbeitsplätze (§ 18 TzBfG) oder das Recht auf Teilnahme an Aus- und Weiterbildungsmaßnahmen (§ 19 TzBfG).[122] Lässt sich eine Rechtsausübung des Arbeitnehmers nicht auf Rechte nach dem TzBfG rechtfertigen, aber auf andere Rechte und Grundsätze, so kann ein Verstoß gegen § 612a BGB vorliegen.[123]

Bedeutend für den Teilbereich des Maßregelungsverbots innerhalb des Befristungsrechts ist die Entscheidung des Siebten Senats vom 21. September 2011, welcher folgender Sachverhalt zugrunde lag.[124] Zwischen den Parteien wurde ein sachgrundlos befristeter Arbeitsvertrag geschlossen, wobei bei der Beklagten regelmäßig im Anschluss an ein befristetes Arbeitsverhältnis ein unbefristetes Beschäftigungsverhältnis geschlossen wird. Der Kläger ist Mitglied der IG Metall und Mitglied des gewerkschaftlichen Vertrauenskörpers bei der Beklagten. Im Rahmen einer Betriebsversammlung macht der Kläger in seiner Eigenschaft als Leiter des gewerkschaftlichen Vertrauenskörpers kritische Bemerkungen zum Stellenabbau bei der Beklagten, wobei deren Geschäftsführer dies als „Frechheit“ bezeichnete. Im Anschluss wurde der Kläger darüber informiert, dass sein

---

120 BAG v. 6.4.2011 – 7 AZR 524/09, NZA 2011, 970 (973 = Rn. 34).

121 *Kliemt*, NZA 2001, 296 (305); KR/*Bader*, TzBfG, § 5 Rn. 2; BeckOK ArbR/*Bayreuther*, TzBfG, 59. Ed. 1.3.2021, § 5 Rn. 1; ErfK/*Preis*, TzBfG, § 5 Rn. 1.

122 Vgl. auch Boecken/Joussen/*Joussen*, TzBfG, § 5 Rn. 9 ff; KR/*Bader*, TzBfG, § 5 Rn. 5; ErfK/*Preis*, TzBfG, § 5 Rn. 1 f.

123 Meinel/Heyn/Herms/*Herms*, TzBfG, § 5 Rn. 6.

124 BAG v. 21.9.2011 – 7 AZR 150/10, NZA 2012, 317 = AP BGB § 612a Nr. 20.

Arbeitsvertrag nicht entfristet werde. Der Kläger begehrt die Begründung eines unbefristeten Arbeitsverhältnisses. Der Siebte Senat entschied, dass die Beklagte durch das Verhalten des Geschäftsführers gegen das Maßregelungsverbot nach § 612a BGB verstoßen habe. Insofern war die Aussage des Klägers von dem in *„Art. 5 I GG geschützte*[n] *Grundrecht auf freie Meinungsäußerung und die durch Art. 9 III 1 und S. 2 GG gewährleistete Betätigungsfreiheit“* gedeckt, sodass diese Rechtsausübung von § 612a BGB umfasst sei.[125] Zwar sei die Entscheidung des Arbeitgebers grundsätzlich geschützt, ob er mit dem Arbeitnehmer nach Ende des befristeten Arbeitsvertrags ein unbefristetes Beschäftigungsverhältnis eingehen möchte, jedoch hat der Arbeitgeber für diesen Schutz sein Verhalten innerhalb der Rechtsordnung auszuüben. *„Der Arbeitgeber, der in einem befristeten Arbeitsverhältnis mit einem Arbeitnehmer steht, ist dennoch verpflichtet, bei der Entscheidung über den Abschluss eines weiteren Arbeitsvertrags das Maßregelungsverbot des § 612 a BGB zu beachten. Die Vertragsfreiheit des Arbeitgebers ist nur in den Grenzen der Rechtsordnung geschützt.“*[126] Insofern liegt ein Verstoß gegen § 612a BGB vor; gleichwohl hat das Begehren des Klägers im Ergebnis dennoch keinen Erfolg, da *„weder unmittelbar aus § 612 a BGB noch aus § 612 a i. V. mit §§ 280 I, 241 II BGB oder aus § 612 a i. V. mit § 823 II BGB oder aus § 612 a BGB in Verbindung mit dem arbeitsrechtlichen Gleichbehandlungsgrundsatz ein Wiedereinstellungsanspruch“*[127] folge. Vielmehr sei die Rechtsfolge des Anspruchs auf Grundlage der gebotenen Analogie zu § 15 Abs. 6 AGG nur auf Schadensersatz gerichtet. Die Regelung des § 612a BGB enthielte nämlich nach der Kodifizierung des AGG eine unbewusste Regelungslücke, da *„eine allgemeine gesetzgeberische Wertung“* zu berücksichtigen sei, wonach *„der Arbeitgeber selbst bei massivsten Diskriminierungen – etwa wegen des Geschlechts, der Rasse oder der Religion – nicht verpflichtet werden* [soll], *ein Arbeitsverhältnis einzugehen. Der Anspruch des benachteiligten Arbeitnehmers ist auf Geldersatz beschränkt.“*[128] Dieser Ansicht ist zuzustimmen.[129]

§ 15 Abs. 6 AGG greift die ehemalige Regelung des Benachteiligungsverbots in § 611a BGB a.F. (bis zur Ablösung durch das AGG) auf und beschränkt

---

125 BAG v. 21.9.2011 – 7 AZR 150/10, NZA 2012, 317 (320 = Rn. 33).

126 BAG v. 21.9.2011 – 7 AZR 150/10, NZA 2012, 317 (321 f. = Rn. 42).

127 BAG v. 21.9.2011 – 7 AZR 150/10, NZA 2012, 317 (322 = Rn. 43).

128 BAG v. 21.9.2011 – 7 AZR 150/10, NZA 2012, 317 (322 = Rn. 44).

129 Ebenso *Horcher*, RdA 2014, 93 (99); *Grosse-Brockhoff*, GWR 2012, 192; ErfK/*Preis*, BGB, § 612a Rn. 23; Däubler/Bertzbach/*Deinert*, AGG, § 15 Rn. 148 m.w.N.; kritisch *Pallasch*, RdA 2015, 108 m.w.N.

diejenigen Ansprüche wegen einer Diskriminierung auf Geldersatz. Zwar ist nach dem Wortlaut der Norm die „Begründung eines Beschäftigungsverhältnisses“ ausgeschlossen, gleichwohl ist dies dahingehend zu verstehen, dass auch die „Wiederbegründung“ des Beschäftigungsverhältnisses hierunter fällt. Zu beachten ist ferner, dass in den vorstehenden Entscheidungen entweder die Befristungsabrede selbst unwirksam war (sodann stellt sich die Anwendbarkeit des § 15 Abs. 6 AGG nicht) oder die Befristungsabrede wirksam erfolgte und daher auch rechtmäßig endete. Einzig in der letzten Konstellation stellt sich die Frage der Anwendbarkeit des § 15 Abs. 6 AGG, wobei hier das bestehende Beschäftigungsverhältnis beendet wurde und nur die Frage des Fortsetzungsanspruchs beziehungsweise des Wiedereinstellungsanspruchs durch die Diskriminierung zu beantworten ist. In diesen Konstellationen stellt sich also die Frage der (Wieder-/Neu-)Begründung des Beschäftigungsverhältnisses, was mit § 15 Abs. 6 AGG zu beantworten ist. Es überwiegt die Vertragsfreiheit des Arbeitgebers gegenüber dem Interesse des Arbeitnehmers, welches gleichwohl durch den finanziellen Ausgleich befriedigt wird.

Nicht zu überzeugen vermag daher auch die Ansicht des BAG in der Entscheidung vom 25. Juni 2014, wonach wegen des Schutzes des Betriebsrats als Organ § 15 Abs. 6 AGG nicht durchgreife.[130] Die Kontinuität der Betriebsratsarbeit ist nicht gefährdet durch die Beendigung des einzelnen Beschäftigungsverhältnisses, da nach § 25 Abs. 1 BetrVG ein Ersatzmitglied automatisch im Fall des Ausscheidens eines Betriebsratsmitglieds nachrückt. Ferner ist es nicht überzeugend, einem benachteiligten Betriebsratsmitglied durch die Anwendung des § 78 BetrVG mehr Rechte zuzubilligen als einem nach § 612a BGB benachteiligten Gewerkschaftsmitglied, welches sich mit einem Geldersatz begnügen muss, obwohl seine Rechte sogar im Grundgesetz nach Art. 9 Abs. 3 Satz 1 und Satz 2 GG in Gestalt der individuellen Koalitionsfreiheit geschützt und in dem in der Entscheidung vom 21. Juli 2011 zugrundeliegenden Sachverhalt sogar verletzt waren.[131]

Zusammenfassend ist daher festzuhalten, dass durch eine Benachteiligung durch die konkrete Befristungsabrede diese unwirksam sein kann und hierdurch – entsprechend § 16 Satz 1 TzBfG – ein unbefristetes Arbeitsverhältnis entsteht. In den sonstigen Fällen von Benachteiligungen überwiegt das Interesse des Arbeitgebers, sich nicht an einen von ihm ausgewählten Arbeitnehmer binden zu müssen; einen Kontrahierungszwang gibt es regelmäßig auch bei

130 BAG v. 25.6.2014 – 7 AZR 847/12, NZA 2014, 1209 (1211 = Rn. 31 f.).
131 Ebenso *Pallasch*, RdA 2015, 108 (113).

schwersten Diskriminierungen nicht. Der Schaden des Benachteiligten ist nach § 15 Abs. 6 AGG auf einen finanziellen Ausgleich begrenzt.

D. Spannungsverhältnis zum Kündigungsschutz

Das Befristungsrecht steht in einem Spanungsverhältnis zum Kündigungsschutz, was nicht nur daraus resultiert, dass das Befristungsrecht des gesamten Arbeitsverhältnisses bis zu seiner Abkopplung vom Kündigungsschutz durch das TzBfG mit der sogenannten „Umgehungsrechtsprechung des BAG" aus diesem abgeleitet wurde (siehe hierzu ausführlich S. 64), sondern weiterhin ähnliche Zwecke, Motive und Interessen durch die Vertragsgestaltungsmittel verfolgt werden. Dies gilt es in einem ersten Schritt für das Kündigungsrecht herauszuarbeiten und sodann in einem zweiten Schritt mit dem (derzeitigen) Befristungsrecht in Vergleich zu setzen.

Normativer Ursprung des Kündigungsschutzes in der derzeit bekannten Form ist das Kündigungsschutzgesetz vom 10. August 1951, welches die wesentlichen Eckpfeiler des Kündigungsschutzes (beispielsweise die Notwendigkeit der sozialen Rechtfertigung (§ 1 Abs. 2 KSchG 1951)) kodifizierte.[132] Mit Blick auf das Befristungsrecht von Interesse ist, dass durch das Beschäftigungsförderungsgesetz vom 25. September 1996[133] es erstmals zu einem materiellen Eingriff in den Kündigungsschutz kam. So wurde unter anderem die Möglichkeit zur grundlosen Befristung von Arbeitsverträgen erweitert und der Schwellenwert für die Geltung des Kündigungsschutzgesetzes von fünf auf zehn Arbeitnehmer angehoben. Darüber hinaus wurden die Kriterien der Sozialauswahl eingegrenzt. Letztere beiden Aspekte wurden durch das Gesetz zu Reformen am Arbeitsmarkt vom 24. Dezember 2003[134] überwiegend wieder revidiert.

Bei der arbeitgeberseitigen Kündigung treffen sich zwei konträre Interessenlagen: Der Arbeitgeber hat regelmäßig ein Dispositionsinteresse hinsichtlich der Auflösung beziehungsweise Beendigung des Arbeitsverhältnisses, welches verfassungsrechtlich durch die unternehmerische Entscheidungsfreiheit nach Art. 12 Abs. 1, Art. 2 Abs. 1 GG geschützt ist.[135] Beim Arbeitnehmer liegt

132 BGBl. I S. 499; für die kündigungsrechtlichen Historie bis zur Verabschiedung des KSchG siehe A/P/S/*Preis*, Grundlagen A., Rn. 1 ff; KR/*Rachor*, KSchG, § 1 Rn. 1 ff. m.w.N.

133 BGBl. I S. 1476.

134 BGBl. I S. 3002.

135 Siehe hierzu bereits grundlegend zur verfassungsrechtlichen Grundlage der Vertragsfreiheit *Preis*, S. 37 ff.

demgegenüber regelmäßig ein Bestandsinteresse zur Fortsetzung des Arbeitsverhältnisses vor, was ebenfalls verfassungsrechtlich durch Art. 12 Abs. 1 GG geschützt ist.[136] Insofern ist zu beachten, dass aus dem Recht auf freie Wahl des Arbeitsplatzes, als Ausgestaltung der Berufsfreiheit (Art. 12 Abs. 1 GG), auch das Recht folgt, den gewählten Arbeitsplatz nicht grundlos wieder zu verlieren, da er sowohl die Existenzgrundlage als auch die gesellschaftliche Stellung und das Selbstwertgefühl des Arbeitnehmers darstellt.[137] Mangels unmittelbarer Drittwirkung der Grundrechte kann der einzelne Arbeitnehmer seinem privatrechtlichen Arbeitgeber nicht Art. 12 Abs. 1 GG als Schutz- beziehungsweise Abwehrrecht entgegenhalten, daher ist der Kündigungsschutz als Schutzpflicht des Gesetzgebers abzuleiten, was durch das KSchG kodifiziert wurde.[138] Die Schutzpflicht des Gesetzgebers verlangt keine Zurverfügungstellung eines Arbeitsplatzes oder dessen Bestand, sondern einen wirksamen Kündigungsschutz, welcher einen ungerechtfertigten oder willkürlichen Verlust des Arbeitsplatzes verhindert (Untermaßverbot) und hierdurch die unternehmerische Freiheit eingrenzt.[139]

Mit Entscheidung vom 24. April 1991 stellte das BVerfG fest, dass durch das KSchG ein verfassungsgemäßer Interessenausgleich zwischen Arbeitgeber- und Arbeitnehmerinteressen vorliegt.[140] Gleichwohl hat der Rechtsanwender bei den Generalklauseln des Kündigungsschutzes, sofern ein Beurteilungsspielraum gegeben ist, die verfassungsrechtlichen Interessen der Vertragsparteien bei seiner Entscheidung zur Rechtmäßigkeit der Kündigungserklärung mit einfließen zu lassen. Festzustellen ist also, dass zwar ein verfassungsrechtlich gebotener Mindestkündigungsschutz gegeben ist, jedoch der Arbeitgeber auch ein Recht auf die Möglichkeit zur Kündigung geltend machen kann, welches insbesondere in dem Recht zur außerordentlichen Kündigung sowie der ordentlichen

---

136 Grundlegend *Preis*, NZA 1995, 241 (242); *ders.*, NZA 1997, 1256 (1257); siehe zum Schutzumfang BVerfG v. 24.4.1991 – 1 BvR 1341/90, AP GG Art. 12 Nr. 70; zuletzt BVerfG v. 15.11.2018 – 1 BvR 1572/17, NZA 2019, 302 (304 = Rn. 15 f.).

137 BVerfG v. 24.4.1991 – 1 BvR 1341/90, AP GG Art. 12 Nr. 70; v. 27.1.1998 – 1 BvL 15/87, NZA 1998, 470 (471 = B I 1, 3b aa)); BAG v. 6.9.2007 – 2 AZR 715/06, NZA 2008, 633 (635 = Rn. 26 m.w.N.).

138 Siehe u.a. A/P/S/*Kiel*, KSchG, § 1 Rn. 446 m.w.N.

139 ErfK/*Schmidt*, GG, Art. 12 Rn. 11; A/P/S/*Kiel*, KSchG, § 1 Rn. 446; *Preis*, NZA 1995, 241 (242).

140 BVerfG v. 24.4.1991 – 1 BvR 1341/90, AP GG Art. 12 Nr. 70; zustimmend A/P/S/*Preis*, Grundlagen A, Rn. 23.

Kündigung begründet ist, sofern letztere durch die ordentlichen Kündigungsgründe nach § 1 KSchG sozial gerechtfertigt ist.

Neben den Interessenlagen der Vertragsparteien ist auch der Zweck des allgemeinen Kündigungsschutzes herauszustellen: Primärer Zweck des allgemeinen Kündigungsschutzes ist der Erhalt des Arbeitsplatzes im Fall der Sozialwidrigkeit einer Kündigung (vergleiche § 1 KSchG); mithin ist von einem Bestandsschutz- und nicht von einem Abfindungsgesetz auszugehen.[141] Bei der Einführung des KSchG stand im Fokus des Gesetzgebers den Arbeitsplatz sowie die Betriebszugehörigkeit des Arbeitnehmers als Grundlage der wirtschaftlichen und sozialen Existenz des Arbeitnehmers zu schützen.[142] Das KSchG berücksichtigt also auch das Bestandsschutzinteresse des Arbeitnehmers, was das BVerfG zuletzt mit Entscheidung vom 15. November 2018 auch nochmals herausstellt und die Parallele zwischen dem Befristungs- und dem Kündigungsschutzrecht hervorhob.[143]

Der maßgeblichen Norm des § 1 KSchG entsprechend, liegt nur dann eine sozial gerechtfertigte – also wirksame – arbeitgeberseitige Kündigung vor, wenn diese durch einen Grund gerechtfertigt wird, der entweder in der Person oder in dem Verhalten des Arbeitnehmers liegt oder dringende betriebliche Erfordernisse die Kündigung notwendig machen. Somit bedarf es regelmäßig eines sachlichen Grundes für die wirksame Kündigung, was eine deutliche Parallele zu § 14 Abs. 1 TzBfG darstellt.

Die Arbeitnehmerkündigung (Eigenkündigung) unterliegt nicht dem KSchG, sondern richtet sich nach den allgemeinen Regelungen des BGB.[144] Normativer Ansatz ist einzig § 622 Abs. 1 BGB aus welchem folgt, dass die Kündigung des Arbeitnehmers möglich ist, wobei die Möglichkeit zur ordentlichen Kündigung auch arbeitsvertraglich ausgeschlossen oder begrenzt werden kann. Die jederzeit mögliche außerordentliche Kündigung kann demgegenüber nicht ausgeschlossen werden. Ebenso wie die Kündigungserklärung des Arbeitgebers hat auch die arbeitnehmerseitige Kündigungserklärung schriftlich nach § 623 BGB zu erfolgen. Herauszustellen ist, dass der Arbeitnehmer für die ordentliche Kündigung seines Arbeitsverhältnisses keinen Kündigungsgrund benötigt; mithin sein

141 BAG v. 24.11.2011 – 2 AZR 429/10, NZA 2012, 610 (614 = Rn. 41); v. 29.8.2013 – 2 AZR 419/12, NZA 2014, 660 (661 = Rn. 18); hierzu u.a. A/P/S/*Vossen*, KSchG, § 1 Rn. 1.

142 BT-Drucks. Nr. 2090, S. 11 = RdA 1951, 61 (63).

143 BVerfG v. 15.11.2018 – 1 BvR 1572/17, NZA 2019, 302 (304 = Rn. 16 m.w.N.); siehe auch A/P/S/*Kiel*, KSchG, § 1 Rn. 446 m.w.N.

144 KR/*Rachor*, KSchG, § 1 Rn. 169.

„Wunsch" zur Beendigung des Arbeitsverhältnisses ausreichend ist. Die auch für den Arbeitnehmer zu beachtende Kündigungsfrist nach § 622 Abs. 1 BGB soll dem Arbeitgeber ermöglichen, sich auf den Verlust seines Arbeitnehmers einstellen zu können und die freie Stelle gegebenenfalls neu zu besetzen.

Eine beachtenswerte Parallele besteht zwischen der Eigenkündigung des Arbeitnehmers und der Sachgrundbefristung des gesamten Arbeitsverhältnisses nach Wunsch des Arbeitnehmers gemäß § 14 Abs. 1 Satz 2 Nr. 6 TzBfG. Für letzteres Vertragsgestaltungsmittel ist notwendig, dass zum Zeitpunkt des Vertragsschlusses objektive Anhaltspunkte vorliegen (beispielsweise tatsächliche Eigeninitiative des Arbeitnehmers), aus denen der Rückschluss gezogen werden kann, dass der Arbeitnehmer ein Interesse an dem befristeten Arbeitsverhältnis hat.[145] Es muss der tatsächliche Wunsch des Arbeitnehmers zum befristeten Beschäftigungsverhältnis vorliegen, wobei *„der Arbeitnehmer auch bei einem Angebot auf Abschluss eines unbefristeten Vertrags nur ein befristetes Arbeitsverhältnis vereinbart hätte"*.[146] Festzustellen ist also, dass bei diesem Sachgrund der Wunsch des Arbeitnehmers zur Rechtfertigung des Vertragsgestaltungsmittels ausreichend ist und der Arbeitgeber keine weitere Rechtfertigung vorzuzeigen hat. Kongruent hierzu ist die Eigenkündigung des Arbeitnehmers zu sehen. Auch dort ist der tatsächliche Wunsch zur Beendigung des Arbeitsverhältnisses ausreichend und der Arbeitgeber muss keine weitere Rechtfertigung vorzeigen. Beiden Gestaltungsmitteln ist – auch wenn sie in scheinbar konträren Richtungen wirken – gemein, dass das Bestehen oder Nichtbestehen des Beschäftigungsinteresses des Arbeitnehmers zur Wirksamkeit des Vertragsgestaltungsmittels ausreichend ist. Sofern also der Arbeitnehmer kein Interesse mehr an einer Beschäftigung hat oder genau die Befristung sein Beschäftigungsinteresse befriedigt, tritt die normative Schutzpflicht gegen die unternehmerische Entscheidungsfreiheit zurück, denn der freie Wille des Arbeitnehmers ist ausreichend stark geschützt und im Synallagma gegen den Arbeitgeber vertreten.

Unabhängig von einem Vergleich der Interessenlagen zum Befristungsrecht (hierzu sogleich) ist die Eigenkündigung auch im Rahmen eines befristeten Arbeitsverhältnisses von Relevanz. Hier sind regelmäßig drei Fallgestaltungen einschlägig: (i) der befristete Arbeitsvertrag ist unwirksam, sodass nach § 16

---

145 BAG v. 6.11.1996 – 7 AZR 909/95, NZA 1997, 1222; v. 18.1.2017 – 7 AZR 236/15, NZA 2017, 849 (852 = Rn. 30).

146 BAG v. 11.2.2015 – 7 AZR 17/13, NZA 2015, 1066 (1069 = Rn. 36 m.w.N.); hierzu auch ErfK/*Müller-Glöge*, TzBfG, § 14 Rn. 61 f.

TzBfG dieser für den Arbeitnehmer jederzeit ordentlichen kündbar ist,[147] (ii) sofern der Arbeitsvertrag gemäß § 15 Abs. 4 TzBfG auf Lebenszeit oder länger als fünf Jahre (befristet) geschlossen wurde, kann der Arbeitnehmer mit einer Frist von sechs Monaten ordentlich kündigen und (iii) kann die Möglichkeit zur ordentlichen Kündigung auch während der Laufzeit des befristeten Arbeitsverhältnisses nach § 15 Abs. 3 TzBfG vereinbart werden. Letztlich kann der Arbeitgeber sich jedoch maximal finanziell gegen den Beendigungswunsch des Arbeitnehmers wehren/befriedigen. Insofern ist zu berücksichtigen, dass die Klage auf Erfüllung der Arbeitspflicht des Arbeitnehmers nach § 888 Abs. 3 ZPO nicht vollstreckt wird und nur als Schadensersatzklage Erfolg haben kann.

Mit Blick auf die Interessenlagen der Vertragsparteien und die Konsequenzen der Vertragsdurchführung (und -beendigung) ist festzustellen, dass die Befristung des Arbeitsverhältnisses in einem „Spannungsverhältnis zum Kündigungsschutz“[148] steht. Mit einer Kündigung wird das Arbeitsverhältnis beendet. Der Gesetzgeber hat hier aufgrund der Stellung des Arbeitnehmers als regelmäßig strukturell unterlegene Vertragspartei einen Schutzbedarf gesehen, um ihn vor willkürlichem und grundlosem Verlust seiner Existenzgrundlage zu bewahren. Dem wird durch die zwingenden Regelungen in den §§ 622 ff. BGB, dem KSchG und weiteren besonderen Sonderkündigungsschutzvorschriften Rechnung getragen. Im Fokus des Kündigungsschutzes ist *„den Arbeitnehmer unter gerechter Verteilung des Beschäftigungs- und Arbeitsplatzrisikos vor dem ungerechtfertigten Verlustes seines Arbeitsplatzes zu schützen.“*[149]

Die Befristung eines Arbeitsverhältnisses im Gesamten ist letztlich ein weiteres Gestaltungsmittel zur Beendigung des Arbeitsverhältnisses. Anders als bei der Kündigung wird der Beendigungszeitpunkt zwar nicht später (willkürlich) vom Arbeitgeber gewählt, sondern von vorneherein vereinbart, dennoch verliert der Arbeitnehmer auch hier seine (wirtschaftliche) Existenzgrundlage. Folglich bedarf es ebenso eines Schutzes im Rahmen der Vertragsverhandlungen, welche de facto nur in Ausnahmefällen stattfinden, da der Arbeitnehmer regelmäßig strukturell gegenüber dem Arbeitgeber die unterlegene Vertragspartei ist.[150]

---

147 BAG v. 23.4.2009 – 6 AZR 533/08, NZA 2009, 1260; siehe auch MüKoBGB/*Hesse*, TzBfG, § 16 Rn. 9; ErfK/*Müller-Glöge*, TzBfG, § 16 Rn. 4; A/P/S/*Backhaus*, TzBfG, § 16 Rn. 9.

148 Staudinger/*Preis*, 2019, BGB, § 620 Rn. 9.

149 *Persch*, S. 50.

150 Zuletzt herausgestellt durch BVerfG v. 6.6.2018 – 1 BvL 7/14 und 1 BvR 1375/14, NZA 2018, 774 (776 = Rn. 41 ff.).

Gleichwohl ist dem Arbeitnehmer bei der Vereinbarung einer nur auf Dauer angelegten Beschäftigung bewusst(er), dass sein Besitzstand gefährdet ist.[151] Es ist daher nur konsequent, dass der Gesetzgeber sich dazu entschieden hat, dem Arbeitnehmer auch beim Vertragsschluss und der Durchführung des befristeten Arbeitsverhältnisses Schutz zu gewähren und die Möglichkeit zu einer solchen Befristung durch zwingendes Recht einzuschränken.[152] Durch die Befristungskontrolle wird der Staat seiner ihm *„obliegenden Schutzpflicht für den Bestand von Arbeitsverhältnissen“* gerecht.[153] Die Relevanz dieses Schutzbedürfnisses zeigt sich nicht zuletzt an der aktuellen Diskussion zur Eingrenzung der sachgrundlosen Befristung (siehe hierzu ausführlich ab S. 78).[154]

Seit Einführung des (ersten) Kündigungsschutzgesetzes im Jahr 1951[155] genießt der Arbeitnehmer ein zwingendes Schutzrecht, welches dem Arbeitgeber eine flexible und grundlose Beendigung des Arbeitsverhältnisses weitgehend verwehrt. Gleichwohl blieb damals das Gestaltungsmittel der Befristung ohne normative Einschränkung, sodass – mit dem Ziel das KSchG zu umgehen – vermehrt befristete Arbeitsverhältnisse abgeschlossen wurden.[156] Die Reaktion der Rechtsprechung folgte mit dem Beschluss des Großen Senats des BAG vom 12. Oktober 1960.[157] Danach war die Befristung eines Arbeitsvertrags nur wirksam, sofern beim Abschluss ein sachlicher Grund vorlag.[158] Hieraus ergab sich sodann ausdrücklich das Verbot der Gesetzesumgehung (Kündigungsschutz) als maßgebliche Kontrolle der Rechtmäßigkeit eines befristeten Arbeitsverhältnisses (zur weiteren Entwicklung der Kontrolle der Befristungsabrede siehe S. 63).[159] Aus diesem Umgehungsgedanken des BAG folgt auch die Schlussfolgerung, dass das Befristungsrecht an das Kündigungsschutzrecht gekoppelt war,

---

151 *Dörner*, NZA-Sonderbeil. 16/2003, 33 (34).

152 Vgl. *Hanau*, FS Wissmann, S. 27; *Dörner*, NZA-Sonderbeil. 16/2003, 33; *Persch*, S. 50 m.w.N.

153 *Dörner*, NZA-Sonderbeil. 16/2003, 33.

154 Vgl. Koalitionsvertrag zwischen CDU, CSU und SPD vom 12.3.2018, S. 52.

155 KSchG v. 10.8.1951 (BGBl. I S. 499) nunmehr ab 1.9.1969 in der Neufassung vom 25.8.1969.

156 Siehe zur Entwicklung auch *Persch*, S. 46 ff; Staudinger/*Preis*, 2019, BGB, § 620 Rn. 9 ff.

157 BAG v. 12.10.1960 – GS 1/59, AP § 620 BGB Befristeter Arbeitsvertrag Nr. 16 = NJW 1961, 798.

158 Siehe hierzu ausführlich *Loth*, S. 34 ff.; *Lange*, S. 12 ff. Vorhergehende Entwicklungen des Reichsarbeitsgerichts werden bei *Lange*, S. 6 ff. anschaulich und ausführlich dargestellt.

159 *Preis*, S. 158 ff., 164 f., 385 ff.; *Feuerborn*, FS Holzhauer, S. 232 (233).

denn des sachlichen Grundes, der eine wirksame Befristungsabrede erforderte, bedurfte es nur, wenn das zwingende Kündigungsrecht umgangen wurde, also nur dann, wenn das Beschäftigungsverhältnis über sechs Monate andauerte und kein Kleinbetrieb vorlag. Genau diese Einschränkung wurde mit der Kodifizierung des TzBfG aufgehoben, sodass richtigerweise von der „Abkopplung des Befristungsrechts" vom Kündigungsschutzrecht ausgegangen wird; mithin wurde ein Paradigmenwechsel vollzogen.[160] Das Befristungsrecht des gesamten Arbeitsverhältnisses wurde auf eigene normative „Füße" gestellt, insbesondere wurde das grundsätzliche Sachgrunderfordernis (§ 14 Abs. 1 Satz 1 TzBfG) unabhängig von einem sachlich oder personellen Anwendungsbereich auf sämtliche befristete Arbeitsverträge ausgeweitet (hierzu noch im Detail S. 76).

Gleichwohl bleiben durch die vergleichbaren Interessen der Vertragsparteien wichtige Schnittpunkte und Unterschiede. Das Verhältnis von Kündigungsschutz und Befristungsfreiheit kritisiert *Hanau* auch nach Einführung des TzBfG als *„unkoordiniert gegeneinander wirk*[end]"[161]. Dies zeigt sich deutlich daran, dass der Kündigungsschutz für das Beschäftigungsverhältnis nur innerhalb der ersten sechs Monate ausgeschlossen ist und damit nur in dieser Zeitspanne eine grundlose Kündigung erfolgen kann. Durch die Möglichkeit der sachgrundlosen Befristung für die Dauer von bis zu zwei Jahren gemäß § 14 Abs. 2 TzBfG wird hingegen faktisch diese Probezeit und die damit verbundene Möglichkeit der flexiblen Loslösung vom Beschäftigungsverhältnis nach derzeitiger Rechtslage in der Praxis häufig auf zwei Jahre verlängert. Letztere Möglichkeit wird dem Arbeitgeber nach § 14 Abs. 3 Satz 1 TzBfG sogar für einen Zeitraum von bis zu vier Jahren ermöglicht, sofern er sich in der Neugründungsphase des Unternehmens befindet.

Ein weiterer Widerspruch zeigt sich darin, dass die Regelungen zum Erfordernis eines Sachgrundes nach § 14 Abs. 1 TzBfG (sofern nicht die sachgrundlose Befristung möglich ist) unabhängig von dem Betrieb und etwaigen Mitarbeitern grundsätzlich für jedes befristete Arbeitsverhältnis gelten. Die Einschränkung nach § 23 Abs. 1 KSchG, wonach der Kündigungsschutz für Kleinbetriebe keine Anwendung findet, hat hingegen konträr zur widersprüchlichen

---

160 Siehe nur vorab *Dörner*, NZA-Sonderbeil. 16/2003, 33 (34); ebenso erfolgte eine Paradigmenwechsel durch die Integration des Arbeitsrechts in die AGB-Kontrolle, siehe hierzu *Preis*, NZA-Sonderbeil. 16/2003, 19 (20); *ders.* NZA-Beil. 2006, 115.

161 *Hanau*, FS Wissmann, S. 27 (29).

Gesetzesbegründung[162] keine normative Stütze im TzBfG gefunden und ist daher nicht auf das Befristungsrecht zu übertragen.[163] Gravierend ist auch die Unterscheidung hinsichtlich des Sonderkündigungsschutzes (beispielsweise für Schwangere und Mütter bis vier Monate nach der Entbindung § 17 MuSchG; Betriebsratsmitglieder § 15 KSchG oder Schwerbehinderte nach § 168 SGB IX). Dieser Schutz in Gestalt der Zustimmungspflicht durch die zuständigen Stellen existiert gegenüber der Befristungsfreiheit gar nicht. Diese Unterschiede führt *Hanau* darauf zurück, *„dass der Gesetzgeber den arbeitsrechtlichen Bestandsschutz wegen befürchteter Fernwirkung auf das Einstellungs- und Beschäftigungsverhalten der Arbeitgeber abbauen will.“*[164] Der Gesetzgeber hat sich dabei nicht an eine Modifikation des *„allgemeinen und besonderen Kündigungsschutz*[es]“ gewagt, sondern dessen Umgehung durch die Verwendung einer Befristung weiterhin gewährt. Dies ist – so führt *Hanau* im Weiteren überzeugend aus – gerade für Arbeitnehmer in den ersten beiden Beschäftigungsjahren durch die sachgrundlose Befristung und für ältere Arbeitnehmer ungünstiger, da diese in den Anwendungsbereich des Kündigungsschutzes fallen würden.[165] Bei letzteren Arbeitnehmern tritt hinzu, dass diese bei einer Sozialauswahl im Falle der betriebsbedingten Kündigung auf Grundlage ihres Alters und der Beschäftigungsdauer regelmäßig „im Vorteil“ gegenüber jüngeren Arbeitnehmern sind. Mit dem Ziel, dass ältere Arbeitnehmer weiter (neu) beschäftigt werden, gewährt § 14 Abs. 3 TzBfG die Möglichkeit einen 52-jährigen Mitarbeiter bis zu fünf Jahre sachgrundlos einzustellen. Hierdurch schafft es der Arbeitgeber die Sozialkriterien bei seinen unternehmerischen Entscheidungen jedenfalls nur vermindert berücksichtigen zu müssen.[166]

Auch wenn regelmäßig davon auszugehen ist, dass keine Parität zwischen den vertragsschließenden Parteien zum Zeitpunkt des Vertragsschlusses vorgelegen hat, mithin der Arbeitnehmer keine Gestaltungsmöglichkeiten hatte, ist

---

162 Vgl. BT-Drucks. 14/4374, S.18: *„In Betrieben mit nicht mehr als fünf Arbeitnehmern können erleichterte Befristungen weiterhin geschlossen werden, wenn eine Umgehung des Kündigungsschutzgesetzes nicht möglich ist.“*

163 BAG v. 6.11.2003 – 2 AZR 690/02, NZA 2005, 218 (219) m.w.N.; anstatt aller siehe *Hromadka*, NJW 2001, 400 (404); *Dörner*, NZA-Sonderbeil. 16/2003, 33 (34); ErfK/*Müller-Glöge*, TzBfG, § 14 Rn. 7; A/P/S/*Backhaus*, TzBfG, § 14 Rn. 16 f.; Staudinger/*Preis*, 2019, BGB, § 620 Rn. 21.

164 *Hanau*, FS Wissmann, S. 27 (29).

165 *Hanau*, FS Wissmann, S. 27 (29); *ders.* ZIP 2004, 1169 (1171).

166 Hierzu *Hanau*, ZIP 2004, 1169 (1171).

zu beachten, dass die Kontrolle der Befristungsabrede stets – auch wenn eine tatsächliche Parität vorgelegen hat – zu erfolgen hat.[167]

Abschließend gilt es, sich gesondert dem besonderen Spannungsfeld zwischen der (arbeitgeberseitigen) Kündigung des Arbeitsvertrags gegenüber der sachgrundlosen Befristung des gesamten Arbeitsverhältnisses nach § 14 Abs. 2 – Abs. 3 TzBfG zu widmen (zu den – derzeit umstrittenen – Rechtsmäßigkeitsvoraussetzungen der sachgrundlosen Befristung siehe ab S. 78).

Wie bereits ausgearbeitet (S. 36) hat der Arbeitgeber nach § 14 Abs. 2 TzBfG die Möglichkeit, einen Arbeitnehmer ohne die Nennung oder Vorliegen eines Sachgrundes nach § 14 Abs. 1 TzBfG für die Dauer von maximal zwei Jahren zu beschäftigen. Diese rein beschäftigungspolitisch motivierte Vertragsgestaltung ist mit Blick auf die Regelungen des Kündigungsschutzes nicht unproblematisch. Zweck der sachgrundlosen Befristung ist es, dem Arbeitgeber zu ermöglichen auf eine möglicherweise schwankende und unsichere Auftragslage durch Neueinstellungen auf das wechselnde Beschäftigungsbedürfnis reagieren zu können. Ferner soll dem Arbeitnehmer eine Alternativ zur Arbeitslosigkeit geboten werden, welche eine Brücke zur Dauerbeschäftigung sein soll.[168]

Das KSchG gewährt den Vertragsparteien (insbesondere dem Arbeitgeber) insofern eine Art Erprobung, als dass der Arbeitgeber innerhalb der ersten sechs Monate des Arbeitsverhältnisses keine Kündigungsgründe zur Beendigung des Arbeitsverhältnisses vorweisen braucht (sogenannte „Wartezeit"). Der Arbeitnehmer erhält somit (sofern die weiteren Voraussetzungen der Anwendbarkeit vorliegen) einen umfassenden Kündigungsschutz nach Maßgabe des KSchG erst nach Ablauf der ersten sechs Monate. Der Gesetzgeber hat sich also entschieden, dass nach Ablauf der sechs Monate Wartezeit das Bestandsinteresse zur Sicherung der Existenz so überwiegt, dass der Arbeitgeber sich nur noch bei Vorliegen besonderer Gründe vom Arbeitnehmer lösen kann. Nach § 14 Abs. 2 TzBfG ist es dem Arbeitgeber nun aber möglich zwei Jahre lang die Arbeitsleistung des Arbeitnehmers zu verwenden, ohne diesem darüber hinausgehenden Schutz gewähren zu müssen. Besonders dramatisch ist, dass der Arbeitgeber regelmäßig § 15 Abs. 3 TzBfG arbeitsvertraglich abbedingt, sodass ihm auch während der zwei Jahre die Möglichkeit zur ordentlichen Kündigung eingeräumt wird. Das Bestandsschutzinteresse des Arbeitnehmers weicht also eklatant dem Flexibilisierungsinteresse des Arbeitgebers zurück. Anders formuliert: Der Hauptzweck

---

167 Vgl. A/P/S/*Backhaus*, TzBfG, § 14 Rn. 31.

168 BT-Drucks. 14/4374, S. 13 f.

des Kündigungsschutzes greift nicht wie nach KSchG gewollt nach sechs Monaten, sondern über § 14 Abs. 2 TzBfG erst nach zwei Jahren.

Die durch § 14 Abs. 2 TzBfG ermöglichte zweijährige Erprobung des Arbeitnehmers, ohne sich an diesen nach Ablauf der Vertragslaufzeit binden zu müssen oder wenigstens einen Sachgrund vorzuweisen, ist gleichwohl an normativen Grenzen der Vertragsgestaltung gebunden, die auch verfassungsrechtlich geboten und einzuhalten sind (hierzu im Detail ab S. 78; BVerfG vom 6. Juni 2018[169]).

169 BVerfG v. 6.6.2018 – 1 BvL 7/14 und 1 BvR 1375/14, NZA 2018, 774.

§ 4 Befristung des gesamten Arbeitsverhältnisses nach Maßgabe des TzBfG

Nachfolgend sollen die Grenzen der Vertragsgestaltung hinsichtlich der Befristung des gesamten Arbeitsverhältnisses nach Maßgabe des TzBfG dargestellt werden; die Darstellung der Grenzen der Vertragsgestaltung der Befristung einer Einzelarbeitsbedingung erfolgt getrennt (ab S. 179). Im Fokus steht die Vertragskontrolle als solche, wobei nur bespielhaft auf etwaige Befristungsgründe gemäß § 14 Abs. 1 TzBfG eingegangen werden soll. Einen Sonderfall, insbesondere wegen der Aktualität der Diskussion, stellt die sachgrundlose Befristung nach § 14 Abs. 2 TzBfG dar (ab S. 78). Motiv der Bearbeitung ist, durch die Herausarbeitung der maßgeblichen Grenzen der Vertragsgestaltung nach dem TzBfG, die Zwecke dieser Vertragskontrolle herauszuarbeiten (ab S. 72), um hiermit Erkenntnis und Rückschlüsse für das Zusammenwirken der Kontrollinstrumente (insbesondere der AGB-Kontrolle hierzu ab S. 112) zu erlangen (ab S. 117).

A. Historische Entwicklung und Zwecksetzung des Befristungsrechts, insbes. des TzBfG

I. Entwicklung der Vertragskontrolle des Befristungsrechts

Bevor die aktuelle gesetzliche Grundlage – das TzBfG – sowie die hierzu maßgebende Rechtsprechung und Ansichten im Schrifttum erläutert werden (ab S. 69), gilt es in einem ersten Schritt die Entwicklung bis zum TzBfG zu skizzieren. Hierbei sollen ersten Rückschlüsse und Erkenntnisse auf die Zwecke dieses Vertragskontrollinstruments gezogen werden.

Auch wenn regelmäßig die Bezeichnung „Vertragskontrolle“ im Sinne der sogenannten „Allgemeinen Vertragskontrolle“ nach den §§ 305 – 310 BGB verstanden wird (hierzu ab S. 97), haben auch die Regelungen des TzBfG die Funktion einer Vertragskontrolle. So führt *Loth* richtigerweise aus: „*Durch die Aufstellung verschiedener Regeln für die Zulässigkeit befristeter Arbeitsverträge greift es in den Grundsatz der Vertragsfreiheit ein und unterstellt mithin jeden befristeten Vertrag einer Kontrolle.*“[170]

---

170 *Loth*, S. 31.

1. Entwicklung bis zum Beschäftigungsförderungsgesetz

Vor der ersten (ausdrücklichen) normativen Stütze der Befristung eines gesamten Arbeitsvertrags wurde die Möglichkeit zur Befristung aus – dem seit 1900 im Wortlaut ohne maßgebende Änderungen unveränderten – § 620 Abs. 1 BGB abgeleitet. Die Norm gibt vor, dass ein Dienstverhältnis (also Arbeitsverhältnis) mit Ablauf der Zeit endet, für die es eingegangen wird; mithin einer Endlichkeit (durch Befristung) zugänglich ist. Bereits vor dem für das Befristungsrecht prägenden Beschluss des Großen Senats des BAG vom 12. Oktober 1960,[171] musste sich die Rechtsprechung mit der Reglementierung des Befristungsrechts auseinandersetzen.

Sowohl das Reichsarbeitsgericht[172] als auch das BAG, bereits wenige Monate nach seiner Einrichtung, erkannten, dass zwar die Möglichkeit zur Befristung des gesamten Arbeitsverhältnisses erhalten bleiben soll, jedoch wegen des gesetzlichen Schutzes des unbefristeten Arbeitsverhältnisses ein Missbrauch – in Gestalt der Umgehung des Kündigungsschutzes – durch die Befristungsabrede möglich ist. Im Fokus der Aufmerksamkeit war die Möglichkeit durch Befristungsketten letztlich den Arbeitnehmer schutzlos stellen zu können. Das Reichsarbeitsgericht wählte bei seiner Rechtsprechung zur Gesetzesumgehung zwar einen subjektiven Ansatz, verneinte hingegen ebenfalls eine Gesetzesumgehung, sofern wirtschaftliche Gründe vorlagen; mithin wurde jedenfalls im Ansatz eine Gegenüberstellung der Interessen der Vertragsparteien gewählt.[173]

Herauszustellen ist für den Zeitraum bis zum Beschluss des Großen Senats aus dem Jahr 1960 das Urteil des BAG vom 21. Oktober 1954, in welchem der Umgehung des Kündigungsschutzrechts die Interessen der beiden Vertragsparteien jedenfalls abstrakt gegenübergestellt wurden. Gegeneinander ab- und aufgewogen wurde das Bestandsschutzinteresse des Arbeitnehmers und das Befristungsinteresse des Arbeitgebers.[174] Begründet wurde diese Abwägung des BAG, neben der Fürsorgepflicht des Arbeitgebers gegenüber seinen Arbeitnehmern, unter anderem mit dem Sozialstaatsprinzip, welches in Art. 20 Abs. 1, 28 Abs. 1, 79 Abs. 3 GG verankert

---

171 BAG v. 12.10.1960 – GS 1/59, AP § 620 BGB Befristeter Arbeitsvertrag Nr. 16 = NJW 1961, 798.

172 Anstatt vieler RAG v. 5.1.1938, ARS 32, 174; siehe weitere Urteile des RAG aufgeführt bei *Lange*, S. 6 ff.; *Feuerborn*, FS Holzhauer, S. 232 ff.

173 Siehe hierzu ausführlich *Feuerborn*, FS Holzhauer, S. 232 (234 ff.); *ders.*, S. 353 ff.

174 Von einer Interessenabwägung sprechend *Krüger*, NJW 1955, 1049 (1050); *Feuerborn*, FS Holzhauer, S. 232 (233); ebenso *Lange*, S. 10.

ist.[175] Zu beachten ist, dass das BAG eine Abwägung zwischen verfassungsrechtlichen Grundsätzen (Sozialstaatlichkeit gegen Vertragsfreiheit) und nicht einfachgesetzlichen Normen oder schlichten Parteiinteressen vollzogen hat.[176] Ferner herauszustellen ist, dass bereits in der Entscheidung vom 21. Oktober 1954 das BAG die rechtlichen Hürden an eine Rechtmäßigkeit einer Befristungsabrede mit dem notwendigen Bestandsschutz gegenüber Arbeitnehmern, welcher aus Art. 20 Abs. 1, 28 Abs. 1 GG folge, begründete.[177]

Interessant ist, dass unter anderem jene verfassungsrechtlichen Argumente des Sozialstaats für die Fraktion der SPD im Jahr 1985 als Argumente gegen das BeschFG 1985 und die darin enthaltene Möglichkeit der sachgrundlosen Befristung gewendet wurden.[178] Nicht unerwähnt soll bleiben, dass sich das BAG in seiner Entscheidung vom 21. Oktober 1954, wenn auch nur rudimentär, bereits mit dem Gesichtspunkt der Parität zwischen den Vertragsparteien auseinandergesetzt hat. Denn es wird darauf hingewiesen, dass, wenn der Arbeitnehmer ebenso von der Vertragsfreiheit Gebrauch macht, wie es dem Arbeitgeber möglich ist, für beide Vertragsparteien eine ähnliche soziale und wirtschaftliche Situation vorliegt und hierdurch eine (Ketten-)Befristung nicht zu beanstanden sei.[179]

Mit dem Beschluss des Großen Senats des BAG vom 12. Oktober 1960[180] wurde, sodann in ständiger Rechtsprechung, die Befristungsabrede anhand des Verbots der Gesetzesumgehung des Kündigungsschutzrechts überprüft, wobei konsequenterweise dessen Anwendungsbereich (Betrieb über fünf Arbeitnehmer, Vertragsdauer über sechs Monate) eröffnet sein musste; mithin blieben die übrigen Befristungsabreden kontrollfrei. Die Kontrolle der Vertragsklausel erfolgte ausschließlich objektiv; eine Umgehungsabsicht war insoweit nicht (mehr) notwendig.[181] Wurde festgestellt, dass es bei einem vergleichbaren Fall

---

175 BAG v. 21.10.1954 – 2 AZR 25/53, NJW 1955, 78 (79 f.). Ferner ist am selben Tag ein weiteres Urteil ergangen, welches teilweise ebenfalls für dieselbe Argumentation herangezogen wird. Zu beachten ist jedoch, dass in dem 2. Urteil zwar ausdrücklich von einer Interessenabwägung der Parteien gesprochen wird, jedoch nicht eine Befristung, sondern eine Kündigung strittig war (vgl. BAG v. 20.10.1954 – 1 AZR 193/54, NJW 1954, 1949).

176 *Krüger*, NJW 1955, 1049 (1050).

177 BAG v. 21.10.1954 – 2 AZR 25/53, NJW 1955, 78; siehe hierzu auch *Loth*, S. 34 f.

178 Vgl. BT-Drucks. 10/3206, S. 26.

179 BAG v. 20.10.1954 – 2 AZR 25/53, NJW 1955, 78 (80 = juris Rn. 22).

180 BAG v. 12.10.1960 – GS 1/59, AP § 620 BGB Befristeter Arbeitsvertrag Nr. 16 = NJW 1961, 798.

181 BAG v. 12.10.1960 – GS 1/59, NJW 1961, 798 (799 = C.1).

zur Anwendung des Kündigungsschutzrechts gekommen wäre, so war die Befristung nicht unmittelbar unzulässig. Vielmehr wurde *„im Gefüge der Grundprinzipien des deutschen Arbeitsrechts ein*[] *verständige*[r] *sachlich gerechtfertigte*[r] *Grund*"[182] gefordert, welcher zum Zeitpunkt des Vertragsschlusses als maßgeblicher Beurteilungszeitpunkt vorzuliegen hatte.[183] Der Große Senat stellt heraus, dass durch die Möglichkeit von Befristungsketten die Gefahr besteht, dass der Arbeitgeber entgegen seiner Fürsorgepflicht und dem Bestandsschutzinteresse des Arbeitnehmers den Kündigungsschutz nach der Kodifizierung des KSchG umgeht. Insofern wurde richtigerweise herausgestellt, dass die Befristungskontrolle des gesamten Arbeitsvertrags eine Fortsetzung des Bestandsschutzes des Kündigungsschutzgesetzes war.[184]

Bemerkenswert ist, dass der Große Senat grundsätzlich den Arbeitnehmer in der Darlegungs- und Beweislast für das (Nicht-)Vorliegen der sachlichen Rechtfertigung der Befristungsabrede sah.[185]

Im Schrifttum wurde herausgearbeitet, dass diese Rechtsprechung, welche *„nur einer Angemessenheitskontrolle"* bedurft hätte, zu *„Systembrüchen und immanenten Wertungswidersprüchen"* führe, *„insbesondere wenn die gleiche Vertragsgestaltung in Tarifverträgen zugelassen* [...] [werde]".[186]

Für die weitere Bearbeitung festzuhalten ist, dass das BAG bereits sehr früh die Interessen beider Parteien in seine Entscheidung durch eine Gegenüberstellung respektive eine Abwägung miteinbezog, was eine Form der Herstellung beziehungsweise Angleichung einer vertraglichen Parität zur Folge hatte. Ferner von Bedeutung war der unmittelbare Bezug zum Kündigungsschutzrecht und die hieraus folgende Forderung eines rechtfertigenden sachlichen Grundes zur Rechtmäßigkeit der Befristungsabrede beziehungsweise der Umgehung des Kündigungsschutzes. Leitmotiv dieser Reaktion der Rechtsprechung auf das KSchG war zum einen den dortigen Bestandsschutz nicht durch befristete Arbeitsverhältnisse zu konterkarieren; zum anderen auch den gerechtfertigten und verfassungsrechtlich garantierten Bestandsschutz des Arbeitnehmers im befristeten Beschäftigungsverhältnis zu gewährleisten.

---

182 BAG v. 12.10.1960 – GS 1/59, NJW 1961, 798 (799 = C.2).

183 BAG v. 12.10.1960 – GS 1/59, NJW 1961, 798 (800).

184 Hierzu anstatt vieler *Preis*, S. 158 ff., S. 164 f., S. 385 ff; iE ohne große Relevanz geht *Persch* davon aus, dass das Befristungsrecht und das Kündigungsschutzrecht stets nebeneinander bestanden haben und es sodann zu einer (teilweisen) Trennung gekommen ist, hierzu *Persch*, S. 48 ff.

185 BAG v. 12.10.1960 – GS 1/59, NJW 1961, 798 (800 = C.4); vgl. hierzu *Lange*, S. 15 f.

186 *Preis*, S. 157; *ders.*, AuR 1994, 139 (146) m.w.N.

2. *Beschäftigungsförderungsgesetz*

Ein zweckorientierter Blick auf die normative Entwicklung des Befristungsrechts fällt zunächst ernüchternd aus. Denn bis zum Beschäftigungsförderungsgesetz[187] in der Fassung von 1985 („*BeschFG 1985*“) war das Befristungsrecht ein reines Richterrecht mit einer wenig leitenden Anknüpfung an § 620 Abs. 1 BGB.[188] Der Gesetzgeber verließ sich demzufolge auf die richterrechtlich entwickelten Grundsätze zur Befristung des Arbeitsvertrags (siehe ab S. 64) und der Einzelarbeitsbedingung (ab S. 201) und sah keine legislative Eingriffsnotwendigkeit. In der Begründung zum Kündigungsschutzgesetz aus dem Jahr 1951 machte der Gesetzgeber deutlich, dass das Gesetz nicht für die Befristung eines Arbeitsverhältnisses gilt. Er zeigte jedoch insofern Problembewusstsein, als dass der Abschluss eines befristeten Arbeitsverhältnisses nicht der *Gesetzesumgehung dienen* darf.[189] Hierin lässt sich eine Anknüpfung der nachfolgenden Rechtsprechung zum Verbot der Gesetzesumgehung sehen.[190]

Spätestens mit dem Gesetzesentwurf der Bundesregierung zum BeschFG 1985 sah sich der Gesetzgeber jedoch gezwungen vermehrt Anreize zu setzen, damit zusätzliche Beschäftigungsmöglichkeiten geschaffen werden.[191] Mit dem – für das Befristungsrecht relevanten – § 1 Abs. 1, Abs. 2 BeschFG 1985 sollten befristet vom 1. Mai 1985 bis zum 1. Januar 1990[192] zusätzliche Möglichkeiten der Befristung des Arbeitsverhältnisses[193] geschaffen werden. Ermöglicht wurde eine sachgrundlose Befristung für die Dauer von 18 Monaten beziehungsweise nach Abs. 2 für zwei Jahre unter weiteren Voraussetzungen (Neueinstellung, welche bereits bei einer zeitlichen Trennung von vier Monaten zum letzten Arbeitsvertrag mit demselben Arbeitgeber angenommen wurde, oder unmittelbar im Anschluss an die Berufsausbildung). Nicht kodifiziert wurde die

---

187 Gesetz über arbeitsrechtliche Vorschriften zur Beschäftigungsförderung v. 26.4. 1985, BGBl. I, S. 710.

188 Siehe auch *Loth*, S. 32 ff.

189 BT-Drucks. I/2090, S. 12.

190 Ebenso *Linke*, S. 41.

191 Gesetzesentwurf der Bundesregierung v. 11.10.1984, BT-Drucks. 10/2102, S. 1, 14.

192 Der Gesetzesentwurf ging allerdings noch von einer Laufzeit bis zum 31.12.1991 aus (BT-Drucks. 10/2102, S. 5), was jedoch im Rahmen der Auseinandersetzung im Bundestag modifiziert wurde (vgl. BT-Drucks. 10/3206, S. 5, 25, 30).

193 Ausdrücklich sollten die bereits bestehenden Möglichkeiten der Befristung unter Beachtung der BAG-Rechtsprechung weiterhin bestehen bleiben, BT-Drucks. 10/2102, S. 24.

Umgehungsrechtsprechung des BAG inklusive der hiernach notwendigen sachlichen Gründe zur Rechtfertigung der Befristungsabrede, sofern das Beschäftigungsverhältnis grundsätzlich dem KSchG unterliege. Interessanterweise begründete der Gesetzgeber sein legislatives Einschreiten damit, dass ein befristetes Arbeitsverhältnis besser sei als gar keines.[194] Hingegen war ein normatives Eingreifen gegen die Vertragskontrolle oder die Prüfung der Befristungsabrede durch das Richterrecht nicht Bestandteil der Überlegungen des damaligen Gesetzgebers.[195]

Hierauf folgend wurde das BeschFG 1985 für das Befristungsrecht ohne Modifikation bis zum 31. Dezember 1995[196] beziehungsweise bis zum 31. Dezember 2000[197] verlängert, wobei durch das Beschäftigungsförderungsgesetz in der Fassung von 1996 („*BeschFG 1996*")[198] die Voraussetzungen[199] für die Befristung verändert wurden.

---

194 BT-Drucks. 10/2102, S. 15.

195 Vgl. auch *Loth*, S. 38 ff., die das BeschFG auch einer kritischen Bewertung unterzieht.

196 Gesetz zur Verlängerung beschäftigungsfördernder Vorschriften (BeschFG 1990) v. 22.12.1989, BGBl. I, S. 2406.

197 Beschäftigungsförderungsgesetz 1994 (BeschFG 1994) v. 26.7.1994, BGBl. I, 1786 (1790).

198 Arbeitsrechtliches Gesetz zur Förderung von Wachstum und Beschäftigung v. 25.9.1996, BGBl. I, S. 1476 (1478).

199 Nunmehr § 1 BeschFG (1996):
„(1) Die Befristung eines Arbeitsvertrages ist bis zur Dauer von zwei Jahren zulässig. Bis zur Gesamtdauer von zwei Jahren ist auch die höchstens dreimalige Verlängerung eines befristeten Arbeitsvertrages zulässig.
(2) Die Befristung des Arbeitsvertrages ist ohne die in Absatz 1 genannten Einschränkungen zulässig, wenn der Arbeitnehmer bei Beginn des befristeten Arbeitsverhältnisses das 60. Lebensjahr vollendet hat.
(3) Die Befristung nach den Absätzen 1 und 2 ist nicht zulässig, wenn zu einem vorhergehenden unbefristeten Arbeitsvertrag oder zu einem vorhergehenden befristeten Arbeitsvertrag nach Absatz 1 mit demselben Arbeitgeber ein enger sachlicher Zusammenhang besteht. Ein solcher enger sachlicher Zusammenhang ist insbesondere anzunehmen, wenn zwischen den Arbeitsverträgen ein Zeitraum von weniger als vier Monaten liegt.
(4) Die Zulässigkeit der Befristung des Arbeitsvertrages aus anderen Gründen bleibt unberührt.
(5) Will der Arbeitnehmer geltend machen, daß die Befristung eines Arbeitsvertrages rechtsunwirksam ist, so muß er innerhalb von drei Wochen nach dem vereinbarten Ende des befristeten Arbeitsvertrages Klage beim Arbeitsgericht auf Feststellung

Festzustellen ist also, dass maßgebender Zweck des BeschFG in der Beschäftigungspolitik lag und sonstige Zwecke nicht fokussiert wurden, beziehungsweise der Gesetzgeber die von der Rechtsprechung durchgeführte Umgehungskontrolle des KSchG als Kontrolle befristeter Verträge als ausreichend empfand.

3. *Teilzeit- und Befristungsgesetz*

Maßgebend für das Befristungsrecht des gesamten Arbeitsvertrags in der derzeit bekannten Form ist das TzBfG vom 21. Dezember 2000[200], welches zeitlich vor der Schuldrechtsmodernisierung liegt und auch kein Bestandteil dieser ist. Gleichwohl ist es ebenfalls von der Rot/Grünen-Bundesregierung der 14. Legislaturperiode verabschiedet.

Begründet wurde die Verabschiedung damit, dass die zu dieser Zeit bestehenden Regelungen des Befristungsrechts lückenhaft und unübersichtlich gewesen seien und, dass die Rechtssicherheit für Arbeitnehmer und Arbeitgeber – durch das Gesetz – verbessert werden solle.[201] Insofern bestehen Ähnlichkeiten in der Begründung zur Aufhebung der Bereichsausnahme des Arbeitsrechts aus der AGB-Kontrolle ein Jahr später (hierzu S. 97).

Das Gesetz dient hinsichtlich seiner Regelungen für befristete Arbeitsverhältnisse der Umsetzung der europäischen Richtlinie zur EGB-UNICE-CEEP-Rahmenvereinbarung über befristete Arbeitsverträge („Rahmenvereinbarung").[202] Die Richtlinie ist also nur der Umsetzungsakt gemäß Art. 155 Abs. 2 AEUV, ohne eigene materielle Regelungen zu enthalten. Ziel der Rahmenvereinbarung, welche die maßgeblichen Zwecke und Regelungen enthält, war es neben der Errichtung eines unionsweiten gleichen Arbeitnehmerschutzes, etwaigen Diskriminierungen durch befristete Arbeitsverträge entgegenzuwirken und die Arbeitnehmer gegenüber missbräuchlichen Vertragsgestaltungen und deren Verwendung zu schützen, was sich unmittelbar aus den Erwägungsgründen 6 und 8 sowie aus der Präambel ergibt. Es lag der Fokus darauf, allgemeine Grundsätze sowie Mindestvorschriften für die Befristung

---

erheben, daß das Arbeitsverhältnis auf Grund der Befristung nicht beendet ist. Die §§ 5 bis 7 des Kündigungsschutzgesetzes gelten entsprechend.
(6) Die Absätze 1 bis 4 gelten bis zum 31. Dezember 2000."

200 BGBl. I, S. 1966.

201 BT-Drucks. 14/4374, S. 2.

202 RL 1999/70/EG des Rates vom 28.6.1999, (Anhang) ABl. EG 1999 Nr. L 175, S. 43; vgl. für eine detaillierte Auseinandersetzung mit der Rahmenvereinbarung und der RL zuletzt *Loth*, S. 43 ff.; Staudinger/*Preis*, 2019, BGB, § 620 Rn. 17 ff.

des gesamten Arbeitsverhältnisses zu setzen und „[u]*nbefristete Arbeitsverträge* [als die] *übliche Form des Beschäftigungsverhältnisses* [herauszustellen]" (Siehe 6. Erwägungsgrund Rahmenvereinbarung). Die für die Umsetzung der Rahmenvereinbarung zentrale Norm neben dem Diskriminierungs- nach § 4 Nr. 1 und dem Verschlechterungsverbot nach § 8 Nr. 3 der Rahmenvereinbarung sind die in § 5 ausgewiesenen „*Maßnahmen zur Vermeidung von Mißbrauch*" durch „*aufeinanderfolgende befristete Arbeitsverträge oder -Arbeitsverhältnisse*". Hierbei wird den Mitgliedstaaten ein Wahlrecht mit „*weite*[m] *Umsetzungsspielraum*"[203] zwischen der Festlegung von (Abs. 1 lit. a)) sachlichen Gründe, die die Verlängerung solcher Verträge rechtfertigen, (Abs. 1 lit. b)) der insgesamt maximal zulässigen Dauer aufeinanderfolgender Arbeitsverträge oder -verhältnisse sowie (Abs. 1 lit. c)) der zulässigen Zahl der Verlängerungen solcher Verträge oder Verhältnisse gewährt.[204]

Vorstehende Intention der Rahmenvereinbarung hat in Deutschland in § 1 TzBfG Niederschlag gefunden, welcher als Zielsetzung des Gesetzes ferner die Festlegung der Zulässigkeitsvoraussetzungen von befristeten Arbeitsverhältnissen vorgibt. Die vorgegeben Maßnahmen zur Vermeidung von Missbrauch wurden vom deutschen Gesetzgeber hinsichtlich der Befristung mit Sachgrund in der Zentralnorm des § 14 Abs. 1 TzBfG dergestalt umgesetzt, dass eine Kombination aus einer Generalklausel und acht Regelbeispielen gewählt wurde. Hinsichtlich der Möglichkeit zur sachgrundlosen Befristung des Arbeitsverhältnisses wählte der Gesetzgeber die Maßnahmen nach § 5 Abs. 1 lit. b) und lit. c) Rahmenvereinbarung, sodass die maximale Befristungsdauer nach § 14 Abs. 2 TzBfG zwei Jahre dauerte, wobei die Abrede dreimal verlängert werden darf. Diese Umsetzung trifft keine unionsrechtlichen Bedenken.[205]

Ziel des TzBfG ist nach dem Programmsatz des § 1 TzBfG die Zulässigkeitsvoraussetzungen der Befristung des gesamten Arbeitsverhältnisses festzulegen und die Diskriminierung von befristet beschäftigen Arbeitnehmern zu verhindern. Darüber hinaus wird die Kodifizierung damit begründet, dass die Chancen der Arbeitnehmer auf einen Dauerarbeitsplatz erhöht sowie die Verwendung von

203 So auch BVerfG v. 6.6.2018 – 1 BvL 7/14 und 1 BvR 1375/14, NZA 2018, 774 (775 = Rn. 31).

204 Siehe zur Auslegung und Bedeutung der Regelung *Loth*, S. 47 ff. m.w.N.

205 Siehe hierzu u.a. BAG v. 13.10.2004 – 7 AZR 218/04, NZA 2005, 401 (404); v. 16.3.2005 – 7 AZR 289/04, NZA 2005, 923 (926); *Preis/Gotthardt*, DB 2000, 2065 (2065); *Thüsing/Lambrich*, BB 2002, 829; *Loth*, S. 50 ff.; A/P/S/*Backhaus*, TzBfG, § 14 Rn. 80 m.w.N.

Kettenbefristungen eingeschränkt werden.[206] Letzterer Zweck, also die Begrenzung der Möglichkeit aufeinander folgende befristete Arbeitsverträge zu schließen, dient dem Schutz vor Missbrauch durch die Mehrfach-/Kettenbefristung.[207] Da sich die Normen und die Normanwendung als nicht ausreichend erwiesen haben, gilt es den Aspekt des Rechtsmissbrauchs gesondert weiter aufzuschlüsseln (ab S. 251).

Entgegen der Regelungen zur Teilzeitarbeit im TzBfG (und der Regelungen nach dem BeschFG 1985) kann nicht davon ausgegangen werden, dass der Gesetzgeber das befristete Beschäftigungsverhältnis fördern wollte. Dies stellt auch eine Abkehr von der Begründung zum BeschFG dar, innerhalb derer sich der Gesetzgeber noch zur Aussage verleiten ließ, dass ein befristeter Arbeitsvertrag besser sei als keiner und aus beschäftigungspolitischen Gründen die Möglichkeit zur sachgrundlosen Befristung notwendig sei. Dass nicht von einem Förderungswillen ausgegangen werden kann, ergibt sich zum einen daraus, dass – entgegen der Regelungen zur Teilzeitarbeit – eine „Förderung" nicht erwähnt wird (siehe § 1 TzBfG) und insofern von einem beredeten Schweigen auszugehen ist.[208] Zum anderen geht der Gesetzgeber – so auch § 14 TzBfG – davon aus, dass das unbefristete Arbeitsverhältnis der Normalfall sei, was sich auch aus dem sozialpolitischen und finanziellen Schutz des Arbeitnehmers ergibt. Ferner ergibt sich auch aus der Rahmenvereinbarung kein Förderungswillen des befristeten Arbeitsvertrags (vergleiche dort Erwägungsgrund 6); vielmehr wird auch dort betont, dass das unbefristete Arbeitsverhältnis das förderungsfähige Rechtsverhältnis sei.[209]

Abgrenzend zur Ansicht des Gesetzgebers bei Einführung des BeschFG, als noch davon ausgegangen wurde, dass eine Kodifizierung des befristeten Arbeitsverhältnisses nicht notwendig sei, geht dieser nunmehr davon aus, dass die Vereinbarung einer Befristungsabrede selbst der gesetzgeberischen Legitimation bedarf.[210] Diesen Rückschluss lässt sich zum einen daraus ziehen, dass das unbefristete Arbeitsverhältnis als „Normalfall" ausgewiesen wurde und sich der Gesetzgeber nach Erlass der Rahmenvereinbarung zur Reaktion genötigt sah.

Darüber hinaus wurde mit der Einführung des TzBfG das bis dahin geltende Regel-Ausnahme-Verhältnis letztlich umgekehrt: Anknüpfend an § 620

---

206 BT-Drucks. 14/4374, S. 13 f.

207 Boecken/Joussen/*Joussen*, TzBfG, § 1 Rn. 12 f.

208 So auch Boecken/Joussen/*Joussen*, TzBfG, § 1 Rn. 13.

209 RL 1999/70/EG des Rates vom 28.6.1999, (Anhang) ABl. EG 1999 Nr. L 175, S. 46.

210 So auch Boecken/Joussen/*Joussen*, TzBfG, § 1 Rn. 13; Meinel/Heyn/Herms/*Herms*, TzBfG, § 1 Rn. 19.

Abs. 1 BGB ging die Rechtsprechung (und auch der Gesetzgeber, da er nicht einschritt) davon aus, dass die Befristung eines Arbeitsverhältnisses grundsätzlich zulässig sei, einzig, wenn die Gefahr der Umgehung des Kündigungsschutzes drohte, bedurfte es hierfür eines sachlichen Grundes. Nunmehr postuliert § 14 Abs. 1 TzBfG, dass die Befristung eines Arbeitsvertrags in der Regel nur dann wirksam ist, wenn entweder ein sachlicher Grund vorliegt oder die besonderen Voraussetzungen der sachgrundlosen Befristung nach § 14 Abs. 2 bis Abs. 3 TzBfG als Ausnahme von der Ausnahme gegeben sind.

Die vorstehend angedeuteten Zwecke der Vertragskontrolle nach dem TzBfG werden nachfolgend dargestellt und mit den weiteren Zwecken aus der Entwicklung der Vertragskontrolle des befristeten Arbeitsvertrags zusammengefügt.

II. Zwecke der Kontrolle befristeter Arbeitsverträge

Leitmotiv (und Zweck) der Kontrolle befristeter Arbeitsverträge ist der Bestandsschutz, beziehungsweise das verfassungsrechtlich gewährleistete Bestandsschutzinteresse des Arbeitnehmers gegenüber dem Arbeitgeber. Dies hat das BAG bereits mit der Entscheidung vom 21. Oktober 1954 herausgestellt und aus Art. 20 Abs. 1, 28 Abs. 1 GG abgeleitet.[211] Auch unter Anwendung des TzBfG bleibt dieser Aspekt unverändert, sodass richtigerweise die Feststellung gilt, dass „[d]*as Befristungsrecht, insbesondere § 14 Abs. 1 TzBfG,* […] *in erster Linie Ausdruck des gesetzlichen Bestandsschutz* [ist].“[212] Im Fokus steht also der Arbeitnehmerschutz. Die Gesetzgebung der Legislative ist erfolgt „[a]*ufgrund der Bedeutung des Arbeitsverhältnisses für die wirtschaftliche, berufliche und gesellschaftliche Existenzgrundlage* [des Arbeitnehmers, sodass] […] *der Gesetzgeber die Beendigung des Arbeitsverhältnisses entgegen des Grundsatzes der Abschlussfreiheit an bestimmte formelle und materielle Voraussetzungen geknüpft* [hat].“[213]

Der individuelle Bestandsschutz des Arbeitnehmers beim befristeten Arbeitsverhältnis ist ebenso wie der Bestandsschutz durch das KSchG aus Art. 12 Abs. 1 GG ableitbar, woraus mangels unmittelbarer Drittwirkung der Grundrechte die staatliche Schutzpflicht gegenüber dem Arbeitnehmer zur normativen Handlung

---

211 BAG v. 21.10.1954 – 2 AZR 25/53, NJW 1955, 78; zuletzt auch nochmal BVerfG v. 15.11.2018 – 1 BvR 1572/17, NZA 2019, 302 (304 = Rn. 15 f.); siehe hierzu auch *Loth*, S. 34 f.

212 *Persch*, S. 30.

213 *Persch*, S. 30.

zwingt.[214] Wobei natürlich auf Grundlage der regelmäßig zum Zeitpunkt des Vertragsschluss bekannten Endlichkeit des Beschäftigungsverhältnisses der Bestandsschutz abgeschwächt im Vergleich zum kündigungsschutzrechtlichen Bestandsschutz besteht. Das Bestandsschutzinteresse kollidiert mit der Vertragsgestaltungsfreiheit (in Form der Beendigungsfreiheit) des Arbeitgebers, sodass bei der Rechtsanwendung der Normen des TzBfG die Rechte des Arbeitgebers in praktische Konkordanz zu setzen sind.[215] Ferner ist – wie das BVerfG zuletzt nochmals herausstellt – das Flexibilisierungsinteresse des Arbeitgebers, sich nämlich nicht stets fest binden zu wollen, um hierdurch auf Auftragswellen reagieren zu können, zu berücksichtigen.[216] Insofern stehen sich die gleichen verfassungsrechtlichen Prinzipien wie bei der AGB-Kontrolle und dem KSchG gegenüber, nämlich die Vertragsgestaltungsfreiheit sowie das Beendigungs- beziehungsweise Flexibilisierungsinteresse des Arbeitgebers gegenüber dem Bestandsinteresse des Arbeitnehmers (siehe hierzu S. 25 sowie ab S. 97; zu Interessenlage beim KSchG siehe ab S. 53).

Maßgebliches Kriterium der Rechtmäßigkeit einer Befristungsabrede ist nunmehr das Vorliegen eines Sachgrundes; mithin ist durch die Normierung in einem „eigenen" Gesetz die Kontrolle einer Umgehung des Kündigungsschutzrechts verdrängt worden.[217] Fortgeführt werden sollte jedoch die bis dahin entwickelte Rechtsprechung zur Rechtmäßigkeit der Befristungsabrede.[218] Gleichwohl dieser normativen Abkopplung bleibt es auf Grundlage der gleichen Interessen und Zwecke, die das Kündigungsschutzrecht sowie das Befristungsrecht abdecken weiterhin bei einer engen Verbindung. Es bleibt insofern dabei, dass die Begrenzung der Befristungsmöglichkeit eben die Aushöhlung des Kündigungsschutzes verhindern soll. Die hierdurch notwendigen sachlichen Gründe zur Rechtfertigung der Befristung, beziehungsweise die enge Begrenzung der sachgrundlosen Befristung, sind weiterhin in Relation zu den (strengeren) Voraussetzungen an die Wirksamkeit einer Arbeitgeberkündigung zu setzen und entsprechend zu werten (siehe hierzu bereits S. 53).

---

214 BVerfG v. 15.11.2018 – 1 BvR 1572/17, NZA 2019, 302 (304 = Rn. 15 f. m.w.N.); MüHdbArbeitsR/*Greiner*, 4. Aufl. 2018, § 107 Rn. 14, Rn. 16; ErfK/*Schmidt*, GG, Art. 12 Rn. 36 m.w.N.

215 Siehe hierzu bereits S. 53; ferner MüHdbArbeitsR/*Greiner*, 4. Aufl. 2018, § 107 Rn. 14 ff.

216 BVerfG v. 6.6.2018 – 1 BvL 7/14 und 1 BvR 1375/14, NZA 2018, 774 (776 = Rn. 40 ff.); v. 15.11.2018 – 1 BvR 1572/17, NZA 2019, 302 (304 = Rn. 16).

217 Vgl. hierzu auch *Loth*, S. 42 ff.

218 BT-Drucks. 14/4374, S. 18.

Sowohl der Begründung des deutschen Gesetzgebers als auch der Rahmenvereinbarung ist als Ziel und Zweck der Kodifizierung des TzBfG die Festlegung von Zulässigkeitsvoraussetzungen für befristete Arbeitsverträge zu entnehmen, was auch in § 1 TzBfG festgeschrieben wurde. Hierdurch sollte das lückenhafte und unübersichtliche Befristungsrecht einheitliche Rechtmäßigkeitsvoraussetzungen haben und folglich mehr Rechtssicherheit für Arbeitnehmer und Arbeitgeber gewähren.[219] Letzteres gilt es auch herauszustellen: Auch der Arbeitgeber profitiert von der Kodifizierung des TzBfG, denn eine wirksame Vertragsgestaltung ist durch die normierten Rechtmäßigkeitsvoraussetzungen (insbesondere durch § 14 TzBfG) vorhersehbarer.

Ein weiterer Zweck des TzBfG ist die Verhinderung von Diskriminierung. Auch vor dem TzBfG bestand für befristet Beschäftigte ein Diskriminierungsschutz, welcher jedoch aus Art. 3 Abs. 1 GG abgeleitet wurde. Der nunmehr normierte Diskriminierungsschutz ist dem Programmsatz in § 1 TzBfG zu entnehmen, findet seine tatsächliche Umsetzung jedoch in Verbindung mit § 4 TzBfG (siehe hierzu S. 43).

Des Weiteren verfolgt das TzBfG den Zweck, die Chancen auf eine Dauerbeschäftigung zu erhöhen, was der Arbeitnehmer dadurch erreichen soll, dass er sich während der befristeten Beschäftigung für eine dauerhafte Tätigkeit beweisen kann.[220]

Bekanntester und auch derzeit sowohl in der Allgemeinheit als auch in Fachkreisen diskutierter Regelungszweck des TzBfG ist die Verhinderung von Missbrauch unter anderem durch sogenannte Kettenbefristungen. Dieses Regelungsziel wurde auch unmittelbar in der Rahmenvereinbarung ausgewiesen, als dass dort in § 5 der Rahmenvereinbarung den Mitgliedstaaten ein Maßnahmenkatalog zur Verhinderung von Missbrauch vorgegeben wird, wobei die konkrete Umsetzung den Mitgliedstaaten anheimgestellt wurde (hierzu bereits ab S. 69). Der Bundesgesetzgeber wählte ein Kombinationsmodell. Ein Missbrauch soll bestmöglich durch die Verwendung von Sachgründen (§ 14 Abs. 1 TzBfG) verhindert werden oder durch die Vorgabe von einer maximalen Anzahl von Befristungsabreden bei gleichzeitig vorgegebener Höchstdauer (§ 14 Abs. 2 – 3 TzBfG). Ob der Gesetzgeber bei der Umsetzung der sachgrundlosen Befristung verfassungsgemäß handelte, es einer einschränkenden Auslegung bedurfte oder nur ein Verbot der sachgrundlosen Befristung rechtmäßig sein kann, war lange

219 BT-Drucks. 14/4374, S. 2; RL 1999/70/EG des Rates vom 28.6.1999, (Anhang) ABl. EG 1999 Nr. L 175, S. 43; hierzu auch *Loth*, S. 44.

220 BT-Drucks. 14/4374, S. 14.

Zeit umstritten und wurde nun vom BVerfG entschieden, dessen Ansicht sich das BAG anschloss (hierzu im Detail ab S. 78). Herauszustellen ist, dass es zwingend eine Möglichkeit zur sachgrundlosen Befristung bedarf; mithin ein vollständiges Verbot der sachgrundlosen Befristung ebenso verfassungswidrig wäre, wie eine grenzenlose Gestattung dieses Vertragsgestaltungsmittels.[221]

Kettenbefristungen treten jedoch nicht nur unter Verwendung von sachgrundlosen Befristungsabreden auf, sondern sind auch im Wege der sich anreihenden Befristung mit Sachgrund eine Gefahr für den Arbeitnehmer, welcher sich nach Ablauf einiger Beschäftigungszeiträume auf ein festes Beschäftigungsverhältnis einstellt, auch wenn dieses de facto nicht besteht. Die Rechtsprechung führt diesbezüglich – nach Anweisung des EuGH – eine Missbrauchskontrolle (§ 242 BGB) durch; mithin gewährt das TzBfG bei Vorliegen von Sachgründen keine Einschränkung eines etwaigen Missbrauchs durch die Ketten-(sachgrund) befristungen (siehe hierzu im Detail ab S. 252).

Das TzBfG fordert von dem Arbeitgeber, dass die Rechtmäßigkeitsvoraussetzungen objektiv vorliegen, wobei auch § 14 Abs. 4 TzBfG nur einen schriftlichen Arbeitsvertrag verlangt; der tatsächliche Regelungsinhalt der Abrede sowie die Frage welcher Sachgrund überhaupt vorliegt und vorgegeben wird, ist zunächst irrelevant (siehe zum Regelungsinhalt auch S. 269). Anders als die AGB-Kontrolle, dort insbesondere die Unklarheitenregel sowie das Transparenzgebot (vergleiche unter anderem ab S. 156), ist also für die Prüfung der Abrede nach dem TzBfG die äußere Gestaltung sowie die Einbindung der Befristungsregelung in den Arbeitsvertrag sowie die sonstigen Abreden zwischen den Parteien unabhängig und irrelevant. Das TzBfG bezweckt also, dass die Voraussetzungen für die Befristung des gesamten Arbeitsverhältnisses zum Zeitpunkt des Vertragsschlusses objektiv vorliegen. Demgegenüber wird nicht bezweckt, dass die Vertragsparteien (insbesondere der Arbeitnehmer) tatsächlich Kenntnis über den konkreten Regelungsinhalt haben und auch keine weiteren Abreden, die möglicherweise im Widerspruch zum befristen Arbeitsvertrag sind, vorliegen.

Zusammenfassend ist also festzuhalten, dass das TzBfG – § 1 TzBfG entsprechend – die normativen Voraussetzungen für eine rechtmäßige Befristungsabrede des gesamten Arbeitsverhältnisses setzen will, um hierdurch einer missbräuchlichen Verwendung dieses Vertragsgestaltungsmittels unter Ausnutzung des Ungleichgewichts der Vertragsparteien durch den Arbeitgeber zu

221 BVerfG 6.6.2018 – 1 BvL 7/14 und 1 BvR 1375/14, NZA 2018, 774 (779 = Rn. 62); *Bayreuther*, NZA 2018, 905 (906); ErfK/*Müller-Glöge*, TzBfG, § 14 Rn. 81.

begrenzen. Leitmotiv ist der Arbeitnehmerschutz in Gestalt des Bestandsschutzinteresses, wie es auch durch das KSchG gewährt wird.

III. Fazit

Betrachtet man die Entwicklungsgeschichte sowie die Zwecke der Vertragskontrolle des befristeten Arbeitsverhältnisses (insbesondere mit der Kodifizierung des TzBfG) so ist festzustellen, dass die ursprünglichen Motive und Beweggründe der Kontrolle des befristeten Arbeitsverhältnisses weiterhin bestehen. Weiterhin steht ein Arbeitnehmerschutz in Gestalt des Bestandsschutzes im Fokus, den es ausreichend und verhältnismäßig durchzusetzen gilt. Zu beachten ist, dass durch die Möglichkeit der Befristung eines Arbeitsverhältnisses, welche verfassungsrechtlich (auch sachgrundlos) zu gewährleisten ist, die Möglichkeit besteht (insbesondere durch die Verwendung von Kettenbefristungen) den Arbeitnehmer weitgehend schutzlos zu stellen. Dies ist nicht mit dem Sozialstaatsprinzip nach Art. 20 Abs. 1, 28 Abs. 1 GG vereinbar; mithin ist ein Bestandsschutzinteresse des Arbeitnehmers aus Art. 12 Abs. 1 GG ableitbar. Art. 12 Abs. 1 GG gewährleistet jedoch auch dem Arbeitgeber ein Flexibilisierungsinteresse. Mangels vertraglicher Parität hat der Arbeitgeber die Möglichkeit, seine Interessen weitgehend durchzusetzen und hierdurch die Rechte des Arbeitnehmers im Beschäftigungsverhältnis, was regelmäßig seine Existenzgrundlage darstellt, einzuschränken. Die ursprüngliche Rechtsprechung zur Rechtfertigung eines befristeten Arbeitsverhältnisses verlangte das Vorliegen eines objektiven sachlichen Grundes zur faktischen Umgehung des Kündigungsschutzes (Umgehungsrechtsprechung). Die Notwendigkeit eines sachlichen Grundes zur Rechtfertigung eines befristeten Arbeitsverhältnisses findet sich weiterhin in § 14 Abs. 1 TzBfG. Hinzu tritt die Möglichkeit zur sachgrundlosen Befristung nach § 14 Abs. 2 – Abs. 3 TzBfG, welche als Ausnahme von der Ausnahme vom unbefristeten Arbeitsverhältnis weiteren (strengen) Zulässigkeitsvoraussetzungen unterliegt.

Sowohl aus der Entwicklung des Befristungsrechts als auch aus der Zwecksetzung lassen sich zwar Rechtmäßigkeitsvoraussetzungen für einen befristeten Arbeitsvertrag nach dem TzBfG herausarbeiten, hingegen ist die Frage der Prüfungstechnik und das Verhältnis zu anderen Kontrollinstrumenten des Arbeitsvertrags weiterhin nicht beantwortet.

B. Anwendungsbereich des TzBfG

Die Beantwortung der Frage des Anwendungsbereichs des TzBfG lässt sich unterteilen in den sachlichen sowie den persönlichen Anwendungsbereich.

Hinsichtlich des sachlichen Anwendungsbereichs ist herauszustellen, dass nunmehr keine Einschränkungen mehr zu beachten sind, was mit Blick auf die historische Entwicklung des Befristungsrechts des gesamten Arbeitsverhältnisses nicht selbstverständlich ist: Früher erfolgte eine Kontrolle des befristeten Arbeitsverhältnisses unter Beachtung der Umgehungsrechtsprechung nur dann, wenn auch eine Umgehung des KSchG drohte; mithin der sachliche (und persönliche) Anwendungsbereich des KSchG eröffnet war. Hieraus folgte, dass das Erfordernis eines sachlichen Grundes nur dann kontrolliert wurde, wenn kein Kleinbetrieb vorlag und das befristete Arbeitsverhältnis über sechs Monate begründet werden sollte (vergleich §§ 1 Abs. 1, 23 KSchG). Das TzBfG findet demgegenüber auf alle Arbeitgeber und Unternehmen jederzeit Anwendung.[222]

Ebenso eröffnet das TzBfG seinen Anwendungsbereich für alle Arbeitsverhältnisse und Arbeitnehmer.[223] Insofern ist das TzBfG auch für den öffentlichen Dienst zu beachten, wenn auch dort regelmäßig tarifliche Regelungen maßgebend sind. Da jedoch das öffentlich-rechtliche Dienstverhältnis nicht als Arbeitsverhältnis im Sinne des TzBfG zu werten ist, finden die Regelungen des TzBfG auf Beamte keine Anwendung.[224] Für „Arbeitnehmer", die sich im Berufsausbildungsverhältnis befinden, ist § 10 Abs. 2 BBiG zu berücksichtigen.[225]

Das TzBfG – im Besonderen die Rechtmäßigkeitsvoraussetzungen des § 14 TzBfG – ist auch bei der ersten Befristungsabrede zwischen den Vertragsparteien zu berücksichtigen. Dies ist nicht selbstverständlich, da die dem TzBfG zugrundeliegende Richtlinie beziehungsweise die Rahmenvereinbarung[226] nach § 5 Nr. 1 erst bei „[A]*ufeinanderfolgen* [...] *befristete*[r] *Arbeitsverträge*" ihren Schutz entfaltet; insofern erst bei der zweiten Befristungsabrede zu beachten ist.[227]

---

222 Anstatt aller siehe nur Meinel/Heyn/Herms/*Herms*, TzBfG, § 1 Rn. 3; MüKoBGB/*Hesse*, TzBfG, § 14 Rn. 10; Staudinger/*Preis*, 2019, BGB, § 620 Rn. 21.

223 So bereits BT-Drucks. 14/4374, S. 15 zu entnehmen; ferner Staudinger/*Preis*, 2019, BGB, § 620 Rn. 21 f. m.w.N.

224 BAG v. 18.7.2007 – 5 AZR 854/06, AP BGB § 611 Lehrer, Dozenten Nr. 181; Meinel/Heyn/Herms/*Herms*, TzBfG, § 1 Rn. 5 m.w.N.

225 Siehe hierzu Staudinger/*Preis*, 2019, BGB, § 620 Rn. 21b.

226 Europäische Richtlinie zur EGB-UNICE-CEEP-Rahmenvereinbarung über befristete Arbeitsverträge, RL 1999/70/EG des Rates vom 28.6.1999, (Anhang) ABl. EG 1999 Nr. L 175, S. 43 ff.

227 So auch ausdrücklich EuGH v. 3.7.2014 – C-362/13, C-363/13, C-407/13, BeckRS 2014, 81092 (Rn. 57); siehe hierzu auch *Loth*, S. 60.

Festzustellen ist also, dass wenn die Auslegung der vertraglichen Abrede nach §§ 133, 157 BGB ergibt, dass ein befristetes Arbeitsverhältnis vorliegt, die Voraussetzung des TzBfG zu beachten sind, obgleich regelmäßig keine Einschränkungen hinsichtlich des Anwendungsbereichs vorliegen.

C. Sachgrundlose Befristung des gesamten Arbeitsverhältnisses

Bei dem Versuch, die Grenzen der Vertragsgestaltung nach Maßgabe des TzBfG darzustellen, bedarf es – auf Grundlage der Aktualität und der enormen Praxisrelevanz – zwingend Ausführungen zur Möglichkeit der sachgrundlosen Befristung des gesamten Arbeitsverhältnisses nach § 14 Abs. 2 – Abs. 3 TzBfG, wobei nachfolgend auf Grundlage der ähnlichen Diskussionen der Fokus auf die Grundnorm nach § 14 Abs. 2 TzBfG liegen soll.

I. Einleitung

§ 14 Abs. 2 TzBfG ermöglicht dem Arbeitgeber, wie bereits dargestellt (S. 36), auch ohne Vorliegen eines Sachgrundes nach § 14 Abs. 1 TzBfG, mit einem Arbeitnehmer ein befristetes Arbeitsverhältnis einzugehen. Schon vor der Kodifizierung des TzBfG wurde die Möglichkeit zur sachgrundlosen Befristung durch das BeschFG 1985 erlaubt. Bereits mit der Gewährung der Möglichkeit zu diesem Vertragsgestaltungsmittel wurden weitere Zulässigkeitsvoraussetzungen zur Rechtmäßigkeit ausgewiesen, da eine grenzenlose Gewährung der sachgrundlosen Befristung des gesamten Arbeitsverhältnisses den Arbeitnehmerschutz vollends aushöhlen würde, was den verfassungsrechtlichen Schutzpflichten des Staats gegenüber Arbeitnehmern widerspricht. Ebenso ist es jedoch zwingend, dass die Möglichkeit zur sachgrundlosen Befristung besteht; mithin wäre ein vollständiges Verbot unverhältnismäßig und daher unzulässig.[228]

Die Tatbestandsvoraussetzungen für die „Grundform" der sachgrundlosen Befristungsabrede nach § 14 Abs. 2 TzBfG fordern, dass das befristete Arbeitsverhältnis maximal zwei Jahre dauert, wobei der einzelne Arbeitsvertrag maximal dreimal verlängert werden kann (§ 14 Abs. 2 Satz 1 TzBfG).

---

228 BVerfG 6.6.2018 – 1 BvL 7/14 und 1 BvR 1375/14, NZA 2018, 774 (779 = Rn. 62); *Bayreuther*, NZA 2018, 905 (906); ErfK/*Müller-Glöge*, TzBfG, § 14 Rn. 81.

Gemäß § 14 Abs. 2 Satz 3 und Satz 4 TzBfG ist die Anzahl der Verlängerungen oder die Höchstdauer der Befristung (kumulativ) tarifdisponibel.[229] Zu beachten ist gleichwohl, dass der systematische Gesamtzusammenhang sowie Sinn und Zweck des TzBfG, aber auch verfassungs- und unionsrechtliche Gründe eine immanente Beschränkung der Regelungsbefugnis der Tarifvertragsparteien verlangt.[230] Auch Tarifvertragsparteien dürfen die Schutzfunktion der sachgrundlosen Befristung (hierzu sogleich) nicht konterkarieren, sodass es nach ständiger, zuletzt mit Entscheidung vom 17. April 2019 nochmals bestätigter, Rechtsprechung des BAG maximal zu einer Dauer von sechs Jahren bei einer höchstens neunmaligen Verlängerung der einzelnen Arbeitsverträge kommen darf. [231] Diese Grenzen spiegeln sich mit den vom BAG aufgestellten Grenzen des institutionellen Rechtsmissbrauchs bei der Befristung des gesamten Arbeitsverhältnisses (hierzu später ab S. 252).

Aktuell wieder im Fokus, und seitjeher umstritten, ist die Einschränkung nach § 14 Abs. 2 Satz 2 TzBfG. Hiernach ist eine Befristung nach Satz 1 unzulässig, *„wenn mit demselben Arbeitgeber bereits zuvor ein befristetes oder unbefristetes Arbeitsverhältnis bestanden hat.“* Es besteht also ein sogenanntes *Vorbeschäftigungsverbot*. Ein Verstoß gegen das Vorbeschäftigungsverbot hat nach § 16 Satz 1 Halbs. 1 TzBfG die Begründung eines unbefristeten Arbeitsverhältnisses zur Folge.

Umstritten seit Normierung des § 14 Abs. 2 Satz 2 TzBfG ist, wie das Tatbestandsmerkmal *„zuvor“* auszulegen ist. Nachdem das BAG zunächst abstellend auf den Wortlaut von einem „jemals zuvor“ ausging und jede Art der

229 Das Wort „oder“ ist als „und/oder“ zu verstehen, so die st. Rspr. siehe nur BAG v. 15.8.2012 – 7 AZR 184/11, NZA 2013, 45 (47 = Rn. 17); v. 18.3.2015 – 7 AZR 272/13, NZA 2015, 821 (822 f. = Rn. 20); v. 20.1.2016 – 7 AZR 340/14, NZA 2016, 755 (757 = Rn. 23); v. 26.10.2016 – 7 AZR 140/15, NZA 2017, 463 (464 = Rn. 16).

230 St. Rspr. so allein zuletzt BAG v. vom 17.4.2019 – 7 AZR 410/17, NZA 2019, 1223 (1224 = Rn. 17m.w.N); v. 26.10.2016 – 7 AZR 140/15, NZA 2017, 463 (465 = Rn. 20 ff.); siehe hierzu auch im Detail ErfK/*Müller-Glöge*, TzBfG, § 14 Rn. 101b f. m.w.N.; KR/*Lipke*, TzBfG, § 4 Rn. 600 ff.; *Hamann*, NZA 2019, 424; *Frieling/Münder*, NZA 2017, 766.

231 So zuletzt BAG v. 17.4.2019 – 7 AZR 410/17, NZA 2019, 1223 (1224 = Rn. 17 m.w.N.); zuvor anstatt aller siehe nur BAG v. 26.10.2016 – 7 AZR 140/15, NZA 2017, 463 (466 = Rn. 31); Übersichtlich dargestellt jeweils m.w.N. ErfK/*Müller-Glöge*, TzBfG, § 14 Rn. 101b; KR/*Lipke*, TzBfG, § 14 Rn. 602; Boecken/Joussen/*Boecken*, TzBfG, § 14 Rn. 123; kritisch hierzu und letztlich a.A. *Kiel*, NZA-Beil. 2016, 72 (78); *Hamann*, NZA 2019, 424.

Zuvor-Beschäftigung den Ausschluss der sachgrundlosen Befristung zur Folge hatte,[232] entschied das BAG in einer bemerkenswerten Entscheidung vom 6. April 2011 anders.[233] Sodann war „zuvor" einschränkend dahingehend auszulegen, dass nur solche Beschäftigungsverhältnisse, die innerhalb der letzten drei Jahre bestanden, das Vorbeschäftigungsverbot auslösten. Selten wurde eine Entscheidung des BAG in den letzten Jahren derart massiv kritisiert, wobei hauptsächlich die Begründung und Herleitung vom Schrifttum und einzelnen Instanzgerichten kritisiert wurde und weniger das Ergebnis.[234] Letzteres begründete selbstverständlich für den Kautelarjuristen ein befriedigendes, da kalkulierbares, Ergebnis.

II. Drei-Jahres-Karenzzeit

In der Entscheidung vom 6. April 2011 ging zwar das BAG im Grundsatz auch davon aus, dass der Wortlaut sowie die Gesetzeshistorie des TzBfG eher dafür sprächen, weiterhin an dem zeitlich unbeschränkten Verständnis des Tatbestandsmerkmals festzuhalten.[235] Insbesondere die Gesetzeshistorie zeige, dass der Gesetzgeber bewusst von der Viermonatsgrenze nach § 1 Abs. 3 BeschFG abgerückt ist, da die Gefahr der Kettenbefristung zu hoch sei und im Gesetzgebungsverfahren Vorschläge nach einer anderen Karenzzeit (bewusst) nicht aufgenommen worden sind.[236] Jedoch sei die Historie nicht maßgebend, insbesondere, wenn die Gesetzesmaterialien ihrerseits ausgelegt werden müssten und nicht eindeutig seien. Denn es ist *„nicht maßgeblich, was der Gesetzgeber zu regeln meinte, sondern was er geregelt hat"*.[237] Insofern spräche der Normzweck gegen ein zeitlich unbeschränktes Verständnis des Wortes „zuvor". Dieser sei es, dem Arbeitgeber ein Flexibilisierungsmittel in Zeiten von Auftragsschwankungen und für den Arbeitnehmer eine Alternative zur Arbeitslosigkeit sowie eine

---

232 BAG v. 6.11.2003 – 2 AZR 690/02, NZA 2005, 218 (219 m.w.N. auch aus dem Schrifttum).

233 BAG v. 6.4.2011 – 7 AZR 716/09, NZA 2011, 905; bestätigt durch BAG v. 21.9.2011 – 7 AZR 375/10, NZA 2012, 255.

234 Hierzu herausstechend *Höpfner*, NZA 2011, 893; *Preis,* FS Wank, S. 413 (418 ff.); KR/*Lipke*, TzBfG, § 14 Rn. 565 ff. m.w.N.

235 BAG v. 6.4.2011 – 7 AZR 716/09, NZA 2011, 905 (906 f. = Rn. 17 ff.).

236 Siehe hierzu BT-Drucks. 14/4374, S. 14; BT-Drucks. 14/4625, S. 18; sowie BAG v. 6.4.2011 – 7 AZR 716/09, NZA 2011, 905 (907 = Rn. 19).

237 BAG v. 6.4.2011 – 7 AZR 716/09, NZA 2011, 905 (907 = Rn. 19).

„Brücke zur Dauerbeschäftigung“ zu gewähren.[238] Ferner bezwecke § 14 Abs. 2 Satz 2 TzBfG die Möglichkeit, Missbrauch des Befristungsrechts durch Kettenbefristungen zu verhindern. Hierzu führt das BAG aus: *„Erklärter Gesetzeszweck des § 14 Abs. 2 Satz 2 TzBfG ist also nicht etwa die Verhinderung befristeter Arbeitsverträge und auch nicht die Verhinderung sachgrundlos befristeter Arbeitsverträge, sondern die Verhinderung von ‚Befristungsketten‘“*[239] Ein lebenslanges Vorbeschäftigungsverbot sei hierfür nicht notwendig und weder interessengerecht noch für den einfachen Arbeitgeber umsetzbar.[240] Folglich habe, da mehrere Deutungen möglich seien, *„diejenige den Vorzug, die den Wertentscheidungen der Verfassung entspricht und die die Grundrechte der Bet. möglichst weitgehend in praktischer Konkordanz zur Geltung bringt“*.[241] Insofern sei zu berücksichtigen, dass die Berufsfreiheit nach Art. 12 Abs. 1 GG Einstellungshindernisse beheben und die Privatautonomie einen freien Vertragsschluss gewährleiste. Letztlich sei – orientiert an der Regelverjährungsfrist – eine Karenzzeit von drei Jahren *„geeignet, erforderlich und angemessen, der Missbrauchsverhinderung Rechnung zu tragen.“*[242]

Somit galt nach der Entscheidung des BAG vom 6. April 2011, dass nur ein Beschäftigungsverhältnis binnen der letzten drei Jahre die Möglichkeit zur sachgrundlosen Befristung des gesamten Arbeitsverhältnisses verhinderte; mithin grundsätzlich jeweils nach drei Jahren nach dem letzten Arbeitsverhältnis die Beschäftigungsabrede wirksam auf § 14 Abs. 2 Satz 1 TzBfG gestützt werden kann.

Die Kritik an der Begründung und Herleitung dieser Entscheidung war im Schrifttum[243] immens und auch einige Instanzgerichte[244] schlossen sich nicht

---

238 BT-Drucks. 14/4374, S. 14; BAG v. 6.4.2011 – 7 AZR 716/09, NZA 2011, 905 (907 = Rn. 22).

239 BAG v. 6.4.2011 – 7 AZR 716/09, NZA 2011, 905 (908 = Rn. 22).

240 BAG v. 6.4.2011 – 7 AZR 716/09, NZA 2011, 905 (908 = Rn. 25 ff.).

241 BAG v. 6.4.2011 – 7 AZR 716/09, NZA 2011, 905 (909 = Rn. 28).

242 BAG v. 6.4.2011 – 7 AZR 716/09, NZA 2011, 905 (910 = Rn. 39).

243 Herausstechend *Höpfner*, NZA 2011, 893; *Preis*, FS Wank, S. 413 (418 ff.); KR/*Lipke*, TzBfG, § 14 Rn. 565 ff. m.w.N.

244 Siehe u.a. LAG Baden-Württemberg v. 26.9.2013 – 6 Sa 28/13, BeckRS 2013, 72731; v. 16.11.2016 – 17a Sa 14/16, BeckRS 2016, 116437; v. 18.08.2017 – 8 Sa 21/17, BeckRS 2017, 142868; LAG Niedersachsen v. 20.7.2017 – 6 Sa 1125/16, NZA-RR 2017, 580; LAG Schleswig-Holstein v. 27.7.2017 – 4 Sa 221/16, BeckRS 2017, 125923; LAG Mecklenburg-Vorpommern v. 17.10.2017 – 5 Sa 256/16, BeckRS 2017, 133765; ArbG Braunschweig v. 3.4.2014 – 5 Ca 463/13, ArbRAktuell 2014, 366.

dieser Ansicht an. Die Kritik mündete in der Entscheidung des BVerfG vom 6. Juni 2018.

III. „Zuvor" bedeutet regelmäßig „jemals zuvor"

Das BVerfG entschied mit Entscheidung vom 6. Juni 2018, dass die ursprüngliche Auslegung des § 14 Abs. 2 Satz 2 TzBfG – sowie die Norm selbst – dahingehend, dass eine sachgrundlose befristete Wiederbeschäftigung (ohne Karenzzeit) verboten ist, mit dem Grundgesetz vereinbar ist; sofern in extremen Fällen, bei denen der Arbeitnehmer dieses Schutzes nicht bedarf, eine Einschränkung vorgenommen wird. Demgegenüber verstößt die vorstehend dargestellte Auslegung des BAG (Drei-Jahres-Karenzzeit) gegen die Grenzen zulässiger Rechtsfortbildung durch die Gerichte (Art. 2 Abs. 1, 20 Abs. 3 GG).

Die Regelung des § 14 Abs. 2 Satz 2 TzBfG berücksichtigt die Arbeitsvertragsfreiheit sowohl auf Arbeitgeber- als auch auf Arbeitnehmerseite. Auf Arbeitnehmerseite fordert Art. 12 Abs. 1 GG die freie Wahl des Arbeitsplatzes und einen Schutz, die konkrete Beschäftigungsmöglichkeit auch wahrzunehmen. Demgegenüber schützt Art. 12 Abs. 1 GG auch die Arbeitgeberinteressen dahingehend, dass die Vertrags- und Dispositionsfreiheit gewahrt bleibt.[245] Gleichwohl habe sich der Gesetzgeber entschieden, die Freiheiten beider Vertragsparteien zu beschränken, um unter anderem das *„Einstellungsverhalten der Arbeitgeber zu steuern"*.[246] Ferner ermöglicht der weite Gestaltungs- und Beurteilungsspielraum des Gesetzgebers die Berufsfreiheit einzuschränken, *„um sozialen oder wirtschaftlichen Ungleichheiten entgegenzuwirken"*.[247] Es gilt die Gefahr der Kettenbefristung, unter Ausnutzung der strukturellen Unterlegenheit der Beschäftigten, auszuschließen und die unbefristete Beschäftigung als Regelfall zu sichern. Hier sei zu berücksichtigen, dass die Privatautonomie auf Grundlage der Disparität der Vertragsparteien nicht ausreichend ist, sodass staatliche Regelungen notwendig sind, um einen ausgeglichenen Grundrechtsschutz zu gewährleisten.[248] Der Arbeitnehmer ist nämlich regelmäßig auf eine

---

245 BVerfG v. 6.6.2018 – 1 BvL 7/14 und 1 BvR 1375/14, NZA 2018, 774 (775 = Rn. 38).

246 BVerfG v. 6.6.2018 – 1 BvL 7/14 und 1 BvR 1375/14, NZA 2018, 774 (776 = Rn. 40); BT-Drucks. 14/3474, S. 14.

247 BVerfG v. 6.6.2018 – 1 BvL 7/14 und 1 BvR 1375/14, NZA 2018, 774 (776 = Rn. 42); v. 29.6.2016 – 1 BvR 1015/15, NJW-RR 2016, 1349 (1352 = Rn. 63).

248 BVerfG v. 6.6.2018 – 1 BvL 7/14 und 1 BvR 1375/14, NZA 2018, 774 (776 = Rn. 42); dies bereits herausgestellt BVerfG v. 7.2.1990 – 1 BvR 26/84, NZA 1990, 389 (390); v. 19.10.1993 – 1 BvR 567/89 ua, NJW 1994, 36; v. 5.8.1994 – 1 BvR 102/89, NJW 1994, 2749; v. 23. 10. 2013 – 1 BvR 1842/11, 1 BvR 1843/11, NJW 2014, 46 (47 = Rn. 68).

langfristige und unbefristete Beschäftigung angewiesen, um sich eine soziale Sicherheit und Altersversorgung zu erarbeiten. Die soziale Absicherung und das unbefristete Arbeitsverhältnis als Regelfall stellen daher den Normzweck des § 14 Abs. 2 Satz 2 TzBfG auf Seiten der Arbeitnehmer dar.[249] Demgegenüber sollte die sachgrundlose befristete Beschäftigung nur bei Neueinstellungen greifen, um Arbeitslosen den Einstieg zu erleichtern und eine Brücke zur Dauerbeschäftigung zu bauen; entgegen der vorstehend dargestellten Ansicht des BAG (siehe S. 80) legt das BVerfG die Gesetzesbegründung (nicht die Norm) streng am Wortlaut orientiert aus.[250] Nach Ansicht des BVerfG ist auch kein weniger einschneidendes Mittel zur Erreichung des Gesetzeszweckes ersichtlich. Insbesondere ist eine reine Karenzregelung, welche der Gesetzgeber gerade ausgeschlossen hat, zur Verhinderung der Kettenbefristung nicht gleich geeignet. Ebenso ist auch eine Beschränkung der „Wiederbeschäftigung" auf einen engen sachlichen Zusammenhang zwischen den Beschäftigungen nicht ausreichend, da der Arbeitgeber durch Änderung wesentlicher Arbeitsbedingungen eine Kettenbefristung durchsetzen kann.[251] Das Flexibilisierungsinteresse des Arbeitgebers kann auch durch andere Gestaltungsmittel des Arbeitsrechts befriedigt werden, so besteht die Möglichkeit das unbefristete Arbeitsverhältnis innerhalb der ersten sechs Monate zu kündigen (§ 1 Abs. 1 KSchG) oder aber mit anderen (externen) Flexibilisierungsmitteln (etwa der Zeitarbeit oder die Befristung mit Sachgrund) ausreichend auf Auftragsschwankungen im Betrieb reagieren zu können. Überzeugend entgegnet das BVerfG dem Argument des großen Risikos für den Arbeitgeber einen möglicherweise bereits beschäftigten Arbeitnehmer einzustellen und ein unbefristetes Beschäftigungsverhältnis zu riskieren damit, dass dem Arbeitgeber ein Fragerecht zusteht, ob der Arbeitnehmer bereits beim Arbeitgeber beschäftigt war.[252]

Abschließend stellt das BVerfG zwei wichtige Aspekte für die Kautelarjuristik heraus: Zum einen ist auch ein vollständiges Verbot der sachgrundlosen Befristung verfassungsrechtlich nicht zu rechtfertigen. Zum anderen gibt es Konstellationen, bei denen das Verbot der sachgrundlosen Befristung im Einzelfall unzumutbar sei (hierzu sogleich).[253]

---

249 BVerfG v. 6.6.2018 – 1 BvL 7/14 und 1 BvR 1375/14, NZA 2018, 774 (777 = Rn. 48).

250 BVerfG v. 6.6.2018 – 1 BvL 7/14 und 1 BvR 1375/14, NZA 2018, 774 (777 = Rn. 48); BT-Drucks. 14/3474, S. 14.

251 BVerfG v. 6.6.2018 – 1 BvL 7/14 und 1 BvR 1375/14, NZA 2018, 774 (777 = Rn. 53).

252 BVerfG v. 6.6.2018 – 1 BvL 7/14 und 1 BvR 1375/14, NZA 2018, 774 (778 = Rn. 57); BT-Drucks. 14/3474, S. 19.

253 BVerfG v. 6.6.2018 – 1 BvL 7/14 und 1 BvR 1375/14, NZA 2018, 774 (779 = Rn. 63).

Der Auslegung des BAG hin zu einer Drei-Jahres-Grenze erteilte das BVerfG eine klare Abfuhr. Diese sei verfassungswidrig und verstoße gegen Art. 2 Abs. 1, Art. 20 Abs. 3 GG sowie des Prinzips der Gewaltenteilung. Zwar sei eine Rechtsfortbildung grundsätzlich in Ordnung, die Grenze hierfür ist jedoch der vom Gesetzgeber festgelegte Sinn und Zweck; mithin sei die Grundentscheidung des Gesetzgebers zu akzeptieren und eine Interpretation über den klaren Willen des Gesetzgebers verfassungswidrig. Zu berücksichtigen sei hier, dass sowohl die Gesetzesmaterialien als auch die Entstehungsgeschichte eindeutig seien und daher ein eigenes Regelungsmodell des BAG konträr zu den Grenzen der zulässigen Rechtsfortbildung laufen.[254]

Sofern man nach der Entscheidung des BAG vom 6. April 2011[255] jedenfalls Rechtssicherheit annehmen konnte, ist nach der Entscheidung des BVerfG vom 6. Juni 2018 zwar von einem juristisch überzeugenderen Ansatz, der insbesondere den Willen des Gesetzgebers berücksichtigt auszugehen, gleichwohl hinterlässt die Entscheidung wieder mehr Rechtsunsicherheit für die Kautelarjuristik. Insofern lässt sich die Entscheidung des BVerfG hauptsächlich auf Grundlage der Folge für die Praxis kritisieren.[256]

Festzuhalten ist, dass auch nach Ansicht des BVerfG der Wortlaut der Norm nicht „eindeutig" ist, sodass bereits hieraus eine eindeutige Auslegung gegen eine Karenzzeit folgt. Dahingehend begründeten jedoch einige Instanzgerichte ihre vom BAG abweichende Auslegung des § 14 Abs. 2 Satz 2 TzBfG.[257] Insofern sieht auch das BVerfG den Wortlaut eines Gesetzes nur als „Indiz" zur Erschließung des Regelungskonzepts und des Normzwecks eines Gesetzes an. Im Fokus bei der Ermittlung des Gesetzeszweckes, welcher für den konkreten Norminhalt maßgeblich ist, ist vielmehr der Verlauf des Gesetzgebungsverfahrens, Äußerungen während dessen sowie die Gesetzesmaterialien als solche. Zur Ermittlung des Norminhalts sind daher die Regierungsentwürfe des Gesetzes sowie sonstige Gesetzesmaterialien auszuwerten, um die konkrete Normvorstellung des Gesetzgebers als maßgebliches Normbegrenzungsinstrument zu

---

254 BVerfG v. 6.6.2018 – 1 BvL 7/14 und 1 BvR 1375/14, NZA 2018, 774 (780 = Rn. 75 ff.).

255 BAG v. 6.4.2011 – 7 AZR 716/09, NZA 2011, 905; bestätigt durch BAG v. 21.9.2011 – 7 AZR 375/10, NZA 2012, 255.

256 *Bauer*, ArbRAktuell 2018, 334; *Fischer*, BB 2019, 2356; Boecken/Joussen/*Boecken*, TzBfG, § 14 Rn. 155; etwas milder beurteilend ErfK/*Müller-Glöge*, TzBfG, § 14 Rn. 98.

257 LAG Schleswig-Holstein v. 27.7.2017 – 4 Sa 221/16, BeckRS 2017, 125923; ArbG Braunschweig v. 3.4.2014 – 5 Ca 463/13, ArbRAktuell 2014, 366; siehe *Höpfner*, RdA 2018, 321 (324 m.w.N.).

ermitteln.[258] Diese Auslegungsmethode des Bundesverfassungsgerichts, welche bereits in anderen Entscheidungen ausgearbeitet und sich nun verfestigt hat,[259] ist als sogenannte „subjektive Auslegungsmethode" (oder „subjektive Methode") zu bezeichnen und knüpft die Grenzen der Normanwendung und -auslegung an den sich in den Gesetzesmaterialien und im Gesetzgebungsverfahren konkretisierten (angedeuteten) „*Willen des Gesetzgebers*" an.[260] *Höpfner* arbeitetet heraus, dass nach Ansicht des BVerfG „*Gesetzesbindung iSv Art. 20 Abs. 3 GG* [...] *eine Bindung an den Willen des Gesetzgebers* [bedeutet]."[261]

Gleichwohl dieser überzeugenden Ausführungen hält sich das BVerfG selbst nicht an ihre Grundsätze. Da auch das BVerfG davon ausgeht, dass ein grenzenloses Vorbeschäftigungsverbot nicht im Einklang mit den Interessen und den grundgesetzlich gewährleisteten Freiheiten (sowohl des Arbeitnehmers als auch des Arbeitgebers) ist und streng genommen dadurch verfassungswidrig wäre, eröffnet es eine Einzelfallbetrachtung, bei welcher lang zurückliegende, geringfügige Beschäftigungen nicht unter das Vorbeschäftigungsverbot fallen sollen. Konsequenterweise hätte das BVerfG § 14 Abs. 2 Satz 2 TzBfG für verfassungswidrig erklären und dem Gesetzgeber eine Neuregelung in Auftrag geben müssen.[262] Hinzutritt, dass das BVerfG sowohl die Karenzlösung als auch die Forderung nach einem engen sachlichen Zusammenhang zwischen den fraglichen Beschäftigungsverhältnissen diskutiert und abgelehnt hat. Sofern man nun jedoch die Ansicht vertritt, dass das BVerfG jegliche Karenzlösung als nicht ausreichend bewertet, ist dies jedoch falsch. Das BVerfG bezieht seine Ausführungen und Bewertungen stets auf den „Willen des Gesetzgebers" und räumt diesem einen großen Gestaltungs- und Beurteilungsspielraum ein. Es ist daher davon auszugehen, dass wenn der Gesetzgeber sich entschließt eine Karenzzeit zukünftig einzuführen, diese (sofern sie geeignet ist, eine Gefahr der Kettenbefristung zu verhindern und hierdurch nicht die Gefahr eines Widerspruchs

---

258 Zum konkreten Vorgehen siehe *Höpfner*, RdA 2018, 321 (326 ff. m.w.N.).

259 Zuvor BVerfG v. 25. 1. 2011 – 1 BvR 918/10, NJW 2011, 836 (837 f. = Rn. 50 ff.); v. 11.7. 2012 – 1 BvR 3142/07, 1569/08, NJW 2012, 3081 (3084 f.); v. 23.5.2016 – 1 BvR 2230/15, 1 BvR 2231/15, NJW-RR 2016, 1366 (1370 = Rn. 49 ff.); dies weiter ausarbeitende und einer Bewertung unterziehend *Höpfer*, RdA 2018, 321 (323 ff.).

260 *Bayreuther*, NZA 2018, 905 (907 f.); *Höpfner*, RdA 2018, 321 (326 ff. m.w.N.); *Rech*, RdA 2020, 31 (34 f.); *Wank*, Anmerkung zu AP TzBfG § 14 Nr. 170; KR/*Lipke*, TzBfG, § 14 Rn. 571.

261 *Höpfner*, RdA 2018, 321 (328).

262 So auch *Bayreuther*, NZA 2018, 905 (908); *Höpfner*, RdA 2018, 321 (331 f.); *Wank*, Anmerkung zu AP TzBfG § 14 Nr. 170; *Lembke/Tegel*, NZA 2019, 1029 (1030).

zu den europarechtlichen Vorgaben entsteht) als rechtmäßig zu bewerten ist.[263] Einen solchen Schritt hin zur Einführung einer Karenzzeit hat der Gesetzgeber bei der Leiharbeit gemacht. Zunächst durfte eine Überlassung nur „*vorübergehend*“ sein, so ist nunmehr nach § 1 Abs. 1b Satz 1 AÜG eine Karenzzeit von 18 Monaten ausgewiesen.

Bauer kritisiert die Entscheidung des BVerfG dahingehend, dass Rechtsunsicherheit vorliege und von einer Akzeptanz der Drei-Jahres-Karenzzeit auszugehen sei, da der aktuelle Gesetzgeber nach der Entscheidung des BAG geschwiegen habe.[264] Es sei vielmehr nach Ablauf von drei Jahren von keiner Gefahr mehr der Kettenbefristung auszugehen.[265] Das Argument des Schweigens des aktuellen Gesetzgebers vermag nicht zu überzeugen. So hat zum einen das BVerfG richtigerweise ausgeführt, dass es auf den historischen Gesetzgeber ankommt, also denjenigen, der den konkreten Norminhalt verabschiedet hat, beziehungsweise dessen Gesetzesmaterialien maßgebend sind, da nur dieser eine Auslegung seines Gesetzeswortlauts ermöglicht. Zum anderen hat das Schweigen oder die Nichthandlung eines Gesetzesgebers unterschiedlichste Gründe (zum Beispiel Lähmung durch Koalitionspartner, andere gesellschaftspolitische Themen, die „wichtiger“ erscheinen oder aber schlicht keinen politischen Willen zur Umsetzung) und kann nicht zu einem Rückschluss auf die Bewertung einer Rechtsprechung führen.

Darüber hinaus ist denjenigen, die die Drei-Jahres-Karenzzeit als rechtmäßig und verfassungsgemäß eingeordnet haben zu entgegnen, dass – wie auch das Bundesverfassungsgericht korrekt herausgestellt hat – es bei der Beurteilung der Rechtmäßigkeit einer sachgrundlosen Befristungsabrede um mehr als nur die Verhinderung/Erschwerung einer Gefahr der Kettenbefristung geht. Die sachgrundlose Befristung des gesamten Arbeitsverhältnisses stellt die Rückausnahme von der Ausnahme der Befristung mit Sachgrund dar. Das Regelarbeitsverhältnis ist und soll die unbefristete Beschäftigung sein. In den meisten Fällen (insbesondere bei nicht sonderlich qualifizierten Arbeitnehmern beziehungsweise Tätigkeiten) erhält der Arbeitnehmer durch das unbefristete Arbeitsverhältnis eine soziale Sicherheit, kann für seine eigene Altersvorsorge sorgen und meist wird dadurch das persönliche gesellschaftliche Wertgefühl gesteigert. Insbesondere die soziale Absicherung des (einfachen) Arbeitnehmers gilt es zu schützen

---

263 *Bayreuther*, NZA 2018, 905 (907 f.); a.A. wohl *Höpfner*, RdA 2018, 321 (332).

264 *Bauer*, ArbRAktuell 2018, 334.

265 *Bauer*, ArbRAktuell 2018, 334 ebenso *Höpfner*, RdA 2018, 321 (332); *ders.*, NZA 2011, 893 (894).

und stellt einer der maßgeblichen Gesetzeszwecke des europäischen Gesetzgebers und des deutschen Gesetzgebers bei der Kodifizierung der Normen des Befristungsrechts dar.

Der Arbeitgeber erhält ausreichend Schutz durch das ihm gewährte Fragerecht im Rahmen der Einstellung des Arbeitnehmers. Sofern der Arbeitnehmer wahrheitswidrig auf die Frage der Vorbeschäftigung beim Arbeitgeber antwortet und im Nachhinein sich hierauf beruft beziehungsweise der Arbeitgeber Kenntnis von einer Vorbeschäftigung erhält, kann der Arbeitgeber die Willenserklärung zum Abschluss des Arbeitsvertrags wegen arglistiger Täuschung des Arbeitnehmers nach § 123 Abs. 1 BGB anfechten.[266] Dieses Fragerecht – wie auch das BVerfG herausstellt – wurde bereits vom Gesetzgeber als Mittel ausgewiesen;[267] ein „Recht zur Lüge" oder ähnliches besteht für den Arbeitnehmer nicht.

Zusammenfassend ist also festzuhalten, dass das BVerfG mit Entscheidung vom 6. Juni 2018 feststellt, dass § 14 Abs. 2 Satz 2 TzBfG verfassungsgemäß ist, ein regelmäßig grenzenloses Vorbeschäftigungsverbot fordert, denn nur so kann der Zweck der sachgrundlosen Befristung, nämlich auf den Arbeitsmarkt (und die Arbeitgeber) einzuwirken, um die Beschäftigungsinteressen (inklusive sozialer Absicherung) der Arbeitnehmer zu fördern, gewährleistet werden. Insofern ist das Regelungskonzept des Gesetzgebers zu beachten und nicht durch ein eigenes Regelungsmodell (Drei-Jahres-Karenzzeit) zu ersetzen. Sofern auf der einen Seite auch ein Verbot der sachgrundlosen Befristung verfassungswidrig wäre, da die Interessen der Arbeitsvertragsparteien diesen Schutz weder benötigen noch rechtfertigen würden, ist jedoch auch auf der anderen Seite ein grenzenloses Vorbeschäftigungsverbot ebenso nicht verfassungsgemäß. An dieser Stelle obliege es – nach Ansicht des BVerfG – den Fachgerichten diejenigen Beschäftigungsverhältnisse, die sehr lange zurückliegen, ganz anders geartet oder von nur sehr kurzer Dauer waren, durch eine „*verfassungskonforme Auslegung*" nicht unter den Anwendungsbereich des Vorbeschäftigungsverbots fallen zu lassen. Als Konkretisierung hierzu verweist das BVerfG auf „*geringfügigen Nebenbeschäftigungen während der Schul- und Studien- oder Familienzeit, bei Werkstudierenden und studentischen Mitarbeiterinnen und Mitarbeitern im Rahmen ihrer Berufsqualifizierung oder bei einer erzwungenen oder freiwilligen Unterbrechung*

266 So auch *Lembke/Tegel*, NZA 2019, 1029 (1033); KR/*Lipke*, TzBfG, § 14 Rn. 571.

267 BVerfG v. 6.6.2018 – 1 BvL 7/14 und 1 BvR 1375/14, NZA 2018, 774 (778 = Rn. 57); BT-Drucks. 14/3474, S. 19; so auch nun ausdrücklich das BAG v. 23.01.2019 – 7 AZR 161/15, BeckRS 2019, 9266 (Rn. 23); hierzu auch *Lembke/Tegel*, NZA 2019, 1029 (1033); KR/*Lipke*, TzBfG, § 14 Rn. 571; H/W/K/*Rennpferdt*, TzBfG, § 14 Rn. 158.

der Erwerbsbiographie, die mit einer beruflichen Neuorientierung oder einer Aus- und Weiterbildung einhergeht.“[268]

IV. Folgen und praktische Auswirkungen nach der Entscheidung des BVerfG

Es bedarf wenig juristischer Fantasie, dass nach der Entscheidung des BVerfG vom 6. Juni 2018 aus Sicht des Kautelarjuristen – solange keine Änderungen durch den Gesetzgeber vorliegen – entscheidend und relevant ist, wann genau die Fälle vorliegen, bei denen im Wege der „*verfassungskonforme*[n] *Auslegung*“ das Vorbeschäftigungsverbot nicht (mehr) zu beachten ist. Hierzu sind folgende Konkretisierungen durch das BAG erfolgt:

Im Jahr 2019 erfolgten – nach Entscheidung des BVerfG – bereits neun Entscheidungen des BAG zum Themenkreis Vorbeschäftigungsverbot bei der sachgrundlosen Befristung, wobei insgesamt vier hiervon sogenannte „Parallelentscheidungen“ waren. Eine weitere Entscheidung, nämlich die vom 17. April 2019, konkretisiert nur mittelbar die Vorgaben des BVerfG, als dass die Gestaltungsgrenzen der Tarifvertragsparteien bei § 14 Abs. 2 Satz 3 TzBfG bestätigt wurden.[269] Darüber hinaus entschied das BAG mit Entscheidung vom 12. Juni 2019, dass das Privileg der Neugründung im Sinne des § 14 Abs. 2a Satz 1 TzBfG auch für Tochterunternehmen innerhalb eines Konzern gelten kann, sofern die neugegründete Tochter bislang im Konzern nicht wahrgenommene wirtschaftliche Aktivitäten verfolgt hat und hierdurch keine Umstrukturierung gemäß § 14 Abs. 2a Satz 2 TzBfG vorliegt.[270] Die anderen Entscheidungen des BAG wiederholen sich (teilweise auch im Wortlaut) und folgen dem selben Ansatz. Zuletzt erfolgte eine Entscheidung vom 16. September 2020 zur Frage, wie anders geartet die Tätigkeit zu sein hat.[271]

Mit Datum vom 23. Januar 2019 entschied das BAG in drei (teilweise) Parallelverfahren, dass alle dort vereinbarten sachgrundlosen Befristungen unwirksam seien, da jeweils eine Vorbeschäftigung zwischen den Arbeitsvertragsparteien gegeben war und keine Ausnahme durch die verfassungskonforme Auslegung geboten war.[272] In allen drei Verfahren hatten die Arbeitnehmer bei

268 BVerfG v. 6.6.2018 – 1 BvL 7/14 und 1 BvR 1375/14, NZA 2018, 774 (779 = Rn. 63).

269 BAG v. 17.4.2019 – 7 AZR 410/17, NZA 2019, 1223.

270 BAG v. 12.6.2019 – 7 AZR 317/17, NZA 2019, 1568 = AP TzBfG § 14 Nr. 180.

271 BAG v. 16.9.2020 – 7 AZR 552/19, NZA 2021, 338.

272 BAG v. 23.1.2019 – 7 AZR 733/16, NZA 2019, 700; v. 23.1.2019 – 7 AZR 161/15, BeckRS 2019, 9266; v. 23.1.2019 – 7 AZR 13/17, BeckRS 2019, 6894.

der fraglichen *„zweiten"* Beschäftigung eine ähnliche beziehungsweise gleiche Tätigkeit zu leisten, wobei die *„erste"* (Vor-)Beschäftigung in einem Fall über neun Monate ging, in dem zweiten Verfahren über anderthalb Jahre und in dem dritten Verfahren über zwei Jahr dauerte und hierbei dreieinhalb, fünfeinhalb beziehungsweise acht Jahre zurücklagen.

Nach Darstellung der Entscheidung des BVerfG vom 6. Juni 2018 stellt das BAG überzeugend heraus, dass die Entscheidung des BVerfG gemäß §§ 31 Abs. 2, 13 Nr. 11 BVerfGG Gesetzeskraft hat, da *„der Tenor [...] ausdrücklich auf die Entscheidungsgründe Bezug nimmt"*.[273] Unter Bezugnahme kritischer Stimmen aus dem Schrifttum, wegen der drohenden Rechtsunsicherheit, stellt auch das BAG fest, dass die Merkmale „sehr lang" zurückliegend, „ganz anders" geartet oder „von sehr kurzer" Dauer nicht definiert wurden und daher durch das BAG zu konkretisieren sind. Bei allen drei Parallelentscheidungen könne bereits nicht von einem *sehr lang* zurückliegenden (Vor-)Beschäftigungsverhältnis ausgegangen werden. Hier sei im Besonderen darauf abzustellen, dass das Vorbeschäftigungsverbot bezwecke, das unbefristete Arbeitsverhältnis als Regelbeschäftigungsform zu erhalten und die sachgrundlose Befristung die Ausnahme bleiben soll. Unter Berücksichtigung, dass das Erwerbsleben eines Arbeitnehmers bei typisierender Betrachtung mindestens 40 Jahre umfasst, könnten bei acht Jahre zurückliegender Beschäftigung vier sachgrundlos befristete Arbeitsverträge von jeweils zweijähriger Dauer mit demselben Arbeitnehmer geschlossen werden.[274] Insofern könne bei vier möglichen Verträgen im Erwerbsleben eines Arbeitnehmers nicht (mehr) von einer Ausnahme ausgegangen werden. Abstellend auf das Merkmal der *„kurzen Dauer"* der Beschäftigung stellte das BAG fest, dass dies auch bei einer Beschäftigung von nur neun Monaten nicht mehr angenommen werden könnte.

Bei der nächsten Entscheidung des Siebten Senats vom 20. März 2019 lag das erste Beschäftigungsverhältnis über achteinhalb Jahre zurück und ging damals über fast drei Jahre, wobei eine gleiche Tätigkeit erbracht wurde.[275] Der Siebte

---

273 BAG v. 23.1.2019 – 7 AZR 733/16, NZA 2019, 700 (702 = Rn. 22); v. 23.1.2019 – 7 AZR 161/15, BeckRS 2019, 9266 (Rn. 18); v. 23.1.2019 – 7 AZR 13/17, BeckRS 2019, 6894 (Rn. 19).

274 BAG v. 23.1.2019 – 7 AZR 733/16, NZA 2019, 700 (703 = Rn. 26); In der Entscheidung – 7 AZR 161/15 lag die Vorbeschäftigung 3,5 Jahre zurück, dementsprechend könnten sieben Beschäftigungen auf § 14 II 2 TzBfG gestützt werden BeckRS 2019, 9266 (Rn. 22); In der Entscheidung – 7 AZR 161/15 lag die Vorbeschäftigung 5,5 Jahre zurück, dementsprechend könnten fünf Beschäftigungen auf § 14 II 2 TzBfG gestützt werden v. 23.1.2019 – 7 AZR 13/17, BeckRS 2019, 6894 (Rn. 23).

275 BAG v. 20.3.2019 – 7 AZR 409/16, NZA 2019, 1274 = AP TzBfG § 14 Nr. 176.

Senat wiederholte im Wesentlichen seine Ausführungen aus den Entscheidungen von 23. Januar 2019 und stellte nochmals darauf ab, dass auch bei acht Jahren und neun Monaten nicht von einer „*sehr lang*" zurückliegenden Beschäftigung ausgegangen werden kann, da bei einem Erwerbsleben von 40 Jahren „*ein Arbeitgeber jedenfalls vier sachgrundlos befristete Arbeitsverträge von jeweils zweijähriger Dauer mit demselben Arbeitnehmer schließen* [könnte]".[276] Ferner seien auch die anderen vom BVerfG herausgestellten Merkmale nicht einschlägig und auch „*sonstige Gesichtspunkte, die* […] *eine verfassungskonforme Einschränkung des Anwendungsbereichs von § 14 II 2 TzBfG gebieten können*" nicht ersichtlich respektive von einer der Parteien vorgetragen.[277]

Eine erste Orientierung hinsichtlich der Grenze des Merkmals „*sehr lang*"-zurückliegend bietet die Parallelentscheidung des BAG vom 17. April 2019.[278] Ihnen lag ein Sachverhalt zu Grunde, bei welchem die gleiche Tätigkeit zuvor über zwei Jahre erbracht wurde, wobei das erste Arbeitsverhältnis 15 Jahre zurück lag. Zwar geht auch der Siebte Senat bei einer Zeitspanne von 15 Jahren nicht (mehr) von einer Gefahr der Kettenbefristung aus, gleichwohl ist durch die möglichen „*drei sachgrundlos befristete*[n] *Arbeitsverträge von jeweils zweijähriger Dauer mit demselben Arbeitnehmer*" innerhalb des Erwerbslebens, welches nach einer „*typisierenden Betrachtung mindestens 40 Jahre umfasst*", „*das angestrebte Ziel einer langfristigen und dauerhaften Beschäftigung gefährdet*"; mithin die sachgrundlose Befristung nicht mehr eine Ausnahme.[279] Das BAG orientiert sich abermals an kündigungsschutzrechtlichen Regelungen und stellt fest, dass „*der Gesetzgeber bei der Festlegung der Dauer der Kündigungsfristen in § 622 II BGB die längste Kündigungsfrist erst nach einer Dauer des Arbeitsverhältnisses von 20 Jahren und nicht bereits nach 15 Jahren hat eingreifen lassen.*"

Mit Entscheidung vom 12. Juni 2019 konkretisierte der Siebte Senat, nachdem die anderen Entscheidungen zur Vorbeschäftigung aus dem Jahr 2019 nochmal ausdrücklich bestätigt wurden, die Voraussetzungen, wann eine auf Grundlage der Geringfügigkeit der Nebenbeschäftigung nicht (mehr) zu beachtende Vorbeschäftigung vorliegt.[280] Eine solche geringfügige Nebenbeschäftigung ist meist nur vorübergehend, „*häufig kurze Zeit und nicht auf eine längerfristige Sicherung*

---

276 BAG v. 20.3.2019 – 7 AZR 409/16, NZA 2019, 1274 (1278 = Rn. 32).

277 BAG v. 20.3.2019 – 7 AZR 409/16, NZA 2019, 1274 (1278 = Rn. 35).

278 BAG v. 17.4.2019 – 7 AZR 323/17, NZA 2019, 1271; v. 17.4.2019 – 7 AZR 324/17, BeckRS 2019, 20224.

279 BAG v. 17.4.2019 – 7 AZR 323/17, NZA 2019, 1271 (1273 = Rn. 25).

280 BAG v. 12.6.2019 – 7 AZR 429/17, NZA 2019, 1563.

des Lebensunterhalts angelegt.“[281] Insofern hat sie *„für die soziale Sicherung und für die Altersversorgung regelmäßig nur untergeordnete Bedeutung und zudem meist eine andere Tätigkeit zum Gegenstand als die spätere auf Dauer angelegte Erwerbstätigkeit.“*[282] Zu beachten ist, dass sich die maßgebliche Vorbeschäftigung tatsächlich nur über einen Zeitraum von sechs Wochen erstreckte, gleichwohl der Siebte Senat diese kurze Zeitpanne als nicht ausreichend angesehen hat, um eine *„verfassungskonforme Auslegung“* vornehmen zu müssen.

In der zuletzt veröffentlichten Entscheidung vom 21. August 2019 bestätigte das BAG die Grenze des Merkmals *„sehr lang“*-zurückliegend orientierend an der längsten Kündigungsfrist nach § 622 Abs. 2 BGB.[283] In dem dieser Entscheidung zugrundeliegendem Sachverhalt lag die vorherige Beschäftigung 22 Jahre zurück, was nach Ansicht des BAG ein solcher „sehr langer“ Zeitraum darstellt, sodass eine verfassungskonforme Auslegung des Anwendungsbereich des § 14 Abs. 2 BGB geboten sei; mithin sei bei „nur“ zwei sachgrundlosen Befristungen mit demselben Arbeitgeber innerhalb des Erwerbslebens keine Gefahr für den Zweck der Norm, das unbefristete Arbeitsverhältnis als Regelarbeitsverhältnis auszuweisen bestehend. Aus dieser Entscheidung lässt sich entweder die absolute Grenze von 20 Jahren zwischen den Beschäftigungsverhältnissen (orientiert an § 622 Abs. 2 Nr. 7 BGB) oder die Grenze von 18 Jahren ausweisen. Letzteres stellt darauf ab, dass derzeit zwei Jahre sachgrundlos beschäftigt werden kann, was abzuziehen ist.[284] Das BAG begründet die Orientierung an der 20 Jahres-Grenze nach § 622 Abs. 2 Nr. 7 BGB, dass diese Norm *„ebenfalls den Bestandsschutz“* betrifft.[285]

Abschließend ist noch auf eine aktuelle Entscheidung des Siebten Senats vom 12. Juni 2019 hinzuweisen, bei welcher das BAG die Art des notwendigen „Arbeitsverhältnisses“ als Vorbeschäftigung im Sinne des § 14 Abs. 2 Satz 2 TzBfG konkretisiert.[286] Maßgebend sei nicht erst der tatsächliche Arbeitsbeginn, sondern der (möglicherweise deutlich frühere) Vertragsschluss; mithin entstünden bereits mit Vertragsschluss die wechselseitigen Rechte und Pflichten, welche ein Arbeitsverhältnis begründen und vom Schutzzweck umfasst sind.[287]

---

281 BAG v. 12.6.2019 – 7 AZR 429/17, NZA 2019, 1563 (1566 = Rn. 28).

282 BAG v. 12.6.2019 – 7 AZR 429/17, NZA 2019, 1563 (1566 = Rn. 28).

283 BAG v. 21.8.2019 – 7 AZR 452/17, NZA 2020, 40.

284 So *Zeh*, ArbRAktuell 2019, 437.

285 BAG v. 21.8.2019 – 7 AZR 452/17, NZA 2020, 40 (42= Rn. 25).

286 BAG v. 12.6.2019 – 7 AZR 548/17, NZA 2019, 1352.

287 BAG v. 12.6.2019 – 7 AZR 548/17, NZA 2019, 1352 (1353 = Rn 10 ff.).

Zusammenfassend ist die folgende Konkretisierung durch den Siebten Senat erfolgt: Das BAG orientiert sich zur Bestimmung befristungsrechtlicher Grenzen an kündigungsrechtlichen Normen und bestimmt „sehr lang“ nach § 622 Abs. 2 Nr. 7 BGB ab einem Zeitraum von 20 Jahren. Eine nur „sehr kurze Dauer“ kann demgegenüber nicht mehr oberhalb von drei Monaten angesehen werden, was sich an § 622 Abs. 5 Satz 1 Nr. 1 BGB orientiert. Hinsichtlich des Merkmals „ganz anderes geartet“ erfolgten bislang keine weiteren Konkretisierungen durch das BAG, wobei man zum einen feststellen musste, dass die jeweiligen Sachverhalte hierzu keinen Anlass boten und zum anderen diesbezüglich das BVerfG in seiner Entscheidung vom 6. Juni 2018 relativ konkrete Beispiele bildete.

V. Stellungnahme zur aktuellen Entwicklung

Verfassungswidrigkeit der Konstruktion des BAG der Drei-Jahres-Karenzzeit lag ersichtlich in der Luft und musste zwingend erfolgen. Unter Beachtung der bekannten Auslegungsgrundsätze eines Gesetzes sind neben dem Wortlaut einer Norm, dem Gesetzeszusammenhang auch die Historie zu beachten, um sodann den Sinn und Zweck des Gesetzes und der Regelung herauszuarbeiten und anzuwenden. Die Gesetzesmaterialien zur sachgrundlosen Befristung sowie die Historie sind eindeutig und die Orientierung an der regelmäßigen Verjährung schien zwar praxistauglich jedoch ohne jede weitere Stütze im Gesetz.

Folglich vermag die Entscheidung des BVerfG vom 6. Juni 2018 zu überzeugen und ist „richtig“; wenn auch selbst inkonsequent. Nicht zu überzeugen vermag nämlich, dass der Anwendungsbereich des § 14 Abs. 2 Satz 2 TzBfG durch – in der Norm und den Gesetzesmaterialien jedenfalls nicht benannte – Ausnahmetatbestände begrenzt werden soll. Mit konsequenter Anwendung der vom BVerfG selbst dargestellten Grundsätze hätte die Norm wegen Verfassungswidrigkeit verworfen werden und der Gesetzgeber (und nicht das BAG) eine Änderung der Rechtslage in Auftrag bekommen müssen.[288] Es bleibt abzuwarten, ob der Gesetzgeber – wie im aktuellen Koalitionsvertrag zwischen CDU, CSU und SPD beabsichtigt[289] – dennoch den Ruf erhören wird und entsprechende normative Grenzen der sachgrundlosen Befristungsmöglichkeit setzen wird (hierzu auch ab S. 264).

Das BVerfG hat die Grenzziehung der notwendigen *verfassungskonformen Auslegung* hin zum Ausschluss des Anwendungsbereichs des § 14 Abs. 2 Satz 2

288 So auch zuletzt *Rech*, RdA 2020, 31 (35 f. m.w.N.); *Bayreuther*, NZA 2018, 905 (908).
289 Koalitionsvertrag vom 12.3.2018, S. 52.

TzBfG den Arbeitsgerichten überlassen, sodass die zukünftigen Kriterien durch das BAG vorgegeben werden (müssen). Da auch das BAG an einer einheitlichen Rechtsprechung interessiert ist und auch die Einzelfallabwägung einer Nachvollziehbarkeit und Objektivierung bedarf, sind Orientierungspunkte zwingend notwendig. Das BAG entschied sich die Vorgaben nur *„sehr kurze Vorbeschäftigung"* sowie *„sehr lang zurückliegend"* anhand der kündigungsschutzrechtlichen Normen des § 622 BGB zu bestimmen.

Die Beachtung der Norm zu Kündigungsfristen bei Arbeitsverhältnissen überzeugt natürlich nur, wenn es keine adäquateren Orientierungshilfen im Befristungsrecht gibt. Das BAG selbst hat sich (bedauerlicherweise) bislang nicht dazu geäußert, warum § 622 Abs. 2 beziehungsweise Abs. 5 BGB herangezogen wurde, was irritiert, erinnert man sich, dass die Heranziehung von § 195 BGB zur Rechtfertigung der Drei-Jahres-Karenzzeit damals begründet wurde.[290] Die unterlassene Begründung des BAG könnte dahingehend ausgelegt werden, dass etwaige Normen des Befristungsrecht, im Besonderen des TzBfG (neben § 15 Abs. 4 TzBfG), keine passenden Zeitspannen über die zwei Jahresfrist des § 14 Abs. 2 Satz 1 TzBfG ausweisen. Überzeugender erscheint es jedoch, dass § 622 Abs. 2 BGB keinen überschneidenden Wertungsgedanken zu § 14 Abs. 2 Satz 2 TzBfG hat und daher keine positive Argumentation erfolgen kann.[291] Entgegen des vom BVerfG herausgearbeiteten Normzwecks des § 14 Abs. 2 TzBfG (hierzu ab S. 82) bezweckt § 622 Abs. 2 BGB, dass sich beide Vertragsparteien auf die Beendigung des Arbeitsverhältnisses einstellen können, wobei der Arbeitnehmer möglichst ohne große finanzielle Risiken die Möglichkeit haben soll, ein neues Arbeitsverhältnis zu finden und zu begründen und der Arbeitgeber eine größere Planungssicherheit haben soll.[292] Zu beachten ist, dass der soziale Schutz sich hauptsächlich gegenüber älteren Arbeitnehmern entfaltet, welche denklogischer Weise regelmäßig längere Beschäftigungszeiten vorweisen als jüngere Arbeitnehmer. Gemeinhin wird von einem zeitlich limitierten Kündigungsschutz ausgegangen. Folge der längeren Kündigungsfristen ist, dass dem Arbeitnehmer mit Anstieg der Beschäftigungsdauer mehr Bestandsschutz gewährt wird.[293] Daher lässt sich argumentieren, dass die Heranziehung des § 622 Abs. 2 BGB bei älteren Arbeitnehmer entgegen des ursprünglichen Schutzzwecks der Norm

290 Vgl. BAG v. 6.4.2011 – 7 AZR 716/09, NZA 2011, 905 (910 = Rn. 39).

291 So auch *Fischer*, BB 2019, 2356 (2358).

292 Staudinger/*Preis*, 2019, BGB, § 622 Rn. 9; ErfK/*Müller-Glöge*, BGB, § 622 Rn. 1 f.; H/W/K/*Bittner/Tiedemann*, BGB, § 622 Rn. 1.

293 Dies herausstellend A/P/S/*Linck*, BGB, § 622 Rn. 8.

bei § 14 Abs. 2 Satz 2 TzBfG zu ihrem Nachteil wirkt.[294] Ältere Arbeitnehmer stehen bei einer Ausdehnung der Zeitspanne des „sehr lang zurückliegenden" Beschäftigungsverhältnisses schlechter als jüngere. Was daraus folgt, dass jünger Arbeitnehmer eine nicht so lang zurückliegende Beschäftigung beim fraglichen Arbeitgeber gehabt haben können, wie derjenige Arbeitnehmer, der sich schon lange im Berufsleben befindet. Neben diesem verkehrten „Spiegelbild-Argument" überzeugt gleichwohl ein anderes Argument mehr: Zweck des Vorbeschäftigungsverbots ist es unter anderem, das sachgrundlos befristete Arbeitsverhältnis als Ausnahme gegenüber einer Befristung mit Sachgrund und erst recht gegenüber der unbefristeten Beschäftigung zu festigen. Es soll hierdurch mittelbar auf den gesamten Arbeitsmarkt und die Beschäftigungspolitik eingewirkt werden. § 622 Abs. 2 BGB schützt hingegen nur die Interessen der konkreten Vertragsparteien; eine Anknüpfung an die lange Kündigungsfrist wird dazu führen, dass der konkrete Arbeitnehmer gar nicht eingestellt wird, sondern eine andere Person ein sachgrundlos befristetes Arbeitsverhältnis erhält. Hinzutritt, dass das Vorbeschäftigungsverbot selbst keine Altersgrenze kennt, sondern im Gegenteil § 14 Abs. 3 TzBfG gerade eine Lockerung des Schutzes (aus überzeugenden beschäftigungspolitischen Zielen) bei älteren Arbeitnehmern beinhaltet.

Nach vorstehender Schelte für die dogmatische nicht begründete Heranziehung des § 622 Abs. 2 Satz 1 Nr. 2 BGB muss gleichwohl herausgestellt werden, dass das BAG lediglich versucht hat, die Vorgaben des BVerfG umzusetzen, was solange und soweit der Gesetzgeber nicht eingreift notwendig ist. Das BVerfG hat die Voraussetzung „sehr lang zurückliegende" gesetzt, ohne eine Normbindung oder weitere Orientierung vorzugeben. Da hier befristungsrechtliche Regelungen keinen Ansatz bieten, überzeugt es letztlich doch sich bei interessenüberschneidenden Rechtsgebieten (hierzu S. 53) an Anleihen und Vorgaben zu bedienen.

Hinsichtlich der Vorgabe „sehr kurze Vorbeschäftigung" kann – in Abgrenzung zu vorstehender Voraussetzung – überzeugend eine Wertungseinheit mit § 622 Abs. 5 Satz 1 Nr. 1 BGB gezogen werden, auch wenn dies vom BAG nicht begründet wird. Vielmehr wurde auch diese Anknüpfung vom BAG nicht begründet, sondern nur festgesetzt, dass *„ein Arbeitnehmer gemäß § 1 Abs. 1 KSchG nach Ablauf von sechs Monaten Kündigungsschutz erwirbt und mit einer vorübergehenden Aushilfe gemäß § 622 Abs. 5 Satz 1 Nr. 1 BGB einzelvertraglich keine kürzere als die in Absatz 1 genannte Kündigungsfrist vereinbart werden*

294 *Fischer*, BB 2019, 2356 (2358).

kann, wenn das Arbeitsverhältnis über die Zeit von drei Monaten hinaus fortgesetzt wird".[295] Mit anderen Worten: Die kürzeste Dauer, die auf der Ebene des Beschäftigungsschutzes gefunden werden konnte, sind drei Monate, also sind Vorbeschäftigungen jenseits dieses Zeitraums nicht mehr „sehr kurz". Unter Bezugnahme der vom BVerfG (und BAG akzeptierten) ausgewiesenen Fallgruppen nämlich „*Nebenbeschäftigungen während der Schul- und Studien- oder Familienzeit, bei Werkstudierenden und studentischen Mitarbeiterinnen und Mitarbeitern im Rahmen ihrer Berufsqualifizierung oder* [...] *erzwungenen oder freiwilligen Unterbrechung der Erwerbsbiographie, die mit einer beruflichen Neuorientierung oder einer Aus- und Weiterbildung einhergeht*"[296], ist die Parallele zu Aushilfsarbeitsverhältnissen nach § 622 Abs. 5 Satz 1 Nr. 1 BGB gegeben. Gemäß Rechtsprechung und Schrifttum liegt ein Aushilfsarbeitsverhältnis vor, wenn „*der Arbeitgeber es von vornherein nicht auf Dauer eingehen will, sondern nur, um einen vorübergehenden Bedarf an Arbeitskräften zu decken, der nicht durch den normalen Betriebsablauf, sondern durch den Ausfall von Stammkräften oder durch einen zeitl. begrenzten zusätzl. Arbeitsanfall begründet ist.*"[297] Zwar sind Nebenbeschäftigungen nicht mit Aushilfsarbeiten gleichzusetzen, da Nebenbeschäftigungen auch auf Dauer sein, beziehungsweise sich über einen längeren Zeitraum (beispielsweise über das gesamte Studium) erstrecken können und daher – aus Perspektive des Arbeitgebers – nicht primär einen zeitlich begrenzten zusätzlichen Arbeitsanfall ausgleichen sollen. Doch dies ist gerade einer der Aspekte, warum die Vorbeschäftigung dann unerheblich nach Ansicht des BVerfG sein soll, wenn die Nebentätigkeit nur so kurz war, dass sie mit einer Aushilfstätigkeit gleichzusetzen ist. Insofern ist es nur konsequent auf die vom Gesetzgeber ausgewiesene dreimonatige Frist des § 622 Abs. 5 Satz 1 Nr. 1 BGB abzustellen.

Die Anknüpfung mit einer typisierenden Betrachtung an das Erwerbsleben von mindestens 40 Jahren erscheint zwar auf den ersten Blick konsequent, denn so lässt sich herausarbeiten, wann eine „Ausnahme" im Vergleich zum gesamten Beschäftigungsverhältnis vorliegt. Gleichwohl spiegelt es (nicht mehr) die Realität wider, dass ein „normaler" Arbeitnehmer im Alter von 16 Jahren eine

---

295 BAG v. 23.1.2019 – 7 AZR 161/15, BeckRS 2019, 9266 (Rn. 25); siehe auch BAG v. 23.1.2019 – 7 AZR 13/17, BeckRS 2019, 6894 (Rn. 25); v. 23.1.2019 – 7 AZR 733/16, NZA 2019, 700 (703 = Rn. 28).

296 BVerfG v. 6.6.2018 – 1 BvL 7/14 und 1 BvR 1375/14, NZA 2018, 774 (779 = Rn. 63).

297 BAG v. 22.5.1986 – 2 AZR 392/85, AP BGB § 622 Nr. 23 (B I.1.a); v. 29.7.2009 – 7 AZR 907/07, AP TzBfG § 14 Nr. 65 (Rn. 43); Staudinger/*Preis*, 2019, BGB, § 622 Rn. 31; ErfK/*Müller-Glöge*, BGB, § 622 Rn. 16; KR/*Spilger*, BGB, § 622 Rn. 184 m.w.N.

Ausbildung in einem Unternehmen macht und sodann „für gewöhnlich" dort bis zum Renteneintritt arbeitet. Vielmehr erfolgt der Betriebseintritt meist nach unterschiedlichen Nebenjobs, vielleicht sogar nach einem (dualem) Studium. Ferner ist zu bedenken, dass der Renteneintritt im Wandel ist und aktuell eine staatliche Rente mit 70 diskutiert wird, was für einen zu schützenden körperlich arbeitenden niedrigentlohnten Arbeitnehmer kaum zu erreichen sein wird. Des Weiteren ist ein Arbeitgeberwechsel nicht mehr derartig verpönt, wie es noch in den Siebzigerjahren der Fall war, sondern regelmäßig sogar karriereförderlich.

Für die Praxis von enormer Bedeutung ist stets die Darlegungs- und Beweislast innerhalb eines Rechtsstreits. Hier vermag der vom BAG gewählte Ansatz (entgegen der Ausführungen bei der Befristung einer einzelnen Arbeitsbedingung, siehe hierzu S. 213) zu überzeugen. Das BAG führt aus, dass der Grundsatz Anwendung findet, dass derjenige, der sich auf etwas beruft dies auch darzulegen und zu beweisen hat.[298] Sofern (wie regelmäßig der Fall) der Arbeitgeber also vorträgt, dass ein zu beachtender Ausnahmefall vorliegt, da die Vorbeschäftigung sehr lang, ganz anders oder nur von sehr kurzer Dauer war, hat er dies umfänglich darzulegen und zu beweisen.

Letztlich ist der Gesetzgeber gefordert, Klarheit zu schaffen. Bis dahin liegt es (wieder einmal) an der, nicht umstrittenen aber eine Lösung gewährenden, Rechtsprechung, die Grenzen für die Kautelarjuristen weiter zu konkretisieren.

298 BAG v. 23.1.2019 – 7 AZR 733/16, NZA 2019, 700 (703 = Rn. 30); v. 23.1.2019 – 7 AZR 161/15, BeckRS 2019, 9266 (Rn. 27); v. 23.1.2019 – 7 AZR 13/17, BeckRS 2019, 6894 (Rn. 27).

§ 5 Allgemeine Vertragskontrolle

Die allgemeine Vertragskontrolle im Arbeitsrecht ist nach der Schuldrechtsmodernisierung im Jahr 2002 maßgebend durch die AGB-Kontrolle und deren rechtliche Leitlinie, Maßstäbe sowie Voraussetzungen geprägt, welche nachfolgend dargestellt werden soll. In einem ersten Schritt wird kurz die Entwicklungsgeschichte dieser Vertragskontrolle dargestellt und sodann die jeweilige Zwecksetzung der allgemeinen Vertragskontrolle (ab S. 112) beleuchtet. Beide Erkenntnisse gilt es sodann – für die weitere Bearbeitung – in Relation zum Regelungsinhalt und Zwecksetzung des TzBfG zu setzen (ab S. 116).

Arbeitsverträge unterliegen seit jeher einer Vertragskontrolle; die Notwendigkeit für eine arbeitsvertragliche Inhaltskontrolle wurde bereits frühzeitig anerkannt.[299] Ebenso seit jeher ist der Maßstab sowie die rechtliche Legitimation der Vertragskontrolle umstritten (vergleiche auch bereits zuvor ab S. 63).

Unabhängig von der Rechtsgrundlage und dem Maßstab einer Vertragskontrolle stellt sich die Frage ihrer Notwendigkeit und etwaiger verfassungsrechtlicher Grenzen. Letztere stehen zwingend im Zusammenspiel mit der verfassungsrechtlichen Legitimation des Arbeitgebers zur grundsätzlichen Vertragsgestaltung (Vertragsgestaltungsfreiheit; siehe hierzu ab S. 25). Hier gilt der Grundsatz, dass die Freiheit des einen (Arbeitgeber) durch die – zu schützende – Freiheit des anderen (Arbeitnehmer) begrenzt ist; beziehungsweise begrenzt werden sollte. Zu beachten ist gleichwohl, dass auch die Vertragsgestaltungsfreiheit des Arbeitgebers verfassungsrechtlich legitimiert ist und daher jegliche arbeitsrechtliche Inhaltskontrolle einen Eingriff in die Grundrechte des Arbeitgebers (hier die Privatautonomie sowie die Unternehmensfreiheit) darstellt, welcher seinerseits einer grundrechtlichen Legitimation bedarf.[300] Die zu fordernde verfassungsrechtliche Rechtfertigung liegt vor, wenn der Eingriff einem legitimen Ziel dient, welches erforderlich und angemessen ist.

---

299 Siehe zur Entwicklung bis 1993 *Preis*, S. 147 ff.; S. 237 ff., passim; ferner *König*, Die Inhaltskontrolle von Arbeitsverträgen in Deutschland, England und Frankreich, S. 39 ff.; *Hofelich*, S. 93 ff.; Clemenz/Kreft/Krause/*Krause*, AGB-Arbeitsrecht, Einf. Rn. 14 ff.

300 Siehe auch *Stöhr*, ZfA 2013, 213 (215); Clemenz/Kreft/Krause/*Krause*, AGB-Arbeitsrecht, Einf. Rn. 25 f. m.w.N.

A. Entwicklung der allgemeinen Vertragskontrolle des AGB-Rechts

Nachfolgend soll eine kurze Darstellung der Entwicklung der Vertragskontrolle in Gestalt des AGB-Rechts erfolgen. Da ein Arbeitsvertrag nunmehr – gefestigt – als Allgemeine Geschäftsbedingungen der Inhaltskontrolle der AGB-Kontrolle unterliegen, sollen nur die Entwicklungen dieser Vertragskontrolle dargestellt werden; weitere Ansätze und frühere Positionen der Vertragskontrolle werden zwecks Darstellbarkeit in dieser Arbeit nicht weiter beleuchtet.[301]

Für die allgemeine Vertragskontrolle – im vorliegenden Kontext – maßgebend war das Gesetz zur Regelung des Rechts der Allgemeinen Geschäftsbedingungen („*AGB-Gesetz*"),[302] welches unter dem Leitgedanken des Schutzes der schwächeren Vertragspartei erstmals eine strukturierte Vertragskontrolle von einseitig gestellten Klauseln anordnete.[303] Hierdurch wurde erstmals ein Kontrollsystem für die Vertrags(inhalts)kontrolle geschaffen, welches die vorher schon bestehende richterrechtliche Vertragsinhaltskontrolle ablösen sollte.[304] Vor der Einführung des AGB-Gesetzes gab es nur eine „punktuelle" Vertragskontrolle.[305] Intention des Gesetzgebers war es ein Korrektiv zu schaffen, welches sich gegen die „*elementare Mißachtung der Grundsätze der Vertragsfreiheit und Vertragsgerechtigkeit zu Lasten derjenigen, die solchen vorformulierten Bedingungswerken [...] unterworfen werden*"[306], wendet, wodurch sodann „*dem Prinzip des angemessenen Ausgleichs der beiderseitigen Interessen Geltung*"[307] verschaffen und die „*im Bereich der AGB gestörte Funktion des privaten Vertragsrechts*"[308] wiederhergestellt werden sollte; mithin sollte die durch die Verwendung von AGB nicht bestehende, jedoch aus der Vertragsfreiheit legitimierte Vertragsgerechtigkeit durch Selbstbestimmung zweier freier und gleicher Parteien gewährleistet respektive ausgeglichen werden.

Für das Arbeitsrecht von Bedeutung war jedoch der Ausschluss aus dem Anwendungsbereich nach § 23 Abs. 1 AGB-Gesetz. Hiernach galt eine Bereichsausnahme für Verträge auf dem Gebiet des Arbeitsrechts. Der Gesetzgeber der

---

301 Siehe hierzu jedoch *Preis*, S. 147 ff.; *Hofelich*, S. 93 ff.

302 AGB-Gesetz v. 9.12.1976, BGBl. I, S. 3317.

303 BT-Drucks. 7/3919, S. 9.

304 BT-Drucks. 7/3919, S. 10.

305 BT-Drucks. 7/3919, S. 10.

306 BT-Drucks. 7/3919, S. 1.

307 BT-Drucks. 7/3919, S. 13.

308 BT-Drucks. 7/3919, S. 13.

7. Legislaturperiode begründete dies hauptsächlich damit, dass im Arbeitsrecht im Vergleich zum sonstigen Zivilrecht eine Vielzahl an zwingenden Vorschriften besteht, welche durch das besondere System der kollektivrechtlichen Vereinbarungen unterstützt und somit der schwächere Vertragspartner bereits ausreichend vor unangemessenen Vertragsbestimmungen geschützt werde.[309] Bisweilen ging man davon aus, dass hierdurch ein ausreichender Schutz des schwächeren Vertragspartners gegeben sei.[310] Ferner wurde die Bereichsausnahme damit begründet, dass der Zusammenschluss nicht systemgerecht sei.[311] Für dieses Verständnis gilt es, sich in Erinnerung zu rufen, dass aus damaliger Perspektive die Verwendung von AGB respektive ihre Kontrolle unter dem Gesichtspunkt des Verbraucherschutzes stand, was damals jedenfalls von der breiten Masse der Rechtswissenschaften in keinem Zusammenhang zum Arbeitnehmerschutz gesehen wurde[312] und auch bald 20 Jahre nach der Schuldrechtsmodernisierung von einem Teil des Schrifttums immer noch so gesehen wird.[313]

Ein weiterer und wohlmöglich entscheidender Grund für die Bereichsausnahme war, dass in der Zeit der Entwicklung des AGB-Gesetzes eindeutige Vorzeichen für eine Kodifikation des Arbeitsrechts in einem eigenen Gesetz gegeben waren, sodass man von keiner normativen Notwendigkeit ausging.[314]

Somit wurde auch nach Schaffung des AGB-Gesetzes ein befristeter Arbeitsvertrag weiterhin unter dem Gesichtspunkt des Verbots der Gesetzesumgehung des Kündigungsschutzes geprüft, was weniger ein normatives, denn mehr ein richterrechtliches Fundament hatte (siehe daher die Ausführungen dort S. 63 ff.). Diese (weitergehende) Rechtsprechung, welche ihre Basis in der

309 BT-Drucks. 7/3919, S. 41.

310 BT-Drucks. 7/3919, S. 41; vgl. *Fastrich*, S. 181 f. mit Nachweisen der damaligen Ansichten im Schrifttum.

311 BT-Drucks. 7/3919, S. 41.

312 Vgl. alleine die Auflistung bei Däubler/Bonin/Deinert/*Däubler*, AGB-Recht, Einl. Rn. 62 derjenigen, die weiterhin von keiner Verbrauchereigenschaft des Arbeitnehmers ausgehen.

313 *Rolfs*, Individuelle Freiheit und kollektive Interessenwahrnehmung, S. 5 ff. m.w.N.

314 In diese Richtung auch die Interpretation von *Preis*, S. 243 f.; ebenso *Hromadka*, FS Dieterich, S. 251 (252 f.); so bereits 1976 *Gamillscheg*, AcP 176 (1976), 197 (209); zuletzt nochmals herausgearbeitet von *Hofelich*, S. 98 f., welcher auf Unterlagen der Arbeitsgesetzgebungskommission verweist, die sogar einen Entwurf eines Arbeitsgesetzbuchs im September 1977 herausgegeben vom Bundesminister für Arbeit und Sozialordnung entwickelten.

Nicht-Handlung des Gesetzgebers hatte, wurde vielfach unter dem Aspekt von System- und Wertungswidersprüchen kritisiert.[315]

Es lässt sich festhalten, dass das AGB-Gesetz geschaffen wurde, um regelmäßig eine umfassende Vertragskontrolle durchführen zu können, die bei fast jedem Vertragswerk vollständig greifen soll(te). Für das Befristungsrecht und das Arbeitsrecht im Allgemeinen gilt es hingegen festzuhalten, dass der Gesetzgeber zwar auf der einen Seite an einer Kodifikation arbeitete, auf der anderen Seite jedoch keine Notwendigkeit sah, die bestehenden Widersprüche durch unterschiedliche Kontrollansätze zwischen den Bereichen des Zivilrechts aufzuheben.

Mit der Integration des AGB-Gesetzes in das BGB durch die Schuldrechtsmodernisierung wurde sodann auch die Bereichsausnahme des Arbeitsrechts aufgehoben. Auslöser war eine Prüfbitte des Bundesrats im Zuge der Stellungnahme gegenüber dem Gesetzesvorschlag des Schuldrechtsmodernisierungsgesetzes.[316] Die Bundesregierung der 14. Legislaturperiode hat im Rahmen ihrer Gegenäußerung der Prüfbitte entsprochen und die Bereichsausnahme aufgehoben und sodann § 310 Abs. 4 BGB in die AGB-Kontrolle implementiert, welcher zwar weiterhin eine Bereichsausnahme für Tarifverträge, Betriebs- und Dienstverträge vorsieht, hingegen für das sonstige Arbeitsrecht den Anwendungsbereich unter Beachtung der arbeitsrechtlichen Besonderheiten eröffnet. Mithin unterfällt sowohl das Befristungsrecht, also die Befristung des gesamten Arbeitsverhältnisses, als auch die Befristung von Einzelarbeitsbedingungen regelmäßig den §§ 305 ff. BGB. Begründet wurde diese Reintegration des Arbeitsrechts seitens der Gesetzgebung damit, dass „[t]*rotz des Schutzes durch zwingende gesetzliche Vorschriften und kollektive Vereinbarungen* [...] *ein Bedürfnis nach richterlicher Kontrolle der einseitig vom Arbeitgeber festgesetzten Arbeitsbedingungen* [besteht].“[317] Ferner wird konstatiert, dass das BAG zwar eine faktische AGB-Kontrolle der Vertragsbedingungen – unter Anwendungen der §§ 315, 242 BGB – durchführe, diese jedoch einen zu geringen Schutz für die Arbeitnehmer gewähre und daher die Vertragsinhaltskontrolle im Arbeitsrecht nunmehr nicht mehr hinter der des allgemeinen Zivilrechts zurückbleiben solle.[318] Aus den bis dahin bestehenden normativen Vorgaben resultiere unter anderem eine uneinheitliche Rechtsprechung, welche zu Rechtsunsicherheiten führe.[319]

---

315 Erstmals in dieser Deutlichkeit herausgearbeitet von *Preis*, S. 163 ff.

316 Vgl. BT-Drucks. 14/6857, S. 17 (Stellungnahme vom 13.7.2001); hierzu anstatt vieler: Däubler/Bonin/Deinert/*Däubler*, AGB-Recht, Einl. Rn. 1 ff.

317 BT-Drucks. 14/6857, S. 53.

318 BT-Drucks. 14/6857, S. 54.

319 BT-Drucks. 14/6857, S. 54.

Zwar hat der Gesetzgeber an dieser Stelle nicht das Befristungsrecht als Beispiel genannt, sondern die Rechtsprechung zur Frage der Ausschluss- beziehungsweise abgekürzten Verjährungsfristen. Die Kritik ist jedoch auf das gesamte Arbeitsrecht übertragbar. Dadurch, dass kein einheitlicher Maßstab für die (und für alle Senate des BAG gleich bindende) Vertragskontrolle bestand, ergaben sich unterschiedliche Interpretationen sowohl bezüglich der Anwendung der maßgeblichen Normen als auch bezüglich der Strenge ihrer Anwendung.

Diese Erkenntnis des Gesetzgebers wird von einem Teil des Schrifttums als maßgeblicher Beweggrund für die Aufhebung der Bereichsausnahme gesehen und als „privatrechtsdogmatischer Gewinn" der Schuldrechtsmodernisierung hervorgehoben.[320] Diese Argumentation erinnert stark an die Argumentation des Gesetzgebers zum AGB-Gesetz, welcher auf eine bestehende nur punktuelle Inhaltskontrolle hinwies.[321] Ebenso wird nunmehr die Angleichung des Schutzniveaus im Arbeitsrecht an das des Zivilrechts durch die AGB-Kontrolle mit der im Arbeitsrecht nur ausreichenden Inhaltskontrolle begründet. Prüfungstechnisch wird überzeugend darauf hingewiesen, dass die richterrechtliche Inhaltskontrolle mit Blick auf den abstrakt-generellen Charakter von AGB für diese nicht ausreichend Schutz bietet.[322]

In Bezug auf das Befristungsrecht ist zu erwähnen, dass das TzBfG bei der Eingliederung des Arbeitsrechts in die AGB-Kontrolle bereits ein Jahr in Kraft war. Zwar lässt sich die These aufstellen, dass die Geltung des TzBfG vom Gesetzgeber beachtet wurde. Bemerkenswert ist insoweit, dass in der Gesetzesbegründung zum TzBfG[323] nicht auf eine Vertragskontrolle – weder in der Form des bei seiner Einführung noch angewandtem Richterrechts noch nach dem unmittelbar danach verabschiedeten AGB-Rechts für das Arbeitsrecht – eingegangen wird. Insofern ist es im Ergebnis wohl überzeugender davon auszugehen, dass unter Beachtung der kurzen Entstehungszeit von gerade einmal vier Monaten[324] ein Vergleich und eine Abgrenzung beider Norminhalte und deren Wirkungs- und

---

320 *Stoffels*, ZfA 2009, 861 (864); zustimmend *Hofelich*, S. 161.

321 BT-Drucks. 7/3919, S. 10; vgl. oben S. 76.

322 Diese wurde bereits von *Preis*, S. 5, S. 217 ff, passim; *ders.*, AuR 1994, 139 herausgearbeitet; zustimmend *Hofelich*, S. 165 m.w.N.

323 BT-Drucks. 14/4374 vom 24.10.2000.

324 Teilweise wird daher von einem „legislativen Schnellschuss" gesprochen, *Joost*, FS Ulmer, S. 1199 (1200); zustimmend *Lieb*, FS Konzen, S. 501 (501). Überzeugend ist dies nur bedingt, denn die Diskussion in den Rechtswissenschaften hin zur Reintegration des Arbeitsrechts war spätestens durch die Habilitationsschrift von *Preis* – gedruckt im Sep. 1993 – allgegenwärtig.

Anwendungsbereiche schlicht nicht gezogen wurde, da man dies nicht gesehen hatte. Unterstützen lässt sich diese Annahme damit, dass neben der Argumentation, dass nunmehr eine stets gleich zu beachtende und anzuwendende Vertragskontrolle durchzuführen ist, auch zu anderen Gesetzen respektive dem Verhältnis dieser zur AGB-Kontrolle keine Äußerung seitens des Gesetzgebers ersichtlich ist.

Des Weiteren ist interessant, dass weder die Rechtsprechung noch das Schrifttum zum Thema der befristeten Arbeitsverträge Niederschlag in der Gesetzesbegründung gefunden hat.

Somit gilt es festzuhalten, dass mit der Schuldrechtsmodernisierung ein neues Kontrollsystem für Verträge entworfen wurde, ohne die Kontrollebene oder -position in der allgemeinen Vertragskontrolle festzusetzen respektive eine (gewünschte) Kontinuität zu postulieren. Auch lassen sich keine Vorgaben hinsichtlich des „Ob" und, wenn ja, des „Wie" des Zusammenwirkens der Kontrollinstrumente zur Kontrolle einer Befristungsabrede finden. Gleichwohl lassen sich aus der Zwecksetzung und -richtung weitere Erkenntnisse ziehen, die im nächsten Abschnitt dargestellt werden sollen.

B. Anwendungsbereich der AGB-Kontrolle

Ausweislich § 310 Abs. 4 Satz 2 Halbs. 1 BGB sind bei der Anwendung der §§ 305 bis 310 BGB auf Arbeitsverträge (§ 611a BGB), die im Arbeitsrecht geltenden Besonderheiten angemessen zu berücksichtigen.[325] Der Umkehrschluss hierzu ergibt, dass der Anwendungsbereich der AGB-Kontrolle unter Beachtung der arbeitsrechtlichen Besonderheiten für die Kontrolle von Arbeitsverträgen eröffnet ist. Arbeitsverträge enthalten regelmäßig eine Vielzahl von Regelungen, die auf das Arbeitsverhältnis wirken sollen. Hierzu zählt auch die Befristungsabrede als solche, wie sie bereits in ihren Variationen dargestellt wurde (vergleiche ab S. 26). Hinzu tritt, dass durch die Anerkennung des Arbeitnehmers als Verbraucher die AGB-Kontrolle nach § 310 Abs. 3 BGB ausgeweitet wurde. [326] Somit ist festzuhalten, dass knapp 20 Jahre nach der Schuldrechtsmodernisierung nicht mehr zu diskutieren ist, ob und wie der Anwendungsbereich der AGB-Kontrolle eröffnet ist; er ist es.

---

325 Hierzu anstatt aller Clemenz/Kreft/Krause/*Krause*, AGB-Arbeitsrecht, Einf. Rn. 103 m.w.N.

326 BAG v. 25.5.2005 – 5 AZR 572/04, NZA 2005, 1111; nachgehend bestätigt durch BVerfG v. 23.11.2006 – 1 BvR 1909/06, NZA 2007, 85.

C. Befristungsabrede des gesamten Arbeitsverhältnisses als Hauptabrede

Nachdem festgestellt wurde, dass für die Befristungsabrede des gesamten Arbeitsverhältnisses der Anwendungsbereich der AGB-Kontrolle eröffnet ist, stellt sich nun die anschließende Frage, wie die Kontrolle zu erfolgen hat. Zu beachten ist hier, dass die AGB-Kontrolle zwischen Haupt- und Nebenabrede unterscheidet und unterschiedliche Kontrollmaßstäbe zu berücksichtigen sind. Somit gilt es die Frage zu beantworten, ob die Befristungsabrede des gesamten Arbeitsverhältnisses als eine Haupt- oder eine Nebenabrede einzusortieren ist (zur Befristung einer Einzelarbeitsbedingung siehe S. 189 ff.).

Der AGB-Kontrolle ist die Schranke des § 307 Abs. 3 Satz 1 BGB, die zu Recht auch als „*Schlüsselnorm*"[327] bezeichnet wird, immanent. Nach § 307 Abs. 3 Satz 1 BGB sind manche Vertragsabreden von der Inhaltskontrolle der §§ 307 Abs. 1, Abs. 2, 308, 309 BGB ausgenommen. Unter Beachtung des Wortlauts des Abs. 3 Satz 1 sind *den Rechtsvorschriften abweichende oder diese ergänzende Regelungen* der Inhaltskontrolle zu unterziehen. Von der Inhaltskontrolle ausgeschlossen sind somit normwiederholende und normausfüllende Abreden (deklaratorische Klauseln/Abreden), deren Darstellung im Interesse der Übersicht unterbleiben soll. Darüber hinaus ist es einhellige Meinung, dass auch Hauptabreden (Leistungsbeschreibung und Preisabrede; Leistung und Gegenleistung), also all jene Abreden des Vertrags, in denen Wettbewerb und Privatautonomie zum Ausdruck kommen, keiner Inhaltskontrolle zu unterziehen sind.[328] Hierzu wird ausgeführt, es sei „*nicht Aufgabe des Gerichts, über die §§ 305 ff. BGB den ‚gerechten Preis' zu ermitteln.*"[329] Von diesen Abreden zu unterscheiden, mithin einer Inhaltskontrolle regelmäßig zu unterziehen, sind die sogenannten Nebenabreden der Vertragsparteien, welche sich ebenfalls weiter untergliedern lassen. Auf Grundlage ihrer Nähe zur Hauptabrede sind die sogenannten Preisnebenabreden oder leistungsbestimmende Nebenabreden von Interesse.

---

327 *Preis*, NZA-Beil. 2006, 115 (117).

328 H/W/K/*Roloff*, BGB, § 307 Rn. 4; ErfK/*Preis*, BGB, §§ 305-310 Rn. 36; *Stoffels*, AGB-Recht, Rn. 439; Clemenz/Kreft/Krause/*Klumpp*, AGB-Arbeitsrecht, § 307 Rn. 28; anstatt vieler Entscheidungen: BAG v. 17.10.2012 - 5 AZR 792/11, NZA 2013, 266.

329 Ständige Rspr., vgl. nur zuletzt: BAG v. 17.10.2012 - 5 AZR 792/11, NZA 2013, 266 (267 = Rn. 15); so auch v. 16.5.2012 - 5 AZR 331/11, NZA 2012, 908 (910 = Rn. 25) m.w.N.

I. Abgrenzungskriterien

Ein Abgrenzungskriterium der Nebenabrede gegenüber einer Hauptabrede, an dessen Vorliegen oder seiner Negierung das eine oder andere zu entscheiden ist, liegt – soweit ersichtlich – nicht vor. Vielmehr handelt es sich bei allen Untersuchungen, ob es sich bei der fraglichen Abrede um eine Haupt- oder Nebenabrede handelt um Beschreibungen, wann typischerweise das eine oder das andere vorliegt; mithin um Einzelfallbetrachtungen bezogen auf die objektive Vertragssituation.

Eine Vereinbarung, die unmittelbar das Verhältnis von Leistung und Gegenleistung regelt, sogenannte „essentialia negotii" des Vertrags,[330] unterliegt als Hauptleistung keiner Angemessenheitskontrolle.[331] Zu den Hauptabreden werden Klauseln, die unmittelbaren Einfluss auf den Umfang und den Gegenstand der Arbeitsleistung haben, gezählt.[332] Bezüglich Abreden über die Dauer der Arbeitsleistung und die Höhe des hierfür gezahlten Entgelts wird eine Angemessenheitskontrolle nicht durchgeführt.[333] Insofern sind Abreden über Art, Umfang und Gegenleistung für die geschuldete Leistung als Hauptabreden kontrollfrei.

Ausweislich der Rechtsprechung sind nur „*Leistungsbezeichnungen, ohne deren Vorliegen mangels Bestimmtheit oder Bestimmbarkeit des wesentlichen Vertragsinhalts ein wirksamer Vertrag nicht mehr angenommen werden kann*"[334] Hauptabreden, die keiner Inhaltskontrolle unterliegen. Ferner sind als Hauptabreden nicht nur die das Arbeitsverhältnis begründenden Abreden zu kategorisieren,

330 Vgl. hierzu *Fastrich*, S. 256.

331 Vgl. hierzu für viele: BAG v. 1.3.2006 – 5 AZR 540/05, NZA 2006, 688 (689 = Rn. 15); v. 27.8.2008 – 5 AZR 820/07, NZA 2009, 49 (52 = Rn. 22) m.w.N aus der Rspr.; ebenso die Legislative, vgl. BT-Drucks. 7/3919, S. 22; *Hromadka/Schmitt-Rolfes*, NJW 2007, 1777.

332 Vgl. BAG v. 31.8.2005 – 5 AZR 545/04, NZA 2006, 324 (328); Clemenz/Kreft/Krause/*Klumpp*, AGB-Arbeitsrecht, § 307 Rn. 28; Däubler/Bonin/Deinert/*Däubler*, AGB-Recht, § 307 Rn. 268.

333 So BAG v. 14.3.2007 – 5 AZR 630/07, NZA 2008, 45 (47) allerdings wurde die Dauer der Arbeitsleistung nicht unmittelbar im Vertrag geregelt, sondern wurde durch einen Verweis Bestandteil des Arbeitsverhältnisses; zustimmend Däubler/Bonin/Deinert/*Däubler*, AGB-Recht, § 307 Rn. 268; Clemenz/Kreft/Krause/*Klumpp*, AGB-Arbeitsrecht, § 307 Rn. 28; ErfK/*Preis*, BGB, §§ 305-310 Rn. 36.

334 BGH v. 12.3.1987 – VII ZR 37/86, NJW 1987, 1931 (1935); v. 23.6.1993 – IV ZR 135/92, NJW 1993, 2369 (2369).

sondern auch die Klauseln zur Modifikation des Synallagmas. Des Weiteren stellt die Beendigung des Arbeitsverhältnisses eine Hauptabrede dar.[335]

Der Grad der Abgrenzung zu einer kontrollfähigen Preisnebenabrede ist sehr schmal. Die bestehenden (Abgrenzungs-)Schwierigkeiten werden auch von der Rechtsprechung[336] anerkannt.

Preisnebenabreden (Leistungsnebenabreden oder teilweise auch nur Nebenabreden genannt) sind all jene Abreden, die sich (nur) mittelbar auf den Preis – oder die Leistung – auswirken. Es sind solche Klauseln, die die Hauptleistung einer Vertragspartei einschränken, verändern, ausgestalten oder modifizieren.[337] Dass solche Abreden einer Inhaltskontrolle unterliegen, erscheint fast schon zwingend bei Betrachtung des Wortlauts des § 307 Abs. 2 Nr. 2 BGB, welcher scheinbar gerade diese Abrede abdecken soll und Bestandteil der Inhaltskontrolle ist.[338] Ein weiteres Merkmal einer Preisnebenabrede ist, dass bei Unwirksamkeit der Abrede an Stelle ihrer eine dispositive gesetzliche Regelung tritt/treten kann.[339] Ferner wird darauf hingewiesen, dass Preisnebenabreden auch dann vorliegen, wenn die Abrede „*nicht nur die Höhe der Vergütung, sondern in abstrakter Weise zugleich auch die Voraussetzungen ihres Entstehens regel*[t]".[340]

Zudem vertritt unter anderem *Däubler* überzeugend, dass eine Nebenabrede im Gegensatz zu einer Hauptabrede insbesondere in den Fallgruppen zu sehen ist, in denen „*eine bestimmte Leistung nach Treu und Glauben mit inbegriffen ist, sodass ihre separate Berechnung vom Verbraucher nicht hingenommen werden muss*" und bei Unwirksamkeit dispositives Recht greift.[341] Veranschaulicht wird dies mit dem Beispiel einer getrennten Rechnung für die Verpackung einer gekauften Sache.

---

335 *Preis/Roloff*, ZfA 2007, 43 (53); ErfK/*Preis*, BGB, §§ 305-310 Rn. 38 m.N. aus der Rspr.; Clemenz/Kreft/Krause/*Klumpp*, AGB-Arbeitsrecht, § 307 Rn. 33.

336 So BGH v. 12.3.1987 – VII ZR 37/86, NJW 1987, 1931 (1935) zum AGBG.

337 Ständige Rspr. anstatt vieler zuletzt: BAG v. 23.3.2011 – 10 AZR 831/09, NZA 2011, 396 (399 = Rn. 30) m.w.N. aus der Rspr.; Däubler/Bonin/Deinert/*Däubler*, AGB-Recht, § 307 Rn. 269; H/W/K/*Roloff*, BGB, § 307 Rn. 6.

338 Hierauf auch hinweisend *Preis*, FS Richardi, S. 339 (347); zum ehemaligen § 9 Abs. 2 Nr. 2 AGBG BGH v. 12.3.1987 – VII ZR 37/86, NJW 1987, 1931 (1935).

339 BGH v. 30.11.1993 – XI ZR 80/93, NJW 1994, 318 (318); ErfK/*Preis*, BGB, §§ 305-310 Rn. 40; Däubler/Bonin/Deinert/*Däubler*, AGB-Recht, § 307 Rn. 269; H/W/K/*Roloff*, BGB, § 307 Rn. 6.

340 Zuletzt: BGH v. 15.5.2013 – IV ZR 33/11, VersR 2013, 888 (891 = Rn. 42) m.w.N. aus der Rspr.; zustimmend H/W/K/*Roloff*, BGB, § 307 Rn. 6.

341 Däubler/Bonin/Deinert/*Däubler*, AGB-Recht, § 307 Rn. 269.

Ein weiterer – gegenüber den bisherigen Abgrenzungskriterien unterschiedlicher – Ansatz der Abgrenzung wurde maßgeblich von *Stoffels*[342] entwickelt. Hiernach soll eine kontrollfreie Hauptabrede immer dann vorliegen, wenn die Vertragsparteien (insbesondere der Arbeitnehmer) eine bewusste (privatautonome) Abschlussentscheidung treffen können, welche regelmäßig marktorientiert sei. Ausweislich *Stoffels* müsse, um den fraglichen Vertragspassus als Hauptabrede kategorisieren zu können, damit gerechnet werden, dass der durchschnittliche Kunde diese Vertragsbedingung zur Kenntnis nehme und in seine Abschlussentscheidung mit einbeziehe.[343] Grundvoraussetzung dessen sei eine hinreichende Transparenz der Abrede (siehe hierzu auch im Detail S. 156 f.).[344]

Diese privatautonome Entscheidung zum Vertragsschluss ist nicht zu verwechseln mit einem „Aushandeln“ im Sinne des § 305b BGB. Vielmehr soll in den Fokus der Beurteilung gesetzt werden, ob die fragliche Abrede für die Parteien (zum Vertragsschluss) maßgeblich sei. Sollte dies der Fall sein, gilt es die Privatautonomie in Gestalt der Vertragsfreiheit hinreichend zu respektieren und eben keine Angemessenheitsprüfung durchzuführen.

Ansatz dieses Abgrenzungskriteriums ist die Überlegung, dass der durchschnittliche Vertragspartner (Kunde, Arbeitnehmer, Verbraucher) manchen Klauseln, obwohl sie unter Umständen zu gravierenden Änderungen des Synallagmas führen können, nicht ausreichend Aufmerksamkeit beim Vertragsschluss widmet. Durch die mangelnde Aufmerksamkeit des Vertragspartners wägt dieser regelmäßig nicht ausreichend zwischen verschiedenen Angeboten oder Klauseln ab, welche typischerweise in vergleichbaren Konstellationen zwischen den Vertragsparteien gelten (würden). Folglich kann es bei diesen nur mit begrenzter Aufmerksamkeit betrachteten Abreden nicht zu durch die Markt- und Wettbewerbsmechanismen selbst begrenzenden, „angemessenen“ Regelungen kommen.[345] Dass den Hauptleistungen eines Vertrags mehr Aufmerksamkeit zugewandt wird, hat auch der BGH bereits als normintendierte Aussage des § 8 AGB-Gesetz (nunmehr § 307 Abs. 3 Satz 1 BGB) festgestellt.[346]

---

342 *Stoffels*, S. 385 ff.; *ders.*, JZ 2001, 843 (847); *ders.*, AGB-Recht, Rn. 448 ff.; zustimmend ErfK/*Preis*, BGB, §§ 305-310 Rn. 37.

343 Anstatt aller siehe nur *Stoffels*, S. 391.

344 *Stoffels*, JZ 2001, 843 (845).

345 Dies stellt bereits *Kollhosser*, ZIP 1986, 1429 (1435 f.) fest; diese Überlegung als „allenfalls von peripherer Bedeutung“ betitelnd *Canaris*, NJW 1987, 609 (613).

346 BGH v. 19.9.1985 – III ZR 213/83, NJW 1986, 46 (48) m.w.N. aus der Literatur; bestätigt durch BGH v. 24.11.1988 – III ZR 188/87, NJW 1989, 222 (223).

II. Befristungsabrede als Nebenabrede

Preis/Roloff[347] klassifizierten die Befristungsabrede als Nebenabrede. Hauptabrede der Vertragsparteien sei einzig die Abrede „Arbeitsleistung gegen Entgelt". Es wird argumentiert, dass „[d]*ie Befristungsklausel* [lediglich bestimmt], *wann das Arbeitsverhältnis endet.*"[348]

Nicht unerwähnt soll jedoch nochmals an dieser Stelle bleiben, dass die Autoren im Ergebnis dennoch keine Inhaltskontrolle durchführen wollen; sie gehen davon aus, dass das TzBfG diesbezüglich als *„Spezialgesetz vorgeht"*[349] (siehe hierzu S. 126 f.).

III. Befristungsabrede als Hauptabrede

Die Rechtsprechung hingegen sieht – ohne größeren Begründungsaufwand – die Befristungsabrede als Hauptabrede an und führt aus, dass *„Befristungsabreden* [...] *keiner Angemessenheitskontrolle i.S. von § 307 I 1, II BGB* [unterliegen]."[350]

Es ist zu unterstellen, dass die Rechtsprechung bei Befristungsabreden, auch wenn sie sich hierzu nicht explizit äußert, ebenfalls keine Inhaltskontrolle anhand der §§ 309, 308 BGB durchführt.

IV. Streitentscheid

Ein Streitentscheid zur Einordnung der Befristungsabrede des gesamten Arbeitsverhältnisses ist notwendig.

Nach wie vor scheint sich die Abgrenzung zwischen Haupt- und Nebenabrede *„nicht mit einer Einheitsformel lösen"*[351] zu lassen. Vielmehr gilt es, fokussierend auf die Kategorisierung einer Befristungsabrede des gesamten Arbeitsverhältnisses, das überzeugendere Ergebnis unter Beachtung der aufgeführten Abgrenzungskriterien zu finden.

Für die Ansicht, dass die Befristungsabrede eine Nebenabrede ist, spricht, dass der eigentliche Kern des Arbeitsvertrags nur die Abrede „Arbeitsleistung gegen Entgelt" ist. Es lässt sich sogar argumentieren, dass letztere Abrede nicht notwendig ist, denn es gilt die übliche Vergütung gemäß § 612 BGB.

---

347 *Preis/Roloff*, ZfA 2007, 43 (53).

348 *Preis/Roloff*, ZfA 2007, 43 (53).

349 *Preis/Roloff*, ZfA 2007, 43 (53).

350 BAG v. 27.7.2005 – 7 AZR 443/04, NZA 2006, 37 (40 = Rn. 32).

351 So bereits *Fastrich*, S. 252 im Jahr 1992.

Doch wie ist die Sachlage zu beurteilen, wenn die Parteien sich tatsächlich auf eine Vergütung einigen? Sodann wird ihre Höhe (in Grenzen des Rechtsmissbrauchs und des § 138 BGB) nicht einer Inhaltskontrolle unterzogen. Es stellt sich anknüpfend die Frage, ob angenommen werden kann, dass sodann ein Arbeitsvertrag nur noch aus kontrollierbaren Nebenabreden besteht. Stringent ließe sich durch eine solche Ansicht jede Abrede nunmehr auf ihre Angemessenheit kontrollieren.

Dies kann nicht richtig sein. Das Gericht ist nicht dazu berufen, einen „gerechten Preis" oder eine angemessene Gegenleistung herzustellen.[352] Vielmehr gilt weiterhin – auch im Arbeitsrecht, welches sich in weiten Teilen auf den Schutz des Arbeitnehmers fokussiert –, dass es einen Bereich geben muss, bei dem die Privatautonomie maßgebend ist und die Parteien selbstverantwortlich handeln.[353] Dort, wo der Wettbewerb maßgebend ist, wird ein etwaiges Missverhältnis nur nach Maßgabe des § 138 BGB kontrolliert.[354]

Im Arbeitsvertrag ist die Dauer der Arbeitsleistung neben der Arbeitsleistung gegen Entgelt ebenso entscheidend; mithin wird zu Recht von drei essentialia negotii gesprochen.[355]

Daher überzeugt auch die Ansicht von *Wurmnest* jedenfalls in Bezug zum Arbeitsrecht, wonach *„kein Zweifel daran bestehe*[t], *dass AGB-Klauseln, die vorformulierte Laufzeitbestimmungen in Dauerschuldverhältnissen festlegen, der Inhaltskontrolle unterliegen*"[356], nicht. Zwar ist auch das Arbeitsverhältnis ein Dauerschuldverhältnis, jedoch auf Grundlage seiner speziellen Funktion der Existenzsicherung und dem persönlichen Abhängigkeitsverhältnis ein solches besonderer Art, was unter anderem dafür sorgt, dass die Abreden, welche die Laufzeit regeln, als Hauptleistungsabreden zu werten sind. Es obliegt den Parteien, sich diesbezüglich zu einigen, und nicht dem Gericht, ein angemessenes Verhältnis zu schaffen.

Der Ansicht, wonach es sich bei der Befristungsabrede um eine Nebenabrede handelt, ist eine gewisse Inkonsequenz vorwerfbar. Denn ihre Argumentation

---

352 So ständige Rspr., vgl. nur zuletzt: BAG v. 17.10.2012 – 5 AZR 792/11, NZA 2013, 266 (267 = Rn. 15); v. 16.5.2012 – 5 AZR 331/11, NZA 2012, 908 (910 = Rn. 25) m.w.N.; zustimmend anstatt aller Staudinger/*Krause*, 2013, BGB, Anhang zu § 310 Rn. 183.

353 Vgl. Ulmer/Brandner/Hensen/*Fuchs*, AGB-Recht, § 307 Rn. 18; *Stoffels*, AGB-Recht, Rn. 449.

354 Vgl. zuletzt BAG v. 17.10.2012 – 5 AZR 792/11, NZA 2013, 266; ErfK/*Preis*, BGB, §§ 305-310 Rn. 36.

355 So überzeugend *Hromadka/Schmitt-Rolfes*, NJW 2007, 1777 (1782).

356 MüKoBGB/*Wurmnest*, BGB, § 307 Rn. 15.

bleibt letztlich ohne praktische Konsequenz. Auch sie führt im Ergebnis keine Angemessenheitskontrolle durch. Hierfür wird argumentiert, dass das TzBfG lex specialis sei, was nicht weiter begründet wird und im Ergebnis nicht zu überzeugen vermag. Konsequent wäre es, eine Angemessenheitskontrolle oder jedenfalls eine Abwägung der Interessen durchzuführen, welche die Rechtmäßigkeit der Befristungsabrede beeinflussen könnte. Auf eine Interessenabwägung wird jedoch verzichtet. Die Interessenabwägung ist aber genau jenes Instrument, welches bei einer Nebenabrede die gestörte Vertragsparität wiederherstellen soll; alternativ besteht die Hauptabrede, bei welcher die Privatautonomie im Vordergrund steht und eine Abwägung verdrängt.

Des Weiteren bedarf es einer Abgrenzung zur Befristung einzelner Arbeitsbedingungen. Die Befristung einer einzelnen Arbeitsbedingung wird von der allgemeinen Meinung als Nebenabrede angesehen, mit der Folge, dass sie der Inhaltskontrolle nach den §§ 307 bis 309 BGB unterliegt.[357] Argumentiert wird, dass beispielsweise bei der Befristung einer Arbeitszeiterhöhung die „*synallagmatischen Pflichten aus dem Arbeitsverhältnis*" geändert werden, was der Inhaltskontrolle unterliege.[358] Dies begründet sich daraus, dass zwar Abreden, die Art, Umfang und Güte der geschuldeten Leistung festlegen, als Hauptleistung zu werten sind, jedoch Klauseln, die diese Abreden einschränken, verändern, ausgestalten oder modifizieren, inhaltlich zu kontrollieren sind. Letztere sind Preisnebenabreden.[359] Bei der Befristung einer einzelnen Arbeitsbedingung wird nur die zeitliche Einschränkung durch die Befristung inhaltlich kontrolliert; kontrollfrei ist der Umfang der vom Arbeitnehmer zu erbringenden Arbeitsleistung.[360]

Überzeugender scheint der Ansatz, welcher die Befristungsabrede des gesamten Arbeitsverhältnisses als Hauptabrede kategorisiert. Doch fernab von einer Negativabgrenzung zur Befristung einzelner Arbeitsbedingungen vermag diese Ansicht auch aus sich heraus eine argumentative Basis zu haben.

---

357 Vgl. anstatt aller BAG v. 27.7.2005 – 7 AZR 486/04, NZA 2006, 40 (45); v. 23.3.2016 – 7 AZR 828/13, NZA 2016, 881 (885 = Rn. 45); zuletzt v. 25.4.2018 – 7 AZR 520/16, NZA 2018, 1061 (1063 = Rn. 28 m.w.N.); *Wimmer*, S. 74; *Maschmann*, RdA 2005, 212 (220); *Preis/Bender*, NZA-RR 2005, 337 (340); *Schmidt*, NZA 2014, 760; ErfK/*Preis*, BGB, §§ 305-310 Rn. 40, Rn. 75; Clemenz/Kreft/Krause/*Klumpp*, AGB-Arbeitsrecht, § 307 Rn. 144.

358 BAG v. 27.7.2005 – 7 AZR 486/04, NZA 2006, 40 (45).

359 Däubler/Bonin/Deinert/*Deinert*, AGB-Recht, § 307 Rn. 269.

360 BAG v. 27.7.2005 – 7 AZR 486/04, NZA 2006, 40 (45); *Lakies,* AR-Blattei SD 172, Rn. 211.

Geht man davon aus, dass die Befristung des gesamten Arbeitsverhältnisses als eine Preisnebenabrede einzuordnen ist, so entspricht es deren Konstitution, dass bei Unwirksamkeit der Preisnebenabrede an deren Stelle eine dispositive gesetzliche Regelung treten kann.[361] Hier stellt sich die anschließende Frage, was als dispositive Regelung gelten soll; mithin ist Rechtsfolge der Unwirksamkeit einer Befristung nach dem TzBfG der unbefristete Arbeitsvertrag, was vielleicht dem Wunsch einer Partei, jedoch nicht dem übereinstimmenden Willen bei Vertragsschluss entspricht. Insofern bietet das dispositive Recht zwar bei Unwirksamkeit der Abrede eine Rechtsfolge, jedoch keine Rechtsgrundlage für einen befristeten Arbeitsvertrag, auf den die unwirksame Preisnebenabrede zurückfallen kann. Somit überzeugt eine Einordnung als Preisnebenabrede nicht.

Jegliche Änderungsvorbehalte und Änderungsmöglichkeiten im Arbeitsrecht werden als Nebenabreden kategorisiert;[362] mithin jene im Vertrag angelegten – nachträglichen – Modifikationsmöglichkeiten des Synallagmas. Der Arbeitnehmer hat bei diesen Abreden nach Vertragsschluss regelmäßig keine oder nur eine begrenzte Einwirkungsmöglichkeit gegen die Ausübung oder den Eintritt der Abrede respektive ihrer Folgen. Bei der Befristungsabrede ist diese jedoch bereits mit Vertragsschluss unmittelbarer und integraler Bestandteil des selbigen sowie des gesamten Vertragsverhältnisses. Bei der Befristungsabrede (des gesamten Vertrags) gibt es keine „juristische Sekunde" einer Trennung zwischen dem („Haupt-")Vertrag und dem Inhalt der Nebenabrede. Vielmehr ist die Befristungsabrede von Beginn an unmittelbarer Bestandteil des Synallagmas und seiner Durchführung.

Des Weiteren werden auch Leistungsbeschreibungen als Hauptabreden kategorisiert.[363] Hierunter fällt nicht nur die Art und Weise der Arbeitsleistung bezugnehmend auf den jeweiligen Arbeitstag, sondern auch bezüglich des „ganzen" Leistungsverhältnisses. Es ist daher auch stringent, die vereinbarte Dauer des Leistungsverhältnisses und ihre Rechtfertigung – sofern erforderlich – hierunter zu fassen.[364] Umfang, Gegenstand sowie Dauer der Arbeitsleistung sind als Hauptleistung zu werten. Die Befristungsabrede des gesamten Arbeitsverhältnisses stellt eine Kombination dieser drei Faktoren dar. Denn die Befristungsabrede

---

361 H/W/K/*Roloff*, BGB, § 307 Rn. 6.

362 Siehe Auflistung bei ErfK/*Preis*, BGB, §§ 305 bis 310 Rn. 51 ff.

363 So auch ErfK/*Preis*, BGB, §§ 305-310 Rn. 34 verweisend auf die Rspr.

364 Vgl. *Hromadka/Schmitt-Rolfes*, NJW 2007, 1777 (1782), welche passenderweise von dem dritten essentialia negotii des Arbeitsvertrags schreiben.

stellt typischerweise den maßgebenden Faktor für die Dauer der Arbeitsleistung und den Umfang der zu erfüllenden Arbeitsleistung dar.

Mit *Stoffels*[365] Abgrenzungskriterium ist die Befristungsabrede ebenfalls als Hauptabrede anzusehen. Bei einem Arbeitsvertrag wird zwar regelmäßig das „Kleingedruckte" aufmerksam(er) gelesen als beim Kauf einer geringwertigen Sache. Dennoch schenkt der Arbeitnehmer der Dauer seines Arbeitsvertrags gewiss die meiste Aufmerksamkeit.

Das Arbeitsverhältnis stellt die Existenzgrundlage des Arbeitnehmers dar.[366] Es ist naheliegend, dass es für ihn von Relevanz ist, wie lange sein Arbeitsverhältnis laufen wird und auf welcher Grundlage es beendet werden kann beziehungsweise „sich beendet". Darüber hinaus ist beispielsweise im Falle der Vertretungsbefristung davon auszugehen, dass dies für den Vertreter von Interesse und bei Vertragsschluss auch in seinem Bewusstsein ist. Hierdurch besteht nämlich für ihn die Möglichkeit, sich über die zu vertretene Person und die Dauer des noch folgenden Ausstands zu informieren; mithin die zeitliche Dauer seiner Arbeitsleistung und die Chance auf eine längere Anstellung zu beurteilen.

Richtigerweise wird betont, dass kein Arbeitnehmer bei Vertragsschluss seine Aufmerksamkeit auf einen Änderungsvorbehalt im Arbeitsvertrag richtet,[367] sodass es überzeugend ist, diesen unter Umständen massiv ins Vertragsverhältnis eingreifenden Mechanismus als Nebenabrede einzuordnen. Es ist jedoch praxisfern, seitens des Arbeitnehmers von einer vergleichbar geringen Aufmerksamkeit gegenüber der Befristungsabrede bei Vertragsschluss auszugehen, als dass diese ebenfalls als Nebenabrede zu kategorisieren ist. Vielmehr ist die Befristung des Arbeitsvertrags unmittelbar entscheidend für einen Vertragsschluss und daher auch nach dem Abgrenzungskriterium von *Stoffels* als Hauptabrede einzuordnen, was dieser an anderer Stelle auch so entscheidet.[368] Das Kriterium der *„marktorientierte*[n]*, privatautonome*[n] *Entsch. des Vertragspartners"* vertritt nunmehr auch *Preis*, sodass dieser die Befristung des ganzen Arbeitsvertrags ebenso als Hauptabrede einordnet.[369]

---

365 *Stoffels*, S. 385 ff.; *ders.*, JZ 2001, 843 (847); *ders.*, AGB-Recht, Rn. 448 ff.

366 Auf die existenzielle Bedeutung des Arbeitsplatzes stellt auch die Bundesregierung bei der Begründung der Integration des Arbeitsrechts in das AGB-Recht ab, BT-Drucks. 14/6857, S. 153.

367 So *Preis*, FS Richardi, S. 339 (350).

368 *Stoffels*, RdA 2009, 82 (86).

369 ErfK/*Preis*, BGB, §§ 305-310 Rn. 37.

V. Zwischenergebnis und -fazit

Die Befristungsabrede des gesamten Arbeitsverhältnisses stellt eine Hauptabrede dar und unterliegt gemäß § 307 Abs. 3 Satz 1 BGB daher nicht der Angemessenheitskontrolle der AGB-Prüfung nach §§ 307 Abs. 1 Satz 1, Abs. 2, 308, 309 BGB.

Durch den Wegfall der Angemessenheitskontrolle im engeren Sinne (außer der Transparenzkontrolle als Bestandteil der Angemessenheitskontrolle des AGB-Rechts) liegt – unter AGB-Gesichtspunkten – ein unkontrollierter Regelungsbereich vor; mithin ein „Freiraum" innerhalb der Vertragskontrolle der Kontrolle der Befristungsabrede.

Dieser „Freiraum" ließe sich durch die Kontrolle der Befristungsabrede unter TzBfG-Gesichtspunkten füllen, sofern hierdurch kein Wertungswiderspruch entsteht. Hierzu müssen unter anderem die Zwecke der Vertragskontrollen nicht im Widerspruch stehen (S. 116), die Normcharaktere zusammenpassen (S. 130) und auch sonst keine Widersprüche aus dem integrativen Ansatz hervorgehen (vergleiche ab S. 136).

D. Zwecke der allgemeinen Vertragskontrolle

Nachdem vorstehend (ab S. 72) die Zwecke der Kontrolle des befristeten Arbeitsverhältnisses nach dem TzBfG herausgearbeitet wurden, sollen nachstehend die Zwecke der allgemeinen Vertragskontrolle unter AGB-Gesichtspunkten dargestellt werden, um sodann Überschneidungspunkte der Prüfungsinstrumente, aber auch etwaige Widersprüche aufzudecken (siehe ab S. 116).

Eine Darstellung der Zwecke und Motive der allgemeinen Vertragskontrolle kann nur gelingen, indem man sich die Funktionen von AGB vergegenwärtigt.

Ganz allgemein werden AGB verwendet, um eine Rationalisierung (Rationalisierungs- und Entlastungsfunktion) zu erreichen.[370] Das Personalmanagement des Arbeitgebers wird erheblich erleichtert, wenn Arbeitsbedingungen, die faktisch gleich sind, auch gegenüber größeren Gruppen von Arbeitnehmern angewandt und vereinbart werden. Diese Rationalisierungsfunktion gilt sowohl für den Vertragsabschluss als auch bei der Vertragsdurchführung.

---

370 Clemenz/Kreft/Krause/*Krause*, AGB-Arbeitsrecht, Einf. Rn. 7; Preis/*Preis*, Der Arbeitsvertrag, I A Rn. 109; ohne Fokus auf das Arbeitsrecht siehe bereits BT-Drucks. 7/3919, S. 1, 9; MüKoBGB/*Basedow*, BGB, Vorb. zu § 305 Rn. 2; Staudinger/*Schlosser*, 2013, BGB, Vorb. zu § 305 ff. Rn. 4; *Stoffels*, AGB-Recht, Rn. 67.

Die Verwendung von formularmäßigen Arbeitsvertragsbedingungen für alle Mitarbeiter, oder wenigstens eine große Anzahl an Personen hat den Vorteil, dass eine Gleichbehandlung auf den arbeitsvertraglich geregelten Gebieten gewährleistet ist. Insofern lässt sich als weitere Funktion die Gleichbehandlung der Mitarbeiter herausstellen.[371]

Ferner erfüllt die Verwendung von AGB für den Arbeitgeber auch eine Risikoverlagerungsfunktion.[372] Es ist dem Arbeitgeber in den Bereichen, in denen kein zwingendes Recht entgegensteht und Regelungsspielräume vorliegen, möglich das dispositive Recht zu Lasten des Arbeitnehmers zu modifizieren, beziehungsweise in Bereichen ohne Regelungen ein etwaiges (wirtschaftliches, betriebliches oder persönliches) Risiko ganz oder teilweise auf den Arbeitnehmer zu übertragen.

Bereits aus dem Wortlaut der §§ 305 ff. BGB lassen sich Motive und Zwecke der AGB-Kontrolle ableiten: So gilt die AGB-Kontrolle nur, wenn es sich um eine „für eine Vielzahl von Verträgen vorformulierte" Abrede handelt. Sie hat darauf ausgelegt gegenüber mehreren Arbeitnehmern zu wirken. Der Arbeitnehmer wird mit dem Regelungstext konfrontiert („Stellen", § 305 Abs. 1 Satz 1 BGB) und kann diese gerade nicht inhaltlich mitgestalten (§ 305 Abs. 1 Satz 2 BGB). Darüber hinaus werden überraschende Klauseln nicht Vertragsbestandteil (§ 305c Abs. 1 BGB), sodass der Klauselverwender mit offenen Karten spielen muss (oder: sollte, jedenfalls sofern er einen wirksamen Vertrag forciert). Festzuhalten ist also, dass die Vorschriften der AGB-Kontrolle über die Einbeziehungskontrolle den Arbeitnehmer vor einer (unzulässigen) Willensbeeinflussung durch den Arbeitgeber schützen sollen und ihm die Möglichkeiten geben, einen Willen zum Vertragsschluss unter Zugrundelegung der notwendigen Informationen über den Regelungsinhalt frei bilden zu können. Orientiert am Wortlaut des § 307 Abs. 1 Satz 1 BGB ist Ziel der Inhalts- beziehungsweise Angemessenheitskontrolle (§§ 307 – 309 BGB), dass der Arbeitnehmer durch die AGB nicht entgegen den Geboten von Treu und Glauben unangemessen benachteiligt wird; mithin ein angemessener Ausgleich der beiderseitigen Interessen gewährleistet ist. Letzteres ist als Leitmotiv (und Zweck) der Angemessenheitskontrolle herauszustellen.

Bekanntester Zweck der AGB-Kontrolle ist der Ausgleich der gestörten Vertragsparität. Hierunter ist grundsätzlich das einseitige Ausnutzen der

---

371 Preis/*Preis*, Der Arbeitsvertrag, I A Rn. 107 f.

372 MüKoBGB/*Basedow*, BGB, Vorb. zu § 305 Rn. 3; Clemenz/Kreft/Krause/*Krause*, AGB-Arbeitsrecht, Einf. Rn. 11 m.w.N.

Vertragsgestaltungsfreiheit zu verstehen, was sich aus der Freiheit des Arbeitgebers, die Bedingungen des Arbeitsverhältnisses vorzugeben und durchzusetzen, ergibt; mithin wird die Verhinderung als *„Schutzzweck der Inhaltskontrolle Allgemeiner Geschäftsbedingungen"* ausgewiesen.[373] *Lakies* führt diesbezüglich aus: *„Schutzzweck der AGB-Kontrolle ist es, die einseitige Ausnutzung der Vertragsgestaltungsfreiheit durch vorformulierte Vertragsbedingungen zu verhindern."*[374] Insofern ist von einer strukturellen Unterlegenheit mangels Verhandlungsstärke auszugehen, wie das BVerfG bereits 1990 ausdrücklich feststellte.[375] Dies hat das BVerfG in der Entscheidung vom 6. Juni 2018 nochmals bekräftigt.[376] Herauszustellen ist, dass die AGB-Kontrolle, im Speziellen die Inhaltskontrolle, *„lediglich einen Ausgleich für die einseitige Inanspruchnahme der Vertragsfreiheit durch den Klauselverwender* [schafft], *sie dient aber nicht dessen Schutz vor den von ihm selbst eingeführten Formularbestimmungen."*[377] Somit kann sich der Klauselverwender (regelmäßig der Arbeitgeber) nicht auf eine Unwirksamkeit zu seinem Vorteil berufen.[378]

Umstritten ist, worin die Unterlegenheit des Arbeitnehmers (Klauselgegners) liegt.

Früher hat der BGH auf die Person des Klauselgegners abgestellt und ein „wirtschaftliches und intellektuelles Übergewicht" als maßgebende Rechtfertigung der AGB-Kontrolle ausgewiesen.[379] Überzeugenderweise kann dies nicht (mehr) maßgebender Grund sein, da der Normtext der AGB-Kontrolle nach §§ 305 ff. BGB keine Differenzierung zwischen Personengruppen macht, sondern

---

373 Siehe anstatt aller nur BGH v. 30.6.1994 – VII ZR 116/93, NJW 1994, 2825 (2826); v. 24.5.1995 – XII ZR 172/94, NJW 1995, 2034 (2035); v. 27.1.2017 – V ZR 130/15, NJW 2017, 1540 (1541 = Rn. 17); BAG v. 27.10.2005 – 8 AZR 3/05, NZA 2006, 257 (258 = Rn. 16); v. 25.4.2007 – 10 AZR 634/06, NZA 2007, 875 (877 = Rn. 24); v. 22.9.2016 – 2 AZR 509/15, NZA 2016, 1461 (1463 = Rn. 20); v. 23.3.2017 – 6 AZR 705/15, NZA 2017, 773 (779 = Rn. 35); v. 21.12.2017 – 6 AZR 803/16, AP BGB § 611 Lehrer, Dozenten Nr. 195 (Rn. 14); Ebenso die wohl hL Clemenz/Kreft/Krause/*Krause*, AGB-Arbeitsrecht, Einf. Rn. 31; *Stoffels*, AGB-Recht, Rn. 89; *Lakies*, AR-Blattei SD 172, Rn. 7.

374 *Lakies*, AR-Blattei SD 172, Rn. 7.

375 BVerfG v. 7.2.1990 – 1 BvR 26/84, NZA 1990, 389 (390); v. 19.10.1993 – 1 BvR 567/89 ua, NJW 1994, 36; v. 5.8.1994 – 1 BvR 102/89, NJW 1994, 2749.

376 BVerfG v. v. 6.6.2018 – 1 BvL 7/14 und 1 BvR 1375/14, NZA 2018, 774.

377 BAG v. 22.9.2016 – 2 AZR 509/15, NZA 2016, 1461 (1463 = Rn. 20).

378 Anstatt aller *Lakies*, AR-Blattei SD 172, Rn. 8 m.w.N.

379 Vgl. BGH v. 28.2.1973 – IV ZR 34/71, NJW 1973, 990 (2 m.w.N.).

vielmehr gegenüber jedermann mit grundsätzlich dem gleichen Maßstab anzuwenden ist. Ferner ist zu berücksichtigen, dass regelmäßig bei der Hauptabrede das wirkliche Machtungleichgewicht beziehungsweise Durchsetzungsvermögen des Klauselerstellers deutlich wird und auf diesem Gebiet die Inhaltskontrolle – mit Ausnahme der Transparenzkontrolle – gerade ausgeschlossen ist.[380] Folglich findet auf dem entscheidenden Gebiet eine „wirkliche" Kontrolle (über das AGB-Recht) gerade nicht statt.

Mit Blick auf das allgemeine Zivilrecht wird nunmehr überwiegend vertreten, dass die situative Unterlegenheit des Klauselgegners der maßgebende Rechtfertigungsgrund sei. Hierunter ist das Informations- und Motivationsgefälle (Informationsasymmetrie) zwischen den Parteien zu verstehen.[381] Abstellend auf ein Motivationsgefälle, also dem Ansatz, dass der Klauselgegner die AGB nicht liest und daher zu schützen ist, ist in Bezug auf das Arbeitsrecht zu beachten, dass der Arbeitnehmer regelmäßig den Arbeitsvertrag – vor der Unterschrift – liest und sich mit den Regelungen vertraut macht, schließlich stellt dieser Vertrag meist seine Existenz- und Lebensgrundlage dar.[382] Letzterer Gedanke wurde von der Bundesregierung als Argument für die Reintegration des Arbeitsrechts in die AGB-Kontrolle aufgegriffen.[383] Gleichwohl ist es realitätsfern davon auszugehen, dass es – im Arbeitsrecht – kein wirtschaftliches Übergewicht des Arbeitgebers gibt: Ein Machtgefälle ist jedenfalls bei großen Arbeitgebern gegenüber einem normalen Arbeitnehmer mit einer durchschnittlichen Tätigkeit und Vergütung allgegenwärtig. Es ist kaum vorstellbar, dass ein *normaler* Arbeitnehmer gegenüber einer großen Personalabteilung beziehungsweise der Geschäftsführung eine für ihn nachteilige Abrede ändern kann.

Zusammenfassend ist festzuhalten, dass mit der Verwendung von AGB regelmäßig die Absicht verfolgt und durchgesetzt wird, eine Rationalisierung und Risikoverlagerung zu Lasten der Arbeitnehmer zu erreichen. Zwecke der AGB-Kontrolle ist es daher ein einseitiges Ausnutzen der Vertragsgestaltungsfreiheit zu verhindern, welche sich aus der persönlichen sowie situativen Unterlegenheit des Arbeitnehmers gegenüber dem Arbeitgeber ergibt.

---

380 Clemenz/Kreft/Krause/*Krause*, AGB-Arbeitsrecht, Einf. Rn. 32 m.w.N.

381 MüKoBGB/*Basedow*, BGB, Vorb. zu § 305 Rn. 6; Staudinger/*Wendland*, 2019, BGB, § 307 Rn. 3; Clemenz/Kreft/Krause/*Krause*, AGB-Arbeitsrecht, Einf. Rn. 33 m.w.N.

382 So auch Clemenz/Kreft/Krause/*Krause*, AGB-Arbeitsrecht, Einf. Rn. 45 m.w.N.; Staudinger/*Wendland*, 2019, BGB, § 307 Rn. 3.

383 BT-Drucks. 14/6857, S. 53.

Hierdurch soll dem Arbeitnehmer die Möglichkeit zur freien Willens- und Meinungsbildung über den vorgelegten Arbeitsvertrag gewährleistet werden, sodass die beiderseitigen Interessen der Vertragsparteien ausgeglichen im Vertrag Geltung erhalten.

E. Vergleich zwischen den Zwecken der Allgemeinen Vertragskontrolle und der Kontrolle befristeter Arbeitsverträge

Vergleicht man die Zwecke der Kontrolle des befristeten Arbeitsvertrags nach dem TzBfG (siehe ab S. 72) sowie nach der allgemeinen Vertragskontrolle unter AGB-Gesichtspunkten (siehe ab S. 112), sind insbesondere die folgenden Aspekte herauszustellen.

Zwar gewährleistet das TzBfG dem Arbeitgeber auch den Schutz seines Flexibilisierungsinteresses, jedoch ist maßgeblicher Zweck der Schutz des Bestandsschutzinteresses des Arbeitnehmers. Durch die Kodifizierung der formellen und materiellen Voraussetzung der Rechtmäßigkeit einer Befristungsabrede zum Schutz der wirtschaftlichen, beruflichen sowie gesellschaftlichen (Existenz-)grundlage soll eine Diskriminierung der Arbeitnehmer sowie ein Missbrauch durch Kettenbefristungen verhindert werden. Es gilt vielmehr – als ein weiterer Zweck des TzBfG – die Chancen auf Dauerbeschäftigung zu erhöhen und das befristete Arbeitsverhältnis (erst recht das sachgrundlos befristete Arbeitsverhältnis) als Ausnahme zu positionieren. Wichtig ist gleichwohl – in Abgrenzung zum Transparenzgebot –, dass die Rechtmäßigkeitsvoraussetzungen nach dem TzBfG regelmäßig nur objektiv vorliegen müssen.

Die Einbeziehungskontrolle des AGB-Rechts bezweckt hingegen gerade einen Schutz vor unzulässiger Willensbeeinflussung; mithin soll der freie Wille der Vertragspartei bestmöglich gebildet werden können. Die Angemessenheitskontrolle des AGB-Rechts soll demgegenüber von einer unangemessenen Benachteiligung durch die Vertragsgestaltungsfreiheit des anderen/des Arbeitgebers schützen. Gewährleistet wird (im Idealfall) ein angemessener Ausgleich der beiderseitigen Interessen. Es gilt, einen Ausgleich zur (bestehenden) gestörten Vertragsparität zu gewährleisten, sodass der Arbeitnehmer vor der einseitigen Ausnutzung der Vertragsgestaltungsfreiheit des Arbeitgebers geschützt wird, sofern diese dem Gebot von Treu und Glauben zuwider ausgenutzt wurde.

Resümierend ist insofern – für die weitere Bearbeitung – festzustellen, dass beide Schutzzwecke sich in keiner Weise widersprechen. Ganz im Gegenteil ergänzt sich die Kontrolle nach einer fairen und transparenten Vertragsgestaltung mit einem Bestandsschutzinteresse. Der Überschneidungspunkt der Angemessenheitskontrolle nach § 307 Abs. 1 Satz 1 BGB mit den Rechtmäßigkeitsvoraussetzungen des § 14 TzBfG wird auf Grundlage der Einordung der Befristungsabrede als Hauptleistungsabrede nach § 307 Abs. 3 Satz 1 BGB verhindert. Vielmehr bietet der „freibleibende“ Raum der Angemessenheitskontrolle innerhalb der AGB-Kontrolle Platz für die Integration der Zwecke und Rechtmäßigkeitsvoraussetzung nach dem TzBfG, was nachstehend zu beweisen ist.

§ 6 Zusammenwirken der Kontrollinstrumente

A. Einleitung

Nachdem vorstehend die Möglichkeiten der Vertragsgestaltung sowie die Grenzen und Zwecke der Vertragskontrolle durch die AGB-Kontrolle sowie der Kontrolle nach dem TzBfG hinsichtlich der Befristung des gesamten Arbeitsverhältnisses getrennt skizziert wurden, gilt es nun die Frage des Zusammenwirkens der Kontrollinstrumente bei der Kontrolle der Befristungsabrede des gesamten Arbeitsverhältnisses (zur Befristung einer einzelnen Arbeitsbedingung siehe ab S. 179) zu beantworten.

Für den Versuch der Beantwortung der Frage des Zusammenwirkens soll in einem ersten Schritt das „Verhalten" der Rechtsprechung dargestellt und einer ersten Bewertung unterzogen werden, bevor sodann die – wenigen – Aussagen im Schrifttum zu dieser Frage aufgezeigt werden. Unmittelbar anschließend erfolgt eine Stellungnahme hierzu sowie ein eigener Prüfungsvorschlag der Vertragskontrolle der Befristungsabrede des ganzen Arbeitsvertrags (ab S. 136).

B. „Verhalten" der Rechtsprechung zum Verhältnis der Kontrollinstrumente

Eine Entscheidung des BAG zum Verhältnis der Kontrollinstrumente des Befristungsrecht des gesamten Arbeitsverhältnisses in Gestalt einer reinen dogmatischen Auseinandersetzung liegt – soweit ersichtlich – nicht vor. Hiervon zu unterscheiden ist, dass das BAG eine Vielzahl an Entscheidungen zu den Sachmaterien „Befristung", „AGB-Kontrolle", „Teilzeit- und Befristungsgesetz" und weiteren, im Zusammenhang der allgemeinen Befristungskontrolle zu erwähnenden Schlagwörtern, traf. Insofern haben sich zum „materiellen Recht" unter Beachtung der Rechtmäßigkeitsvoraussetzungen des TzBfG – teilweise nach der Veranlassung durch den EuGH – deutliche Rechtsprechungslinien herauskristallisiert.[384] Bisweilen schleicht sich der Eindruck ein, dass eine Sensibilität hin zu der Problematik des Zusammenwirkens der einzelnen Kontrollinstrumente nicht sonderlich ausgeprägt ist und bewusst eine Auseinandersetzung gemieden wird.

---

384 Vgl. u. a. die ausführlichen Darstellungen bei *Persch* und *Loth*.

Das BAG entschied, dass hinsichtlich der Befristungsabrede des gesamten Arbeitsverhältnisses der Anwendungsbereich sowohl der AGB-Kontrolle gemäß §§ 310, 305 BGB (hierzu im Detail bereits ab S. 102) sowie des TzBfG (hierzu ab S. 72) eröffnet ist. Im Anschluss an die Schuldrechtsmodernisierung wurde durch den Siebten Senat immerhin festgestellt, dass die Befristungsabrede des gesamten Arbeitsverhältnisses (nach § 14 Abs. 1 bis Abs. 3 TzBfG) als eine Hauptabrede nach § 307 Abs. 3 Satz 1 BGB nicht der Inhaltskontrolle unterliege; mithin keine Angemessenheitskontrolle durchzuführen sei.[385] Entsprechend § 307 Abs. 3 Satz 2, Abs. 1 Satz 2 BGB ist jedoch auch für Hauptabreden das Transparenzgebot zu beachten.

Darüber hinaus scheint insbesondere in der jüngeren Vergangenheit die Kontrolle unter AGB-Gesichtspunkten im Bereich des Befristungsrechts des gesamten Arbeitsverhältnisses in den Hintergrund der Betrachtung des BAG gerückt zu sein.

Im Jahr 2016 hat der Siebte Senat sich in insgesamt 32 Entscheidungen mit dem Befristungsrecht auseinandergesetzt, wobei sich – soweit ersichtlich – keine einzige Entscheidung auf dem Gebiet der Befristung des gesamten Arbeitsverhältnisses nochmal einer speziellen AGB-Problematik gewidmet hat. In den Jahren 2017 und 2018 sind insgesamt 34 Entscheidungen des Siebten Senats zur Befristung des gesamten Arbeitsverhältnisses nach § 14 TzBfG erfolgt.[386] Die Rechtsprechung des Siebten Senats des BAG im Jahre 2019 ist geprägt durch das Urteil des BVerfG vom 6. Juni 2018 zum Vorbeschäftigungsverbot nach § 14 Abs. 2 Satz 2 TzBfG (siehe ab S. 82), sodass die meisten Entscheidungen eine Konkretisierung der Vorgaben des BVerfG versuchen (siehe hierzu ausführlich ab S. 88). Im Jahr 2020 ist – soweit ersichtlich – nur eine einzige Entscheidung des BAG zum § 14 TzBfG ergangen, die Themenfelder dieser Dissertation berücksichtigt, nämlich die Entscheidung vom 16. September 2020 zur Frage, wie anders geartet die Tätigkeit zu sein hat (§ 14 Abs. 2 Satz 2 TzBfG).[387]

Die ergangenen Urteile des Siebten Senats zu einer befristungsrechtlichen Problematik im Zusammenhang mit dem AGB-Recht, beispielsweise zu Fragen der Abbedingung der sachgrundlosen Befristung zeigen, dass das BAG eine

385 BAG v. 27.7.2005 – 7 AZR 443/04, NZA 2006, 37 (40 = Rn. 32).

386 Nach Juris.de mit den Suchkriterien „7 AZR“, „§ 14 TzBfG“ sowie „1.1.2017 bis 31.12.2018“ (zuletzt abgerufen am 28.3.2021).

387 BAG v. 16.9.2020 – 7 AZR 552/19, NZA 2021, 338; nach Juris.de mit den Suchkriterien „7 AZR“, „§ 14 TzBfG“ sowie „1.1.2020 bis 31.12.2029“ (zuletzt abgerufen am 28.3.2021).

Trennung der jeweiligen Kontrollinstrumente vollzieht und rein formal kaum Bezüge zwischen den Prüfungspunkten herstellt (beziehungsweise herstellen will). So wird stets getrennt geprüft, ob die Voraussetzungen der AGB-Kontrolle vorliegen beziehungsweise des TzBfG eingehalten wurden.

Trotz dieser vermeintlichen Trennung der Kontrollinstrumente wird eine Vielzahl von Wertungen von der AGB-Kontrolle auf die Kontrolle unter TzBfG-Gesichtspunkten übertragen und angepasst; und ebenso umgekehrt. Hierbei bemüht sich das BAG nicht, wie nachfolgend aufzuzeigen ist, dies tatsächlich zu erkennen zu geben, geschweige denn sich dogmatisch hiermit auseinanderzusetzen und dies zu begründen.

So wurde in dem Urteil vom 8. August 2007 zur Feststellung der Einhaltung des Bestimmtheitsgebot (als Unterform des Transparenzgebots) das „materielle“ Befristungsrecht herangezogen. Denn ohne diesen Schritt könne nicht ermittelt werden, worin die wirtschaftlichen Nachteile und Belastungen bestehen, die sich klar und verständlich aus der Vertragsklausel selbst zu ergeben haben.[388] Somit ist die für das Befristungsrecht geforderte Konsequenz, dass durch die *„weitreichenden wirtschaftlichen Folgen* [...] *die vom Verwender gewählte Befristungsabrede den Zeitpunkt der Beendigung des Arbeitsverhältnisses für den durchschnittlichen Arbeitnehmer hinreichend deutlich erkennen lassen* [muss].“[389]

Ein weiteres Beispiel für die Übertragung von Wertungen ist im Urteil vom 16. April 2008 zu finden. Dort wurde aufgrund der Gestaltung des äußeren Erscheinungsbildes auf einen bestimmten befristungsrechtlichen Inhalt der Abrede geschlossen, welcher tatsächlich nicht gewählt wurde.[390] Diese Art der Vertragsgestaltung stelle eine nach § 305c Abs. 1 BGB zu pönalisierende Überraschung dar. Denn es bestehe eine Abweichung der Erwartung, begründet aus der üblichen (im Befristungsrecht) verwendeten Vertragsgestaltung, von der tatsächlich vorliegenden Vertragsabrede.

Ferner gilt es, das Urteil vom 29. Juni 2011 herauszustellen. In dem der Entscheidung zugrunde liegenden Sachverhalt wurde in der Vertragsurkunde ein Sachgrund angegeben, welcher tatsächlich nicht vorlag. Eine Verletzung des Transparenzgebots wurde negiert, obwohl zunächst ausgeführt wurde, dass das Transparenzgebot die klare Erkennbarkeit des vertraglichen Endes fordere, was an sich nicht gegeben sei, da der hierfür maßgebliche Sachgrund nicht vorlag.

388 BAG v. 8.8.2007 – 7 AZR 605/06, AP TzBfG § 21 Nr. 4 (Rn. 33 ff.).
389 BAG v. 8.8.2007 – 7 AZR 605/06, AP TzBfG § 21 Nr. 4 (Rn. 3-5).
390 BAG v. 16.4.2008 – 7 AZR 132/07, NZA 2008, 876 (877).

Der Arbeitnehmer könne also gerade nicht aus der Vertragsurkunde das vertragliche Ende erkennen.

Ein Verstoß gegen das Transparenzgebot des § 307 Abs. 1 Satz 2 BGB sei jedoch dennoch nicht festzustellen. Da „*die Rechtsgrundlage der Befristung nicht Vertragsinhalt geworden sein muss, hindert deren missverständliche Beschreibung im Arbeitsvertrag* [...] *die Wirksamkeit der Befristung* [nicht].“[391]

Das BAG hat somit eine Verletzung des Transparenzgebots mit dem Norminhalt des § 14 Abs. 4 TzBfG und nicht mit dem Vorliegen der tatbestandlichen Voraussetzungen des § 307 Abs. 1 Satz 2 BGB negiert. Es wird mit den Wertungen des TzBfG entschieden, ob das Transparenzgebot eingehalten wurde oder nicht. Dies soll sogar dann gelten, wenn bei reiner Betrachtung des Transparenzgebots ein Verstoß vorgelegen habe. Problematisch ist dieser Schritt, da sich aus den Normen selbst und ihrem Normcharakter (siehe hierzu S. 130 ff.; S. 134) kein Vorrang einer Wertung ergibt.

Darüber hinaus hat nach der Rechtsprechung nunmehr eine Rechtsmissbrauchskontrolle – zusätzlich zu den bestehenden Kontrollinstrumenten – Einzug in die Vertragskontrolle gefunden, welche an § 242 BGB geknüpft wurde und wird (siehe hierzu im Detail S. 251 f.).[392] Es wurden also bei der Implikation der Rechtsmissbrauchskontrolle die bereits unstrittig bestehenden Kontrollinstrumente nicht beachtet, welche die Rechtmäßigkeit beziehungsweise Angemessenheit der Befristungsabrede bestimmen. Vielmehr wurde ein weiteres Kontrollinstrument vorgegeben, welches aus sich selbst heraus kaum Tatbestandsvoraussetzungen bietet. Alternativ hierzu wäre beispielsweise an eine Anknüpfung der Rechtsmissbrauchskontrolle innerhalb der Kontrolle des Sachgrundes oder der Voraussetzungen der sachgrundlosen Befristung zu denken gewesen (siehe hierzu S. 251 ff.).

Betrachtet man nochmals die Intention des Gesetzgebers zur Normierung der AGB-Kontrolle und zur Reintegration des Arbeitsrechts in die allgemeine zivilrechtliche Vertragskontrolle, so wird der Widerspruch zur Rechtsprechung deutlich: Intention des Gesetzgebers war es, eine einheitliche und vorhersehbare Vertragskontrolle zu erstellen, welche zur Gewährung einer gewissen

391 BAG v. 29.6.2011 – 7 AZR 774/09, NZA 2011, 1151 (1152 = Rn. 18).

392 BAG v. 18.7.2012 – 7 AZR 443/09, NZA 2012, 1351 (1352 = Rn. 10); v. 13.2.2013 – 7 AZR 225/11, NZA 2013, 777 (781 = Rn. 36 f.); v. 19.3.2014 – 7 AZR 527/12, NZA 2014, 840; v. 19.2.2014 – 7 AZR 260/12, NZA-RR 2014, 408 (411 = Rn. 35); v. 14.1.2015 – 7 AZR 2/14, BeckRS 2015, 67389 (Rn. 37 ff.); v. 29.4.2015 – 7 AZR 310/13, NZA 2015, 928 (930 = Rn. 24).

vertraglichen Parität dient, die die Interessen beider Vertragsparteien beachtet. Diese Marschroute einer Vertragskontrolle sollte insbesondere durch das Transparenzgebot gewährleistet und unterstützt werden. Nunmehr wird faktisch eine unverzahnte, an einzelnen Vertragskontrollinstrumenten orientierte, letztlich unvorhersehbare Kontrolle der Befristungsabrede des gesamten Arbeitsverhältnisses durchgeführt.

Als Zwischenfazit ist somit zu ziehen, dass sich die Rechtsprechung nach der Schuldrechtsmodernisierung nicht mit dem Verhältnis der nunmehr auf die Befristungsabrede wirkenden Kontrollinstrumente zueinander auseinandergesetzt hat. Bisweilen wurde einzig entschieden, dass die Befristungsabrede keiner Angemessenheitskontrolle unter AGB-Gesichtspunkten unterliege, da es sich nicht um eine Nebenabrede handele. Darüber hinaus wurde zwar – in Übereinstimmung mit dem Normzweck – eine Transparenzkontrolle durchgeführt, die jedoch, „wenn es hart auf hart kommt" ohne dogmatische Rechtfertigung oder Begründung durch die Wertung des TzBfG verdrängt wird. Ferner überträgt das BAG Wertungen „fremder" Kontrollinstrumente, was einzig mit einer reinen Ergebnisorientierung zu begründen ist. In jüngerer Vergangenheit wurde darüber hinaus eine weitere Kontrolle durchgeführt, welche ohne Integration in oder Angleichung an die bestehenden Kontrollinstrumente aus der Wertung von Treu und Glauben nach § 242 BGB erfolgt.

C. Schrifttum zum Verhältnis der Kontrollinstrumente

I. Einführung

Zur Frage des Zusammenwirkens der Kontrollinstrumente bei der Befristung des gesamten Arbeitsverhältnisses liegen nicht nur wenige Ausführungen der Rechtsprechung vor, sondern auch das Schrifttum hat sich hierzu – soweit ersichtlich – nur sehr spärlich geäußert. Diejenigen Stellungnahmen zu diesem Komplex sollen nachfolgend dargestellt und einer Bewertung unterzogen werden.

Innerhalb des Schrifttums wird meist eine Einordnung des TzBfG gegenüber der AGB-Kontrolle bei der Befristung des gesamten Arbeitsverhältnisses im Sinne der lex specialis/les generalis vertreten, wobei einzig *Sievers* eine erhöhte Sensibilität für die Problematik zeigt (ausführlich nachfolgend ab S. 124).[393] Lex specialis bedeutet, dass eine Norm gegenüber einer anderen, die ebenfalls Anwendung finden würde, Vorrang genießt. Sollte diese vorrangige

393 *Sievers*, TzBfG, § 14 Rn. 30 f.

Norm tatbestandlich nicht erfüllt sein oder zu einem „ungewünschten" Ergebnis führen, ist die Anwendung der zurückgedrängten Norm verwehrt (*lex specialis derogat lex generalis*).[394]

Positioniert man sich somit dahingehend, dass das TzBfG gegenüber der Inhaltskontrolle (oder Angemessenheitskontrolle) nach den §§ 307 bis 309 BGB lex specialis ist, so bedeutet dies, dass letztere Normen nicht mehr angewendet werden können/dürfen. Darüber hinaus wäre es konsequent – insofern man sich auf den Standpunkt stellt, dass das TzBfG gegenüber der AGB-Kontrolle als lex specialis anzusehen ist – die vollständige AGB-Prüfung (§§ 305 ff. BGB) nicht auf die Kontrolle der Befristung des ganzen Vertrags anzuwenden.

Nachfolgend sollen die Ausführungen *Sievers'*, *Preis/Roloffs* und *Krauses* hierzu dargestellt und einer Kritik unterzogen werden; andere Positionen im Schrifttum zur konkreten Frage des Verhältnisses des TzBfG und des AGB-Rechts bei der Kontrolle der Befristungsabrede des gesamten Arbeitsverhältnisses sind nicht ersichtlich. Hierbei ist zu bedenken, dass nicht das Verhältnis oder die Anwendbarkeit des TzBfG zur AGB-Kontrolle bei der Befristung einer einzelnen Arbeitsbedingung nachfolgend untersucht wird (siehe hierzu ab S. 179), sondern (ausschließlich) Stellungnahmen in Bezug auf die Befristung des gesamten Arbeitsverhältnisses gewürdigt werden.

II. Ansicht Sievers

Sievers postuliert, dass das TzBfG gegenüber der AGB-Kontrolle lex specialis sei, mit der Folge, dass eine Kontrolle der Befristungsvereinbarung nur nach den §§ 14 ff. TzBfG zu erfolgen habe.[395] Hierbei hebt *Sievers* hervor, dass es sich um eine inhaltliche Kontrolle nach dem TzBfG handele und insofern keine „*zweifache inhaltliche Kontrolle*" zu erfolgen habe.[396]

Dennoch sei die Frage, ob eine „*formularmäßig formulierte Befristung Vertragsbestandteil*" geworden ist, durch die §§ 305 Abs. 1, 305a ff. BGB zu beurteilen.[397] Abschließend schreibt *Sievers*, dass eine Klausel auch gegen das Transparenzgebot nach § 307 Abs. 1 Satz 2 TzBfG verstoßen könne und sich damit als unwirksam erweisen würde.[398] Hierbei unterbleibt eine dogmatische Betrachtung oder Auseinandersetzung.

394 *Engisch*, Einführung in das juristische Denken, S. 275.
395 *Sievers*, TzBfG, § 14 Rn. 30.
396 *Sievers*, TzBfG, § 14 Rn. 30.
397 *Sievers*, TzBfG, § 14 Rn. 32.
398 *Sievers*, TzBfG, § 14 Rn. 33.

Von Interesse ist, dass *Sievers* bezüglich der Klagefrist nach § 17 TzBfG unterscheidet, ob eine Verletzung des Transparenzgebots nach § 307 Abs. 1 Satz 2 BGB oder eine Verletzung des § 305c Abs. 1 BGB, bei der die dreiwöchige Klagefrist nicht zu beachten sei, beanstandet werde.[399] Er wendet insofern die Ausschlussfrist nach § 17 TzBfG auf die Geltendmachung eines Verstoßes gegen die Transparenzkontrolle, ein Bestandteil der Inhaltskontrolle des AGB-Rechts, an. Eine Auflösung des Widerspruchs zur Aussage, dass die §§ 14 ff. TzBfG die (ganze) Inhaltskontrolle nach AGB-Recht als lex specialis verdrängen, unterbleibt hingegen.

Sievers argumentiert widersprüchlich: Zunächst wird eine Kategorisierung des TzBfG gegenüber den §§ 305 ff. BGB (nicht nur der AGB-rechtlichen Inhaltskontrolle) als lex specialis vorgenommen und sodann diese Aussage in der Gestalt aufgeweicht, dass vom Grundsatz praktisch nichts mehr übrig bleibt. So wird verkannt, dass die Einordnung der Befristungsabrede als Hauptabrede – wie es auch *Sievers* befürwortet – dazu führt, dass keine Inhaltskontrolle im Sinne der §§ 307 Abs. 1 Satz 1, 308 und 309 BGB durchgeführt wird. Somit ist eine doppelte materielle Inhaltskontrolle bereits durch die internen Schranken der AGB-Kontrolle ausgeschlossen.

Insbesondere widersprüchlich ist *Sievers* Anwendung des Transparenzgebots. Trotz der Aussage, dass einzig die Frage des „*ob*" einer Einbeziehung einer Abrede durch das AGB-Recht erfolgen darf, soll nach der Ansicht des Autors hiervon unabhängig das Transparenzgebot angewandt werden. Ferner soll diese Kontrolle nach § 307 Abs. 1 Satz 2 BGB sogar der prozessualen Frist nach § 17 TzBfG unterliegen. Zwar ist dies im Ergebnis korrekt und auch dogmatisch begründbar (siehe hierzu S. 103 ff. sowie S. 156 ff.), jedoch nicht in Einklang mit der vorstehenden Aussage/Entscheidung zu bringen. Vielmehr handelt es sich bei der Argumentation – in Übereinstimmung mit dem BAG – um einen Versuch die Aussage, das Verhältnis zwischen TzBfG und AGB-Kontrolle sei als lex specialis zu bewerten, in Einklang mit dem Willen des Gesetzgebers zu bringen und nachträglich zu korrigieren, ohne die Aussage revidieren zu müssen.

Die Argumentation *Sievers* – dem man allerdings zugutehalten muss, dass er als einer der wenigen die Problematik überhaupt erkennt respektive anspricht – überzeugt somit nicht und ist abzulehnen.

---

399 *Sievers*, TzBfG, § 14 Rn. 34.

III. Ansicht Preis/Roloff

Eine mit *Sievers* vergleichbare Ansicht haben *Preis/Roloff.* Ihrer Ansicht nach scheide bei Kontrolle der Befristungsabrede des ganzen Arbeitsvertrags *„eine Inhaltskontrolle am Maßstab der §§ 307 bis 309 BGB aus"*, da insofern die *„speziellen Regelungen des TzBfG"* gelten.[400] Ferner gehen *Preis/Roloff* davon aus, dass *„die übrigen Grundsätze der §§ 305b, 305c, 306 und § 310 Abs. 3 zur Anwendung* [kommen]."[401] Folglich kategorisieren auch *Preis/Roloff* das Verhältnis der beiden Kontrollinstrumente als lex specialis jedenfalls bezogen auf die Inhaltskontrolle der Abrede. Dies ist im Besonderen interessant, als dass die Autoren die Befristungsabrede des ganzen Arbeitsvertrags (ebenso wie die einer einzelnen Arbeitsbedingung) als Nebenabrede im Sinne des § 307 Abs. 3 Satz 1 BGB ansehen, was faktisch zu einer Inhaltskontrolle der §§ 307 bis 309 BGB führen würde; mithin ein tatbestandliches Konkurrenzverhältnis zur materiellen Kontrolle des § 14 TzBfG bestehen würde.[402] Begründet wird die Entscheidung zur Nebenabrede damit, dass *lediglich* bestimmt werde, *„wann das Arbeitsverhältnis ende*[t]."[403]

Gewiss ist den Autoren bewusst, dass eine Transparenzkontrolle durchzuführen ist,[404] wobei eine Auseinandersetzung mit der Frage, in welcher Reihenfolge und mit welchen Konsequenzen sich die Transparenzkontrolle und das TzBfG – als lex specialis – gegenüberstehen, unterbleibt.

Nichtsdestotrotz überzeugt auch diese Ansicht im Ergebnis nicht. So gebührt zum einen der Ansicht, dass die Befristungsabrede als Hauptabrede nach § 307 Abs. 3 Satz 1 BGB einzusortieren ist, der Vorzug (siehe hierzu S. 103 ff.; speziell S. 107), was diese Ansicht bereits im Ausgangspunkt ihrer Argumentation zweifelhaft erscheinen lässt. Zum anderen wenden auch *Preis/Roloff* das Transparenzgebot an, welches nach dem Willen des Gesetzgebers als Bestandteil der AGB-rechtlichen Inhaltskontrolle einzusortieren ist. Hierdurch steht ihre dogmatische Grundausrichtung in Widerspruch zu ihrem Prüfungspunkt innerhalb der Rechtmäßigkeitskontrolle einer Befristungsabrede. Ferner bleibt von *Preis/Roloff* unbeachtet, dass es sich sowohl bei den maßgeblichen Normen des TzBfG als auch der AGB-Kontrolle um sich gleichrangig gegenüberstehende,

---

400 *Preis/Roloff*, ZfA 2007, 43 (85).
401 *Preis/Roloff*, ZfA 2007, 43 (85).
402 *Preis/Roloff*, ZfA 2007, 43 (53, 85).
403 *Preis/Roloff*, ZfA 2007, 43 (53).
404 *Preis/Roloff*, ZfA 2007, 43 (74).

halbzwingende Normen handelt, welche sich nicht zwingend gegeneinander durchzusetzen vermögen (siehe hierzu S. 130 ff.).

Somit vermag auch die Ansicht von *Preis/Roloff* nicht zu überzeugen, was noch im Detail nachfolgend aufgezeigt werden soll.

In seiner Kommentierung im Erfurter Kommentar vertritt *Preis* nunmehr, dass die Entscheidung, ob eine Haupt- oder Nebenabrede gegeben ist, mit dem Fokus auf den Vertragsabschluss und ob zu diesem Zeitpunkt eine marktorientierte privatautonome Entscheidung des Vertragspartners vorliegt, zu erfolgen hat.[405] Somit geht auch *Preis* nun von der Einordnung der Befristungsabrede des ganzen Arbeitsvertrags als Hauptabrede aus; hingegen bestehen bleibt die Einordnung des Verhältnisses des TzBfG und der AGB-Kontrolle als lex specialis.

IV. Ansicht Krause

Abschließend soll die Ansicht von *Krause* dargestellt werden, welche den Ansichten, die das Verhältnis der Kontrollnormen als lex specialis kategorisieren, zuzuordnen ist.

Krause geht im Vergleich zu den vorstehenden Ansichten sogar noch einen Schritt weiter, indem er sagt, dass bei vorformulierten Befristungen des ganzen Arbeitsvertrags eine Angemessenheitskontrolle nach dem AGB-Recht bereits im Anwendungsbereich ausgeschlossen sei, da das TzBfG als zwingendes Recht diese Thematik abschließend regele.[406] Er beruft sich bei seiner Aussage auf das BAG-Urteil vom 27. Juli 2005, in dem das BAG festgestellt hat, dass „*Befristungsabreden* [...] *keiner Angemessenheitskontrolle i.S. von § 307 I 1, II BGB* [unterliegen].“[407] Zwar stellt *Krause* an einer anderen Stelle noch das BAG-Urteil vom 16. April 2008[408] vor und verweist auf den einzuhaltenden § 305c Abs. 1 BGB,[409] jedoch zeigt insbesondere der Vergleich zur Befristung einer einzelnen Arbeitsbedingung, bei der *Krause* mit dem BAG eine vollständige AGB-Prüfung vollziehen will, dass *er* der Ansicht ist, dass keine weiteren AGB-Prüfungskriterien auf die Befristung des gesamten Arbeitsverhältnisses anzuwenden seien, denn „[i]*nsoweit* [...] [sei] *das TzBfG aber lex specialis und verdräng*[e] *die allgemeine AGB-Kontrolle*“[410].

---

405 ErfK/*Preis*, BGB, §§ 305-310 Rn. 37.

406 Staudinger/*Krause*, 2019, BGB, Anhang zu §§ 305 – 310 Rn. K 27, Rn. K 185.

407 BAG v. 27.7.2005 – 7 AZR 443/04, NZA 2006, 37 (40 = Rn. 32).

408 BAG v. 16.4.2008 – 7 AZR 132/07, NZA 2008, 876.

409 Siehe Staudinger/*Krause*, 2019, BGB, Anhang zu §§ 305 – 310 Rn. K 160.

410 Staudinger/*Krause*, 2019, BGB, Anhang zu §§ 305 – 310 Rn. K 185.

Eine pauschale Aussage, wonach das Befristungsrecht zwingend sei und es daher nicht zu einer weiteren Klauselkontrolle im Sinne der Gesetzessystematik der jeweiligen Befristungsabrede komme, trägt stets die Gefahr einer verkannten und unvollständigen Prüfung in sich. Dies wird ebenso durch die Aussage *Krauses* deutlich, welcher das Befristungsrecht als zwingend ansieht. Nicht hinreichend deutlich wird, dass zumindest die Transparenzkontrolle der AGB-Kontrolle durchzuführen sei. Auch diese Ansicht vermag daher keine überzeugenden Argumente für sich vorzutragen, sondern verwickelt sich ebenso in Widersprüche zwischen ihrer Grundausrichtung „lex specialis" zu der nachher durchgeführten Kontrolle.

Ein weiterer Kritikpunkt ist, dass *Krause* nicht zwischen halbzwingenden und zwingenden Normen unterscheidet, sodass es zu keiner Differenzierung beziehungsweise Prüfung kommt, ob nicht womöglich eine den Arbeitnehmer begünstigende Abrede vorliegt. Vielmehr erstarrt er in seiner Grundausrichtung und lässt keine Einzelfallbetrachtung oder genaue Analyse des Vertragsinhalts und dessen Rechtmäßigkeit zu.

Somit ist auch die Ansicht *Krauses* mangels überzeugender und schlüssiger Argumentation abzulehnen.

V. Zusammenfassung

Zusammenfassend ist festzuhalten, dass es zwar hochkarätige Stimmen aus dem Schrifttum gibt, welche offen zu einem lex specialis-Verhältnis zwischen den anwendbaren Normen des TzBfG und denen der AGB-Kontrolle bei Beurteilung der Rechtmäßigkeit einer Befristungsabrede des ganzen Vertrags stehen, die Vertreter dieser Ansicht jedoch widersprüchlich handeln.

So gilt es ganz grundsätzlich zu bedenken, dass lex specialis nur bei der Eröffnung desselben Anwendungs- und Regelungsbereiches greift. Dies ergibt sich rein denklogisch daraus, dass sich nur dann zwei Normen einander in einem Konfliktverhältnis gegenüberstehen, wenn sie denselben Anwendungsbereich (gleichzeitig) abdecken. Bei Beurteilung des Verhältnisses zwischen den §§ 307 Abs. 1 Satz 1, 308, 309 BGB und dem TzBfG ist die Inhaltskontrolle des AGB-Rechts jedoch bereits nach § 307 Abs. 3 Satz 1 BGB nicht eröffnet, da es sich bei der Befristungsabrede des ganzen Arbeitsverhältnisses um eine Hauptabrede handelt. Insofern stellt sich der Konflikt zwischen den beiden Kontrollinstituten durch die interne Schranke der AGB-Kontrolle erst gar nicht. Infolgedessen ist die Argumentation der vorstehenden Ansichten nicht überzeugend, denn die AGB-Kontrolle selbst schließt die Angemessenheitskontrolle nach den §§ 307 Abs. 1 Satz 1, Abs. 2, 308, 309 BGB im Fall des Vorliegens einer Hauptabrede selbst aus. Daher stellt sich der von den Ansichten propagierte Konflikt zu den „speziellen“ Angemessenheits- und Rechtmäßigkeitsvoraussetzungen des TzBfG nicht.

Im Widerspruch zur Kategorisierung des TzBfG als lex specialis steht des Weiteren insbesondere die gleichzeitige Durchführung einer Transparenzkontrolle, welche Teil der Inhaltskontrolle ist und nach § 307 Abs. 3 Satz 2 BGB trotz Vorliegen einer Hauptabrede geprüft wird. Hingegen nicht geprüft werden dürfte, wenn man die Inhaltskontrolle des AGB-Rechts als lex generalis nicht anwendet.

Somit vermag die Beurteilung des Verhältnisses der Kontrollinstrumente nach Ansicht der benannten Stimmen aus dem Schrifttum als *lex specialis* nicht zu überzeugen.

D. Zwischenfazit

Es bleibt das (Zwischen-)Fazit zu ziehen, dass sich der Gesetzgeber zum Komplex des Zusammenwirkens beziehungsweise Verhältnisses der Normen der AGB-Kontrolle und des TzBfG im Befristungsrecht des gesamten Arbeitsverhältnisses weder geäußert noch entsprechende Regelungen geschaffen hat. Ebenso hat eine Analyse der Rechtsprechung hierzu gezeigt, dass die Rechtsprechung die maßgeblichen Kontrollinstrumente getrennt hintereinander weg anwendet, ohne eine Abstimmung zwischen den Wertungen zu vollziehen. Im Einzelfall wurden fremde Wertungen – etwa eine bestehende Intransparenz nach § 307 Abs. 1 Satz 2 BGB – durch unkonkretisierte Wertungen aus dem TzBfG verdrängt.

Die Befristungsabrede des gesamten Arbeitsverhältnisses ist eine Hauptabrede im Sinne des § 307 Abs. 3 Satz 1 BGB, woraus folgt, dass keine Angemessenheitskontrolle im engeren Sinne nach § 307 Abs. 1 Satz. 1, 309, 308 BGB durchzuführen ist und dieser Prüfungsschritt innerhalb der AGB-Kontrolle somit „frei“ ist.

Festzuhalten ist ferner, dass die auf die Befristung des gesamten Arbeitsverhältnisses wirkenden Prüfungsinstrumente – im Besonderen die AGB-Kontrolle und das TzBfG, aber auch die Benachteiligungsverbote und Gleichbehandlungsgebote– unterschiedliches regeln und vorgeben und sich nicht im Regelungsinhalt widersprechen. Etwaige Wertungsüberschneidungen zwischen den Regelungsinhalten liegen zwar vor, hierbei handelt es sich jedoch nicht um ausschließliche respektive verdrängende Wertungen. Vielmehr müssen die Wertungen der Normen – wie stets bei abstrakt-generellen Normen – auf den Regelungsinhalt der Befristungsabrede abgestimmt werden.

E. Normcharakter

In einem abschließenden Prüfungsschritt zur Herleitung des Zusammenwirkens der Kontrollinstrumente, mithin der Bestimmung des Verhältnisses zweier Normhierarchien zueinander, gilt es nun die Normcharaktere herauszuarbeiten. Zu beachten ist nämlich, dass wenn eine Norm eine höhere Normhierarchie hätte, sie bei etwaigen Wertungs- oder Regelungsüberschneidungen den Regelungsinhalt der anderen Norm verdrängen würde.

Daher gilt es nun zu klären, welchen Normcharakter das TzBfG und die AGB-Kontrolle haben.

Unter dem Normcharakter ist zum einen der Rang einer Norm im Rechtssystem und zum anderen seine Abänderbarkeit (Disponibilität) zu verstehen. Im Rahmen von einfachgesetzlichen Normen des Bundesrechts sind zwingende, halbzwingende (auch einseitig zwingend genannt) und disponible (abdingbare) Normen zu unterscheiden. Im Bereich des Arbeitsrechts kann sich eine Disponibilität gegenüber Tarifverträgen, Betriebsvereinbarungen oder gegenüber einer einzelvertraglichen Abrede der Parteien ergeben. Zwingend ist demgegenüber all jenes Recht, welches nicht zur Disposition der Vertragsparteien steht.[411] Die Parteien können also gerade nicht im Arbeitsvertrag die Anwendung einer zwingenden Norm auf ihr Vertragsverhältnis ausschließen. Eine gewisse Ausnahmeregelung hierzu bieten die sogenannten halbzwingenden Normen, von diesen kann nur zu Gunsten des bei Vertragsschluss typischerweise Unterlegenen abgewichen werden; mithin zu Gunsten des Arbeitnehmers.[412]

Hieraus ergibt sich auch das Verhältnis zweier Normen. Denn ist eine Norm zwingend, so kann von ihr nicht abgewichen werden (jedenfalls nicht zu Lasten des Arbeitnehmers), ihre Voraussetzungen sind einzuhalten und hierausfolgend auch zu prüfen. Aus letzterem Gedanken folgt, dass auch das Ergebnis der Kontrolle eines zwingenden Kontrollinstruments nicht durch eine andere Norm mit dem gleichen Normcharakter beeinflusst oder gar verdrängt werden kann. Ebenso ist eine Missachtung des Ergebnisses eines Kontrollinstruments auf Rechtsfolgenseite nicht möglich und kann auch nicht durch einen vermeintlich bestehenden zwingenden Charakter oder Gedanken eines anderen Kontrollinstruments gerechtfertigt werden. Letzteres gilt im Besonderen, wenn beide Kontrollinstrumente denselben Normcharakter haben.

---

411 *Larenz/Wolf*, § 3 Rn. 102; *Fikentscher/Heinemann*, Schuldrecht, Rn. 152.

412 Vgl. *Fikentscher/Heinemann*, Schuldrecht, Rn. 152; *Schürnbrand*, JZ 2009, 133 (134 f.); *Möslein*, S. 202 ff.

Somit gilt es für die weitere Bearbeitung festzuhalten, dass kein Vorrang einer Norm innerhalb der Prüfung besteht, wenn die AGB-Kontrolle und das TzBfG den gleichen Normcharakter hätten, was unter Beachtung rechtsstaatlicher Grundsätze auch für die Rechtsfolgenseite gölte.

Grundlegend zu beachten ist, dass sowohl die AGB-Kontrolle als auch das TzBfG als Bundesrecht einfach-gesetzliche Normen sind und daher in der Normenpyramide des deutschen Rechtssystems gleichrangig einzuordnen sind.

I. TzBfG

Für die Bestimmung des Normcharakters der einzelnen Normen des TzBfG ist § 22 TzBfG von entscheidender Bedeutung, dessen Absatz 1 lautet:

> *„Außer in den Fällen des § 12 Abs. 3, § 13 Abs. 4 und § 14 Abs. 2 Satz 3 und 4 kann von den Vorschriften dieses Gesetzes nicht zuungunsten des Arbeitnehmers abgewichen werden."*

Es wird also festgesetzt, dass eine Vertragsgestaltung mit Ausnahme der genannten Vorschriften und einer Abweichung durch Tarifvertrag nach § 22 Abs. 2 TzBfG nicht zu Lasten der Arbeitnehmer möglich ist. § 14 TzBfG ist in Folge dessen auf Grundlage individualvertraglicher Abreden nicht zu Lasten des Arbeitnehmers dispositiv.[413] Eine gewisse Unvollständigkeit[414] ist der Norm immanent. Denn sie trifft keine Aussage, wie eine Abweichung zu Gunsten der Arbeitnehmer zu bewerten ist. Hier gilt es nach dem Schutzzweck der jeweiligen Norm des TzBfG zu fragen, ob und inwieweit eine Abweichung zu Gunsten der Arbeitnehmer möglich ist.[415] Insofern kann beispielsweise die Berufung auf einen Sachgrund ausgeschlossen werden oder strengere Einzelvoraussetzungen selbiger vorgegeben werden.[416] Ferner kann selbstverständlich einzelvertraglich die Möglichkeit einer sachgrundlosen Befristung nach § 14 Abs. 2 Satz 1 TzBfG ausgeschlossen werden.[417]

Folglich gilt es festzuhalten, dass der für die weitere Beurteilung maßgebliche § 14 TzBfG einseitig zwingend und als eine sogenannte halbzwingende Norm zu klassifizieren ist.[418]

---

413 Auf tarifvertraglicher Ebene besteht eine geringe Abdingbarkeit, vgl. §§ 22 I, II i.V.m. § 14 II 3, 4 TzBfG. Hierzu ausführlich: ErfK/*Müller-Glöge*, TzBfG, § 22 Rn. 4 m.w.N.

414 A/P/S/*Backhaus*, TzBfG, § 22 Rn. 3; Annuß/Thüsing/*Thüsing*, TzBfG, § 22 Rn. 20.

415 Laux/Schlachter/*Laux/Schlachter*, TzBfG, § 22 Rn. 3.

416 A/P/S/*Backhaus*, TzBfG, § 22 Rn. 13; Laux/Schlachter/*Laux/Schlachter*, TzBfG, § 22 Rn. 15.

417 A/P/S/*Backhaus*, TzBfG, § 22 Rn. 27.

418 So auch *Feuerborn*, S. 487.

II. AGB-Kontrolle

Für die Klärung der Frage, welchen Normcharakter die Vorschriften der §§ 305 ff. BGB haben, gilt es sich zunächst in Erinnerung zu rufen, dass es ihr Schutzzweck unter anderem ist, den Verwender des Vertragstextes daran zu hindern, die Vertragsgestaltungsfreiheit allein (und unbegrenzt) in Anspruch zu nehmen (vergleiche ab S. 112 ff.).[419] Somit kann das Kontrollinstrument der AGB-Kontrolle auch nicht dergestalt von den Parteien ausgeschlossen werden, dass die Gerichte eine AGB-Kontrolle nicht anwenden (dürfen). Eine Ausnahme hierzu stellt die vom Anwendungsbereich selbst ausgeschlossene Individualabrede nach § 305 Abs. 1 Satz 3 BGB dar. Liegen ihre Voraussetzungen tatsächlich vor, so hat eine AGB-Kontrolle zu unterbleiben. Insofern kann der Verwender auch nicht vorgeben, dass die Voraussetzungen der Individualvereinbarung vorliegen, geschweige denn, dass die AGB-Kontrolle (vom Gericht) nicht durchzuführen ist.[420] Ferner gilt es zu bedenken, dass die AGB-Kontrolle, wie es insbesondere in § 307 Abs. 2 Nr. 1 BGB zum Ausdruck kommt, als Kontrollnorm des dispositiven Rechts fungiert und insofern – wie *Möslein* zu Recht herausstellt – *„die Abdingbarkeit dispositiven Rechts"* beschränkt.[421] Hinzutritt, dass die Rechtsprechung in ständiger Rechtsprechung vorgibt, dass die §§ 305 ff. BGB *„nur dem Schutz des Vertragspartners des Verwenders"* dienen.[422]

Eine andere Frage ist die, ob (und, wenn ja, wie) die Kontrolle umgangen werden kann. § 306a BGB gibt vor, dass die §§ 305 ff. BGB auch dann von Seiten der Gerichte zu beachten sind, wenn eine Vertragsgestaltung gewählt wurde, die eine Umgehung ermöglicht. Zwar ist auf Grundlage der unbestimmten Rechtsbegriffe der §§ 305 ff. BGB eine derartige Vertragsgestaltung bereits nur in Ausnahmefällen denkbar,[423] jedoch hat der Gesetzgeber mit der Normierung des Umgehungsverbots hinreichend deutlich gemacht, dass die

---

419 Vgl. Palandt/*Grüneberg*, BGB, Überbl. vor § 305 Rn. 8; MüKoBGB/*Basedow*, BGB, Vorb. zu § 305 Rn. 4; Staudinger/*Schlosser*, 2019, BGB, § 305 Rn. 26; im Speziellen auf die Inhaltskontrolle Staudinger/*Wendland*, 2019, BGB, § 307 Rn. 2.

420 Siehe BGH v. 20.3.2014 – VII ZR 248/13, NJW 2014, 1725 (1728 = Rn. 28 ff.); zustimmend Palandt/*Grüneberg*, BGB, Überbl. vor § 305 Rn. 7.

421 *Möslein*, S. 37.

422 So zuletzt BAG v. 21.12.2017 – 6 AZR 803/16, AP BGB § 611 Lehrer, Dozenten Nr. 195 (Rn. 14); anstatt aller siehe auch BAG v. 22.9.2016 – 2 AZR 509/15, NZA 2016, 1461 (1463 = Rn. 20 m.w.N).

423 MüKoBGB/*Basedow*, BGB, § 306a Rn. 3.

AGB-Kontrolle stets durchzuführen ist; mithin einen zwingenden Charakter für die Rechtsanwender hat.

Denkbar ist es hingegen, dass die Maßstäbe der AGB-Kontrolle durch eine Vertragsabrede aus Sicht des Verwenders „strenger" anzuwenden sind. Es soll ein Mindestschutz gewährleistet und nicht die Vertragsfreiheit zu Lasten des Verwenders vollständig eingeschränkt werden; mithin gilt es den Vertragspartner auch nicht vollständig seiner Eigenverantwortung zu entledigen.[424] Im Speziellen die Inhaltskontrolle im Bereich des Arbeitsrechts fokussiert – so hat es auch das BVerfG klargestellt – die Herstellung einer praktischen Konkordanz zwischen den jeweiligen verfassungsrechtlich gewährleisteten Rechten aus Art. 12 GG.[425]

Insofern ist es stringent, wenn den Vertragsparteien offensteht, – freiwillig – strengere Prüfungsvoraussetzungen zu vereinbaren, solange sie zu Gunsten des Arbeitnehmers wirken.

In diesem Zusammenhang wird überzeugend vertreten, dass *„sich der halbzwingende Charakter* [...] *ohne jede Einschränkung auf das gesamte Verbrauchervertragsrecht"* erstreckt.[426] Hierhinter steht der richtige Gedanke, dass das Verbraucherschutzrecht ein Recht ist, durch welches die Privatautonomie des Verwenders/ Unternehmers eingeschränkt wird. Schränkt dieser sodann seinen Handlungsspielraum eigenverantwortlich weiter ein, so kann dies nicht pönalisiert werden. Der Arbeitnehmer ist überzeugenderweise als Verbraucher im Sinne des § 13 BGB einzuordnen, sodass auch im Rahmen des Arbeitsvertragsrechts das Verbraucherschutzrecht anzuwenden ist.[427]

Insofern lässt sich beispielsweise vereinbaren, dass das Transparenzgebot einen strengeren Maßstab hat. Denkbar ist in diesem Rahmen, dass die Angabe von Befristungsgründen für eine transparente Vertragsabrede gefordert wird, was nach derzeitig wohl herrschender Meinung nicht der Fall ist (siehe hierzu nachfolgend S. 161 ff.). Darüber hinaus ist denkbar, dass strenge Voraussetzungen an die Erfüllung des § 305c Abs. 1 BGB gestellt werden. Falls es zu einer Inhaltskontrolle der Abrede durch die §§ 309, 308, 307 Abs. 1, Abs. 2 BGB

---

424 Vgl. Staudinger/*Wendland*, 2019, BGB, § 307 Rn. 5 m.w.N.

425 BVerfG v. 23.11.2006 – 1 BvR 1909/06, NZA 2007, 85 (87); zustimmend Staudinger/*Wendland*, 2019, BGB, § 307 Rn. 5.

426 *Schürnbrand*, JZ 2009, 133 (135).

427 Anstatt aller siehe ErfK/*Preis*, BGB, § 611 Rn. 182 m.w.N; BAG v. 25.5.2005 – 5 AZR 572/04, NZA 2005, 1111.

kommt, so lassen sich auch hier höhere Voraussetzungen zur Erfüllung der jeweiligen Tatbestände herleiten.

Somit bleibt festzuhalten, dass die AGB-Kontrolle (untechnisch) auch einen halbzwingenden Charakter hat.

III. Zwischenfazit

§ 14 Abs. 1, Abs. 2 Satz 1, Satz 2 TzBfG – im Einklang mit den anderen Normen des TzBfG (mit Ausnahme des § 17 TzBfG)[428] – sind sogenannte „halbzwingende Normen", welche teilweise auch „einseitig zwingende Normen" genannt werden.[429] Eine vertragliche Modifikation zu Gunsten der Arbeitnehmer im Befristungsrecht hat nunmehr auch die Rechtsprechung grundsätzlich anerkannt.[430] Die AGB-Kontrolle ist zwingend durchzuführen. Die Parteien unterliegen dem Anwendungsbereich der AGB-Kontrolle, sofern sie nicht eine tatsächliche Individualabrede geschlossen haben und können den Maßstab der Kontrolle verschärfen, was einem halbzwingenden Normcharakter entspricht.

Somit lässt sich abstellend auf einen Normcharakter kein zwingender Vorrang eines Kontrollinstruments herausarbeiten. Keines der beiden Kontrollinstrumente, welche gemeinsam auf die Befristungsabrede des gesamten Arbeitsverhältnisses wirken, vermag sich gegen das andere durchzusetzen, sodass es jedenfalls bei einer Vertragskontrolle primär zu beachten wäre.

F. Eigener Ansatz

Im Folgenden soll ein eigener Prüfungsvorschlag unterbreitet werden, welcher den Versuch unternimmt die zuvor dargestellten Wertungswidersprüche und Ungenauigkeiten zu verringern. Hierzu wird zunächst die zuvor herausgearbeitete Kritik an dem schlichten Nebeneinander der Prüfungsinstrumente konzentriert wiederholt, sodann der Prüfungsvorschlag dargestellt (ab S. 136) und im

---

428 So der Großteil in der Literatur anstatt vieler: A/P/S/*Backhaus*, TzBfG, § 22 Rn. 3 m.w.N.

429 Meinel/Heyn/Herms/*Herms*, TzBfG, § 22 Rn. 6; ErfK/*Müller-Glöge*, TzBfG, § 22 Rn. 1; A/P/S/*Backhaus*, TzBfG, § 22 Rn. 3; MüKoBGB/*Hesse*, TzBfG, § 22 Rn. 1, 4; Laux/Schlachter/*Laux/Schlachter*, TzBfG, § 22 Rn. 1; Annuß/Thüsing/*Thüsing*, TzBfG, § 22 Rn. 20; Boecken/Joussen/*Joussen*, TzBfG, § 22 Rn. 5.

430 BAG v. 23.4.2009 – 6 AZR 533/08, NZA 2009, 1260 (1262 = Rn. 21); v. 9.2.2011 – 7 AZR 32/10, NZA 2011, 791 (793= Rn. 16).

Anschluss die wesentlichen Argumente für den Prüfungsvorschlag dargestellt (ab S. 138).

I. Kritik an einem schlichten Nebeneinander

Die vorstehenden rechtlichen Befunde, wonach die Normen des TzBfG und der AGB-Kontrolle halbzwingenden Charakter haben sowie die Anwendungsbereiche und die Schutzzwecke sich weder überschneiden noch ausschließen, sind allein kein Garant für Rechtssicherheit. Vielmehr ergibt sich ohne eine klare Prüfungsstruktur nur Rechtsunklarheit und Rechtsunsicherheit, welche auch durch die Argumentation, wonach beide nebeneinander angewendet werden sollen, nicht hinreichend aufgehoben wird.

Werden nun die Kontrollinstrumente des TzBfG und der AGB-Kontrolle nebeneinander angewendet, so schließen sich zwei entscheidende Aspekte an: Es stellt sich zunächst die Frage, welches Kontrollinstrument Ausgangspunkt der Überprüfung einer Befristungsabrede sein soll.

Die Rechtsprechung lässt sich zur Beantwortung dieser Frage nicht fruchtbar machen. Wie das Urteil des BAG vom 29. Juni 2011[431] verdeutlicht, liegt der Entscheidung, welches Kontrollinstrument angewendet wird, keine Begründung zugrunde. Es scheint gewissermaßen im Ermessen des Richters zu liegen, mit welchem Kontrollinstrument er beginnt. Dieses Ergebnis wäre vielleicht zu vertreten, würde der Entscheidung des Richters eine dogmatisch überzeugende Begründung zugrunde liegen. Da dies jedoch nicht der Fall ist, erscheint es mitunter willkürlich, zu welchem Ergebnis die Rechtsprechung gelangt. So wurde – wie bereits aufgezeigt (siehe ab S. 119) – trotz des eindeutigen Verstoßes gegen das Transparenzgebot eine Unwirksamkeit der Abrede mit der – gleichrangigen – Norm des § 14 Abs. 4 TzBfG negiert.

Zu beachten gilt, dass der Rechtsanwender gerade nicht einen Ermessens-/Beurteilungsspielraum bei der Überprüfung von Befristungsabreden durch die Wahl des Kontrollinstruments haben darf. Ermessensspielraum besteht nur, wenn die Norm selbst diesen gewährt und gerade nicht durch die Wahl des Kontrollinstruments. Das maßgebliche Kontrollinstrument hat – insbesondere bei halbzwingenden Normen – bereits vor der Vertragskontrolle sowohl im Maßstab als auch in der konkreten Anwendung ohne Einwirkungsmöglichkeit festzustehen.

---

431 BAG v. 29.6.2011– 7 AZR 774/09, NZA 2011, 1151 siehe hierzu auch S. 119 sowie ab S. 269.

Des Weiteren stellt sich die Frage nach der Rechtsfolge. Bei Überprüfung einer Befristungsabrede anhand von § 14 TzBfG ist dies unstreitig die Rechtsfolge von § 16 TzBfG. Bei Überprüfung einer Befristungsabrede anhand der §§ 305 ff. BGB lässt sich eine solche Feststellung jedoch nicht ohne weiteres treffen. Denn § 306 Abs. 2 BGB besagt, dass sich der Inhalt des Vertrags nach den gesetzlichen Vorschriften richtet, soweit Bestimmungen nicht Bestandteil geworden oder unwirksam sind. Die Rechtsprechung – so soll dies an entsprechender Stelle noch aufgezeigt werden – wendet § 16 TzBfG als gesetzliche Vorschrift an, nach der sich der Inhalt des Vertrags sodann richten soll. Auch hier fehlt jedoch eine dogmatisch überzeugende Begründung.

Im Ergebnis steht fest, dass aufgrund des Normcharakters der beiden Kontrollinstrumente in keinem Fall von einem Vorrangverhältnis auszugehen ist. Aus diesem Grund wird im Folgenden ein Ansatz vorgestellt, der nicht nur in Bezug auf die genannte Kritik, sondern vor allem mit Blick auf den Gedanken der „Wertungsharmonie" eine für alle Beteiligten rechtssichere Lösung bereithält, deren Basis ein einheitliches Prüfungsschema darstellt. Wie im Weiteren noch deutlich werden soll, handelt es sich hierbei ganz gewiss um keine Seltenheit im deutschen Arbeitsrecht.

II. Integration der Wertungen des TzBfG in die AGB-Kontrolle

Mit dem Schlagwort der „Integration des TzBfG in die AGB-Kontrolle" sollen letztlich die Wertungen und Vorgaben des TzBfG in die AGB-Kontrolle integriert und hierdurch zu einer widerspruchsfreien Prüfung geführt werden, welche allein aus diesem Befund heraus für (mehr) Rechtssicherheit und -klarheit sorgt, was es zu beweisen gilt.

Die so entwickelte Vertragskontrolle der Befristungsabrede des gesamten Arbeitsverhältnisses löst auch etwaig bestehende Widersprüche zur Kontrolle der Befristung einer einzelnen Arbeitsbedingung auf (siehe hierzu noch ab S. 245).

1. *Ansatz zur Integration*

Die argumentative Basis für die Integration bietet die Gesetzgebung, welche – wie bereits erörtert – die Aufnahme des Arbeits(vertrags)rechts in die AGB-Kontrolle damit begründete, dass die damals bestehende arbeitsrechtliche Vertragskontrolle nicht ausreichend sei und diese (nunmehr) mit Hilfe des Kontrollmaßstabs der AGB-Kontrolle nicht mehr hinter dem Schutzniveau des allgemeinen Zivilrechts zurückbleibe.[432] Hieraus ergibt sich der Ansatz, dass die

---

432 BT-Drucks. 14/6867, S. 54.

AGB-Kontrolle zukünftig als Basis und Maßstab der Kontrolle eines Arbeitsvertrags anzusehen sein soll. Hierdurch wird meines Erachtens dem Gesetzeszweck der Angleichung des Schutzniveaus innerhalb des Schuldrechts am ehesten entsprochen. Denn für das gesamte allgemeine Zivilrecht gilt bei einer vertraglichen Abrede die AGB-Kontrolle als regelmäßig maßgebliches (Vertrags-) Kontrollinstrument.

Eine Ausnahme zu diesem „Ausgangspunkt der Kontrolle" ist das Vorliegen eines Verstoßes gegen ein Verbotsgesetz in Verbindung mit § 134 BGB oder gegen eine (andere) zwingende Norm (siehe S. 42 ff.).[433] Dies ist nach allgemeiner Meinung[434] vor der AGB-Kontrolle zu prüfen. Sowohl die AGB-Kontrolle als auch die maßgeblichen Normen des TzBfG sind keine zweiseitig zwingenden Normen, respektive Verbotsgesetze. Zur Erinnerung: § 14 TzBfG ist eine sogenannte halbzwingende Norm.[435] Des Weiteren vermag eine Einordnung als lex specialis nicht zu überzeugen. Somit besteht keine zwingende Notwendigkeit, mit einer Kontrolle nach dem TzBfG oder sonstigen Gesetzen der Vertragskontrolle zu beginnen.

Der vorgeschlagene Startpunkt der Vertragskontrolle steht darüber hinaus nicht im Widerspruch zur Ansicht, wonach die Normen des TzBfG mit denen der AGB-Kontrolle als gleichwertig nebeneinander zu betrachten seien. Rein denklogisch muss mit einem Prüfungskriterium begonnen werden, denn es kann keine parallele Vertragskontrolle durchgeführt werden. Letzteres wäre auch unsinnig, denn wie noch dargestellt werden soll (siehe hierzu unter anderem S. 149 ff.) ist die AGB-Kontrolle sowohl offen für fremde Wertungen als auch (teilweise) zwingend hierauf angewiesen. Wichtig ist, und dies verdeutlicht der vorgeschlagene Aufbau, dass wenn einem Kontrollinstrument der – technische – Vorzug gewährt wird, dies nicht unmittelbar zu einer Verdrängung der nachfolgenden Wertungen „fremder" Kontrollinstrumente führt, die tatsächlich gleichrangig neben dem Kontrollinstrument stehen. Zu beachten ist also, dass eine Wertung nicht durch eine andere (zuvor geprüfte) Wertung (beziehungsweise ein Prüfergebnis) verdrängt wird und die Kontrollinstrumente nach ihrer Anwendung ergebnisoffen nebeneinander zu betrachten sind. Dies wird nicht durch einen prüfungstechnischen Beginn der Vertragskontrolle mit den §§ 305 ff. BGB verletzt.

---

433 Vgl. für viele *Lakies*, AR-Blattei SD 172, Rn. 23; *Preis/Roloff*, ZfA 2007, 43 (82) m.w.N.

434 Däubler/Bonin/Deinert/*Däubler*, AGB-Recht, § 307 Rn. 39; ErfK/*Preis*, BGB, §§ 305-310 Rn. 3 m.w.N.

435 Siehe hierzu oben S. 131 f.

Geleitet vom typischen Prüfungsschema der AGB-Kontrolle[436] sollen die Vorgaben, die das TzBfG an die Befristungsabrede des gesamten Arbeitsverhältnisses stellt, innerhalb der AGB-Kontrolle überprüft werden. Dabei treten die Voraussetzungen des § 14 TzBfG gewissermaßen an die Stelle der Kontrolle der §§ 307 Abs. 1 Satz 1, Abs. 2, 308, 309 BGB innerhalb der AGB-Kontrolle, welche aufgrund der Klassifizierung der Befristungsabrede als Hauptabrede keine Anwendung findet.

Diese Verschmelzung der Kontrollinstrumente zeigt sich auch auf Rechtsfolgenseite. Hier ermöglichten der Wortlaut sowie Sinn und Zweck des § 306 BGB eine nahezu vollständige Übertragung der Wertungen des § 16 TzBfG auch bei einem Verstoß gegen die AGB-Kontrolle (hierzu ausführlich ab S. 139).

2. *Argumente für eine Integration*

Nachfolgend sollen die maßgeblichen Argumente für eine Integration der Wertungen und Vorgaben des TzBfG in die AGB-Kontrolle dargestellt und erläutert werden.

a) *Wille des Gesetzgebers und Normzwecke*

Zunächst ist als Argument zu Gunsten einer Integration des TzBfG in die AGB-Kontrolle der Wille des Gesetzgebers beziehungsweise der Normzweck der Kontrollinstrumente anzuführen. Wie bereits dargestellt, bezweckte der Gesetzgeber mit der Reintegration des Arbeitsrechts in das allgemeine Zivilrecht ein vergleichbares Schutzniveau im gesamten Schuldrecht durch Anwendung eines Prüfungsschemas (vergleiche S. 112). Hieraus ergibt sich die Notwendigkeit, dass die AGB-Kontrolle stets durchgeführt und beachtet und nicht durch eine unsaubere Prüfung umgangen wird. Normzweck der Reintegration war es auch, die bisherige Vertragskontrolle durch eine strukturierte, nachvollziehbare und normierte Kontrolle zu ersetzen. Durch die Kodifizierung der formellen und materiellen Voraussetzungen der Rechtmäßigkeit einer Befristungsabrede zum Schutz der wirtschaftlichen, beruflichen sowie gesellschaftlichen (Existenz-) grundlage soll eine Diskriminierung der Arbeitnehmer sowie ein Missbrauch durch Kettenbefristungen verhindert werden (hierzu bereits ausführlich ab S. 72). Im Fokus steht einen Ausgleich zur (bestehenden) gestörten Vertragsparität zu gewährleisten, sodass der Arbeitnehmer vor der einseitigen Ausnutzung

436 Vgl. anstatt vieler Däubler/Bonin/Deinert/*Deinert*, AGB-Recht, § 307 Rn. 38.

der Vertragsgestaltungsfreiheit des Arbeitgebers geschützt wird, sofern diese dem Gebot von Treu und Glauben zuwider ausgenutzt wurde.

Indem nun die Wertungen und Voraussetzungen des TzBfG innerhalb der AGB-Kontrolle kontrolliert werden, soll etwaigen Ungenauigkeiten innerhalb der Vertragskontrolle entgegengewirkt und zu einer detaillierten Auseinandersetzung mit den jeweiligen Voraussetzungen animiert werden. Hierdurch soll schlussendlich vermieden werden, dass die Rechtsprechung ihre Linie aus der Zeit vor der Schuldrechtsmodernisierung schlicht fortführt, ohne die ausgewiesenen Vorgaben des Gesetzgebers zu beachten. Letztere Problematik zeigt sich anschaulich unter anderem in Bezug auf das Transparenzgebot, was separat dargestellt werden soll (siehe S. 156 ff.).

Durch die Konzeption des Gesetzes werden die zwei maßgeblichen Kontrollinstrumente mit gleichem Normcharakter nebeneinandergestellt, was zur Folge hat, dass grundsätzlich keines das andere verdrängen darf. Zur Beachtung dieses Grundsatzes bietet es sich an, die Wertungen und Voraussetzungen zur Rechtmäßigkeit der Befristungsabrede nach dem § 14 TzBfG innerhalb der AGB-Kontrolle zu prüfen.

b) Rechtsfolgen, § 306 BGB und § 16 TzBfG

Ein Argument für die Integration des TzBfG in die AGB-Kontrolle ist besonders praxisrelevant: Nämlich die Abstimmung der Rechtsfolgen bei einer Missachtung respektive einer Verletzung der einzelnen Kontroll- und Rechtmäßigkeitsvoraussetzungen der Befristungsabrede. An diesem Punkt der Vertragskontrolle stehen sich – bildlich gesprochen – die Normen des § 306 BGB und die des § 16 TzBfG gegenüber.

§ 16 TzBfG gibt vor, dass bei Rechtsunwirksamkeit der Befristung das Arbeitsverhältnis auf unbestimmte Zeit (fort)gilt, wobei den Arbeitsvertragsparteien eine Kündigungsmöglichkeit eingeräumt wird. Für das AGB-Recht gilt hingegen § 306 BGB. Dort wird zunächst ausgewiesen, dass durch teilweise Unwirksamkeit eines Vertragspassus der Rest des Vertrags unabhängig fortgilt. Ferner ist jedoch Absatz 2 des § 306 BGB zu beachten, welcher vorgibt, dass „[s]*oweit die Bestimmungen nicht Vertragsbestandteil geworden oder unwirksam sind,* [...] *sich der Inhalt des Vertrags nach den gesetzlichen Vorschriften* [richtet].“

Nun schließt sich die Frage an, welche gesetzlichen Vorschriften anzuwenden sind. Denkbar ist beispielsweise, dass abstellend auf die ursprüngliche Ausgangsposition der vertragsschließenden Parteien, nämlich die Intention zum Abschluss eines befristeten Arbeitsverhältnisses, ein solches nunmehr besteht. Hierbei wäre jedoch zu konstruieren, wie genau die Befristung ausgestaltet werden soll, insbesondere mit welcher Vertragsdauer. Gewiss ergibt sich hieraus keine rechtssichere, für den Kautelarjuristen im Vorhinein einzuschätzende Lösung.

Überzeugen vermag daher nur eine Anknüpfung an § 16 TzBfG als „gesetzliche Vorschrift" im Sinne des § 306 Abs. 2 BGB bei einem Verstoß unter AGB-Gesichtspunkten. Insofern ist die Regelung des § 16 TzBfG in die AGB-Kontrolle einer Befristungsabrede zu integrieren. Hierfür spricht sich auch *Hofelich* aus, welcher vorgibt, dass im Arbeitsrecht § 306 Abs. 1 BGB auch dann Anwendung finde, wenn die Unwirksamkeit nicht aus der AGB-Kontrolle, sondern aus dem Verstoß gegen zwingendes Arbeitnehmerschutzrecht herrühre.[437] Wobei *Hofelich* zum einen zwingendes und einseitig zwingendes Recht gleichsetzt und zum anderen davon ausgeht, dass das TzBfG als zwingendes Recht der AGB-Kontrolle – als lex specialis – vorgehe.[438] Somit ist festzuhalten, dass trotz der dogmatischen Unterschiede in der Einordnung als lex specialis *Hofelich* die normative Grundlage für die Rechtsfolge bei einem Verstoß gegen (halb-)zwingende Normen innerhalb der AGB-Kontrolle sieht. Insofern liegt in der Ansicht von *Hofelich* ein Widerspruch vor. Denn entweder liegt ein lex specialis-Verhältnis vor oder die Normen sind – wie hier – miteinander zu integrieren. Gleichwohl veranschaulicht die Inkonsequenz der Anwendung dieser Einordnung selbst, die Richtigkeit des hier dargestellten Ansatzes der Integration der Normen.

Darüber hinaus vermag die Verknüpfung von § 306 BGB und § 16 TzBfG dadurch zu überzeugen, als dass auch bei einer Nichteinbeziehung der Vertragsklausel nach § 305c Abs. 1 BGB beide Interessen der Vertragsparteien angemessen berücksichtigt werden. Bisweilen stellt sich nämlich bei einem Verstoß der Befristungsabrede gegen § 305c Abs. 1 BGB die Frage der – normativ begründeten – Rechtsfolge. Nach dem Wortlaut des § 305c Abs. 1 BGB ist nämlich die überraschende Klausel nicht einzubeziehen, was die Frage der sodann für das Arbeitsverhältnis geltenden Regelungen eröffnet.

Dies ist insbesondere wichtig, da das BAG regelmäßig § 305c Abs. 1 BGB und § 307 Abs. 1 Satz 2 BGB konträr zur Dogmatik nebeneinander prüft und das Ergebnis, ob nun die Klausel nicht Vertragsbestandteil geworden oder unwirksam ist, offen lässt.[439] Ergibt sich jedoch durch die Verknüpfung von § 16 TzBfG und des § 306 BGB, dass Verstöße innerhalb der AGB-Kontrolle zum selben Ergebnis führen, lässt sich die Ungenauigkeit des BAG rechtfertigen.

---

437 *Hofelich*, S. 392.

438 *Hofelich*, S. 58.

439 Vgl. bspw. BAG v. 16.4.2008 – 7 AZR 132/07, NZA 2008, 876.

c) Klagefrist

Auch ein Blick auf die prozessuale Ebene führt zu Erkenntnissen hinsichtlich der Integration der Wertungen des TzBfG in die AGB-Kontrolle. Zu überlegen ist nämlich, wie sich die (prozessuale) Geltendmachung eines Verstoßes gegen die Regelungen des TzBfG auf der einen Seite und die Geltendmachung anderer Verstöße (wie etwa gegen das Transparenzgebot der AGB-Kontrolle) auf der anderen Seite im Rechtsstreit auswirken. Es stehen sich gewissermaßen die zweiseitig zwingende materielle Präklusionsfrist der Entfristungsklage des § 17 Satz 1 TzBfG und die fristunabhängige allgemeine Feststellungsklage nach § 256 ZPO gegenüber.

Die Regelung des § 17 Satz 1 TzBfG sieht für den Fall, dass der Arbeitnehmer prozessual geltend machen will, *„dass die Befristung eines Arbeitsvertrages rechtsunwirksam“* ist, vor, dass der Arbeitnehmer *„innerhalb von drei Wochen nach dem vereinbarten Ende des befristeten Arbeitsvertrages Klage beim Arbeitsgericht auf Feststellung erheben* [muss].“ Wortlautgetreu ist die dreiwöchige Präklusionsfrist bei Rechtsunwirksamkeit der Befristungsabrede einzuhalten. Hierunter fallen unstreitig Verstöße gegen § 14 Abs. 1 und Abs. 2 TzBfG. Ferner wird von der Rechtsprechung und dem Großteil des Schrifttums ein Verstoß gegen das Schriftformgebot der Befristungsabrede in § 14 Abs. 4 TzBfG ebenfalls hierunter gefasst.[440] Begründet wird dies richtigerweise damit, dass auch § 14 Abs. 4 TzBfG bei Nichtbeachtung eine Unwirksamkeit ausweist. Des Weiteren wird von der Rechtsprechung seit 2011 über den Wortlaut des § 17 Satz 1 TzBfG hinaus auch die Frage des Nichteintritts der Bedingung[441], also des Fortbestands des befristeten Arbeitsverhältnisses, unter die materielle Präklusionsfrist gefasst.[442] Das BAG begründet seine Rechtsprechungsänderung neben dem

440 BAG v. 4.5.2011 – 7 AZR 252/10, NZA 2011, 1178 (1179 = Rn. 18); v. 15.2.2012 – 10 AZR 111/11, NZA 2012, 733 (737 = Rn. 40); LAG Düsseldorf v. 26.9.2002 – 5 Sa 748/02, NZA-RR 2003, 175; ebenso: *Vossen*, FS Schwerdtner, S. 693 (695); *Dörner*, Rn. 814; Meinel/Heyn/Herms/*Herms*, TzBfG, § 17 Rn. 6; MüKoBGB/*Hesse*, TzBfG, § 17 Rn. 3; Laux/Schlachter/*Schlachter*, TzBfG, § 17 Rn. 5; A/P/S/*Backhaus*, TzBfG, § 17 Rn. 12 m.w.N.

441 Dass durch den Verweis des § 21 TzBfG nunmehr auch (auflösende) Bedingungen von § 17 TzBfG umfasst sind, ist nunmehr unbestritten; vgl. A/P/S/*Backhaus*, TzBfG, § 17 Rn. 9.

442 Zuletzt BAG v. 15.5.2019 – 7 AZR 285/17, AP TVG § 1 Tarifverträge: Telekom Nr. 21 (Rn. 14 m.w.N); zuvor BAG v. 6.4.2011 – 7 AZR 704/09, NJW 2011, 2748; bestätigt durch BAG v. 27.7.2011 – 7 AZR 402/10, BeckRS 2012, 65214 (= NZA 2012, 944 (Ls.)); v. 10.10.2012 – 7 AZR 602/11, AP TzBfG § 21 Nr. 10 (= NZA 2013, 344 (Ls.)); vgl. für die ehemalige Rspr. BAG v. 23.6.2004 – 7 AZR 440/03, NZA 2005, 520 (521 m.w.N).

Sinn und Zweck der Klagefrist (Rechtssicherheit und Rechtsklarheit)[443] und dem (Regelungs-)Zusammenhang der Normen damit, dass meist eine *„nahezu unlösbare“* Verknüpfung zwischen der Frage des Eintritts der Bedingung und der Rechtswirksamkeit der Bedingungsabrede selbst bestehe.[444] *„Die Wirksamkeit der Bedingung korrespondiert mit ihren Voraussetzungen.“*[445] Angesichts dieser Rechtsprechungsänderung ist auch die Frage nach dem Nichteintritt des Befristungszwecks unter § 17 Satz 1 TzBfG zu fassen.[446]

Für die Rechtsprechung maßgebend ist ferner – streng am Wortlaut orientiert –, ob der seitens des Arbeitnehmers angegriffene Verstoß des Arbeitgebers zur Unwirksamkeit der Befristungsabrede führt. Insofern ist es konsequent, die Wirksamkeit der Befristung einzelner Vertragsbedingungen nicht unter § 17 Satz 1 TzBfG fallen zu lassen, da der Wortlaut der Norm die Vakanz eines „Arbeitsvertrags“ vorgibt (siehe hierzu im Detail nachfolgend ab S. 179).[447] Auch die Frage, ob überhaupt eine Befristung des Arbeitsverhältnisses vereinbart wurde, ist ausweislich der Rechtsprechung im Wege der allgemeinen Feststellungsklage zu klären.[448]

---

443 So auch die Gesetzesbegründung zum § 1 V BeschFG siehe BT-Drucks. 13/4612, S. 13.

444 BAG v. 6.4.2011 - 7 AZR 704/09, NJW 2011, 2748 (2750 = Rn. 21); weitere Argumente sind für das BAG der Sinn und Zweck und die allgemeine Systematik.

445 BAG v. 6.4.2011 – 7 AZR 704/09, NJW 2011, 2748 (2750 = Rn. 21); bestätigt durch BAG v. 12.8.2015 – 7 AZR 592/13, NZA 2016, 173 (174 = Rn. 11 f.); BAG v. 4.11.2015 – 7 AZR 851/13, NZA 2016, 634 (636 = Rn. 16).

446 BAG v. 15.2.2017 – 7 AZR 82/15, NZA-RR 2017, 398 (398 = Rn. 12 ff.); anstatt vieler ErfK/*Müller-Glöge*, TzBfG, § 17 Rn. 2; Meinel/Heyn/Herms/*Herms*, TzBfG, § 17 Rn. 9; Annuß/Thüsing/*Maschmann*, TzBfG, § 17 Rn. 3b.

447 Zuletzt BAG v. 25.4.2018 – 7 AZR 520/16, NZA 2018,1061 (1062 = Rn 15); siehe auch BAG v. 4.6.2003 – 7 AZR 406/02, AP TzBfG § 17 Nr. 1 (= NZA 2003, 1424 (Ls.)); v. 23.1.2002 – 7 AZR 563/00, NZA 2003, 104 zu § 1 V BeschFG m.w.N.; ebenso *Vossen*, FS Schwerdtner, S. 693 (695); *Dörner*, Rn. 810; A/P/S/*Backhaus*, TzBfG, § 17 Rn. 10; ErfK/*Müller-Glöge*, TzBfG, § 17 Rn. 4a; Meinel/Heyn/Herms/*Herms*, TzBfG, § 17 Rn. 4; MüKoBGB/*Hesse*, TzBfG, § 17 Rn. 3; Laux/Schlachter/*Schlachter*, TzBfG, § 17 Rn. 6; a.A. *Worzalla*, FS Bauer, S. 1183 f.; *Bauer*, NZA 2011, 241 (248); Annuß/Thüsing/*Maschmann*, TzBfG, § 17 Rn. 2.

448 Vgl. zur auflösenden Bedingungsvereinbarung BAG v. 23.6.2004 – 7 AZR 440/03, NZA 2005, 520; v. 18.10.2006 – 7 AZR 662/05, AP TzBfG § 21 Nr. 3 (Rn. 11); zur Befristungsabrede siehe BAG v. 16.4.2008 – 7 AZR 132/07, NZA 2008, 876; ebenso *Vossen*, FS Schwerdtner, S. 693 (696); *Dörner*, Rn. 807; ErfK/*Müller-Glöge*, TzBfG, § 17 Rn. 4; A/P/S/*Backhaus*, TzBfG, § 17 Rn. 15; Meinel/Heyn/Herms/*Herms*, TzBfG, § 17 Rn. 8; MüKoBGB/*Hesse*, TzBfG, § 17 Rn. 3; Laux/Schlachter/*Schlachter*, TzBfG, § 17 Rn. 6.

Zum Teil wird im Schrifttum jedoch dem widersprechend vertreten, dass auch diese Frage unter § 17 TzBfG falle.[449] Argumentiert wird unter anderem mit Sinn und Zweck der Klagefrist, nämlich der schnellen Rechtssicherheit, die auch bei der Frage des „ob" einer Befristung zu beachten sei.[450]

Für die Praxis von großer Bedeutung ist, dass der Arbeitgeber (streng am Wortlaut der Norm orientiert) keine Möglichkeit hat, einen Rechtsschutz über § 17 TzBfG zu finden beziehungsweise einen entsprechenden Klageantrag zu stellen; er erhält ausreichenden Rechtsschutz über die dreiwöchige Präklusionsfrist.[451]

Der „Vorteil" der Entfristungsklage – und dies ist auch ein Motiv der Einführung gewesen[452] – ist, dass schneller und unstrittiger Rechtsfrieden und Rechtssicherheit herrscht.[453]

Dies führt mitunter zu Abgrenzungs- und Auslegungsschwierigkeiten bei der Wahl der Klageart, wie anhand der nachfolgenden Rechtsprechungsbeispiele gezeigt werden soll.

> BAG vom 16. April 2008 – 7 AZR 132/07, NZA 2008, 876 (Rn. 5 nach juris)
>
> „Die Klägerin hat zuletzt beantragt, festzustellen, dass das Arbeitsverhältnis nicht auf Grund der in § 1 Abs. 3 Satz 2 des Arbeitsvertrags vom 31. Oktober 2005 geregelten Befristung mit Ablauf des 30. April 2006 geendet hat."
>
> Aus der Klagebegründung ergab sich, dass die Klägerin sich (ausschließlich) auf § 305c Abs. 1 BGB und § 307 Abs. 1 Satz 2 BGB beruft.

Die Formulierung des Klageantrags gleicht der eines „wirksamen" und rechtmäßigen Klageantrags im Sinne des § 17 Satz 1 TzBfG,[454] auch wenn sich die Klägerin hierauf nicht ausdrücklich beruft.

Das BAG postuliert, dass die Klägerin ausweislich ihrer Klagebegründung nicht nur eine Befristungskontrollklage nach § 17 Satz 1 TzBfG geltend mache, sondern sich ferner auch auf eine Intransparenz und somit § 305c Abs. 1 BGB

---

449 So Annuß/Thüsing/*Maschmann*, TzBfG, § 17 Rn. 3a; *Bauer*, NZA 2011, 241 (248).

450 *Bauer*, NZA 2011, 241 (248); Annuß/Thüsing/*Maschmann*, TzBfG, § 17 Rn. 3b.

451 BAG v. 15.2.2017 – 7 AZR 153/15, NZA 2017, 803; ErfK/*Müller-Glöge*, TzBfG, § 17 Rn 2; Boecken/Joussen/*Joussen*, TzBfG, § 17 Rn. 1.

452 Siehe zu § 1 Abs. 5 BeschFG BT-Drucks. 13/4612, S. 13.

453 Vgl. Laux/Schlachter/*Schlachter*, TzBfG, § 17 Rn. 3; *Dörner*, Rn. 794; *Bauer*, NZA 2011, 241 (248).

454 Siehe für eine wirksame Formulierung des Klageantrags ErfK/*Müller-Glöge*, TzBfG, § 17 Rn. 15.

stütze. Durch letztere Norm werde von der Klägerin geltend gemacht, dass die Befristungsabrede „*gar nicht Vertragsbestandteil geworden sei.* [...] *Dies hat nicht mit einer Befristungskontrollklage nach § 17 S. 1 TzBfG zu geschehen, sondern mit einer allgemeinen Feststellungsklage gem. § 256 I ZPO* [...].“[455] Das BAG unterscheidet somit im Rahmen der Anwendung von § 17 TzBfG bei der AGB-Kontrolle zwischen der Unwirksamkeit der Befristungsabrede nach § 307 Abs. 1 Satz 2 BGB einerseits und dem Angriff des Klägers mit § 305c Abs. 1 BGB andererseits.[456]

Zwar ist dem BAG zugutezuhalten, diese Unterscheidung entgegen manch einer Stimme im Schrifttum überhaupt vorzunehmen. So wird beispielsweise von *Müller-Glöge* ohne dies zu begründen gesagt, dass § 17 TzBfG überhaupt keine Anwendung auf eine Kontrolle nach den §§ 305 bis 310 BGB finde.[457] Überzeugen kann jedoch auch die Ansicht des BAG nicht. Zugegebenermaßen ist dem BAG bei strenger Berücksichtigung allein des Wortlautes zuzustimmen, dass § 305c Abs. 1 BGB nicht die Unwirksamkeit der Befristungsabrede vorgibt, was § 17 Satz 1 TzBfG gerade fordert.

Sofern man sich auf den Standpunkt stellt, ein Verstoß gegen § 305c Abs. 1 BGB könne nur im Wege der allgemeinen Feststellungsklage erhoben werden, so müsste diese Klage aber folgerichtig dann auch praktisch möglich sein.

Darüber hinaus ist jedoch an die Fallgestaltung zu denken, dass nur eine Klage erhoben wird. Hierzu hat sich das BAG bereits geäußert:

---

455 BAG v. 16.4.2008 – 7 AZR 132/07, NZA 2008, 876 (876 = Rn. 10).

456 Zustimmend Laux/Schlachter/*Schlachter*, TzBfG, § 17 Rn. 6; A/P/S/*Backhaus*, TzBfG, § 17 Rn. 15a.

457 ErfK/*Müller-Glöge*, TzBfG, § 17 Rn. 4, der auf das BAG Urteil v. 16.4.2008 – 7 AZR 132/07, NZA 2008, 876 verweist, in dem das BAG ebenso zwischen der Verletzung nach Unwirksamkeit nach § 307 Abs. 1 Satz 2 BGB und der Nichteinbeziehung nach § 305c Abs. 1 differenziert und entweder § 17 oder § 256 Abs. 1 ZPO anwendet.

BAG vom 16. April 2003 – 7 AZR 119/02, NZA 2004, 283

Der Kläger war vom 3.5.1999 bis zum 2.5.2001 durch insgesamt vier Befristungsabreden beschäftigt. Die Parteien vereinbarten die Verlängerung des Arbeitsverhältnisses jeweils vorab mündlich; strittig war, ob es zu einer schriftlichen Fixierung nach oder vor dem Arbeitsbeginn gekommen war. Mit der am 7.5.2001 beim Arbeitsgericht eingegangenen Klage begehrte der Kläger die Feststellung, dass das zwischen den Parteien bestehende Arbeitsverhältnis über den 2.5.2001 hinaus als unbefristetes Arbeitsverhältnis fortbestehe. Begründet wird dies seitens des Klägers unter anderem durch den mangelnden Sachgrund.

Das BAG urteilte im Einklang mit den vorherigen Instanzen, dass das Arbeitsverhältnis nach § 17 Satz 2 TzBfG in Verbindung mit § 7 KSchG als wirksam gilt, weil die Klagefrist nicht eingehalten wurde.

In der Sache wird ausgeführt, dass der Kläger einen falschen Klageantrag (nämlich einen für die allgemeine Feststellungsklage) gestellt habe und auch eine Auslegung ergäbe, dass der Kläger nur diese – falsche – Klage habe erheben wollen. Er habe nicht den letzten Arbeitsvertrag in Abrede stellen wollen, sondern sich darauf fokussiert, dass das Arbeitsverhältnis über „Beendigungszeitpunkt" fortbestehe. Erst in der Berufungsinstanz habe der Kläger sich sodann auf die fehlerhafte letzte Befristungsabrede gestützt. Dies – so das BAG – sei jedoch nicht innerhalb der Drei-Wochen-Frist gewesen.

Damit lässt sich festhalten, dass jedenfalls der grundsätzliche Klageantrag richtig und fristgemäß zu erheben ist. Es besteht jedoch die Möglichkeit der Auslegung des Klageantrags hin zu einer rechtmäßigen Klageerhebung der *anderen* Klage; etwa von der allgemeinen Feststellungsklage hin zur Entfristungsklage, ebenso vice versa.[458] Ist hingegen der Klageantrag einmal richtig formuliert, hilft sich das BAG mit einem Trick:

458 BAG v. 15.5.2012 – 7 AZR 35/11, NZA 2012, 1366 (1367 = Rn. 15); v. 20.1.2010 – 7 AZR 753/08, NZA 2010, 636 (637 = Rn. 10); v. 28.3.2007 – 7 AZR 318/06, NZA 2007, 937 (937 = Rn. 9); vgl. hierzu Laux/Schlachter/*Schlachter*, TzBfG, § 17 Rn. 10; *Dörner*, Rn. 800 m.w.N.

BAG vom 16. April 2008 – 7 AZR 132/07, NZA 2008, 876

Bei dieser Klage hatte der Kläger zwar den richtigen Klageantrag gestellt, sich jedoch ferner auch auf § 305c Abs. 1 BGB gestützt; welcher nach der Ansicht des BAG nicht unter § 17 Satz 1 TzBfG fällt. An dieser Stelle ist das BAG jedoch nicht mehr formalistisch, denn „*aus der zur Auslegung des Klageantrags heranzuziehenden Klagebegründung*" ergebe sich, dass der Kläger vielmehr zwei Klageanträge habe stellen wollen.[459] In der materiellen Prüfung des BAG ist diese Unterscheidung jedoch nicht mehr zu erkennen.

Festzuhalten ist, dass wenn der richtige Klageantrag einmal gestellt ist, eine Auslegung nunmehr entgegen dem Wortlaut des Klageantrags zu zwei Klagen führen kann.

Mit Urteil vom 24. Juni 2015 hat das BAG jedoch eine Grenze der Auslegungsfähigkeit eines „falschen Antrags" gezogen. So muss wenigstens aus dem Klageantrag, der Klagebegründung oder den sonstigen Umständen bei Klageerhebung erkennbar sein, dass der Kläger sich gegen die Befristung seines Arbeitsverhältnisses wehren möchte.[460] Dieser Wille des Klägers hat regelmäßig bis zum Schluss der mündlichen Verhandlung im ersten Rechtszug erkennbar zu sein. Nicht die Klagefrist wahrend, war daher im Fall das Verlangen des Klägers Wiedereinstellung oder Weiterbeschäftigung.

Hierdurch unbeantwortet bleibt jedoch die Konstellation, bei der sich der Arbeitnehmer bei einer Entfristungsklage im Sinne des TzBfG nicht auf § 305c Abs. 1 BGB beruft und das Gericht die Klage auch nicht dahingehend auslegt.

Ist sodann ein zweiter Prozess unter Berufung auf eine Verletzung des § 305c Abs. 1 BGB möglich? Konsequenterweise müsste dies denkbar sein, stellt man sich auf den Standpunkt einer strikten Trennung zwischen einer Klagebegründung durch § 14 TzBfG und § 307 Abs. 1 Satz 2 BGB auf der einen sowie § 305c Abs. 1 BGB auf der anderen Seite.

Richtig und vor allem realitätsnah kann dieses Ergebnis jedoch nicht sein. Im Befristungsrecht gilt genauso wie im Kündigungsrecht der punktuelle Streitgegenstandsbegriff.[461] Angegriffen wird in einem Rechtsstreit eine konkrete Befristungsabrede (beziehungsweise Kündigungserklärung). Wird sodann seitens des Gerichts rechtskräftig festgestellt, dass die konkrete Befristungsabrede

---

459 BAG v. 16.4.2008 – 7 AZR 132/07, NZA 2008, 876 (876).

460 BAG v. 24.6.2015 – 7 AZR 541/13, NZA 2015, 1511.

461 *Dörner*, Rn. 798; ErfK/*Müller-Glöge*, TzBfG, § 17 Rn. 15a; A/P/S/*Backhaus*, TzBfG, § 17 Rn. 18 m.w.N.

rechtmäßig war (und das Arbeitsverhältnis damit nunmehr beendet ist), so erstreckt sich die Rechtskraft insgesamt auf diese Befristungsabrede. Gegen dieselbe Befristungsabrede kann nicht mehr in einem weiteren Prozess vorgegangen werden.[462] Ein solcher Vortrag hat bis zum Schluss der mündlichen Verhandlung der ersten Instanz vorzuliegen.[463]

Analog hierzu ist auf das Kündigungsrecht hinzuweisen, wo gemeinhin postuliert wird, dass die Schriftform der Kündigungserklärung nicht mit der Kündigungsschutzklage angegriffen wird respektive angegriffen werden muss.[464] Trägt der Arbeitnehmer jedoch im Kündigungsschutzprozess nicht vor, dass die Schriftform nicht gewahrt sei, und prüft das Gericht dies auch nicht von Amtswegen, so ist eine erneute Klage nicht möglich.[465] Hinter dieser Ansicht steckt eine andere – richtige – Überlegung: Versäumt der Arbeitnehmer die dreiwöchige Frist, so soll er wenigstens das Nichtvorliegen der tatbestandlichen Voraussetzung einer Kündigungserklärung selbst rügen können. Denn insofern gilt die dreiwöchige Frist nur für schriftliche Kündigungen.[466] Ebenso ließe sich auch eine Geltendmachung eines Verstoßes gegen das ebenfalls konstitutive Schriftformgebot des § 14 Abs. 4 TzBfG begründen, welches jedoch von der herrschenden Meinung in Schrifttum und Rechtsprechung unter die dreiwöchige Präklusionsfrist fällt. Gewiss wird dies in der Praxis durch die Hinweispflicht des Arbeitsgerichts nach § 17 Satz 2 TzBfG in Verbindung mit § 6 Satz 2 KSchG abgedämpft, bei deren Missachtung sogar vor dem Berufungsgericht erstmalig eine mangelnde Schriftform (rechtmäßig) gerügt werden kann.[467] Dieser Gedanke hilft jedoch nur dann, wenn es überhaupt zu einem Berufungsverfahren kommt, in dem dies sodann auch gerügt wird.

Folglich ist es entweder nicht überzeugend, mit dem punktuellen Streitgegenstandsbegriff eine zweite Klage zu verwehren, oder § 305c Abs. 1 BGB als einzige Kontrollebene der AGB-Kontrolle einer anderen Klage unterliegen zu lassen. Dass letztere Alternative als nicht überzeugend zu wählen ist, lässt sich ferner dadurch unterstützen, dass eine Unterscheidung zwischen dem

---

462 Vgl. ErfK/*Müller-Glöge*, TzBfG, § 17 Rn. 15a.

463 So auch zuletzt BAG v. 24.6.2015 – 7 AZR 541/13, NZA 2015, 1511 (1513 = Rn. 27 f.).

464 *Schwab*, RdA 2013, 357 (358).

465 *Schwab*, RdA 2013, 357 (362); zustimmend ErfK/*Kiel*, KSchG, § 4 Rn. 35.

466 Ständige Rspr. vgl. BAG v. 9.2.2006 – 6 AZR 283/05, NZA 2006, 1207 (1208); v. 28.6.2007 – 6 AZR 873/06, NZA 2007, 972 (973 = Rn. 10); v. 6.9.2012 – 2 AZR 858/11, NZA 2013, 524 (525 = Rn. 11).

467 BAG v. 4.5.2011 – 7 AZR 252/10, NZA 2011, 1178 (1180 = Rn. 20); v. 20.8.2014 – 7 AZR 924/12, NZA-RR 2015, 9 (11 = Rn. 21).

Überraschungsverbot, welches vom Transparenzgedanken getragen wird, und dem Transparenzgebot im engeren Sinne nicht stets leicht fällt.[468] Darüber hinaus sind beide Elemente unstrittig Bestandteil einer AGB-Kontrolle und haben große Überschneidungen. Das BAG betont ausdrücklich, dass „*die Dreiwochenfrist* [...] [fast] *alle Unwirksamkeitsgründe*“[469] erfasst; warum dann ausgerechnet nicht die sonst einheitlich zu bewertende AGB-Kontrolle als Ganzes?

Sinn und Zweck der materiellen Präklusionsfrist, nämlich schnelle Rechtssicherheit nach dem vermeintlichen Vertragsende, greift nicht minder bei dem Verbot der überraschenden Klauselgestaltung. Rechtsfolge des § 305c Abs. 1 BGB ist zwar eine Nichteinbeziehung der Klausel, im Ergebnis besteht aber wie bei einer erfolgreichen Entfristungsklage ein unbefristetes Arbeitsverhältnis. In der Praxis macht diese unterschiedliche Behandlung weder für den Kläger noch den Beklagten einen Unterschied.

Ebenso wird vorstehender Ansatz auch von *Backhaus* vertreten, welcher darauf hinweist, dass im Besonderen eine Übereinstimmung mit dem Wortlaut des § 17 TzBfG und des § 307 Abs. 1 Satz 2 BGB bestehe; mithin die Klagefrist auch bei einer Geltendmachung des Verstoßes gegen das Transparenzgebot zu beachten sei.[470] Auch sieht *Backhaus* einen Widerspruch darin, sofern § 307 Abs. 1 Satz 2 BGB unter § 17 Satz 1 TzBfG fällt, nicht einen Verstoß gegen § 305c Abs. 1 BGB bei der Befristung des gesamten Arbeitsverhältnisses auch der materielle Präklusionsfrist zu unterwerfen.[471] Vielmehr gilt der Rat an die Praxis, dass „[j]*eder Verstoß gegen AGB-Recht* [...] *in der Klagefrist des § 17 geltend gemacht werden* [sollte].“[472]

Denjenigen, die die Drei-Wochen-Frist für zu streng sehen, als dass sie auf sämtliche Kontrollinstrumente, die auf die Befristung des gesamten Arbeitsverhältnis wirken, übertragbar ist, ist zu erwidern, dass die Frist nur in seltensten Fällen ohne Kenntnis (oder jedenfalls naheliegender Möglichkeit hierzu) des Arbeitnehmers zu laufen beginnt.[473] Zum einen ist daran zu denken, dass die Befristungsabrede den genauen Zeitpunkt im Vorhinein eindeutig festlegt; zum anderen ist auf die schriftliche Unterrichtung des Arbeitgebers nach § 15 Abs. 2 TzBfG (zwei Wochen vor der (veranschlagten) Zweckerreichung)

---

468 Siehe zum Überraschungsverbot S. 157 ff.

469 BAG v. 4.5.2011 - 7 AZR 252/10, NZA 2011, 1178 (1179 = Rn. 19).

470 A/P/S/*Backhaus*, TzBfG, § 17 Rn. 15a.

471 A/P/S/*Backhaus*, TzBfG, § 17 Rn. 15a.

472 A/P/S/*Backhaus*, TzBfG, § 17 Rn. 15a.

473 ErfK/*Müller-Glöge*, TzBfG, § 17 Rn. 6; *Dörner*, Rn. 816 f.

hinzuweisen.[474] Des Weiteren gilt die Drei-Wochen-Klagefrist nach § 4 KSchG auch im Kündigungsrecht, welches vergleichbar einschneidend ist. Es erscheint daher nicht unbillig den Anwendungsbereich der Präklusionsfrist zu erweitern.

Im Ergebnis ist die rechtliche Bewertung des BAG also nicht im Ganzen überzeugend. Vielmehr ist zur Herstellung einer Wertungsharmonie die ganze AGB-Kontrolle bei der Kontrolle der Befristungsabrede des gesamten Arbeitsverhältnisses unter § 17 TzBfG zu fassen.[475]

d) Wertungsharmonie

Bisweilen oft angeklungen, soll nun erläutert werden, was unter dem Stichwort der „Wertungsharmonie" als Argumentation hin zu einer einheitlichen Kontrolle und der Maßgabe, dass das TzBfG in die AGB-Kontrolle zu integrieren ist, zu verstehen ist. Die „Wertungsharmonie" bietet gewiss eine Vielzahl von Interpretationen und Argumentationen. Trennt man diesen Oberbegriff aber in Wertung und Harmonie, so ist die Zielvorgabe bereits deutlich.

Vor der Reintegration des Arbeitsrechts in das allgemeine Zivilrecht hat *Preis* Wertungswidersprüche im Vergleich der Vertragskontrolle im Arbeitsrecht mit der des sonstigen Zivilrechts beklagt und aufgezeigt.[476] Hierauf aufbauend erfolgte die Frage – und schlussendlich auch die Aufforderung – zu einer Harmonisierung zwischen Arbeitsrecht und Zivilrecht in ein *„wertungseinheitliches System"*[477]. Ein wertungseinheitliches System verschafft durch Vergleiche zwischen vermeintlich unterschiedlichen Rechtsgebieten eine Angleichung des jeweiligen Schutzniveaus, wodurch letztlich eine höhere Rechtssicherheit geschaffen wird. Die Forderung von *Preis* nach einem *„wertungseinheitliche*[n] *System"*[478] scheint durch die Reintegration des Arbeitsrechts in die allgemeine zivilrechtliche Vertragskontrolle in Folge der Schuldrechtsmodernisierung erfolgt, sodass eine Harmonisierung zwischen allgemeinem Zivilrecht und Arbeitsrecht jedenfalls im Großen und Ganzen erreicht worden ist.[479] In diesem

---

474 Hierzu BAG v. 15.5.2012 – 7 AZR 35/11, NZA 2012, 1366 (1367 = Rn. 15); *Vossen*, FS Schwerdtner, S. 693 (705); ErfK/*Müller-Glöge*, TzBfG, § 17 Rn. 6a.

475 Zustimmend: A/P/S/*Backhaus*, TzBfG, § 17 Rn. 15a; Däubler/Hjort/Schubert/Wolmerath/*Tillmanns*, TzBfG, § 17 Rn. 1; *Bruns*, BB 2010, 1151 (1154).

476 *Preis*, S. 215, S. 216 ff., passim.

477 *Preis*, S. 216.

478 *Preis*, S. 216.

479 *Preis*, NZA-Beil. 2006, 115; *Stoffels*, ZfA 2009, 861; für die Integration und doch kritisch gegenüber der Rechtsprechungsentwicklung *Däubler*, ZTR 2012, 543 (554 f.);

Zusammenhang hat *Stoffels* diesen Schritt des Gesetzgebers daher zu Recht akzentuiert und herausgestellt, dass „[i]*n der Harmonisierung der Kontrollmaßstäbe* [...] *der eigentliche privatrechtsdogmatische Gewinn* [besteht], *der sich auf Dauer auch in mehr Rechtssicherheit und wertungsmäßig überzeugenderen Problementscheidungen manifestieren wird.*“[480]

Unter Beachtung des Ausschlusses überraschender Klauseln nach § 305c Abs. 1 BGB, soll nachfolgend aufgezeigt werden, dass regelmäßig bereits eine Integration der Wertung aus dem „materiellen“ Recht vollzogen wird. Insofern wird nämlich die Frage der Ungewöhnlichkeit einer Klausel, die zum Ausschluss führen würde, oftmals bereits auf die Abweichung vom „materiellen“ Befristungsrecht in Gestalt des TzBfG abgestellt. Somit wird in diesem Prüfungsschritt bereits eine Wertungsharmonie zwischen den Regelungen der AGB-Kontrolle und des TzBfG hergestellt, beziehungsweise versucht herzustellen. Hierfür soll der Norm- und Regelungsinhalt des § 305c Abs. 1 BGB aufgezeigt und gleichzeitig mit der Rechtsprechung des BAG zur Befristung eines gesamten Arbeitsverhältnisses verglichen werden.

Eine Bestimmung, die so überraschend ist, dass ein (durchschnittlicher) Arbeitnehmer nicht mit ihr zu rechnen hat, wird nicht (Arbeits-)Vertragsbestandteil, so weist es – leicht abgeändert – die Norm aus.[481] Diese „*besondere qualifizierte Erscheinungsform der Intransparenz*“[482] erfährt grundsätzlich keine Modifikation durch etwaige Besonderheiten des Arbeitsrechts nach § 310 Abs. 4 Satz 2 Halbs. 1 BGB[483]. Es bedarf kumulativ einer objektiven Ungewöhnlichkeit und eines subjektiven Nicht-Rechnen-Müssens seitens des Arbeitnehmers. Wichtig in diesem Zusammenhang ist, dass die Überraschung „deutlich“ sein muss; mithin ist ein „Überrumpelungs- oder Übertölpelungseffekt“[484] erforderlich.

---

weiterhin kritisch *Joost*, FS Ulmer, S. 1199 ff.; *Zöllner*, ZfA 2010, 637; *Rolfs*, Individuelle Freiheit und kollektive Interessenwahrnehmung, S. 1 ff.

480 *Stoffels*, ZfA 2009, 861 (864); zustimmend *Hofelich*, S. 161.

481 Bereits vor der Aufgabe der Bereichsausnahme des Arbeitsrechts wurden überraschende Klauseln nicht Bestandteil eines Arbeitsvertrags. Vgl. hierzu die Nachweise aus der Rspr. und Lit. bei Staudinger/*Krause*, 2019, BGB, Anhang zu §§ 305 – 310 Rn. K 154, *Reinecke*, NZA-Beil. 2000, 23 (25).

482 *Heinrichs*, FS Trinkner, S. 157 (160); übereinstimmend: Staudinger/*Wendland*, 2019, BGB, § 307 Rn. 172.

483 Staudinger/*Krause*, 2019, BGB, Anhang zu §§ 305 – 310 Rn. K 156; MüKoBGB/*Basedow*, BGB, § 305c Rn. 10; Däubler/Bonin/Deinert/*Däubler*, AGB-Recht, § 305c Rn. 6; Clemenz/Kreft/Krause/*Hoefs*, AGB-Arbeitsrecht, § 305c Rn. 7.

484 MüKoBGB/*Basedow*, BGB, § 305c Rn. 1 a.E; ErfK/*Preis*, BGB, §§ 305-310 Rn. 29.

Primär muss eine Bestimmung objektiv betrachtet ungewöhnlich sein, damit sie der negativen Einbeziehungskontrolle nicht standhält. Eine Regelung ist ungewöhnlich, wenn sie vom Normalfall abweicht.[485] Orientierungspunkt ist grundsätzlich das dispositive Recht. Denn „*je weiter sie* [die Klausel][486] *sich vom Üblichen oder dem dispositiven Recht entfernt, desto ausgeprägter ist die Ungewöhnlichkeit der Klausel*".[487]

Neben dieser eher materiellen Betrachtung einer vermeintlich ungewöhnlichen Klausel ist auch ein rein formaler Vertragsgestaltungsaspekt von Bedeutung: Weicht der Textinhalt von der gewählten Überschrift des Vertragspassus deutlich ab, so ist dies ebenfalls ein Indikator für eine Ungewöhnlichkeit.[488]

An dieser Stelle der Klauselkontrolle durch § 305c Abs. 1 BGB erfolgt bei Kontrolle einer Befristungsabrede eine Betrachtung und Hinzuziehung der Wertungen des TzBfG, was sich auch im Rahmen der Transparenzkontrolle gemäß § 307 Abs. 1 Satz 2 BGB wiederholt (siehe hierzu nachfolgend im Besonderen ab S. 161 ff.). Diese Hinzuziehung „fremder" Wertungen ist zwingend erforderlich. Denn nur so kann die Erwartung des Arbeitnehmers an den konkreten Vertragsinhalt mit dem tatsächlichen Vertragsinhalt, respektive dem dispositiven Recht, verglichen werden. Ziel dieses Vergleichs ist schlussendlich die Herstellung einer Wertungsharmonie zwischen dem von der Privatautonomie geschützten vertraglich Vereinbarten und den Rechten des Arbeitnehmers beziehungsweise den zu seinem Schutz normierten Kontrollgrundsätzen.

Ein vielfach angesprochenes Beispiel für eine überraschende Befristungsabrede ist mit Urteil vom 16. April 2008 vom Siebten Senat als solche erkannt worden:[489]

---

485 Däubler/Bonin/Deinert/*Däubler*, AGB-Recht, § 305c Rn. 9.

486 Anmerkung des Verfassers.

487 BAG v. 13.7.2005 – 10 AZR 532/04, AP HGB § 74 Nr. 78 (Rn. 21); zustimmend Clemenz/Kreft/Krause/*Hoefs*, AGB-Arbeitsrecht, § 305c Rn. 7 m.w.N.

488 Vgl. hierzu BAG v. 9.12.2015 – 7 AZR 68/14, NZA 2016, 695 (696 = Rn. 19) m.w.N.

489 BAG v. 16.4.2008 – 7 AZR 132/07, NZA 2008, 876; vgl. hierzu ferner: Däubler/Bonin/Deinert/*Däubler*, AGB-Recht, § 305c Rn. 12.

BAG vom 16. April 2008 – 7 AZR 132/07, NZA 2008, 876

„§ 1 Anstellung und Probezeit

Der/die Arbeitnehmer/-in wird vom **01. November 2005** bis **31. Oktober 2006**** als Verkäuferin in (Arbeitsort) G zeitlich befristet nach § 14 Abs. 2 des Gesetzes über Teilzeitarbeit und befristete Arbeitsverträge eingestellt. [...] Die ersten sechs Monate gelten als Probezeit. Das Arbeitsverhältnis endet mit Ablauf dieser Probezeit, ohne daß es einer Kündigung bedarf. [...]"

Das BAG ging zu Recht davon aus, dass sich das Überraschungsmoment aus der inhaltlichen Gestaltung und dem äußeren Erscheinungsbild der Klausel ergibt.[490] Die Klägerin – so das BAG in seiner Begründung – brauche durch die drucktechnische Hervorhebung und der Überschrift nicht davon auszugehen, dass eine weitere Befristungsabrede in der Vertragsklausel enthalten sei; welche ihrerseits sogar die hervorgehobene Befristungsabrede aushebelt. Insofern werden „nicht zwei nebeneinander bestehende und voneinander unabhängige Befristungen" vereinbart, sondern in Abhängigkeit voneinander gesetzt, wobei der Eintritt der hervorgehobenen Befristung tatsächlich nicht geregelt werde.[491] Dies entspreche nicht der Üblichkeit einer Befristungsabrede nach § 14 Abs. 2 TzBfG und sei daher nach § 305c Abs. 1 BGB nicht Vertragsbestandteil geworden.

Diese sowohl im Ergebnis als auch in der Begründung zuzustimmenden Entscheidung des BAG zeigt, wie stark die Wertungen und Normzwecke anderer Normen in Vergleich bei der Bestimmung der Einhaltung anderen Normen gezogen werden und dass dies auch zwingend erforderlich ist. Insofern entspricht es bereits der Rechtsprechung, dass versucht wird, möglichst viele Wertungen des TzBfG in die AGB-Kontrolle zu integrieren. Auch wenn dies gleichwohl so offen nicht formuliert wird.

In dem soeben dargestellten Urteil ergab sich die Überraschung anknüpfend an das äußere Erscheinungsbild des Vertrags, was als „formale Überraschung"[492] bezeichnet wird. Die Voraussetzungen einer objektiven Überraschung durch einen ungewöhnlichen Vertragspassus sind jedoch hoch und es ist immer der Kontext zu beachten, was die Entscheidung des BAG vom 27. Juli 2008 veranschaulicht. In dem der Entscheidung zugrundliegenden Vertrag war eine

490 BAG v. 16.4.2008 – 7 AZR 132/07, NZA 2008, 876 (877 = Rn. 19).

491 BAG v. 16.4.2008 – 7 AZR 132/07, NZA 2008, 876 (877 = Rn. 20).

492 ErfK/*Preis*, BGB, §§ 305-310 Rn. 29; MüKoBGB/*Basedow*, BGB, § 305c Rn. 17; Däubler/Bonin/Deinert/*Däubler*, AGB-Recht, § 305c Rn. 9.

Altersgrenze für Arbeitnehmer unter der Überschrift „Beendigung des Arbeitsverhältnisses" enthalten. Hier ging das BAG davon aus, dass dies nicht so ungewöhnlich sei, als dass der Arbeitnehmer nicht mit ihr zu rechnen brauche; eine solche Altersgrenze sei deshalb keine überraschende Klausel im Sinne des § 305c Abs. 1 BGB.[493] Letztere Ansicht wurde vom BAG auch zuletzt mit Urteil vom 25. Oktober 2017 in Bezug auf Altersgrenzen bestätigt.[494]

Neben dem soeben dargestellten objektiven Teil bedarf es ferner einer subjektiven Komponente, damit die Abrede als „überraschend" im Sinne des § 305c Abs. 1 BGB zu klassifizieren ist und dadurch nicht in den Vertrag einbezogen wird. Insofern darf ein durchschnittlicher Arbeitnehmer typischerweise nicht mit dieser objektiven überraschenden Klausel rechnen müssen. Hierbei ist jedoch gruppenspezifisch zu unterscheiden: An eine Führungskraft sind höhere Überraschungsanforderungen als an eine Hilfskraft zu stellen.[495]

Von Interesse sind ferner zwei Konstellationen: Zum einen wie es sich auswirkt, wenn der Arbeitnehmer positive Kenntnis von der Klausel (und ihres Überraschungseffekts) hat und zum anderen welche Folgen es hat, wenn der Arbeitgeber auf die objektiv überraschende Klausel (mehr oder weniger) ausdrücklich hinweist, sodass eine „Überraschung" im engeren Sinne nicht (mehr) vorliegt.

Die Beantwortung des ersten Punktes ist relativ unstrittig: Entgegen der sonst rein abstrakt-objektiven Betrachtungsweise der AGB-Kontrolle ist eine subjektive Komponente tatbestandlich erforderlich. Somit ist bei einer (tatsächlichen) positiven Kenntnis des Arbeitnehmers auch eine objektiv überraschende Klausel nach § 305c Abs. 1 BGB – bei unterstellter sonstiger Rechtmäßigkeit – Bestandteil des Vertrags.

Die zweite Konstellation ist ähnlich zu lösen. Vom Grundsatz her kann eine tatsächliche Aufklärung und Erläuterung durch den Verwender den Überraschungseffekt konterkarieren und die subjektive Voraussetzung des § 305c Abs. 1 BGB beeinträchtigen.

Fraglich ist in diesem Zusammenhang jedoch die *Darlegungs- und Beweislast.*

---

493 BAG v. 27.7.2005 – 7 AZR 443/04, NZA 2006, 37.

494 BAG v. 25.10.2017 – 7 AZR 632/15, NZA 2018, 507 (510 = Rn. 30); zuvor BAG v. 9.12.2015 – 7 AZR 68/14, NZA 2016, 695 (696 = Rn. 18 ff.).

495 Däubler/Bonin/Deinert/*Däubler*, AGB-Recht, § 305c Rn. 13; Clemenz/Kreft/Krause/*Hoefs*, AGB-Arbeitsrecht, § 305c Rn. 14; MüKoBGB/*Basedow*, BGB, § 305c Rn. 6.

Hier gilt der Grundsatz, dass – wie stets – derjenige das darzulegen und zu beweisen hat, was für ihn günstig ist.[496] Folglich hat der Arbeitnehmer in einem Rechtsstreit die Beweislast, dass die Klausel überraschend ist und dies auch für ihn der Fall war. Kritisch zu hinterfragen ist jedoch, ob es wirklich richtig sein kann, dass der Arbeitnehmer die ungeteilte Beweislast für eine vermeintlich korrekte Information seitens des Arbeitgebers trägt. Es bestünde somit nämlich die Möglichkeit, trotz einer objektiv überraschenden Klausel § 305c Abs. 1 BGB auszuhebeln. Hierzu müsste der Arbeitgeber den Vertrag nur mit einer – tatsächlich nicht ausreichenden – Erläuterung ausstatten und für den Arbeitnehmer wird es nahezu unmöglich, den Beweis zu erbringen, dass er die Klausel nicht „richtig" verstanden hat. Daher ist die Beweislast in Bezug auf das subjektive Element umzukehren: Der Arbeitgeber hat den Beweis anzutreten, dass er den Arbeitnehmer ausreichend in Kenntnis gesetzt hat und dies auch von diesem (richtig) verstanden worden ist.[497]

Dass die vorstehenden Überlegungen überzeugen, vermag auch ein Blick auf das Urteil des BAG vom 8. August 2007, bei dem sich eine Information in einem Begleitschreiben auf das Vertragsverhältnis ausgewirkt hatte, verdeutlichen.

---

496 *Stoffels*, AGB-Recht, Rn. 1037; *Bischoff*, JA 2010, 532; allgemein zu dem Grundsatz, dass diejenige Partei beweisbelastet ist, die sich auf eine Tatsache beruft BAG v. 12.10.1994 – 7 AZR 745/93, NJW 1995, 2941 (2942); *Bergwitz*, BB 2001, 2316 (2316).

497 So iE auch: Däubler/Hjort/Schubert/Wolmerath/*Boemke/Ulrici*, BGB, § 305c Rn. 9; H/W/K/*Roloff*, BGB, § 305c Rn. 5; Däubler/Bonin/Deinert/*Däubler*, AGB-Recht, § 305c Rn. 17; Clemenz/Kreft/Krause/*Hoefs*, AGB-Arbeitsrecht, § 305c Rn. 18.

BAG v. 8. August 2007 – 7 AZR 605/06, AP TzBfG § 21 Nr. 4

In der Vereinbarung zur Altersteilzeit war folgende Klausel enthalten:

„§ 1 Beginn und Ende der Altersteilzeit

(1) Das zwischen den Parteien bestehende Arbeitsverhältnis wird ab 01.04.2004 als Altersteilzeitarbeitsverhältnis fortgeführt.
(2) Das Altersteilzeitarbeitsverhältnis endet ohne Kündigung mit Ablauf des 31.03.2009.
(3) Das Altersteilzeitarbeitsverhältnis endet mit Ablauf des Tages, an dem der Kläger sich arbeitslos meldet.
(4) Das Altersteilzeitarbeitsverhältnis endet ferner mit Ablauf des Kalendermonats, in dem der/die Arbeitnehmer(in) die frühestmögliche gesetzliche Altersrente in Anspruch nehmen kann."

In dem Begleitschreiben zu dieser Vereinbarung heißt es zudem, dass die Altersteilzeit mit Ablauf des 31.3.2009 endet. Vor diesem Vertragsabschluss am 29.12.2003 stand zwischen den Parteien keine Einigkeit, wann das Vertragsverhältnis aufgrund einer Behinderung, die nach § 37 SGB VI zu einer Altersrente führt, enden soll. Hinreichend deutlich aus dem Schriftwechsel wird jedoch, dass der Arbeitnehmer nicht vor dem 31.3.2009 das Arbeitsverhältnis enden lassen möchte, worauf sich der Arbeitgeber, wie aus dem Begleitschreiben deutlich wird, auch eingelassen hat. Sodann wurde dem Arbeitnehmer jedoch eine Behinderung bescheinigt, wonach der Arbeitgeber sich – unter Berufung auf § 1 Abs. 4 der Vereinbarung – auf eine (vorzeitige) Beendigung zum 31.3.2006 stützte.

Das BAG entschied überzeugend, dass die vorzeitige Beendigung des Vertrags nicht möglich sei. § 1 Abs. 4 der Vereinbarung verstoße gegen § 305c Abs. 1 BGB und auch gegen das Transparenzgebot.

Von Interesse ist, dass das BAG den Verstoß gegen § 305c Abs. 1 BGB mit einer rein subjektiven Komponente begründete. Denn rein objektiv wurde eine wirksame und nicht überraschende Klausel verwendet. Der Arbeitnehmer konnte jedoch durch die *„geführte Korrespondenz nicht mit der vorzeitigen Beendigung seines Arbeitsteilzeitverhältnisses"* rechnen.[498]

Festzuhalten ist also, dass neben dem „eigentlichen" Vertrag auch die geführte Korrespondenz in Gestalt der außervertraglich begründeten Erwartung zu einer subjektiven Überraschung führen kann, welche sodann durch § 305c Abs. 1 BGB pönalisiert wird. Hierfür spielen die Normzwecke und die durch das

498 BAG v. 8.8.2007 – 7 AZR 605/06, AP TzBfG § 21 Nr. 4 (Rn. 31).

TzBfG begründeten Erwartungen des Arbeitnehmers eine so große Rolle, dass eine Verknüpfung der Regelungsinstrumente unausweichlich ist.

Unter dem Begriff der Wertungsharmonie lassen sich also eine Vielzahl von Anknüpfungspunkten und Überschneidungen der Regelungs- und Kontrollinstrumente erklären und rechtfertigen. Zu beachten ist stets der Normzweck der Reintegration des Arbeitsrechts in das allgemeine Zivilrecht, durch welchen ein höheres Schutzniveau im Arbeitsrecht erreicht werden sollte. Hiervon unabhängig sind jedoch die Wertungen des Arbeitsrechts weiterhin zu beachten und in die AGB-Kontrolle zu integrieren. Dies erfolgt durch die Ziehung von Vergleichen, wobei stets zu beachten ist, ob nicht durch die Forderung nach gleichen Voraussetzungen zwischen zwei Rechtsinstituten gegenüber einem gleichartigen Rechtsinstitut Widersprüche geschaffen werden. Letztlich gilt es, sowohl innerhalb des Arbeitsrechts als auch innerhalb der gleichzeitig wirkenden Kontrollinstrumente eine Wertungsharmonie herzustellen und Wertungswidersprüche zu bekämpfen.

Insbesondere bei der Ermittlung einer überraschenden Klausel nach § 305c Abs. 1 BGB bedarf es zwingend der Beachtung der materiellen Voraussetzungen des TzBfG; hierfür können auch subjektive Erwartungen entscheidend sein.

e) Abgrenzung zum Transparenzgebot

Für die Integration der Wertungen des TzBfG in die AGB-Kontrolle ist auch das Transparenzgebot ins Feld zu führen. Hierdurch gelingt eine bessere und eindeutigere Abgrenzung des Transparenzgebots nach § 307 Abs. 1 Satz 2 BGB und der Wertungen und Voraussetzungen des TzBfG.

In seinem Rundumschlag gegen die AGB-Kontrolle führt *Zöllner* in Bezug auf das Transparenzgebot nach § 307 Abs. 1 Satz 2 BGB, welches er in Anlehnung an das Schlagwort Gorbatschows Glasnost-Erfordernis[499] tauft, an, dass „[e]*s* [...] *auffallend* [ist], *dass die Rechtsprechung namentlich das BAG gern zu ihr Zuflucht nimmt, wenn ihr die sachliche Begründung inhaltlicher Unangemessenheit schwer fällt.*“[500]

Dieser nur bedingt nachgewiesenen These *Zöllners* lässt sich mit Verwendung des vorgeschlagenen Prüfungsaufbaus begegnen. Bei der vorgeschlagenen Integration der „materiellen“ Prüfung der Befristungsabrede unter AGB-Gesichtspunkten erfolgt die Transparenzkontrolle im Nachhinein. Hierdurch ist gewährleistet, dass die auf Transparenz kontrollierte Befristungsabrede

---

499 *Zöllner*, ZfA 2010, 637 (647).
500 *Zöllner*, ZfA 2010, 637 (647).

ausreichend sachlich gerechtfertigt ist. Wird diese Prüfungsreihenfolge stringent beachtet, so ist der Einwand der Zuflucht bei Schwerfälligkeit der Argumentation obsolet.

Eine einheitliche Prüfung fordert und fördert die Einhaltung der Grenzen des Transparenzgebots, auch im Hinblick auf seinen Anwendungs- beziehungsweise Geltungsbereich. Zu beachten ist nämlich, dass eine Abrede zwar klar und verständlich sein muss und die Fallgestaltungen des Transparenzgebots eingehalten werden müssen, hingegen darf es hierdurch nicht zu einer (versteckten) Angemessenheitskontrolle kommen. Dass die Befristungsabrede des gesamten Arbeitsverhältnisses als Hauptabrede keiner Inhaltskontrolle unter AGB-Gesichtspunkten unterliegt, ist stets zu berücksichtigen. Transparenz ist die Vorbedingung der Kontrollfreiheit[501], was zur Folge hat, dass sie Bestandteil der Kontrolle der Abrede sein kann. Die (materielle) Kontrolle darf sich jedoch nicht mit der Transparenzkontrolle „vermischen". Die Kontrolle nach dem Vorliegen eines Sachgrundes beziehungsweise den Voraussetzungen einer sachgrundlosen Befristung ist eine Kontrolle der Hauptabrede. Das Transparenzgebot als Bestandteil der Inhaltskontrolle nach dem AGB-Recht ist die einzige Ausnahme (§ 307 Abs. 3 Satz 2 BGB) vom Verbot der inhaltlichen Kontrolle nach den §§ 307 bis 309 BGB.

Gewiss kommt auch § 307 Abs. 1 Satz 2 BGB als wertungsoffene Norm nicht ohne Implikationen „fremder" Wertungen aus; hier gilt es jedoch zwischen der Integration einer Wertung zur Bestimmung des Transparenzgebots und der Verdrängung der Wertung des Transparenzgebots durch eine gleichrangige Norm zu unterscheiden, was im Folgenden anhand von Beispielen aus der Rechtsprechung unter Darstellung des Norminhalts des § 307 Abs. 1 Satz 2 BGB verdeutlicht werden soll.

aa) Transparenzkontrolle gemäß § 307 Abs. 1 Satz 2 BGB

Nachfolgend soll zunächst geklärt werden, was genau das Transparenzgebot respektive die Transparenzkontrolle beinhaltet. Dies ist zwingend notwendig, um eine klare Abgrenzung zu anderen Rechtsinstituten und Kontrollmechanismen herzustellen. Anders lässt sich nicht rechtssicher feststellen, ob innerhalb der Transparenzkontrolle sachfremde Motive die Prüfung und deren Ergebnis leiten. Hierfür soll zunächst ein Einblick in die Grundlage und den Normzweck

---

501 *Stoffels*, JZ 2001, 843 (845); *ders.* AGB-Recht, Rn. 428 ff; ebenso aufgegriffen durch den Gesetzgeber der Schuldrechtsmodernisierung, BT-Drucks. 14/6040, S. 154.

des Transparenzgebots erfolgen, wobei zur Bestimmung des Normgehalts Fallgruppen gebildet werden.

(1) Grundlagen

Das Transparenzgebot ist nunmehr in § 307 Abs. 1 Satz 2 BGB normativ verankert. Nichtsdestotrotz ist das Prinzip, dass eine Klausel klar und verständlich zu sein hat, in anderen Normen respektive ihren Wertungen und Inhalten zu finden. Insbesondere ist auf § 305c BGB hinzuweisen: Nach dessen Abs. 1 werden all diejenigen Klauseln nicht Vertragsbestandteil, die nach ihrem äußeren Erscheinungsbild ungewöhnlich sind. Darüber hinaus macht § 305c Abs. 2 BGB deutlich, dass eine mehrdeutige Abrede, die also nicht einschlägig transparent ist, zu Lasten des Verwenders auszulegen ist.[502] Des Weiteren findet das Transparenzgebot seinen Niederschlag in den Klauselverboten der § 308 Nr. 1 bis 3 BGB und § 309 Nr. 11a BGB.[503] Zu beachten ist ferner, dass das Transparenzgebot auch auf der Rechtsfolgenseite einer AGB-Kontrolle Auswirkungen hat. Ebendort gilt mit dem Verbot der geltungserhaltenden Reduktion eine Pönalisierung des Klauselerstellers/-verwenders, welche dazu anhalten soll transparente Klauseln zu verwenden.[504]

Keineswegs einfach ist nunmehr die Unterscheidung zwischen der Unklarheitenregel in § 305c Abs. 1 BGB und dem Transparenzgebot „im engeren Sinne" nach § 307 Abs. 1 Satz 2 BGB. *Preis* führt hierzu aus, dass „[d]*ie Unklarheitenregel* [...] *allein die Intransparenz der Sinnermittlung* [betrifft], *während das allgemeine Transparenzgebot eine Frage der inhaltlichen Angemessenheit darstellt.*"[505] Das BAG zieht es meist vor, sich nicht zwischen den beiden Rechtsinstituten der AGB-Kontrolle zu entscheiden und lässt die logischerweise vorrangige Kontrolle nach der Einbeziehung einer nicht-überraschenden Klausel nach § 305c Abs. 1 BGB in der Entscheidung offen beziehungsweise stellt darüber hinaus auch auf die Transparenzkontrolle ab. So wird nach der Feststellung des Verstoßes gegen § 305c Abs. 1 BGB ausgeführt, dass „[i]*m Übrigen* [...] *die Befristung* [...] – *sollte sie Vertragsbestandteil geworden sein – nach § 307 I BGB unwirksam* [wäre], *da die* [in der Entscheidung in Rede stehende Regelung] *dem Transparenzgebot (§ 307 I 2 BGB) nicht genügt.*"[506] Dies ist dogmatisch kaum zu begründen, zeigt

502 Siehe Staudinger/*Wendland*, 2019, BGB, § 307 Rn. 172.

503 Zum Ganzen und mit Nachweisen aus der Rspr: Däubler/Bonin/Deinert/*Bonin*, AGB-Recht, § 307 Rn. 142.

504 Vgl. BAG v. 11.2.2009 – 10 AZR 222/08, NZA 2009, 428 (431 = Rn. 33).

505 *Preis*, S. 324 f.

506 So bspw. in BAG v. 16.4.2008 – 7 AZR 132/07, NZA 2008, 876 (878 = Rn. 21).

jedoch, dass das BAG darum bemüht ist, eine Wertungsharmonie innerhalb der Kontrollinstrumente herzustellen und dies auch in seinen Entscheidungen zu zeigen. Denn einer Entscheidung in der Sache hätte es nicht bedurft.

Maßstab bei der Transparenzkontrolle ist, begründet aus dem generell-abstrakten Charakter der AGB selbst[507], ein aufmerksamer und sorgfältiger Vertragspartner, welchem nicht jegliche Anstrengung beim Verständnis der Vertragsklauseln genommen wird.[508] Der Arbeitnehmer muss (aus der Klausel selbst) erkennen können, „*was auf ihn zukommt*“[509] und dabei die in dessen Milieu, Branche und Sphäre typischen Anstrengungen vollbringen. Insofern erfolgt aus dem Transparenzgebot gerade keine allgemeine Belehrungspflicht; mithin können auch gegenüber Laien grundsätzlich einschlägige Rechtsbegriffe und Fachtermini verwendet werden.[510] Letzteres ist auch bei der Befristungsabrede von Bedeutung. Denn es bedarf keiner Erläuterung, was gesetzlich normiert und normative Grundlage einer Befristung – beispielsweise nach § 14 Abs. 1 TzBfG – ist.

Ferner ist neben dem Verständnishorizont auch der Erwartungshorizont des Arbeitnehmers von Bedeutung. Hierzu wird zu Recht angeführt, dass „[j]*e weiter sich eine Regelung von* [...] [den] *Erwartungen entfernt, umso deutlicher muss dies in den AGB hervorgehoben werden - hier findet der Rechtsgedanke des § 305 c Abs. 1 innerhalb der Inhaltskontrolle noch einmal, wenngleich abgeschwächt, Berücksichtigung.*“[511]

Dieser Gedanke steht in eklatantem Widerspruch zur Rechtsprechung des BAG, dass trotz der Angabe eines Sachgrundes im Vertragstext – ohne eines Hinweises, ob der Möglichkeit der sachgrundlosen Befristung – weiterhin unter Beachtung der objektiven Voraussetzungen eine Berufung auf § 14 Abs. 2 TzBfG möglich sein soll (siehe zur Rechtsprechung und deren Widersprüchlichkeit S. 272 ff.).

Wichtig ist, dass zwar der Arbeitnehmer grundsätzlich durch den Normzweck der Herstellung vertraglicher Parität geschützt werden soll, hingegen soll auch eine unverhältnismäßige Mehrbelastung des Arbeitgebers vermieden

---

507 Staudinger/*Wendland*, 2019, BGB, § 307 Rn. 183.

508 Palandt/*Grüneberg*, BGB, § 307 Rn. 23; Staudinger/*Wendland*, 2019, BGB, § 307 Rn. 196; Däubler/Bonin/Deinert/*Bonin*, AGB-Recht, § 307 Rn. 158.

509 BAG v. 21.8.2012 – 3 AZR 698/10, NZA 2012, 1428 (1429 = Rn. 18).

510 Staudinger/*Wendland*, 2019, BGB, § 307 Rn. 199.

511 Staudinger/*Wendland*, 2019, BGB, § 307 Rn. 184; ebenso: Däubler/Bonin/Deinert/*Bonin*, AGB-Recht, § 307 Rn. 158.

werden. Somit gilt die Verpflichtung zur klaren und verständlichen Formulierung des Vertragsinhalts „*nur im Rahmen des Möglichen.*“[512]

(2) Ausgestaltung

Das Transparenzgebot ist in einem ersten Schritt zu unterteilen in Abschluss- und Abwicklungstransparenz.[513]

Durch die Abschlusstransparenz soll gewährleistet werden, dass der Arbeitnehmer bereits vor Vertragsschluss die Möglichkeit hat, sich Bewusstsein darüber zu verschaffen, „*was auf ihn zukommt*“[514]; mithin was er zur Erfüllung seiner Leistungspflicht erbringen muss.[515] Folgerichtig ist unter die Abschlusstransparenz auch die Fallgruppe der Nichterkennung des eigenen Werts am (Arbeits-)Markt zu subsumieren. Hierzu zählt bereits die reelle Gefahr, dass der Arbeitnehmer ein Vertragsangebot mit objektiv besseren Konditionen ausschlägt, weil er eine Unterscheidung gegenüber schlechteren Konditionen nicht vollziehen kann.[516]

Die Abwicklungstransparenz fokussiert – nach dem Vertragsschluss – die Durchführung des Vertrags.[517] Ausgangspunkt für fehlende Abwicklungstransparenz ist eine Suggestion des Arbeitgebers gegenüber seinem Vertragspartner, sodass dieser, von selbiger beirrt, nicht auf die tatsächliche Rechtslage rechtlich angemessen reagiert beziehungsweise reagieren kann. Hierfür bedarf es einer (hinreichenden) Gefahrenlage der Nichtwahrnehmung bestehender Rechte.[518] Unter die mangelnde Abwicklungstransparenz fällt, dass der Arbeitnehmer seine Rechte nicht erkennt, ihm also eine vermeintliche Rechtslage suggeriert wird. Ferner ist hierunter der Fall einzuordnen, bei dem der Arbeitgeber eine mangelnde Durchsetzbarkeit des Rechtsanspruchs des Arbeitnehmers vorgibt (etwa durch Suggestion bestehender Einreden oder Einwendungen). Hierbei ist auch eine vertragliche Fehlinformation möglich. Denkbar ist ferner, dass auf falsche – meist zu kurze – Verjährungs- und Ausschlussfristen[519] hingewiesen wird.

---

512 So BAG v. 21.8.2012 – 3 AZR 698/10, NZA 2012, 1428 (1430 = Rn. 19).

513 Diese Unterscheidung geht wohl auf *Koller* in seinem Festschriftbeitrag zu Steindorff (dort S. 667 ff.) zurück. Soweit ersichtlich wird dies als hM angesehen. Insbesondere vertreten von Staudinger/*Krause*, 2019, BGB, Anhang zu §§ 305 – 310 Rn. K 239 m.w.N.; Däubler/Bonin/Deinert/*Bonin*, AGB-Recht, § 307 Rn. 146.

514 BAG v. 21.8.2012 – 3 AZR 698/10, NZA 2012, 1428 (1429 = Rn. 18).

515 Staudinger/*Wendland*, 2019, BGB, § 307 Rn. 317.

516 Staudinger/*Krause*, 2019, BGB, Anhang zu §§ 305 – 310 Rn. K 239.

517 Staudinger/*Krause*, 2019, BGB, Anhang zu §§ 305 – 310 Rn. K 239.

518 Wolf/Lindacher/Pfeifer/*Stoffels*, AGB-Recht, ArbR Rn. 74.

519 Vgl. nur BAG v. 12.3.2008 – 10 AZR 152/07, NZA 2008, 699 m.w.N.

Darüber hinaus ist die Fallkonstellation unter die Abwicklungstransparenz zu kategorisieren, im Rahmen derer der Arbeitgeber Scheinrechte geltend macht und diese auch auf Basis der Fehlinformation des Vertragspartners außergerichtlich durchsetzt.[520]

(3) Fallgruppen

Im Zuge der Entwicklung des Transparenzgebots haben sich Fallgruppen, unter denen die einzelnen Verstöße subsumiert werden, herauskristallisiert. Eine solche Unterscheidung ist hilfreich, um die abstrakte Forderung nach Klarheit und Verständlichkeit besser zu bestimmen, um hierdurch eine deutlichere Differenzierung zu anderen Kontrollinstrumenten ziehen zu können.

(a) Verständlichkeitsgebot

Die wohl am einfachsten begründbare – da bereits im Wortlaut des § 307 Abs. 1 Satz 2 BGB angelegte – Fallgruppe ist die des Verständlichkeitsgebotes. Gefordert wird eine sprachlich verständliche Klausel. Wichtig ist, dass etwaige sprachliche Defizite von Seiten des Arbeitnehmers unberücksichtigt bleiben, denn „*das Sprachrisiko trägt derjenige, der sich auf einen Vertrag in fremder Sprache einlässt.*“[521] Es ist folglich erst dann ein Verstoß gegen das Verständlichkeitsgebot gegeben, wenn auch ein durchschnittlicher Arbeitnehmer auch nach sorgfältiger Lektüre des Arbeitsvertrags die Klausel nicht verstehen kann.

Die Klausel muss ferner so verständlich im Sinne einer eindeutigen Ausdrucksweise sein, dass der Arbeitnehmer aus dem Wortlaut selbst (ohne eine ausschweifende Interpretation) entnehmen kann, welche Arbeitsleistung und in welchem Umfang er diese zur Erfüllung seiner Leistungspflicht zu erbringen hat.[522]

(b) Bestimmtheitsgebot

Durch das Bestimmtheitsgebot wird gefordert, dass „[t]*atbestandliche Voraussetzungen und Rechtsfolgen* [...] *so beschrieben sein* [müssen], *dass für den Verwender keine ungerechtfertigten Beurteilungsspielräume entstehen.*“[523] Die Klausel

---

520 Staudinger/*Wendland*, 2019, BGB, § 307 Rn. 178 m.w.N.

521 BAG v. 19.3.2014 – 5 AZR 252/12, DB 2014, 1623 (1626 = Rn. 67).

522 Detailliert aufgeführt in der Entscheidung zur Pauschalvergütung von Überstunden: BAG v. 16.5.2012 – 5 AZR 331/11, NZA 2012, 908 (909 f. = Rn. 20 ff.); Däubler/Bonin/Deinert/*Bonin*, AGB-Recht, § 307 Rn. 155a.

523 Staudinger/*Krause*, 2019, BGB, Anhang zu §§ 305 – 310 Rn. K 247.

darf aus sich heraus keine Unklarheiten und Spielräume bezogen auf die Rechte und Pflichten des Vertragspartners enthalten.[524]

Somit ist eine Klausel als unangemessen benachteiligend auszuweisen, wenn die Voraussetzungen der Leistungs- und Gegenleistungspflichten Raum für (nachträgliche) Entscheidungsspielräume seitens des Verwenders bieten. Dies ist in einem Synallagma der Leistungspflichten nicht zu akzeptieren. Denn Leistungspflichten müssen mit Vertragsschluss eindeutig und unzweifelhaft feststehen. Andernfalls wäre eine (unter anderem mit dem AGB-Recht zu gewährleistende) Vertragsparität nicht gegeben.

An dieser Stelle ist es geradezu zwingend notwendig, dass Wertungen des jeweiligen Rechtsgebiets in die Transparenzkontrolle, welche für große Teile des Schuldrechts grundsätzlich mit dem gleichen Maßstab gilt, miteinfließen. Es bedarf einer Betrachtung der konkreten Norminhalte und Regelungszwecke der jeweiligen Schuldverhältnisse, wodurch dann genau in diesen Bereich etwaige Beurteilungsspielräume als ungerechtfertigt einzuordnen sind.

Folglich ist die Beachtung der Wertungen des Befristungsrechts in Übereinstimmung mit dem Urteil des Siebten Senats vom 8. August 2007 nicht zu kritisieren. Denn ohne diesen Schritt kann nicht ermittelt werden, worin die wirtschaftlichen Nachteile und Belastungen bestehen, die sich klar und verständlich aus der Vertragsklausel selbst zu ergeben haben.[525] Daraus hat, als Auswirkung des § 307 Abs. 1 Satz 2 BGB auf das Befristungsrecht übertragen, die klare und verständliche Erkennbarkeit des Zeitpunkts der Beendigung der *„vom Verwender gewählten Befristungsabrede“* zu erfolgen.[526]

(c) Intransparenz wegen des Zusammenwirkens von mehreren Klauseln oder ihrer systematischen Stellung

Eine weitere Fallgruppe der Intransparenz resultiert aus dem Zusammenwirken mehrerer Klauseln (beziehungsweise Abreden) oder ihrer Stellung zueinander. Diese Form der Intransparenz ist im engen Zusammenhang mit dem Maßstab, der an die Transparenz gesetzt wird, zu sehen. Der durchschnittliche Arbeitnehmer soll vor einer Überforderung seiner selbst bei Vertragsunterschrift

524 Ständige Rspr. BAG v. 1.9.2010 – 5 AZR 517/09, NZA 2011, 575 (576 = Rn. 14); siehe bereits BAG v. 31.8.2005 – 5 AZR 545/04, NZA 2006, 324 (328 = Rn. 45) m.N. aus der Rspr. des BGH.

525 BAG v. 8.8.2007 – 7 AZR 605/06, AP TzBfG § 21 Nr. 4 (Rn. 33 ff.).

526 BAG v. 8.8.2007 – 7 AZR 605/06, AP TzBfG § 21 Nr. 4 (Rn. 35); ebenso zuletzt BAG v. 9.12.2015 – 7 AZR 68/14, NZA 2016, 695 (696 f. = Rn. 24).

beziehungsweise im Nachhinein bei Geltendmachung seiner Rechte geschützt werden.

Diese Fallgruppe der Intransparenz kann unterschiedlich erfüllt sein: Zunächst ist eine Überforderung gegeben, wenn sich das Klauselwerk selbst widerspricht,[527] wie das BAG bereits in dem Urteil vom 16. April 2008 herausstellte.[528] Die Abrede beinhaltete zwei Befristungsabreden, wobei nur eine drucktechnisch hervorgehoben war (siehe hierzu bereits oben ab S. 149).

Des Weiteren ist unter Intransparenz aus dem Zusammenwirken von mehreren Klauseln oder ihrer systematischen Stellung zu subsumieren, wenn der Verwender den Vertrag möglichst sprachlich eindeutig formulieren wollte und jegliche denkbare Fallgruppe im Vertrag aufgeführt hat. Hierbei kann – aus dem an sich guten Ansatz – eine Intransparenz folgen.

In dem Urteil vom 11. September 2013 hatte das BAG sich mit einer Befristungsabrede zu beschäftigen, welche eine Kombination zwischen einer auflösenden Bedingung oder einer Zweckbefristung mit einer zeitlichen Höchstbefristung beinhaltete. Unter anderem hatte die Klägerin sich auf eine Unwirksamkeit mangels hinreichender Transparenz berufen.

> BAG vom 11. September 2013 – 7 AZR 107/12, NZA 2014, 150
>
> „**§ 1.** Frau/Herr *P* wird ab dem 1.1.2006 für die Dauer der Zulassung des Landkreises L. als kommunaler Träger der Grundsicherung für Arbeitssuchende entsprechend der Kommunalträger-Zulassungsverordnung, längstens bis zum 31.12.2010 befristet als Beschäftigte/r eingestellt, und zwar
>
> 1. als Vollbeschäftigte/r. […]“[529]

Zu überlegen ist, ob auch diese Doppelbefristung als intransparent aus dem Zusammenwirken von mehreren Klauseln zu bewerten ist. In Abgrenzung zum Urteil vom 16. April 2008 hat keine der beiden Befristungen eine drucktechnische Hervorhebung oder eine alternative Suggestion falscher Rechtslagen. Vielmehr ist diese Abrede eine für das Befristungsrecht typische Kombination zweier Befristungsabreden, die beiden Parteien Gewissheit über die maximale Vertragslaufzeit gewähren soll. Zwar liegt dieses Interesse typischerweise im

527 Staudinger/*Wendland*, 2019, BGB, § 307 Rn. 190.
528 BAG v. 16.4.2008 – 7 AZR 132/07, NZA 2008, 876.
529 BAG v. 11.9.2013 – 7 AZR 107/12, NZA 2014, 150 (150).

Schwerpunkt auf Seiten des Arbeitgebers, doch dieser trägt auch die unternehmerische Verantwortung der bis dahin zu gewährleistenden Beschäftigung.

Auch ein Blick auf die Klausel unter Aussparung der Wertungen des Befristungsrechts führt zu keiner anderen Bewertung jedenfalls bei § 307 Abs. 1 Satz 2 BGB: Zum einen ist das Vertragsende hinreichend bestimmbar und auch für einen „durchschnittlichen" Arbeitnehmer zu erkennen. Zum anderen stehen die beiden Abreden nicht unabhängig nebeneinander, sondern sind miteinander verbunden, sodass der Arbeitnehmer sich ausreichend auf die Rechtsfolge einstellen kann; mithin liegt kein intransparentes Zusammenwirken der Abreden vor. Darüber hinaus liegt auch keine Fülle an Abreden vor, welche durch ihre Summe zur Überforderung in Bezug zur Erkennbarkeit der Leistungsverpflichtung respektive deren Ende führen würde. Vielmehr sind *nur* zwei Abreden vereinbart worden.

Das Urteil vom 11. September 2013 veranschaulicht, dass eine Kontrolle der Transparenz zwar nicht ohne die Betrachtung der Wertungen der konkreten Abrede möglich ist, jedoch dies nicht bedeuten muss, dass die Wertungen des Transparenzgebots selbst zurücktreten müssen. Es gilt daher *mit* den Wertungen eine Transparenzkontrolle durchzuführen und nicht *durch* die Wertungen die Transparenzkontrolle zu entscheiden.

(d) Täuschungs- und Verschleierungsverbot

Die letzte Fallgruppe ist die des Täuschungs- und Verschleierungsverbots. Die Trennlinie zwischen beiden Fallgruppen ist verschwommen und nicht zielführend. Gemeint ist die „*Verschleierung oder* [das] *Verstecken einer dem Vertragspartner ungünstigen Regelung*"[530]. Ferner ist gemeint, dass die Rechtslage (bewusst) falsch oder zumindest missverständlich in der Klausel wiedergegeben wird.[531] Bereits eine irreführende Darstellung der Rechtslage ist regelmäßig ausreichend.[532]

Eng verbunden mit dem Täuschungsverbot ist auch das „Gebot der Vollständigkeit".[533] Hiernach kann die nicht vollständige Aufzählung von Rechten oder etwaiger Tatbestandsvoraussetzungen zu einer Täuschung über die Vertrags- oder Rechtslage führen. Der Arbeitgeber hat zwar auf Grundlage des Gebots der Zumutbarkeit der Vertragsgestaltung nicht die Verpflichtung die vollständige

---

530 Staudinger/*Wendland*, 2019, BGB, § 307 Rn. 191.

531 Staudinger/*Krause*, 2019, BGB, Anhang zu §§ 305 – 310 Rn. K 248.

532 Staudinger/*Wendland*, 2019, BGB, § 307 Rn. 191.

533 Vgl. Wolf/Lindacher/Pfeifer/*Pfeiffer*, AGB-Recht, § 307 Rn. 270.

Rechtslage darzustellen und jedwede Variante aufzuführen, jedoch darf es nicht zu bewussten Lücken im Vertragstext kommen respektive typische Fallkonstellationen ausgelassen werden.

Hier gilt es nochmals auf das Urteil des BAG vom 29. Juni 2011 abzustellen, bei dem trotz Angabe eines Sachgrundes die sachgrundlose Befristung weiterhin geduldet wurde. Für das BAG war überzeugend, dass auch aus § 14 Abs. 4 TzBfG kein Zitiergebot erfolge und diese Wertung sich auch auf das Transparenzgebot durchschlage.[534] Es wurde ausgeführt, dass „*die Rechtsgrundlage nicht Vertragsinhalt geworden sein muss*", was sich mit der Rechtsentwicklung und dem hieraus resultierenden Willen des Gesetzgebers zu § 14 Abs. 4 TzBfG begründen lasse. Somit „*hindert deren missverständliche Beschreibung im Arbeitsvertrag nicht die Wirksamkeit der Befristung.*"[535] Es scheint gar so, als gehe der Siebte Senat davon aus, dass die Wertung des Zitiergebots den Normzweck und -inhalt verdrängen könne. Denn zum einen ist dieses Ergebnis nicht mit dem vom BAG[536] selbst ausgewiesenen Maßstab des Transparenzgebots in Einklang zu bringen. Zum anderen kann der Arbeitnehmer gerade nicht aus der Klausel selbst erkennen, „*was auf ihn zukommt*". Darüber hinaus wird durch die Angabe eines Sachgrundes darüber getäuscht, auf welche Grundlage die Befristungsabrede gestellt wird. Es entspricht dem Schutzzweck des Transparenzgebots, dass etwaige Erwartungen, die durch den Vertrag suggeriert werden, geschützt und das diesbezügliche Vertrauen nicht missbraucht wird. Als Beispiel sei auf den Sachgrund der Erprobung nach § 14 Abs. 1 Satz 2 Nr. 6 TzBfG hingewiesen, welcher dem Arbeitnehmer suggeriert, dass er sich bei guter Leistung bewährt und eine gute Chance auf eine unbefristete Anstellung hat.

Folglich ist es nicht überzeugend, die Wertungen des § 14 Abs. 4 TzBfG in der Gestalt zu übertragen, dass hierdurch die Grundsätze des Transparenzgebots verletzt oder gar durch diese verdrängt werden. Vielmehr gilt es sich in Erinnerung zu rufen, dass beide Kontrollinstrumente nebeneinanderstehen.

Somit ist klarer zu differenzieren, unter welchem Aspekt die Vertragsabrede kontrolliert wird. In jedem Fall ist es nicht zu rechtfertigen, dass ein faktischer Verstoß gegen das Transparenzgebot als eigenständige Kontrollebene unter dem Aspekt der *missverständlichen Beschreibung* einer Rechtslage bagatellisiert wird.

---

534 BAG v. 26.6.2011 – 7 AZR 774/09, NZA 2011, 1151 (1152 = Rn. 18); zustimmend MüKoBGB/*Hesse*, TzBfG, § 14 Rn. 13 a.E.

535 BAG v. 26.6.2011 – 7 AZR 774/09, NZA 2011, 1151 (1152 = Rn. 18).

536 BAG v. 21.8.2012 – 3 AZR 698/10, NZA 2012, 1428 (1429 = Rn. 18).

In diesem Fall liegt gerade eine Verletzung vor, welche durch die Normierung des Transparenzgebots verhindert werden soll(te).

bb) Zusammenfassung zum Transparenzgebot

Zusammenfassend bleibt festzuhalten, dass das Transparenzgebot wertungsoffen ist und zu seiner Bestimmung im konkreten Fall notwendigerweise fremde Wertungen des konkreten Rechtsgebiets erfordert. Zu beachten ist jedoch, dass hierdurch nicht die Vorgaben und Maßstäbe an eine transparente Abrede, die § 307 Abs. 1 Satz 2 BGB stellt, geschmälert werden oder gar eine andere Norm eine offensichtlich intransparente Norm wieder transparent werden lässt. Grenzen und Voraussetzungen der Transparenz setzt allein das Transparenzgebot selbst.

f) Arbeitsrechtliche Besonderheiten

Unterstützend für eine Integration des TzBfG in die AGB-Kontrolle sind auch die „arbeitsrechtlichen Besonderheiten" nach § 310 Abs. 4 Satz 2 Halbs. 1 BGB ins Feld zu führen, welche darauf abzielen, bei der AGB-Kontrolle (und insbesondere bei der Inhaltskontrolle) die real bestehenden Unterschiede zwischen allgemeinem Zivilrecht und Arbeitsrecht hinreichend zu berücksichtigen. So ist eine einheitliche Prüfung möglich, die im Vergleich zur tatsächlichen Rechtsanwendung nicht zu widersprüchlichen Ergebnissen führt.

Argumentativer Ansatz der Heranziehung der arbeitsrechtlichen Besonderheiten ist, dass diese dafür Sorge tragen, dass das TzBfG in die Wertung der AGB-Kontrolle Einzug erhält. Gewissermaßen stellen die Voraussetzungen, die das TzBfG an die Wirksamkeit der Befristungsabrede des gesamten Arbeitsverhältnisses stellt, die „arbeitsrechtlichen Besonderheiten" dar. Der Wortlaut des § 310 Abs. 4 Satz 2 Halbs. 1 BGB grenzt die Berücksichtigung von „arbeitsrechtlichen Besonderheiten" auf die §§ 305 bis 310 BGB ein. Diese stellen den maßgeblichen „Abschnitt" dar.

Zu klären gilt es nun, ob das TzBfG als „arbeitsrechtliche Besonderheit" Einzug in die AGB-Kontrolle erhalten kann.

Löwisch schreibt, als er den „Modifizierungsmaßstab" durch § 310 Abs. 4 Satz 1 Halbs. 1 BGB bei der AGB-Kontrolle beschreibt, dass „[z]*um Arbeitsrecht im Ganzen* [zunächst Gesetze gehören], *und zwar auch dann, wenn sie nicht nur im Arbeitsrecht gelten, sondern sich dort nur besonders auswirken.*"[537] Ebenfalls primär auf Gesetze des Arbeitsrechts als arbeitsrechtliche Besonderheit

537 *Löwisch*, FS Canaris, S. 1403 (1412).

stellt *Joost* ab.[538] Des Weiteren argumentiert *Löwisch*[539], dass arbeitsrechtliche Besonderheiten die §§ 308 bis 309 BGB verdrängen können, wobei bei einer Klausel-Inhaltskontrolle auf die Generalklausel des § 307 BGB abzustellen sei. Auch diese Kontrolle könne jedoch trotz der normintendierten Abwägung der Interessen der Vertragsparteien nicht ausreichend sein, um die arbeitsrechtlichen Besonderheiten angemessen zu berücksichtigen.

Somit ist bereits aus dogmatischen Grundüberlegungen zu schließen, dass im Befristungsrecht eine *angemessene* Berücksichtigung der arbeitsrechtlichen Besonderheiten, nur dergestalt bei der AGB-Kontrolle umgesetzt werden kann, wenn eine Befristungskontrolle nach § 14 TzBfG integriert wird.

Darüber hinaus wird darauf hingewiesen, dass durch die arbeitsrechtlichen Besonderheiten ein „Regel-Ausnahme-Prinzip" in die AGB-Kontrolle von Arbeitsverträgen integriert werde.[540] Die Regel solle sein, dass die AGB-Kontrolle ohne Modifikation angewendet werde. Sodann habe jedoch eine Prüfung dahingehend zu erfolgen, ob das Ergebnis mit den arbeitsrechtlichen Besonderheiten übereinstimme.[541] Aus diesem Prinzip lässt sich abermals das Ziel der Integration des Arbeitsrechts in die allgemeine AGB-Prüfung erkennen: Eine weitgehend einheitliche Klauselkontrolle soll im (ganzen) Zivilrecht erfolgen.[542]

Das Regel-Ausnahme-Prinzip spricht ebenfalls dafür, eine Arbeitsvertragsprüfung mit der AGB-Prüfung zu beginnen; mithin ist hierdurch eine Reaktionsmöglichkeit auf vermeintliche den „tatsächlichen beziehungsweise rechtlichen" Gegebenheiten nicht entsprechende Ergebnisse nicht verwehrt. Der Streit, ob auch tatsächliche Besonderheiten[543] oder nur rechtliche Besonderheiten[544] unter § 310 Abs. 4 Satz 2 Halbs. 1 BGB zu subsumieren sind, kann dahinstehen, da das

---

538 *Joost*, FS Ulmer, S. 1199 (1203).

539 *Löwisch*, FS Canaris, S. 1403 (1413).

540 Vgl. *Singer*, RdA 2003, 194 (199); *Hönn*, ZfA 2003, 325 (335), *Lakies*, NZA 2004, 569 (575); *ders.*, AR-Blattei SD 172, Rn. 265 m.w.N.

541 Vgl. nur *Lakies*, NZA 2004, 569 (575) m.w.N.

542 So auch *Hönn*, ZfA 2003, 325 (336, 356); dies wurde bereits vor der Schuldrechtsmodernisierung ausdrücklich von *Preis*, S. 216, S. 236, passim gefordert und vertreten.

543 Dies ausdrücklich betonende BAG v. 25.5.2005 – 5 AZR 572/04, NZA 2005, 1111; v. 1.3.2006 - 5 AZR 363/05, NZA 2006, 746 (749); ebenso Clemenz/Kreft/Krause/*Kreft*, AGB-Arbeitsrecht, § 310 Rn. 55; wohl auch *Singer*, RdA 2003, 194 (199), der den Streit als „spitzfindig" tituliert.

544 So u.a. *Thüsing*, NZA 2002, 591 (592 f.); *Lakies*, AR-Blattei SD 172, Rn. 263; *ders.*, NZA 2004, 569 (575) m.w.N.

TzBfG, welches ein spezielles Gesetz ist, das ausschließlich auf Arbeitsverhältnisse Anwendung findet, von beiden Meinungen als arbeitsrechtliche Besonderheit angesehen wird.[545]

Im Folgenden soll anhand von Beispielen aus der Rechtsprechung veranschaulicht werden, dass es mit Hilfe der arbeitsrechtlichen Besonderheiten üblich ist, Wertungen und auch (vollständige) Normen in die AGB-Kontrolle zu integrieren; mithin die Integration des TzBfG kein Novum darstellen würde.

aa) Änderungsvorbehalt

Im Zusammenhang mit dem Klauselverbot mit Wertungsmöglichkeit des § 308 Nr. 4 BGB werden die Wertungen des TzBfG bereits als arbeitsrechtliche Besonderheiten in der Inhaltskontrolle von Änderungsvorbehalten im Arbeitsvertrag anerkannt.[546] Hierbei wird jedoch regelmäßig eine Veränderung bei Lage und Dauer der Arbeitszeit nach den §§ 8, 9 TzBfG und die Arbeit auf Abruf nach § 12 TzBfG als Flexibilisierung der Arbeitszeiten diskutiert.[547] Diese Abreden sind als Nebenabrede des Arbeitsvertrags einer Inhaltskontrolle unter AGB-Gesichtspunkten zu unterziehen.

bb) Klauselverbot in Bezug zur Laufzeit bei Dauerschuldverhältnissen

Darüber hinaus wird § 15 Abs. 3 TzBfG als arbeitsrechtliche Besonderheit im Rahmen der Klauselverbote ohne Wertungsmöglichkeit nach § 309 Nr. 9 BGB (Laufzeit bei Dauerschuldverhältnissen) angesehen.[548] Das TzBfG schließt grundsätzlich die ordentliche Kündigung bei einem befristeten Arbeitsverhältnis aus. Dies ist jedoch sowohl partei- als auch tarifdisponibel. § 309 Nr. 9 lit. a) BGB bestimmt für das AGB-Recht, dass, selbst wenn eine (andere) gesetzliche Vorschrift eine Abweichung ermöglicht, bei einem Dauerschuldverhältnis die Vertragsbindung nicht über zwei Jahre hinausgehen darf; hierauf abzielende Klauseln sind unwirksam. Hieraus ergibt sich eine maximale Vertragslaufzeit von zwei Jahren. Intention der Norm ist, dass bei einer längeren Vertragsbindung die Vertragsgerechtigkeit nicht besteht; mithin eine

545 So auch *Thüsing*, BB 2002, 2666 (2673), der speziell auf die Wertung des TVG, BetrVG und § 7 SBG IV eingeht.

546 So bereits *Thüsing*, NZA 2002, 591 (594); *Hönn*, ZfA 2003, 325 (336).

547 Vgl. Clemenz/Kreft/Krause/*Roloff*, AGB-Arbeitsrecht, § 308 Rn. 32 f.

548 ErfK/*Preis*, BGB, §§ 305-310 Rn. 11.

Partei benachteiligt wird und dies normativ zu unterbinden ist.[549] Dass dies im Befristungsrecht des gesamten Arbeitsverhältnisses, welches bei Vorliegen eines Sachgrundes auch eine längere Vertragslaufzeit ermöglicht, sachfremd ist, ist offensichtlich. An dieser Stelle müssen die arbeitsrechtlichen Besonderheiten die Regelung der AGB-Kontrolle modifizieren. Im Arbeitsrecht wird nämlich durch das Erfordernis des Sachgrundes in § 14 Abs. 1 TzBfG (jedenfalls bei einer Laufzeit von über zwei Jahren) eine Vertragsgerechtigkeit zwischen den Parteien hergestellt und damit einem Vertragsmissbrauch ausreichend entgegengewirkt.[550]

Folglich gilt es festzuhalten, dass § 14 TzBfG eine normative arbeitsrechtliche Besonderheit im Sinne des § 310 Abs. 4 Satz 2 Halbs. 1 BGB darstellt und bereits Einzug und Beachtung bei der AGB-Kontrolle gefunden hat. Als Konsequenz bildet sich heraus, dass der hier gewählte Ansatz kein Novum darstellt, sondern bereits vereinzelt, wenn auch nicht im Ganzen, angewendet wird.

cc) Schutz von Betriebs- und Geschäftsgeheimnissen

Ein weiteres Beispiel für die Implikation einer „sachfremden" Wertung in die Kontrolle des AGB-Rechts stellt der Schutz von Betriebsgeheimnissen dar. Dieses Rechtsgebiet steht zwar nicht im Zusammenhang mit dem TzBfG, veranschaulicht jedoch die Wertungsoffenheit der AGB-Kontrolle.

Der Schutz von Geschäfts- und Betriebsgeheimnissen (nunmehr legal definiert § 2 Geschäftsgeheimnis-Schutzgesetz („*GeschGehG*")) ist ein hohes Anliegen der Arbeitgeber, welche ihre wirtschaftliche Konkurrenzfähigkeit und etwaige Vorteile im unternehmerischen Wettbewerb absichern wollen. Dieser Schutz ist teilweise speziell normiert, beispielsweise in den § 13 Satz 2 Nr. 6 BBiG[551] oder § 79 Abs. 1 BetrVG[552]. Darüber hinaus sind nunmehr die Geschäftsgeheimnisse über § 23 GeschGehG geschützt und hat die ehemalige normative Anknüpfung zur Verpflichtung zur Geheimhaltung nach § 242 BGB abgelöst.[553] Um sicherzustellen, dass der Arbeitgeber auch unmittelbar aus dem Arbeitsvertragsverhältnis gegen eine diesbezügliche Pflichtverletzung vorgehen kann, bedarf es eines Vertragspassus, welcher die

549 Vgl. Staudinger/*Coester-Waltjen*, 2019, BGB, § 309 Nr. 9 Rn. 1.
550 MüKoBGB/*Basedow*, BGB, § 310 Rn. 102.
551 Berufsbildungsgesetz v. 23.3.2005, BGBl. I, S. 931.
552 Betriebsverfassungsgesetz in der aktuellen Fassung v. 25.9.2001, BGBl. I, S. 2518.
553 ErfK/*Preis*, BGB, § 611a Rn. 711 ff.

Nebenpflicht zur Wahrung der Geschäfts- und Betriebsgeheimnisse postuliert. Damit eine solche zweifellos legitime Klausel auch der AGB-Kontrolle standhält, wird sie als arbeitsrechtliche Besonderheit ausgewiesen und in die Wertung der AGB-Kontrolle miteinbezogen.[554]

dd) Zwischenfazit

Als Zwischenfazit lässt sich ziehen, dass sowohl einzelne Regelungen als auch ganze Gesetze und ihre Wertungen als „arbeitsrechtliche Besonderheiten" Einzug in die AGB-Kontrolle erhalten haben. Die AGB-Kontrolle stellt also kein in sich geschlossenes Kontrollinstrument dar, sondern ist – mit Hilfe der arbeitsrechtlichen Besonderheiten gemäß § 310 Abs. 4 Satz 2 Halbs. 1 BGB – offen für andere Wertungen und Regelungen, die das Arbeitsrecht maßgeblich prägen. Ferner kommt es durch die arbeitsrechtlichen Besonderheiten nicht nur zu einer Berücksichtigung etwaiger spezieller arbeitsrechtlicher Wertungen, sondern zur kompletten Implikation von anderen Kontrollinstrumenten.

Auf das Befristungsrecht des gesamten Arbeitsverhältnisses übertragen gilt daher, dass die Integration des TzBfG in die AGB-Kontrolle möglich ist und in § 310 Abs. 4 Satz 2 Halbs. 1 BGB sogar eine normative Stütze hat.

Darüber hinaus lässt sich aus dem Regel-Ausnahme-Prinzip bei Anwendung der arbeitsrechtlichen Besonderheiten eine primäre Anwendung der AGB-Kontrolle herleiten, welche sodann mit Wertungen aus dem besonderen Arbeitsrecht gespickt wird – unter anderem mit der Integration des TzBfG in die AGB-Kontrolle.

g) ArbZG (insbes. § 6 Abs. 5 ArbZG)

Die soeben dargestellten arbeitsrechtlichen Besonderheiten beziehen sich auf Nebenabreden, bei denen die durchgeführte Inhaltskontrolle durch die jeweilige Besonderheit verändert wird. Bei Befristungsabreden ist jedoch grundsätzlich keine Inhaltskontrolle nach den §§ 309, 308, 307 Abs. 1 Satz 1, Abs. 2 BGB durchzuführen, da es sich nach der hier vertretenen Ansicht um eine Hauptabrede handelt.[555] Von gesteigertem Interesse ist daher ein Blick auf das ArbZG, insbesondere auf dessen § 6 Abs. 5, welcher eine Regelung zu Nachtarbeitszuschlägen enthält.

Die Norm zwingt den Arbeitgeber zur Gewährung eines angemessenen Nachtarbeitszuschlags oder zur Gewährung von bezahlten freien Tagen, soweit

554 *Singer*, RdA 2003, 194 (199).
555 Siehe S. 107.

keine anderslautende tarifvertragliche Regelung besteht. Zu beachten ist, dass sogar ein derartige Regelungen enthaltender Tarifvertrag auf die Einhaltung der Grenzen der Norm geprüft wird und zwar unabhängig vom Verbot der Inhaltskontrolle eines Tarifvertrags.[556] Eine Regelung – ob in einem Tarifvertrag oder direkt im Arbeitsvertrag – zur Gewährung eines Nachtarbeitszuschlags für die geleistete Arbeitszeit zwischen 23 Uhr und 6 Uhr[557] (§ 2 Abs. 3 ArbZG) betrifft jedenfalls unmittelbar das Synallagma des Arbeitsverhältnisses und ist daher als Hauptabrede zu klassifizieren.[558] Daher ist die Kontrolle, ob der Inhalt einer solchen Abrede mit den Voraussetzungen des § 6 Abs. 5 ArbZG im Einklang steht, eine Inhaltskontrolle einer Hauptabrede.[559] Es gilt somit die Ausnahme vom Grundsatz der Kontrollfreiheit einer Hauptabrede, wenn diese durch eine Rechtsvorschrift bestimmt wird.[560] In einem solchen Fall hat die aus dem Grundsatz der Privatautonomie folgende Kontrollsperre zu weichen und es ist eine Kontrolle der Angemessenheit durchzuführen.

Umstritten ist dabei, was als Rechtsgrundlage für die Angemessenheitskontrolle der Hauptabrede heranzuziehen ist. Zum einen wird unmittelbar auf § 6 Abs. 5 ArbZG,[561] zum anderen wird unter Berufung, dass es sich um AGB handele, auf § 307 Abs. 1 Satz 1 BGB abgestellt.[562]

Däubler[563] pointiert hierzu überzeugend, dass es nur insoweit keine AGB-Kontrolle von Hauptleistungskonditionen gebe, als dass diese meist nicht kodifiziert seien, also Vorgaben an die Rechtmäßigkeit einer Leistung beziehungsweise ihrer Gegenleistung fehlen. Im Weiteren schreibt *Däubler*, dass, „[s]*oweit der Gesetzgeber ausnahmsweise eine Regelung getroffen hat,* [...] *sehr wohl eine*

556 *Schliemann*, ArbZG, § 6 Rn. 85.

557 In Bäckereien und Konditoreien ist die Nachtarbeitszeit zwischen 22 Uhr und 5 Uhr, vgl. § 2 III ArbZG.

558 BAG v. 31.8.2005 – 5 AZR 545/04, NZA 2006, 324 (328); zuletzt v. 9.12.15 – 10 AZR 423/14, NZA 2016, 426.

559 *Hromadka/Schmitt-Rolfes*, NJW 2007, 1777 (1779); *Hofelich*, S. 69; Clemenz/Kreft/Krause/*Klumpp*, AGB-Arbeitsrecht, § 307 Rn. 29; Däubler/Bonin/Deinert/*Däubler*, AGB-Recht, § 307 Rn. 265.

560 BAG v. 31.8.2005 – 5 AZR 545/04, NZA 2006, 324; bestätigt durch BAG v. 30.11.2010 – 3 AZR 798/08, NZA-RR 2011, 255 (257 = Rn. 23).

561 Hierzu tendierend: Clemenz/Kreft/Krause/*Klumpp*, AGB-Arbeitsrecht, § 307 Rn. 29.

562 LAG Berlin-Brandenburg v. 29.6.2011 – 23 Sa 198/11, BeckRS 2012, 65674 (eine Revision wurde zurückgenommen); Däubler/Bonin/Deinert/*Däubler*, AGB-Recht, § 307 Rn. 265.

563 *Däubler*, ZTR 2012, 543 (545).

Kontrolle statt[findet]*: § 307 Abs. 3 Satz 1 BGB will jede von Rechtsnormen abweichende oder sie ergänzende Abmachung erfassen.*“[564]

Es sei auf zwei Urteile des BAG zur pauschalierten Abgeltung von Nachtarbeitszuschlägen[565] beziehungsweise nächtlichem Bereitschaftsdienst[566] verwiesen, im Rahmen derer der Fünfte Senat die Angemessenheit der jeweiligen Abgeltung gemäß § 6 Abs. 5 ArbZG kontrolliert hat. Im Schrifttum wird überdies bei § 17 Abs. 1 Satz 1 BBiG[567], wonach dem Auszubildenden eine angemessene Vergütung zu gewähren ist, eine vergleichbare Angemessenheitskontrolle der Hauptabrede durchgeführt.[568]

Däubler sieht somit in der Kontrolle, ob und wie von einer Norm, die ein Leistungsverhältnis ausgestaltet, abgewichen wird, eine (Inhalts-)Kontrolle der Abrede. Ferner positioniert er diese Prüfung als Bestandteil der AGB-Kontrolle. Dieser Ansatz überzeugt. Denn es wird im Einklang mit dem Wortlaut der „Schlüsselnorm“ der AGB-Kontrolle eine Verknüpfung zwischen der allgemeinen AGB-Kontrolle und dem „speziellen“ Arbeitsrecht hergestellt, was zu einem ausgeglichenen Ergebnis führt, welches dem Willen des Gesetzgebers entspricht.

Angemerkt sei, dass das Urteil des BAG[569] zu § 6 Abs. 5 ArbZG vom 31. August 2005 unterschiedlich verstanden wird.[570] *Preis/Roloff* gehen nämlich davon aus, dass das BAG einzig eine Transparenzkontrolle und hiervon getrennt eine Prüfung nach § 6 Abs. 5 ArbZG durchgeführt habe. Nicht unerwähnt bleiben darf zudem, dass das Urteil vom 31. August 2005 nicht ohne Kritik aus der Literatur geblieben ist.[571] § 307 Abs. 3 Satz 1 BGB solle ausschließlich bei einer Abweichung von dispositiven Normen in einer Klausel angewendet werden. Zwingendes Recht sei hiervon unabhängig einzuhalten.[572] Es bestünde die Gefahr, davon auszugehen, dass nicht allein der Verstoß gegen zwingendes Recht ausreiche, sondern zusätzlich eine AGB-rechtliche Unangemessenheit zur Unwirksamkeit der Klausel notwendig sei.

---

564 *Däubler*, ZTR 2012, 543 (545).

565 BAG v. 31.8.2005 – 5 AZR 545/04, AP ArbZG § 6 Nr. 8.

566 BAG v. 15.7.2009 – 5 AZR 867/08, AP ArbZG § 6 Nr. 10.

567 Berufsbildungsgesetz ursprüngliche Fassung v. 14.8.1969, BGBl. I S. 1112; derzeitige Fassung v. 23.5.2005, BGBl. I S. 913.

568 *Hromadka/Schmitt-Rolfes*, NJW 2007, 1777 (1779).

569 BAG v. 31.8.2005 – 5 AZR 545/04, NZA 2006, 324.

570 *Preis/Roloff*, ZfA 2007, 43 (53 f.).

571 *Krause*, Anmerkung zu AP ArbZG § 6 Nr. 8 m.w.N.

572 Staudinger/*Krause*, 2019, BGB, Anhang zu §§ 305 – 310 Rn. K 184; *ders.*, Anmerkung zu AP ArbZG § 6 Nr. 8.

Meines Erachtens überzeugt dieser Einwand nicht. Zwar ist darauf zu achten, dass nicht der Eindruck strengerer Voraussetzungen erweckt wird, jedoch kann sich die tatsächliche Kontrolle hieran nicht messen lassen. Vielmehr sind durch den Gesetzgeber Vorgaben an die Hauptabrede durch § 6 Abs. 5 ArbZG gestellt worden, welche mit und durch die AGB-Kontrolle als weiteres Kontrollinstrument zu überprüfen sind.

Von Interesse ist darüber hinaus die Begründung des BGH für eine Kontrolle der Hauptleistungspflichten, welche im Jahr 2014[573] seitens seiner selbst bestätigt wurde. Der BGH – und dieser Ansicht hat sich das BAG wohl durch die Verweisung angeschlossen[574] – postuliert, dass wenn der Gesetzgeber sich dazu entschließt, eine Hauptleistung des Vertrags zu kodifizieren, diese auch im Rahmen der Inhaltskontrolle zu kontrollieren sei und zwar unabhängig davon, ob unter Umständen bei einer einzeln ausgehandelten Vertragsklausel etwas anderes gelten würde.

> „*Die Interessenlage ist eine andere* [als bei individuell ausgehandelten Verträgen][575], *wenn - wie hier - die Abweichung in AGB von deren Verwender einseitig zu Lasten des Angehörigen des Berufsstandes durchgesetzt werden soll, dessen Vergütung gesetzlich geregelt ist. Dann kann nach der Zielsetzung des AGB-Gesetzes auf eine Kontrolle auch der Preisgestaltung in den AGB nicht verzichtet werden. Andernfalls wäre der Schutz des Vertragspartners vor wirtschaftlicher Überlegenheit des Verwenders der AGB unvollkommen.*“[576]

Überdies weist der BGH darauf hin, dass eine solche Kontrolle der Hauptabrede nicht nur bei klarem Wortlaut mit einer starren Regelung der Rechtsvorschrift gelte, sondern auch, wenn eine Auslegung notwendig sei oder wenn unbestimmte Rechtsbegriffe in der Rechtsvorschrift enthalten seien.[577] Als ausschlaggebende Rechtsvorschriften wird auf die HOAI[578] beziehungsweise auf die GOÄ[579] abgestellt, welche (genauso wie die Gebührenordnung für Zahnärzte

---

573 BGH v. 7.11.2014 – V ZR 305/13, NJW-RR 2015, 181; zuletzt v. 9.12.15 – 10 AZR 423/14, NZA 2016, 426.

574 Siehe BAG v. 31.8.2005 – 5 AZR 545/04, NZA 2006, 324 (328 = Rn. 44).

575 Anmerkung des Verfassers.

576 BGH v. 9.7.1981 – VII ZR 139/80, NJW 1981, 2351 (2352).

577 BGH v. 9.7.1981 – VII ZR 139/80, NJW 1981, 2351 (2352); bestätigt durch BGH v. 30.10.1991 – VIII ZR 51/91, NJW 1992, 746; v. 7.11.2014 – V ZR 305/13, NJW-RR 2015, 181.

578 Honorarordnung für Architekten und Ingenieure BGBl I, 2805; derzeitige Fassung v. 10.7.2013, BGBl. I S. 2276.

579 Gebührenordnung für Ärzte ursprüngliche Fassung v. 18.3.1965, BGBl. I S. 89; derzeitige Fassung v. 9.2.1996, BGBl. I S. 210.

und Rechtsanwälte)[580] den Rahmen der Gegenleistungspflicht der den Verwendern gegenüberliegenden Vertragspartei ausweisen.

Abstrahiert man diesen letzten Gedanken und überträgt ihn auf das Befristungsrecht des gesamten Arbeitsverhältnisses, so weist § 14 TzBfG den Leistungsrahmen aus, nämlich wie lange und aus welchem Grund der Arbeitnehmer befristet die Arbeitsleistung erbringt. Dieser Leistungsrahmen wiederum ist ebenfalls zum Schutz des Vertragsgegenübers des Verwenders durch eine Norm begrenzt.

Darüber hinaus sei zu beachten – so das BAG wieder auf § 6 Abs. 5 ArbZG abstellend –, dass es sich um zwingendes Gesetzesrecht handele.[581] Es ist jedoch denkbar, dass eine aus der Perspektive des Arbeitnehmers „übermäßig" angemessene zusätzliche Vergütung erfolgt (beispielsweise eine doppelte Vergütung in der Nachtschicht), sodass grundsätzlich von einem selben Normcharakter wie dem des § 14 TzBfG auszugehen ist. Beide Normen lassen sich als sogenannte halbzwingende Normen klassifizieren. Somit sind sowohl die Überlegungen *Däublers* als auch die Argumentation des BAG im Urteil vom 31. August 2005 auf das TzBfG, insbesondere auf § 14 TzBfG, grundsätzlich übertragbar.

Es lässt sich daher festhalten, dass die inhaltliche Kontrolle einer Hauptleistungspflicht nicht grundsätzlich ausgeschlossen ist, sondern sie zumindest dann, wenn der Gesetzgeber sie ausdrücklich normiert hat, auch durchzuführen ist. Des Weiteren erscheint auch die Integration dieser inhaltlichen Prüfung am Standort einer sonstigen Inhaltskontrolle in die AGB-Kontrolle stringent und ist mithin kein Novum.

h) Prüfungsstandort

Nachfolgend soll der Prüfungsstandort der Rechtmäßigkeitsvoraussetzungen nach dem TzBfG – im Besonderen § 14 TzBfG – innerhalb der AGB-Kontrolle erläutert werden. Dies ist zwar im engeren Sinne keine Argumentation für die Integration, zeigt aber schlussendlich, dass eine dogmatisch saubere und rechtssichere Prüfung der Befristungsabrede des gesamten Arbeitsverhältnisses, die ihrerseits auf Wertungswidersprüche verzichtet, möglich ist.

---

580 Siehe hierzu mit Hinweisen aus der Rspr. zu etwaigen Abweichungen von den Gebührenverordnungen und ihren Folgen für die Prüfung Däubler/Bonin/Deinert/*Bonin*, AGB-Recht, § 307 Rn. 265 (dort Fn. 1121 u. 1122).

581 BAG v. 26.4.2005 – 1 ABR 1/04, NZA 2005, 884 (888); v. 12.12.2012 – 10 AZR 192/11, NZA-RR 2013, 476 (477 = Rn. 13).

Die Befristungsabrede des gesamten Arbeitsverhältnisses als Hauptabrede im Sinne des § 307 Abs. 3 Satz 1 BGB zu kategorisieren hat zur Folge, dass eine Kontrolle der §§ 309, 308, 307 Abs. 1 Satz 2, Abs. 2 BGB unterbleibt. Begründet wird diese Entscheidung damit, dass bei Hauptabreden die Privatautonomie zu respektieren ist. Einzig in Bereichen, in denen von Seiten des Staates eine erhöhte Schutz- und Fürsorgepflicht gegenüber einer Vertragspartei besteht, hat dieser regulierend in das Vertragsverhältnis durch Rechtsnormen eingegriffen. Das Gesetz, welches die Schutz- und Fürsorgepflicht des Staates gewährleisten soll, verdrängt kein anderes Gesetz oder Kontrollsystem, sondern gibt schlicht Vorgaben an eine konkrete Abrede, ohne in andere Kontrollinstrumente einzugreifen. Im Befristungsrecht wird durch § 14 TzBfG die Rechtmäßigkeit einer Befristungsabrede des gesamten Arbeitsverhältnisses an das grundsätzliche Erfordernis eines sachlichen Grundes geknüpft beziehungsweise wird ein eng begrenzter Fall der sachgrundlosen Befristung erlaubt. Der Gesetzgeber hat in diesem Bereich des Arbeitsrechts eine Abwägung getroffen, im Rahmen derer der Inhalt der Befristungsabrede rechtmäßig ist und die Interessen beider Vertragsparteien hinreichend gewahrt sind.

Eine Vielzahl von Autoren weisen zu Recht darauf hin, dass die Inhaltskontrolle des AGB-Rechts eine Rechtskontrolle sei.[582] Hierunter ist eine Kontrolle der Richtigkeit der Klausel, mithin ihrer Rechtmäßigkeit, zu verstehen. Mit anderen Worten geht es (auch) um die „*Vereinbarkeit des Prüfungsgegenstandes mit den Maßstäben des* [geltenden] *Rechts.*“[583] Ebenfalls unter eine Rechtskontrolle zu kategorisieren ist die Kontrolle der Befristungsabrede nach § 14 TzBfG. Denn – so wurde von *Feuerborn* richtigerweise herausgearbeitet – die Kontrolle, ob ein sachlicher Grund für eine Handlung einer Vertragsperson vorliegt und diese rechtfertigt, stelle ebenfalls eine Inhaltskontrolle dar, welche als Rechtskontrolle einzuordnen sei.[584]

Zu bedenken ist, dass eine Prüfung der Rechtmäßigkeit der Klausel an § 14 TzBfG, also ob die Befristungsabrede des gesamten Arbeitsverhältnisses ordnungsgemäß mit Sachgrund oder unter weiteren Voraussetzungen rechtmäßig sachgrundlos befristet ist, eine materielle Kontrolle des Vertragsinhalts ist. Ebenso „materiell“ ist auch eine Inhaltskontrolle nach den §§ 307 Abs. 1 Satz 1, Abs. 2, 308, 309 BGB, welche jedoch für die Befristungsabrede als Hauptabrede nicht gilt. Es erscheint daher nicht unplatziert, anstelle der Inhaltskontrolle

582 *Preis*, S. 148; *Stoffels*, AGB-Recht, Rn. 460 m.w.N. aus der Literatur.
583 *Stoffels*, AGB-Recht, Rn. 462.
584 *Feuerborn*, S. 23 f., S. 30, S. 100, passim.

der AGB-Kontrolle die Voraussetzungen einer „inhaltlich" wirksamen Befristung nach dem TzBfG zu prüfen. Die Voraussetzungen, welche das TzBfG an die Befristungsabrede stellt, sollen daher – bei Vorliegen von AGB – nach der Feststellung des Vorliegens einer Hauptabrede nach § 307 Abs. 3 Satz 1 BGB – gewissermaßen anstelle der Inhaltskontrolle nach §§ 307 Abs. 1 Satz 1, 308, 309 BGB – geprüft werden. Nachdem sodann die Voraussetzungen des Vorliegens eines Sachgrundes nach § 14 Abs. 1 TzBfG beziehungsweise der sachgrundlosen Befristung nach § 14 Abs. 2 TzBfG näher kontrolliert wurden, erfolgt die Transparenzkontrolle.

Durch diese sich anschließende Transparenzkontrolle wird im Weiteren verhindert, dass eine Verschiebung der materiellen Kontrolle in die Transparenzkontrolle erfolgt. Denn der Richter ist gehalten, die materiellen Voraussetzungen nach dem TzBfG positiv darzulegen, bevor er zur Transparenzkontrolle übergeht.[585]

i) Zusammenfassung der Argumentation

Für eine Integration des TzBfG in die AGB-Kontrolle, sodass mit Letzterer im Sinne ihrer Systematik zu beginnen ist, spricht, dass mit der Schuldrechtsmodernisierung durch die AGB-Kontrolle ein einheitliches Vertragskontrollinstrument geschaffen werden sollte, welches auch im Arbeitsrecht zwingend zu beachten ist. Die AGB-Kontrolle ist hierfür auch hinreichend wertungsoffen und geradezu darauf ausgelegt, die Wertungen anderer Normen zu integrieren und zu beachten. Durch eine einheitliche Prüfung lässt sich eine Wertungsharmonie der Kontrollinstrumente herstellen, welche für Rechtssicherheit und Rechtsklarheit sorgt. Als Standort der Prüfung der Rechtmäßigkeit der Befristungsabrede nach § 14 TzBfG innerhalb der AGB-Kontrolle bietet sich der Prüfungsstandort des § 307 BGB an, in dem ansonsten nur das Transparenzgebot geprüft würde. Grund hierfür ist die Bewertung der Befristungsabrede des gesamten Arbeitsverhältnisses als Hauptabrede. Durch die einheitliche und gemeinsame Prüfung unter dem Stichwort „Wertungsharmonie" kann dogmatisch begründet werden, welche Klagefrist zu beachten ist und welche Rechtsfolgen bei einem Verstoß gegen die Vorgaben einer rechtmäßigen und ordnungsgemäßen Befristungsabrede zu gelten haben. Durch die Negierung eines lex specialis Verhältnisses lässt sich darüber hinaus auf der einen Seite hinreichend begründen, dass es

585 Dem Verfasser ist selbstverständlich bewusst, dass es sich hierbei um ein Idealbild handelt, jedoch erscheint es ein Weg zur detaillierten und hierdurch nachvollziehbaren Vertragskontrolle zu sein.

zu einer Beachtung der Wertungen des TzBfG innerhalb der Transparenzkontrolle kommt, welche sogar nunmehr ohne einen (dogmatischen) Widerspruch begründet werden kann. Auf der anderen Seite lässt sich eine klarere Differenzierung zwischen einer durchzuführenden Transparenzkontrolle und einer nach § 307 Abs. 3 Satz 1 BGB ausgeschlossenen Inhaltskontrolle herausarbeiten.

III. Stellungnahme

Der Vergleich zur Annahme, beim Verhältnis des TzBfG mit der AGB-Kontrolle (dort im Speziellen die Inhaltskontrolle nach den §§ 307 bis 309 BGB) handele es sich um ein lex specialis Verhältnis, hat gezeigt, dass dies zu Wertungswidersprüchen führt. Diese wurden teilweise damit umkurvt, dass – entgegen der dogmatischen Grundauslegung – die Transparenzkontrolle dennoch angewandt wird. Letztere ist Bestandteil der Inhaltskontrolle und dürfte bei Annahme des lex specialis Verhältnisses nicht zur Kontrolle der Befristungsabrede angewandt werden.

Einer Annahme des lex specialis Grundsatzes auf die Kontrolle der Befristungsabrede des gesamten Arbeitsverhältnisses bedarf es darüber hinaus gar nicht, wenn darauf abgestellt wird, dass es nicht zu einer Angemessenheitskontrolle nach § 307 Abs. 1 Satz 1 BGB kommt. Dies folgt aus der Einordnung der Befristungsabrede des gesamten Arbeitsverhältnisses als Hauptabrede nach § 307 Abs. 3 Satz 1 BGB. Die nach dem Normzweck stets anzuwendende AGB-Kontrolle hat also ihrerseits selbst einen Mechanismus, welcher dies verhindert. Ein Wertungswiderspruch hin zur Kontrolle einer Hauptabrede unterbleibt somit.

Hingegen gilt es, eine wertungsharmonische Kontrolle ein und derselben Abrede durch die auf sie wirkenden – gleichrangigen – Kontrollinstrumente herzustellen. Hierfür bietet sich die Integration der Wertungen des TzBfG in die wertungsoffene AGB-Kontrolle an. Letztere ist durch die Reintegration des Arbeitsrechts in das allgemeine Zivilrecht mit der Vorgabe zur Herstellung und Erhaltung eines einheitlichen Schutzniveaus des bei Vertragsschluss Unterlegenen zwingend durchzuführen und bei der Prüfung voranzustellen.

Das vorgeschlagene Prüfungsschema sorgt durch seine klaren und auch in der Reihenfolge abgestimmten Prüfungsschritte für eine nachvollziehbare und nachkontrollierbare Vertragskontrolle. Hieraus folgt eine bessere Vorhersehbarkeit der Rechtmäßigkeit der Abrede selbst und einhergehend die Gewinnung an Rechtssicherheit und Rechtsklarheit.

Im Speziellen vermag die Konstruktion durch seine abgestimmten Rechtsfolgen bei einem Verstoß beziehungsweise einer Missachtung der

Rechtmäßigkeitsvoraussetzungen zu überzeugen. Schlüssig ist, bei einem (beziehungsweise jedem) Verstoß gegen das AGB-Recht und die Regelungen des TzBfG auf die Rechtsfolge des unbefristeten Arbeitsverhältnisses nach § 16 TzBfG abzustellen.

Ferner ist die Heranziehung der Präklusionsfrist des § 17 TzBfG bei der Befristungsabrede nicht nur dogmatisch begründet, sondern auch nachvollziehbar auf jedes Kontrollinstrument, welches auf die Befristungsabrede wirkt, anwendbar.

Durch die strukturierte und in seinen Wertungen abgestimmte Kontrolle der Befristungsabrede des gesamten Arbeitsverhältnisses bedarf es keiner willkürlichen Anwendung bei der Transparenzkontrolle (mehr); vielmehr gilt es, durch die strikte Kontrolle der anerkannten Fallgruppen der Regelung des § 307 Abs. 1 Satz 2 BGB Kontur zu verleihen und einen weiteren Rechtsunsicherheitsfaktor für den Kautelarjuristen und die Parteien des Arbeitsvertrags zu verhindern.

G. Fazit

Die eingangs gestellte Frage nach dem Zusammenwirken der Kontrollinstrumente, welche auf die Befristungsabrede des gesamten Arbeitsverhältnisses wirken, ist überzeugenderweise durch eine Integration der Wertungen und Rechtmäßigkeitsvoraussetzungen des TzBfG in die AGB-Kontrolle zu lösen. Grundannahme ist die Klassifizierung der Befristungsabrede als Hauptabrede und die Gleichrangigkeit der halbzwingenden Norm des TzBfG mit der AGB-Kontrolle.

§ 7 Befristung einer Einzelarbeitsbedingung

A. Einleitung

Die Arbeitsvertragsparteien können auch vereinbaren einzelne Arbeitsbedingungen, als Bestandteil des gesamten Arbeitsverhältnisses, zeitlich zu befristen (siehe hierzu im Detail S. 38). Insofern ist es möglich, unterschiedliche Arbeitsbedingungen (wie zum Beispiel die Arbeitszeit, das Arbeitsentgelt, den Arbeitsort, Sondergratifikationen oder auch die Position im Unternehmen) zu befristen. Gleichwohl sind auch bei diesem Gestaltungsmittel – ähnlich dem der Befristung des gesamten Arbeitsverhältnisses – Grenzen der Vertragsgestaltung zu beachten, welche nachfolgend dargestellt werden sollen.

Die Suche nach einer normativen Grundlage für die grundsätzliche Zulässigkeit der Befristung einer Einzelarbeitsbedingung oder ihrer rechtlichen Schranken fällt ernüchternd aus; diese Art der Vertragsgestaltung durch Flexibilisierung einer Einzelarbeitsbedingung ist nicht kodifiziert.[586]

Gleichwohl kann die Vereinbarung der Befristung einer Einzelarbeitsbedingung auf Grundlage des Schutzes des Arbeitnehmers als regelmäßig schwächere Vertragspartei nicht grenzenlos erfolgen. Im nachfolgenden Abschnitt sollen daher die Grenzen der Vertragsgestaltung der Befristung einer einzelnen Arbeitsbedingung dargestellt und erläutert werden.

Einzug in die Rechtswissenschaft hat dieses Vertragsgestaltungsmittel durch einen Aufsatz von *Löwisch* aus dem Jahr 1986 erhalten.[587] *Löwisch* stellte zum Großteil auf die Umgehungsrechtsprechung des BAG zur Befristung des gesamten Arbeitsverhältnisses ab (siehe hierzu bereits S. 64 f.). Hierbei betonte er, dass auf Grundlage der geringeren Schutzbedürftigkeit die Anforderungen an das Vorliegen eines sachlichen Grundes zur Rechtfertigung geringer seien als es bei der Befristung des gesamten Arbeitsverhältnisses der Fall sei.[588] Gleichwohl im Wesentlichen die gleiche Art der Kontrolle, nämlich eine am Einzelfall orientierte, richterrechtliche Inhaltskontrolle unter dem Gedanken des Verbots einer Umgehung des Kündigungsschutzes erfolgen sollte, war diese weniger

---

586 Für den Zeitraum bis zur Schuldrechtsmodernisierung vgl. *Linke*, S. 14.

587 *Löwisch*, ZfA 1986, 1 ff.

588 *Löwisch*, ZfA 1986, 1 (8); weitere Stellungnahmen im Schrifttum zusammenfassend dargestellt bei *Richardt*, S. 173 ff.

wegen ihrer Ergebnisse Kritik ausgesetzt, sondern aufgrund ihrer kaum nachvollziehbaren oder gar voraussehbaren Dogmatik.[589] *Löwischs* Prüfungsansatz übernehmend, erfolgte durch das Urteil vom 13. Juni 1986 – soweit ersichtlich – die primäre Auseinandersetzung des BAG mit der Befristung einer Einzelarbeitsbedingung.[590]

Das BAG hatte in der Entscheidung vom 13. Juni 1986 über einen Fall zu urteilen, bei welchem es auf Grundlage von personellen Engpässen zu einer vorübergehenden Beschäftigung in einem höher dotierten Arbeitsbereich gekommen war.[591] Die Arbeitsleistung erfolgte aufgrund von zwei Vereinbarungen, wobei eine mit einer Laufzeit von einem Jahr und eine zweite Vereinbarung mit einer Laufzeit von anderthalb Monaten ausgestattet war. Das BAG beschloss, dass die Rechtmäßigkeitsvoraussetzungen der Zulässigkeit von befristeten Arbeitsverhältnissen entsprechend anzuwenden seien; mithin das vom Großen Senat des BAG im Beschluss vom 12. Oktober 1960 entwickelte Umgehungsverbot.[592] Begründet wurde dies damit, dass der Kündigungsschutz neben dem Bestandsschutz auch einen Inhaltsschutz bezogen auf das konkrete Arbeitsverhältnis beinhalte.[593] Zwar seien zeitlich befristete Änderungsverträge wegen des Grundsatzes der Vertragsfreiheit zulässig, hingegen seien hierbei die gesetzlichen Vorschriften über den Inhaltsschutz zu beachten. Eine Entziehung des Schutzes sei jedoch gerechtfertigt, solange ein sachlicher Grund hierfür gegeben sei.

Darüber hinaus wies das BAG noch auf zwei maßgebende Punkte hin: Zum einen bestehe auch der Inhaltsschutz nur, wenn zum Zeitpunkt des vereinbarten Ablaufs ein Kündigungsschutz besteht. Zum anderen seien durch die regelmäßig geringere soziale Schutzbedürftigkeit die Anforderungen an den sachlichen Grund nicht so hoch wie bei der Befristung des gesamten Arbeitsverhältnisses.[594]

Bedeutend für die Entwicklung der Rechtsprechung zu den Einzelarbeitsbedingungen ist ferner die Entscheidung vom 21. April 1993, bei der festgelegt wurde, dass keine objektive Umgehung vorliege – und somit auch keine Notwendigkeit für einen sachlichen Grund bestehe –, wenn eine Provisionszusage in Höhe von 15 % der Gesamtvergütung befristet wurde.[595] Dies solle unter

---

589 *Preis*, S. 163 ff., S. 170; S. 429 ff.; *ders.*, AuR 1994, 139 (146); *Hofelich*, S. 120 ff., S. 147.
590 BAG v. 13.6.1986 – 7 AZR 650/84, NZA 1987, 241.
591 BAG v. 13.6.1986 – 7 AZR 650/84, NZA 1987, 241.
592 BAG v. 12.10.1960 – GS 1/59, NJW 1961, 798.
593 BAG v. 13.6.1986 – 7 AZR 650/84, NZA 1987, 241 (242 = II. 3. a) aa)).
594 BAG v. 13.6.1986 – 7 AZR 650/84, NZA 1987, 241 (242 f.).
595 BAG v. 21.4.1993 – 7 AZR 297/92, NZA 1994, 476.

anderem daraus resultieren, dass der Kernbereich des Arbeitsverhältnisses im Falle einer Flexibilisierung von 15 % der Gesamtvergütung durch eine Provision nicht beeinträchtigt sei. Von Interesse ist, dass sich das BAG auf die 25–30 %-Rechtsprechung des BAG beim Widerrufsvorbehalt bezieht.[596] Diese gezogenen Parallele zum Widerrufsvorbehalt wird insbesondere für die Beurteilung der ganz aktuellen Rechtsprechung des BAG mit Entscheidung vom 23. März 2016 sowie vom 25. April 2018 zur Befristung einer einzelnen Arbeitsbedingung von gesteigerter Bedeutung sein (hierzu im Detail ab S. 218).[597]

Nachdem nachfolgend zunächst die möglichen rechtlichen Grenzen der Vertragsgestaltung in Bezug zur Befristung einer Einzelarbeitsbedingung durch das TzBfG sowie der AGB-Kontrolle aufgezeigt werden soll, soll im Anschluss die konkrete Inhalts- und Angemessenheitskontrolle der Befristungsabrede inklusive der hierzu vertretenen Ansichten nach der Rechtsprechung und dem Schrifttum dargestellt und einer Bewertung unterzogen werden. Im Anschluss hieran sollen in einem getrennten Abschnitt (obwohl integraler Bestandteil der AGB-Kontrolle) die Besonderheiten des Transparenzgebots bei der Bewertung der Befristung einer Einzelarbeitsbedingung dargestellt werden, was sich einzig aus Gründen der Übersichtlichkeit begründet (ab S. 238).

B. Rechtliche Grenzen der Zulässigkeit der Befristung einer Einzelarbeitsbedingung

Durch die Reintegration des Arbeitsrechts in die AGB-Kontrolle und der Einführung des TzBfG im Jahr 2001, welches jedenfalls für die Befristung des gesamten Arbeitsverhältnisses weitere Wirksamkeitsvoraussetzungen normiert hat, fragt sich, welcher Kontrolle die Zulässigkeit beziehungsweise Wirksamkeit der Befristung einer einzelnen Arbeitsbedingung unterliegt; mithin was die (rechtlichen) Grenzen dieses Flexibilisierungsmittels sind.

In diesem Zusammenhang stellt sich im Besonderen die Frage, ob das TzBfG auch auf die Befristung einer Einzelarbeitsbedingung Anwendung findet oder jedenfalls in Form einer Analogie (hierzu S. 182 ff.) zu beachten ist und wie die AGB-Kontrolle zu beachten, respektive anzuwenden ist (ab S. 189).

---

596 BAG v. 21.4.1993 – 7 AZR 297/92, NZA 1994, 476 (477 = II. 1. b)).

597 BAG v. 23.3.2016 – 7 AZR 828/13, NZA 2016, 881; v. 25.4.2018 – 7 AZR 520/16, NZA 2018, 1061.

I. Anwendbarkeit des TzBfG

Zunächst gilt es zu klären, ob das TzBfG vom 21. Dezember 2000[598] – im Speziellen § 14 TzBfG – auch bei der Befristung einer einzelnen Arbeitsbedingung (zwingend) zu beachten ist. Zu bedenken ist nämlich, dass das TzBfG – wie bereits herausgearbeitet (vergleiche ab S. 41) – die maßgeblichen Rechtmäßigkeitsvoraussetzungen der Befristungsabrede der Befristung des gesamten Arbeitsverhältnisses vorgibt und unter dem Gesichtspunkt der (sachlichen) Rechtfertigung der Befristungsabrede stets zu beachten ist.

1. Wortlaut, Sinn und Zweck

Die Beantwortung der Frage nach der Anwendbarkeit einer Norm auf eine Abrede ist unausweichlich mit der Beachtung des Wortlauts der Norm verbunden. Sowohl das TzBfG als auch die ihm zugrundeliegende Richtlinie respektive die Rahmenvereinbarung[599] enthalten keine Regelung oder auch nur eine Anspielung auf die Befristung einer einzelnen Arbeitsbedingung. Vielmehr ist Anknüpfungspunkt der Reglungen stets das Arbeitsverhältnis als Ganzes (vergleiche unter anderem Überschrift des 3. Abschnitts des TzBfG; § 14 Abs. 1 Satz 1; Präambel der Rahmenvereinbarung der Sozialpartner); mithin finden sich keine Anknüpfungspunkte im Wortlaut der Regelungen zur Befristung einer Einzelarbeitsbedingung. Zwar ist auch ein ausdrücklicher Ausschluss der Teilbefristung im TzBfG nicht zu finden, jedoch ist der Sinn und Zweck des Gesetzes im Bereich der Befristung des Arbeitsverhältnisses zu beachten.[600] Wie sich unmittelbar aus § 1 TzBfG ergibt, fokussiert sich das Gesetz (neben den Voraussetzungen der Teilzeit) auf die Normierung der Zulässigkeit des befristeten Arbeitsverhältnisses und der Verhinderung von Diskriminierung und Rechtsmissbrauch eben dort. Mit Blick auf § 15 Abs. 5 TzBfG, welcher die Verlängerung des Arbeitsverhältnisses auf unbestimmte Zeit bei einer Fortsetzung der Arbeitstätigkeit nach dem vermeintlichen Vertragsende ausweist, wird deutlich, dass das TzBfG nicht die Befristung von Einzelarbeitsbedingungen normiert. So ist bei Letzteren regelmäßig ein bereits unbefristetes Vertragsverhältnis gegeben, welches sich in jedem Falle nach dem Ende der Befristung der Einzelarbeitsbedingung

598 BGBl. I, S. 1966.

599 EGB-UNICE-CEEP-Rahmenvereinbarung über befristete Arbeitsverträge zur RL 1999/70/EG des Rates vom 28.6.1999, (Anhang) ABl. EG 1999 Nr. L 175.

600 *Maschmann*, RdA 2005, 212 (214 f.); *Wimmer*, S. 35 f. m.w.N; ebenso erstmals BAG v. 14.1.2004 – 7 AZR 213/03, NZA 2004, 719 (721).

fortsetzt.[601] Selbst, wenn der Einzelarbeitsbefristung ein befristetes Arbeitsverhältnis zugrunde liegt, so bleibt dieses Verhältnis von der Befristung der einzelnen Arbeitsbedingung – respektive deren Ende – unberührt.

Somit ist festzuhalten, dass der Wortlaut der Normen zur Regelung der Befristung des gesamten Arbeitsverhältnisses zwar eine Anwendbarkeit des TzBfG auf die Befristung einer einzelnen Arbeitsbedingung nicht ausschließt, gleichwohl dieses aus dem Gesetzeszusammenhang und seines Regelungsinhalts nicht Anwendung findet; mithin eine Übertragung des Regelungsinhalts auszuschließen ist.[602]

2. *Schriftformgebot*

Reizvoll wäre es gleichwohl, das Schriftformgebot des § 14 Abs. 4 TzBfG als Wirksamkeitsvoraussetzung bei der Kontrolle einer Einzelarbeitsbedingung zu prüfen. Ausweislich der Gesetzesbegründung beziehungsweise der Entstehung des Gesetzes[603], der herrschenden Ansicht im Schrifttum[604] sowie der Rechtsprechung[605] fordert § 14 Abs. 4 TzBfG zwar nicht die Angabe des konkreten Befristungsgrundes (siehe hierzu im Detail ab S. 269), jedoch hat die Abrede als solche schriftlich zu erfolgen. Vorteil der Anwendung wäre, dass die Funktionen des Schriftformgebots (Klarstellungs-, Beweis-, und Warnfunktion)[606] ebenso

---

601 So bereits BAG v. 3.9.2003 – 7 AZR 106/03, NZA 2004, 255 (256 f.).

602 Ebenso anstatt aller ErfK/*Preis*, BGB, §§ 305-310 Rn. 74; A/P/S/*Greiner*, TzBfG, Einf. § 14 Rn. 48.

603 Während der Referentenentwurf des TzBfG (vgl. NZA 2000, 1045 (1047)) ein Schriftformerfordernis auch für die Art der Befristung, insbesondere die genaue Rechtfertigung vorsah, folgte der Regierungsentwurf dieser (wünschenswerten) Ansicht nicht mehr. Allerdings sah der Regierungsentwurf vor, den befristeten Arbeitsvertrag insgesamt der Schriftform zu unterwerfen (BTDrucks. 14/4374, S. 9, 20). Auch dies setzte sich im Laufe des Gesetzgebungsverfahrens nicht durch. Die jetzige Fassung des § 14 IV TzBfG ist bereits Bestandteil der Beschlussempfehlung und des Berichtes des Ausschusses für Arbeit und Sozialordnung vom 15.11.2000 gewesen (vgl. BT-Drucks. 14/4625, S. 11).

604 *Hromadka*, BB 2001, 674 (674); Meinel/Heyn/Herms/*Meinel*, TzBfG, § 14 Rn. 272; Annuß/Thüsing/*Maschmann*, TzBfG, § 14 Rn. 87b; A/P/S/*Greiner*, TzBfG, § 14 Rn. 466, 468 m.w.N.

605 BAG v. 29.6.2011 – 7 AZR 774/09, NZA 2011, 1151; v. 12.8.2009 – 7 AZR 270/08, AP TzBfG § 14 Nr. 63; siehe auch zu § 1 BeschFG bereits BAG v. 5.5.2004 – 7 AZR 629/03, NZA 2004, 1346 (1349); v. 5.6.2002 – 7 AZR 241/01, NZA 2003, 149 (152).

606 Hierzu anstatt vieler Meinel/Heyn/Herms/*Meinel*, TzBfG, § 14 Rn. 331; BAG v. 3.9.2003 – 7 AZR 106/03, NZA 2004, 255 (256).

der Befristung einer einzelnen Arbeitsbedingung dienen könnten. § 14 Abs. 4 TzBfG soll unter anderem dem Arbeitnehmer vor Augen führen, woraus (und in welcher Höhe) sich seine Existenzgrundlage ergibt und wie lange er sich hierauf verlassen kann; mithin dass sie gerade nicht dauerhaft ist.[607] Diese Warnfunktion lässt sich auch bei der Befristung einer Einzelarbeitsbedingung als sinnvoll ausweisen, wenn man sich als Beispiel die Reduzierung der Arbeitszeit (gleich mit dem Entgelt) um die Hälfte für einen längeren Zeitraum vorstellt. Auch in dieser Fallgestaltung sollte dem Arbeitnehmer vor Augen geführt werden, dass seine Existenzgrundlage zukünftig für einen längeren Zeitraum in hohem Maße modifiziert wird.

Nichtsdestotrotz geht die vorherrschende Meinung im Schrifttum[608] und Rechtsprechung[609] davon aus, dass § 14 Abs. 4 TzBfG nicht (auch nicht analog) anzuwenden sei, was – insoweit überzeugend – mit der grundsätzlichen Unanwendbarkeit des TzBfG auf die Befristung von einzelnen Arbeitsbedingungen begründet wird. Darüber hinaus ist anzuführen, dass der Wortlaut der Norm von der Befristung eines Arbeitsvertrags ausgeht und eine alternative Auslegung der Norm mit Blick auf die Wortlautgrenze einer Auslegung nicht rechtmäßig erscheint und auch nicht der ihr zugrunde liegenden Rahmenvereinbarung zur Richtlinie zu entnehmen ist.[610] Interessant ist, dass das BAG die Negierung der Anwendung des § 14 Abs. 4 TzBfG des Weiteren damit begründet, dass die Existenzgrundlage nicht gefährdet sei und insofern keine vergleichbare Notwendigkeit eines Schutzes bestehe.[611] Ferner lassen sich wesentliche Aspekte – wenn auch nicht mit dem selben Fokus oder Regelungsinhalt – durch die Beachtung des Transparenzgebots nach § 307 Abs. 1 Satz 2 BGB berücksichtigen (hierzu nachfolgend S. 238).

Festzustellen bleibt, dass § 14 Abs. 4 TzBfG nicht (auch nicht analog) auf die Befristung einzelner Arbeitsbedingungen anzuwenden ist.

---

607 BAG v. 3.9.2003 – 7 AZR 106/03, NZA 2004, 255 (256).

608 *Preis/Bender*, NZA-RR 2005, 337 (340); *Hanau/Hromadka*, NZA 2005, 73 (77); *Maschmann*, RdA 2005, 212 (215); *Lunk/Leder*, NZA 2008, 504 (508); *Schramm/Naber*, NZA 2009, 1318 (1320); A/P/S/*Backhaus*, TzBfG, § 14 Rn. 450; ErfK/*Preis*, BGB, §§ 305-310 Rn. 74; *Wimmer*, S. 37.

609 BAG v. 3.9.2003 – 7 AZR 106/03, NZA 2004, 255; v. 18.6.2008 – 7 AZR 245/07, AP TzBfG § 14 Nr. 52; v. 2.9.2009 – 7 AZR 233/08, NZA 2009, 1253 (1254 = Rn. 17); zuletzt v. 23.3.2016 – 7 AZR 828/13, NZA 2016, 881 (885 = Rn. 42).

610 Vgl. nur BAG v. 3.9.2003 – 7 AZR 106/03, NZA 2004, 255 (256).

611 BAG v. 3.9.2003 – 7 AZR 106/03, NZA 2004, 255 (256).

3. *Sachgrundlose Befristung*

Unter Beachtung der Möglichkeit einen befristeten Arbeitsvertrag ohne Vorliegen eines Sachgrundes unter weiteren Voraussetzungen nach § 14 Abs. 2 TzBfG sachgrundlos befristen zu können, stellt sich die Frage, ob sich dies auch auf die Befristung einer einzelnen Arbeitsbedingung übertragen lässt. Gedanklicher Ansatz wäre, dass wenn schon das ganze Arbeitsverhältnis für zwei Jahre sachgrundlos befristet werden kann, wie dann ein Sachgrund beziehungsweise eine (sachliche) Rechtfertigung – etwa im Rahmen der Interessenabwägung nach § 307 Abs. 1 Satz 1 BGB – für die Rechtmäßigkeit der befristeten Einzelarbeitsbedingung jedenfalls für den Zeitraum von zwei Jahren gefordert werden kann.

Zieht man die Motive zur Einführung der sachgrundlosen Befristung nach § 14 Abs. 2 TzBfG, beziehungsweise nach dem damaligen § 1 BeschFG, (vergleiche S. 36) hinzu, nämlich Beschäftigungsförderung, Motivation der Arbeitgeber mehr Menschen einzustellen und den Arbeitnehmern einen (einfacheren) Einstieg in die Berufswelt zu ermöglichen, so wird (auch unter Beachtung des Wortlauts der Norm) deutlich, dass es sich bei der sachgrundlosen Befristung um eine Ausnahme von der Ausnahme der Befristung des Arbeitsverhältnis handelt/handeln sollte. Es soll durch die Möglichkeit zur sachgrundlosen Befristung ein Anreiz zur Einstellung eines Arbeitnehmers gesetzt werden, damit diesem jedenfalls für einen begrenzten Zeitraum eine Existenzgrundlage geboten wird.[612] Innerhalb dieser Zeitspanne soll der Arbeitnehmer sich beweisen und gewissermaßen „Werbung in eigener Sache machen" können, um so etwaige Einstellungshemmnisse des Arbeitgebers hin zur Festanstellung überwinden zu können. Diese vorstehende Zielsetzung (insbesondere das Ziel einer Beschäftigungsförderung) wird gerade nicht mit der Befristung einer einzelnen Arbeitsbedingung umgesetzt, was sich auch daraus begründet, dass in den meisten Fällen ein unbefristetes Arbeitsverhältnis besteht und so dann eine Arbeitsbedingung modifiziert wird.[613] Es ist darüber hinaus auch nicht wertungswidersprüchlich, wie teilweise vertreten wird, dass diesbezüglich vermeintlich höhere Anforderungen an die Befristung einer einzelnen Arbeitsbedingung als an die Befristung

612 Vgl. hierzu nur *Wimmer*, S. 35 f.; *Preis/Bender*, NZA-RR 2005, 337 (341 f.); *Maschmann*, RdA 2005, 212 (215); *Hohenstatt/Schramm*, NZA 2007, 238 (244).

613 So auch schon das BAG zu § 1 BeschFG: BAG v. 23.1.2002 – 7 AZR 563/00, NZA 2003, 104; zum TzBfG v. 14.1.2004 – 7 AZR 213/03, NZA 2004, 719; siehe auch *Wimmer*, S. 35 f., 76 f.

des gesamten Arbeitsverhältnis gestellt werden.[614] Dies begründet sich im Besonderen daraus, dass eher keine beschäftigungspolitischen Gründe in der befristeten Arbeitsbedingung liegen, vielmehr wird regelmäßig nur ein bereits bestehenden Arbeitsverhältnis modifiziert und kein (neues) begründet.[615] Ferner ist gleichwohl bei der notwendigen Interessenabwägung zwischen den Vertragsparteien zu berücksichtigen, dass die Befristung nur eine geringe Dauer hat und nicht einem Dauerverhältnis gleichkommt (siehe hierzu S. 198 ff.).

Folglich ist aus dem Sinn und Zweck der Ausnahmeregelung des § 14 Abs. 2 TzBfG kein (Rechtfertigungs-)Mehrwert für die Rechtmäßigkeitskontrolle der Befristung einer einzelnen Arbeitsbedingung zu ziehen.

4. *Analoge Anwendung des TzBfG*

Nachdem vorstehend ausgeführt wurde, dass das TzBfG nach seinem Wortlaut beziehungsweise dem Regelungssinn und -zweck nicht auf die Befristung einer Einzelarbeitsbedingung Anwendung findet, stellt sich die Frage, ob das TzBfG nicht zunächst im Wege einer Analogie zu beachten ist.

Eine analoge Anwendung des TzBfG scheitert jedoch an den Voraussetzungen: Notwendig wäre eine planwidrige Regelungslücke bei gleicher Interessenlage.[616] Das BAG unterstellte in seinem Urteil vom 14. Januar 2004, dass sich der Gesetzgeber mit der langjährigen Rechtsprechung zur Befristung von Einzelarbeitsbedingungen auseinandergesetzt habe und insofern bereits nicht von einer Planwidrigkeit der Regelungslücke ausgegangen werden könne.[617] Ob dies in Anbetracht der sehr kurzen legislativen Entscheidungsfindung überzeugt (hierzu S. 69 f.), sei dahingestellt, jedenfalls sollte keine Regelungslücke vorliegen. Denn mit der rechtmäßigen Anwendung der AGB-Kontrolle inklusive des § 307 Abs. 1 Satz 2 BGB (Transparenzgebot) wird eine Vielzahl an Funktionen und Kontrollen, wie etwa das Zitiergebot und die sachliche Einschränkung ebenso abgedeckt (siehe hierzu ausführlich ab S. 157 ff.). Darüber hinaus

---

614 So jedoch *Hanau/Hromadka*, NZA 2005, 73 (77); *Thüsing/Leder*, BB 2005, 1563 (1569).

615 Siehe auch *Wimmer*, S. 76 f.

616 Diese Voraussetzungen sind allgemein anerkannt, vgl. nur zuletzt BAG v. 26.4.2016 – 1 ABR 21/14, NZA 2016, 1036 (1038 = Rn. 30 ff.); v. 24. 8. 2011 – 7 ABR 8/10, NZA 2012, 223 (226 m.w.N.).

617 BAG v. 14.1.2004 – 7 AZR 213/03, NZA 2004, 719 (722), wobei das BAG von einem mangelnden Bewusstsein spricht, was synonym zur Planwidrigkeit zu verstehen ist; siehe auch zuletzt *Biedermann*, NZA-RR 2019, 345 (346 m.w.N.).

ist zu berücksichtigen, dass bei einer konsequenten Anwendung der Interessenabwägung unter Beachtung der noch darzustellenden Faktoren (hierzu unter anderem S. 235 ff.) eine Rechtmäßigkeitskontrolle der Befristungsabrede einer einzelnen Arbeitsbedingung vollzogen werden kann.

Folglich scheitert eine analoge Anwendung des TzBfG an ihren Voraussetzungen.

II. Keine Übertragbarkeit des Sachgrunderfordernisses

Konsequenterweise kann es durch die Nichtanwendbarkeit des TzBfG auf die Befristung einer einzelnen Arbeitsbedingung auch nicht zu einer Übertragung des Sachgrunderfordernisses nach § 14 Abs. 1 TzBfG für die Befristung des gesamten Arbeitsverhältnisses kommen. Dies stellt im Grundsatz auch das BAG fest, in dem es in seiner ständigen Rechtsprechung – gebetsmühlenartig wiederholt: „*Die Befristung einer Arbeitszeiterhöhung bedarf zu ihrer Wirksamkeit keines Sachgrunds nach § 14 I TzBfG. Sie unterliegt vielmehr der Inhaltskontrolle nach § 307 I BGB.*“[618]

Gleichwohl dieser vermeintlich „einfachen“ Ausgangslage wich das BAG hiervon ab, was nachfolgend dargestellt werden soll (siehe ab S. 201). In diesem Zusammenhang stellt sich auch die Frage, ob die Interessenabwägung nach § 307 Abs. 1 Satz 1 BGB nicht vergleichbar mit der Sachgrundkontrolle nach § 14 Abs. 1 TzBfG ist und – sofern dies zuträfe – eine Übertragung der jeweiligen Regelungsinhalte nicht unproblematisch und ohne Konsequenzen auf die normative Rechtmäßigkeitskontrolle möglich ist.

III. Abgrenzung zum Direktionsrecht des Arbeitgebers

Abzugrenzen ist die Notwendigkeit der Kontrolle der modifizierten Arbeitsbedingung nach den nachfolgenden Grundsätzen der Rechtmäßigkeit der Befristung einer einzelnen Arbeitsbedingung von der grundsätzlichen Freiheit des Arbeitgebers durch sein Direktions- beziehungsweise Weisungsrecht nach § 106 GewO. Insofern ist zu beachten, dass wenn der Arbeitgeber die Grenzen seines Weisungsrechts beachtet, der Arbeitnehmer dieser rechtmäßigen Direktion Folge zu leisten hat.[619] Dem Arbeitgeber wird nach § 106 Satz 1 GewO ein Weisungsrecht hinsichtlich der Zeit, des Ortes und der Art der zu vollbringenden

---

618 Allein nur BAG v. 23.3.2016 – 7 AZR 828/13, NZA 2016, 881 (1. LS); v. 25.4.2018 – 7 AZR 520/16, NZA 2018, 1061 (1062 = Rn. 21).

619 Siehe ErfK/*Preis*, GewO, § 106 Rn. 1.

Arbeitsleistung gewährt. Folglich können nur diejenigen modifizierten Arbeitsbedingungen der Kontrolle unterliegen, die außerhalb des Direktionsrechts geändert werden, dessen Vorliegen und Grenzen gewiss ebenfalls der Kontrolle unterliegt.[620] Neben der Billigkeit der Weisung selbst, erfährt das Direktionsrecht seine größte Einschränkung durch die Vereinbarungen/Konkretisierungen im Arbeitsvertrag oder durch das gelebte Vertragsverhältnis: Sofern eine Arbeitsbedingung in ihrer konkreten Ausgestaltung Bestandteil des Arbeitsverhältnisses geworden ist, also stets die Höhe und der Umfang der geschuldeten Arbeitsleistung, kann diese nicht mehr einseitig durch das Direktionsrecht von Seiten des Arbeitgebers geändert werden.[621] Regelmäßig gilt, dass der Umfang der Arbeitszeit vom Weisungsrecht ausgeschlossen ist, da es sich um ein Kernbestandteil des Synallagmas handelt.[622] Gleichwohl ist nach überzeugender Ansicht die Einzelarbeitsbedingung keine Hauptabrede des Synallagmas, sondern – da es sich um die zeitliche Einschränkung der Arbeitsleistung als Hauptleistung handelt – als eine Nebenabrede zu werten (siehe hierzu bereits S. 107 ff.).[623] Insofern handelt es sich – jedenfalls bei der regelmäßigen Änderung des Arbeitsvolumens – um eine Modifikation des Arbeitsverhältnisses, welche der Arbeitnehmer beim Vertragsschluss nicht erkennen kann und eine wesentliche Änderung darstellt. Folglich liegt in den meisten Fällen der Befristung einer einzelnen Arbeitsbedingung eine über das Weisungsrecht des Arbeitgebers hinausgehende Modifikation vor, sodass von einem einseitigen Bestimmungsrecht nicht (mehr) auszugehen ist; vielmehr bedarf es einer vertraglichen Abrede zwischen den Parteien oder der Änderungskündigung.

---

620 So bereits grundlegend *Maschmann*, RdA 2005, 212.

621 Grundlegend hierzu: *Wank*, NZA-Beil. 2012, 41 ff.; MüKoBGB/*Müller-Glöge*, BGB, § 611 Rn. 1017; vgl. BAG v. 2.11.2016 – 10 AZR 596/15, NZA 2017, 183 (184 = Rn. 22 f.); v. 23.6.2009 – 2 AZR 606/08, NZA 2009, 1011; vgl. zu den sonstigen – weiterreichenden – Grenzen ErfK/*Preis*, GewO, § 106 Rn. 5 ff.

622 LAG Düsseldorf v. 30.8.2002 – 9 Sa 709/02, NZA-RR 2003, 407 (408); ErfK/*Preis*, GewO, § 106 Rn. 32; H/W/K/*Lembke*, GewO, § 106 Rn. 13.

623 Vgl. anstatt aller BAG v. 27.7.2005 – 7 AZR 486/04, NZA 2006, 40 (45); v. 23.3.2016 – 7 AZR 828/13, NZA 2016, 881 (885 = Rn. 45); zuletzt v. 25.4.2018 – 7 AZR 520/16, NZA 2018, 1061 (1063 = Rn. 28 m.w.N.); *Wimmer*, S. 74; *Maschmann*, RdA 2005, 212 (220); *Preis/Bender*, NZA-RR 2005, 337 (340); *Schmidt*, NZA 2014, 760; ErfK/*Preis*, BGB, §§ 305-310 Rn. 40, Rn. 75; Clemenz/Kreft/Krause/*Klumpp*, AGB-Arbeitsrecht, § 307 Rn. 144.

C. Anwendbarkeit der AGB-Kontrolle auf die Befristung einer Einzelarbeitsbedingung

Nachfolgend soll geklärt werden, wie die AGB-Kontrolle auf die Befristung einer Einzelarbeitsbedingung Anwendung findet, welche Besonderheiten zu beachten sind und was hierdurch die grundsätzlichen Leitlinien der Vertragskontrolle sind.

I. Eröffnung des Anwendungsbereichs der AGB-Kontrolle

Mit der Reintegration des Arbeitsrechts in die AGB-Kontrolle nach §§ 305 ff. BGB wurde ein Leitbild einer Vertragskontrolle für fast alle schuldrechtlichen Verträge entwickelt, sofern der Anwendungsbereich eröffnet und kein Ausschluss gegeben ist. Hierdurch unterliegen regelmäßig alle Arbeitsverträge der AGB-Kontrolle; mithin bestätigte der Siebte Senat des BAG mit Entscheidung vom 8. August 2007 die Ansicht des fünften Senats[624], dass Arbeitnehmer als Verbraucher anzusehen seien, wodurch die AGB-Kontrolle nach § 310 Abs. 3 BGB ausgeweitet wurde. Infolgedessen ist die AGB-Kontrolle faktisch immer auf jegliche Ausgestaltungen und Bedingungen des Arbeitsvertrags anwendbar und zu beachten (siehe hierzu auch zuvor S. 102 mit weiteren Nachweisen).

Bezogen auf die Befristung einer einzelnen Arbeitsbedingung, ging – soweit ersichtlich –einzig *Maschmann* in einem Zeitschriftenbeitrag aus dem Jahr 2005 davon aus, dass die Befristung einer Einzelarbeitsbedingung nicht der AGB-Kontrolle unterliege.[625] *Maschmann* vertritt hierzu die abzulehnende Meinung, dass der Arbeitnehmer kein Verbraucher sei und es seiner Ansicht nach hierdurch nicht zur Anwendung des § 310 Abs. 3 BGB komme. Insofern sieht er den Anwendungsbereich für Befristungsabreden, die nicht dem AGB-Recht unterliegen, da sie regelmäßig individuelle Einzelbefristungen seien, als verhältnismäßig groß an.[626] Von einer Kontrollfreiheit dieser Vertragsklauseln geht er allerdings nicht aus; vielmehr zieht *Maschmann* eine Vertragskontrolle durch die zivilrechtlichen Generalklauseln der §§ 138, 242 BGB vor.[627] Nach überzeugender (und herrschender) Ansicht im Schrifttum und der Rechtsprechung ist

---

624 BAG v. 25.5.2005 – 5 AZR 572/04, NZA 2005, 1111; nachgehend bestätigt durch BVerfG v. 23.11.2006 – 1 BvR 1909/06, NZA 2007, 85.

625 *Maschmann*, RdA 2005, 212.

626 *Maschmann*, RdA 2005, 212 (216 f.).; vgl. zur insofern überzeugenderen Ansicht der Verbrauchereigenschaft der Arbeitnehmer S. 83 m.w.N.

627 *Maschmann*, RdA 2005, 212 (217 f.).

der Arbeitnehmer Verbraucher,[628] so dass § 310 Abs. 3 Nr. 3 BGB anzuwenden ist, was den Anwendungsbereich der AGB-Kontrolle richtigerweise eröffnet und auch bei der nur einmaligen Verwendung gegenüber einem Verbraucher Anwendung finden lässt. Es besteht auch kein Bedürfnis auf § 242 BGB auszuweichen, da erstens tatsächliche individuelle Vereinbarungen über § 305 Abs. 1 BGB beziehungsweise § 305b BGB von der Inhaltskontrolle ausgeschlossen sind und zweitens die Wertungen von Treu und Glauben auch in § 307 Abs. 1 BGB enthalten sind; mithin bei einer Eröffnung der Inhaltskontrolle § 307 Abs. 1 BGB lex specialis gegenüber § 242 BGB ist.[629]

Folglich ist der Anwendungsbereich der AGB-Kontrolle auf die befristete Einzelarbeitsbedingung eröffnet.

II. Initiative des Arbeitnehmers versus „Stellen" der Vertragsabrede

Zu Beginn der Vertragskontrolle durch die §§ 305 – 310 BGB stellt sich die Frage, ob überhaupt Allgemeine Geschäftsbedingungen im Sinne des § 305 Abs. 1 Satz 1 BGB vorliegen, beziehungsweise, ob die konkrete Abrede zur Befristung eine Einzelarbeitsbedingung als solche zu werten ist. Diskutiert wurde in diesem Zusammenhang, ob die Fallgestaltung, bei welcher es zur befristeten Arbeitszeiterhöhung auf Grundlage der Initiative des Arbeitnehmers kommt, noch als „Stellen" der Vertragsabrede im Sinne des § 305 Abs. 1 Satz 1 BGB anzusehen sei. Veranschaulichen lässt sich dies an zwei Entscheidungen des BAG (vom 2. September 2009 und vom 25. April 2018), bei denen das Arbeitsverhältnis bereits länger andauerte und es neben einem unbefristeten Teil mehrfach (zwölf- und zehnmal) zu sich anschließenden befristeten Arbeitszeiterhöhungen kam.[630] In beiden Entscheidungen ging der Kläger (Arbeitnehmer) im Rahmen der letzten und streitgegenständlichen Befristungsabrede auf seinen Arbeitgeber zu und fragte, ob nicht der befristete Teil der Arbeitszeiterhöhung nach etlichen Wiederholungen unbefristet werden könnte, jedenfalls es zur nochmaligen Befristung der Arbeitszeiterhöhung kommen könnte. Beide beklagten Arbeitgeber verteidigten sich mit dem Argument, dass es sich bei der letzten Befristungsabrede der

628 Anstatt aller siehe ErfK/*Preis*, BGB, § 611 Rn. 182 m.w.N; BAG v. 25.5.2005 – 5 AZR 572/04, NZA 2005, 1111; zuletzt nochmals bestätigt durch BAG v. 25.4.2018 – 7 AZR 520/16, NZA 2018, 1061 (1062 = Rn. 23).

629 Palandt/*Grüneberg*, BGB, Überbl. v. § 305 Rn. 16.

630 BAG v. 2.9.2009 – 7 AZR 233/08, NZA 2009, 1253; v. 25.4.2018 – 7 AZR 520/16, NZA 2018, 1061.

Arbeitszeit auf Grundlage der Initiative des Arbeitnehmers um seinen Wunsch und hierdurch nicht um AGB handele, hilfsweise eine Rechtfertigung in dem Wunsch des Arbeitnehmers zu sehen sei.

Das BAG urteilte in beiden Entscheidungen richtigerweise, dass begründet durch die Verbrauchereigenschaft des Arbeitnehmers § 310 Abs. 3 Nr. 2 BGB anzuwenden sei und hierdurch auch die einmalige Verwendung zur Anwendung der AGB-Kontrolle führe.[631] Darüber hinaus liegen auch nach der Initiative des Arbeitnehmers vorformulierte Vertragsbedingungen vor, selbst wenn diese dem Wunsch des Arbeitnehmers entsprechen. Es kann nur dann von einer nicht vorformulierten Vertragsbedingung ausgegangen werden, *„wenn Umstände vorlägen, aus denen geschlossen werden könnte, dass die Klägerin die Aufstockung der Arbeitszeit auch dann nur befristet vereinbart hätte, wenn ihr die unbefristete Aufstockung angeboten worden wäre.“*[632] Letzteres muss der beklagte Arbeitgeber vortragen und beweisen; mithin ist dies in den aller meisten Fälle auszuschließen.

Gleichwohl dieser klaren Rechtsansicht des BAG gibt es auch andere Stimmen aus dem Schrifttum. So kritisieren *Schramm/Naber* das Urteil des BAG vom 2. September 2009 dahingehend, dass es sich bei der strittigen Abrede um einen Wunsch des Arbeitnehmers handele, was das „Stellen“ der AGB durch den Arbeitgeber nach § 305 Abs. 1 Satz 1 BGB ausschließe und insofern die Abrede bereits keine kontrollfähige AGB-Klausel darstelle.[633] Auch die Vermutungsregelung des § 310 Abs. 3 Nr. 1 BGB gelte nicht. Denn der Arbeitnehmer habe den Vertragsschluss veranlasst.[634] Das BAG hat diesen Punkt zwar durchaus erkannt, diskutiert ihn jedoch nicht, sondern lässt die Frage verweisend auf die Irrelevanz für das Ergebnis offen.[635]

Die Ansicht von *Schramm/Naber* vermag bereits im Ansatz nicht zu überzeugen. Grundsätzlich gilt, dass unter *„Stellen“* einer Vertragsklausel die einseitige und diskussionslose Veranlassung zu verstehen ist;[636] beziehungsweise, dass die Einbeziehung der Vertragsklausel verlangt wird.[637] Vorliegend hat der

---

631 BAG v. 2.9.2009 – 7 AZR 233/08, NZA 2009, 1253 (1254 = Rn. 19); v. 25.4.2018 – 7 AZR 520/16, NZA 2018, 1061 (1062 = Rn. 23).

632 BAG v. 25.4.2018 – 7 AZR 520/16, NZA 2018, 1061 (1063 = Rn. 24 m.w.N.).

633 *Schramm/Naber*, NZA 2009, 1318 (1319).

634 *Schramm/Naber*, NZA 2009, 1318 (1319).

635 BAG v. 2.9.2009 – 7 AZR 233/08, NZA 2009, 1253 (1254 = Rn. 19).

636 Jauernig/*Stadler*, § 305 BGB Rn. 6; vgl. hierzu auch MüKoBGB/*Basedow*, BGB, § 305 Rn. 20 ff; eine weitere Ansicht hat hingegen Däubler/Bonin/Deinert/*Deinert*, AGB-Recht, § 305 Rn. 18 ff.

637 Palandt/*Grüneberg*, BGB, § 305 Rn. 10.

Arbeitnehmer lediglich einen diesbezüglichen Wunsch geäußert, eine (suggerierte) Alternativlosigkeit aus Sicht des Arbeitnehmers war nicht gegeben.

Darüber hinaus vermag die Ansicht auch mit Blick auf den konkreten Fall nicht zu überzeugen. So wurde vor dem maßgeblichen Vertragsschluss bereits elfmal ein vergleichbarer Vertrag geschlossen, sodass er nicht als neuer Vertragswunsch des Arbeitnehmers gewertet werden kann. Darüber hinaus hat der Arbeitnehmer den Wunsch für eine unbefristete Stelle mit einer Arbeitsleistung in Höhe von 100 % (oder 75 %) geäußert, was in dieser Form abgelehnt wurde, und es ist *nur* zu einer befristeten Vereinbarung gekommen, was sowohl dem Willen des Arbeitgebers entsprach als auch auf dessen Initiative hin erfolgte. Ferner stellt sich mit Blick auf den Sachgrund des Arbeitnehmerwunsches (§ 14 Abs. 1 Satz 2 Nr. 6 TzBfG) die Frage, ob sodann keine AGB mehr vorliegen, was eine absurde Kombination darstellen würde. Hiervon abgesehen ist darauf hinzuweisen, dass, auch wenn der Arbeitnehmer den Wunsch zu einem Vertragsschluss äußert, die faktisch bestehende Disparität zwischen den vertragsschließenden Parteien nicht aufgehoben wird.[638]

Die rechtlichen Hürden, wann eine tatsächliche Individualabrede nach § 305 Abs. 1 Satz 1 BGB vorliegt, haben überzeugenderweise deutlich höher zu liegen als die schlichte Nachfrage, ob zukünftig ein unbefristetes Arbeitsverhältnis bestehen könne, was sogar im nachfolgenden Vertragsschluss auf Initiative des Arbeitgebers negiert wird.[639] Richtigerweise ist gleichwohl, sofern echte ausgehandelte Vertragsklauseln zwischen den Parteien vorliegen, die AGB-Kontrolle nicht anwenden zu lassen und „*insofern der Privatautonomie Raum zu geben.*“[640] Gewiss ist diese Fallgestaltung in der Praxis fast nie vorliegend.

D. Prüfung der letzten Vereinbarung/Präklusionsfrist

Von Interesse ist neben der Kontrolle der Vertragsabrede im eigentlichen Sinne, was – bei einem bereits länger laufenden Arbeitsvertragsverhältnis – konkret Prüfungsgegenstand ist. Grundsätzlich ist denkbar, dass nur die letzte Abrede, welche auch konkret angegriffen wurde, der Kontrolle unterliegt und das vorherige Vertragsverhältnis ausgeblendet wird. Dies würde einer Prüfung im Sinne des § 17 TzBfG bei der Kontrolle der Befristungsabrede des gesamten

638 Siehe hierzu auch *Maschmann*, RdA 2005, 212 (216 ff.).

639 Ebenso BeckOK ArbR/*Bayreuther*, TzBfG, 59. Ed. 1.3.2021, § 14 Rn. 149.

640 A/P/S/*Greiner*, TzBfG, Einf. Rn. 55; *Preis/Bender*, NZA-RR 2005, 337 (339); Boecken/Joussen/*Boecken*, TzBfG, § 14 Rn. 35; Meinel/Heyn/Herms/*Herms*, TzBfG, § 14 Rn. 86.

Arbeitsverhältnisses entsprechen. Ebenso lässt sich der Ansatz vertreten, dass nicht nur die Rechtmäßigkeit der letzten Abrede zu betrachten ist, sondern auch das gesamte Arbeitsvertragsverhältnis, oder jedenfalls der Verlauf der bisherigen gleichartigen befristeten Arbeitszeitbedingung, bei der Kontrolle der befristeten einzelnen Arbeitsbedingung zu beachten ist. Im Zusammenspiel hierzu tritt auch die Frage auf, ob die dreiwöchige Klagefrist entsprechend § 17 TzBfG zu beachten ist.

Den Ausführungen zur Nicht-Anwendbarkeit des TzBfG entsprechend (siehe ab S. 182 ff.) ist auch § 17 TzBfG nicht anzuwenden. Gleichwohl rückt das BAG mit Urteil vom 27. Juli 2005 nicht von seiner Rechtsprechung vor der Schuldrechtsmodernisierung, wonach nur die letzte vertragliche Vereinbarung maßgebend für die Kontrolle sei, ab, lehnt jedoch gleichwohl die Anwendung von § 17 TzBfG ab.[641] Vielmehr sei die allgemeine Feststellungsklage nach § 256 Abs. 1 ZPO als (Kontroll-)Klage bei der Befristung einer Einzelarbeitsbedingung anzuwenden.[642]

Es entspricht zwar der vorherrschenden Meinung im Schrifttum und in der Rechtsprechung, dass die verkürzte Klagefrist nicht auf die Befristung einzelner Arbeitsbedingungen (auch nicht analog) Anwendung findet;[643] gleichwohl ist diese nicht unumstritten.

Die Autoren *Maschmann*[644], *Worzalla*[645] und *Bauer*[646] argumentieren hiergegen und verweisen auf den bestehenden Wertungswiderspruch, wenn auf der einen Seite die Unwirksamkeit des gesamten Arbeitsverhältnisses binnen drei Wochen geltend gemacht werden müsse, hingegen die Unwirksamkeit *nur* einer

---

641 BAG v. 27.7.2005 – 7 AZR 486/04, NZA 2006, 40 (44).

642 BAG v. 27.7.2005 – 7 AZR 486/04, NZA 2006, 40 (44); anstatt aller siehe nur BAG v. v. 2.9.2009 – 7 AZR 233/08, NZA 2009, 1253 (1254 = Rn. 14); v. 15.12.2011 – 7 AZR 394/10, NZA 2012, 674 (675 = Rn. 10); v. 10.12.2014 – 7 AZR 1009/12, NZA 2015, 811 (812 = Rn. 19); v. 7.10.2015 – 7 AZR 945/13, NZA 2016, 441 (443 = Rn. 18); v. 23.3.2016 – 7 AZR 828/13, NZA 2016, 881 (885 = Rn. 42); zuletzt v. 25.4.2018 – 7 AZR 520/16, NZA 2018, 1061 (1062 = Rn. 17).

643 *Wimmer*, S. 36 f.; *Preis/Bender*, NZA-RR 2005, 337 (339); *Maschmann*, RdA 2005, 212 (215); ErfK/*Müller-Glöge*, TzBfG, § 17 Rn. 4a; Meinel/Heyn/Herms/*Herms*, TzBfG, § 17 Rn. 4; ebenso die ständige Rspr. anstatt vieler zu § 1 V BeschFG 1996: BAG v. 23.1.2002 – 7 AZR 563/00, NZA 2003, 104; zu § 17 TzBfG: BAG v. 4.6.2003 – 7 AZR 406/02, AP TzBfG § 17 Nr. 1.

644 Annuß/Thüsing/*Maschmann*, TzBfG, § 17 Rn. 2.

645 *Worzalla*, FS Bauer, S. 1183 f.

646 *Bauer*, NZA 2011, 241 (248).

befristeten Einzelarbeitsbedingung grundsätzlich zeitlich unbegrenzt geltend gemacht werden könne, da keine vergleichbare Frist normiert sei. Darüber hinaus sei zu beachten, dass § 17 Satz 2 TzBfG auf § 7 KSchG verweise, welcher seinerseits die unter Vorbehalt angenommene Änderung einer Arbeitsbedingung miterfasse;[647] mithin gelte es, im Hinblick auf ein vergleichbares Interesse an schnellem Rechtsfrieden die materielle Präklusionsfrist des § 17 Satz 1 TzBfG auch auf die Befristung einer Einzelarbeitsbedingung anzuwenden.[648]

Gegen die zuletzt dargestellte Argumentation wird vorgebracht, dass „[g]*erade weil für den Arbeitnehmer der Verlust des Arbeitsverhältnisses insgesamt ebenso ein besonders schwerwiegender Eingriff ist wie spiegelbildlich für den Arbeitgeber der Fortbestand eines infolge der Befristung beendet gewähnten Arbeitsverhältnisses eine schwerwiegende Belastung darstellt, ist es ein Gebot der Rechtssicherheit, über den Bestand des Arbeitsverhältnisses innerhalb einer kurzen Frist eine Klärung herbeizuführen.*“[649] Eben dieser schwerwiegende Eingriff solle bei der Befristung einer Einzelarbeitsbedingung nicht vorliegen, sodass es keiner Klagefrist bedürfe.[650]

Zwar ist dieser Ansicht Recht zu geben, dass regelmäßig die Befristung einer Einzelarbeitsbedingung weniger schwerwiegend ist als die Befristung des gesamten Arbeitsverhältnisses (beziehungsweise dessen Ende). Nichtsdestotrotz liegt die gleiche Interessenlage zugrunde und ebenso – wenn auch ebenso gleich weniger – ist das Interesse der Parteien an Rechtssicherheit zu berücksichtigen. Insofern ist das Rechtsschutzinteresse beider Seiten – im Verhältnis gesehen – weiterhin gleich.

Darüber hinaus sei darauf hingewiesen, dass die Klagefrist zwar zweiseitig zwingend ist und nicht zur Disposition der Parteien steht, sich jedoch hieraus kein Argument gegen eine Anwendung der Frist auf die Befristung einer einzelnen Arbeitsbedingung ergibt. Ferner haben beide Parteien stets das Interesse an Rechtsfrieden, wobei davon auszugehen ist, dass die Präklusionsfrist meist „zu Gunsten“ des Arbeitgebers wirkt, was schlicht daraus resultiert, dass sich § 17 Satz 1 TzBfG nur auf die vom Arbeitnehmer erhobene Entfristungsklage bezieht. Abstellend auf die geringere Schutzbedürftigkeit beider Parteien erscheint ein

---

647 Annuß/Thüsing/*Maschmann*, TzBfG, § 17 Rn. 2; zustimmend *Worzalla*, FS Bauer, S. 1183 (1184).

648 Annuß/Thüsing/*Maschmann*, TzBfG, § 17 Rn. 2; *Worzalla*, FS Bauer, S. 1183 (1184).

649 Meinel/Heyn/Herms/*Herms*, TzBfG, § 17 Rn. 4.

650 Meinel/Heyn/Herms/*Herms*, TzBfG, § 17 Rn. 4.

Erst-Recht-Schluss hin zur Anwendung der dreiwöchigen Frist jedenfalls nicht vollkommen abwegig.

Diese Ansicht vermag sogar noch ein weiteres Argument für sich verwenden zu können: Wie bereits ausgeführt (siehe oben S. 141 ff.), ist es überzeugend im Rahmen der Befristungskontrolle des gesamten Arbeitsverhältnisses die dreiwöchige Klagefrist auch auf (alle) vermeintlichen Unwirksamkeits- oder Ausschlussgründe unter AGB-Gesichtspunkten anzuwenden; mithin unterfallen auch die §§ 305 bis 310 BGB im Rahmen einer Entfristungsklage dem § 17 Satz 1 TzBfG. Nur eine einheitliche Präklusionsfrist führt zur Herstellung von Wertungsharmonie und ist für die Praxis unter dem Gesichtspunkt der Rechtssicherheit und des Rechtsfriedens konstruktiv. Insofern erscheint es nur stringent auch für die Befristung einer Einzelarbeitsbedingung eine Präklusionsfrist zu fordern und anzuwenden. Darüber hinaus ist die Rechtsprechung willkürlich, wenn sie in aktuelleren Urteilen immer wieder Aspekte des TzBfG (insbesondere die Sachgründe) zur Begründung ihrer Entscheidungen heranzieht (hierzu S. 201 ff.), jedoch andere Aspekte – wie etwa die Präklusionsfrist – unbeachtet lässt.

Gleichwohl großer Sympathien für die Übertragung der Präklusionsfrist auf die Befristung von Einzelarbeitsbedingungen hat die Gegenmeinung[651] ein gewichtiges und im Ergebnis überzeugendes Argument auf ihrer Seite: den Wortlaut. § 17 Satz 1 TzBfG bezieht sich ausdrücklich auf die Fallgestaltung, wenn *die Befristung eines Arbeitsvertrages* rechtsunwirksam ist. Doch selbst wenn die Befristung der Einzelarbeitsbedingung unwirksam ist, so bleibt dennoch die Befristung des gesamten Arbeitsvertrags hiervon unberührt, wenn nicht bereits ohnedies ein unbefristetes Arbeitsverhältnis besteht.

Solange daher die derzeitige gesetzliche Lage unverändert bleibt, ist dies zu akzeptieren, mit der Folge, dass § 17 TzBfG keine Anwendung findet. Die Unwirksamkeit der Befristung einzelner Arbeitsvertragsbedingungen ist mit einer allgemeinen Feststellungsklage nach § 256 Abs. 1 ZPO geltend zu machen.[652]

Hiervon unberührt stellt das BAG in ständiger Rechtsprechung nur auf die letzte Vereinbarung bei seiner Kontrolle ab und blendet – jedenfalls

651 *Vossen*, FS Schwerdtner, S. 693 (695); *Dörner*, Rn. 810; ErfK/*Müller-Glöge*, TzBfG, § 17 Rn. 4a; A/P/S/*Backhaus*, TzBfG, § 17 Rn. 10; Meinel/Heyn/Herms/*Herms*, TzBfG, § 17 Rn. 4; MüKoBGB/*Hesse*, TzBfG, § 17 Rn. 3; Laux/Schlachter/*Schlachter*, TzBfG, § 17 Rn. 6.

652 Siehe nur BAG v. 2.9.2009 – 7 AZR 233/08, NZA 2009, 1253 (1254 = Rn. 14); v. 15.12.2011 – 7 AZR 394/10, NZA 2012, 674 (675 = Rn. 10); v. 10.12.2014 – 7 AZR 1009/12; NZA 2015, 811 (812 = Rn. 19); v. 7.10.2015 – 7 AZR 945/13, NZA 2016, 441 (443 = Rn. 18); v. 23.3.2016 – 7 AZR 828/13, NZA 2016, 881 (885 = Rn. 42).

grundsätzlich – das sonstige Vertragsverhältnis weitgehend aus.[653] Zwingend ist dies nicht; mithin könnte bei der insoweit stets durchzuführenden Interessenabwägung der beiden Vertragsparteien nicht nur die letzte Befristungsabrede der Einzelarbeitsbedingung beachtet werden, sondern das gesamte diesbezügliche Vertragsverhältnis (siehe hierzu S. 235).

E. Auslegung

Bevor die eigentliche Inhalts- beziehungsweise Angemessenheitskontrolle der Befristungsabrede der Einzelarbeitsbedingung vollzogen werden kann, bedarf es zwingend der Auslegung der Klausel selbst; mithin geht die „*Auslegung* [...] *der Inhaltskontrolle voraus.*“[654] Es muss in einem ersten Schritt, bevor die Rechtmäßigkeit der Abrede kontrolliert werden kann, der Regelungsgehalt beziehungsweise der Kontrollgegenstand präzisiert werden.

Grundsätzlich sind Verträge, beziehungsweise die zugrunde liegenden Willenserklärungen, nach §§ 133, 157 BGB so auszulegen, wie Treu und Glauben mit Rücksicht auf die Verkehrssitte es erfordern.[655] Gemäß § 133 BGB ist ausgehend vom objektiven Wortlaut der wirkliche Wille des Erklärenden maßgebend.[656] Sekundär ist die gewählte Bezeichnung der Abrede.[657] Zu berücksichtigen sind alle tatsächlichen Begleitumstände der Erklärung, insofern sie Erkenntnisse über den wirklichen Willen des Erklärenden bei seiner Erklärung gehabt haben und zur Ermittlung des Empfängerhorizonts hilfreich sind.[658] Maßgebend ist das, was der Empfänger bei objektiver Betrachtung der Erklärung entnehmen durfte.[659]

Vorstehender Auslegungsmaßstab nach den §§ 133, 157 BGB ist bei Arbeitsverträgen, welche fast ausschließlich als AGB einzuordnen sind, zu

---

653 BAG v. 27.7.2005 – 7 AZR 486/04, NZA 2006, 40 (44).

654 ErfK/*Preis*, BGB, §§ 305-310 Rn. 31.

655 Vgl. nur BAG v. 12.9.2006 – 9 AZR 686/05, NZA 2007, 253 (255 = Rn. 32) m.w.N.

656 Anstatt aller Palandt/*Grüneberg*, BGB, Überbl. v. § 305 Rn. 17.

657 BAG v. 20.7.2004 – 9 AZR 626/03, NZA 2004, 1090 (1092); v. 12.9.2006 – 9 AZR 686/05, NZA 2007, 253 (254 = Rn. 22).

658 Anstatt aller vgl. nur BAG v. 15.9.2009 – 9 AZR 757/08, NZA 2009, 1333 (1335 = Rn. 43).

659 BAG v. 12.9.2006 – 9 AZR 686/05, NZA 2007, 253 (254 = Rn. 22); v. 15.11.2011 – 9 AZR 729/07, AP TzBfG § 8 Nr. 30 (Rn. 23); v. 15.9.2009 – 9 AZR 757/08, NZA 2009, 1333 (1335 = Rn. 43); grundlegend bereits BAG v. 2.3.1973 – 3 AZR 325/72, AP BGB § 133 Nr. 36.

modifizieren.[660] Insofern ist – bedenkt man, dass AGB nach ihrer Definition gemäß § 305 Abs. 1 Satz 1 BGB für eine Vielzahl von Verträgen vorformuliert sein sollen – nicht mehr der individuelle/wirkliche Wille des Erklärenden, sondern der objektive Inhalt und typische Sinn maßgebend für die Auslegung der Abrede.[661] Folglich ist – ausgehend vom Wortlaut – entscheidend, was ein verständiger und redlicher Vertragspartner (Arbeitnehmer) unter Abwägung der Interessen der normalerweise beteiligten Kreise unter der Abrede versteht.[662] Maßgebend für die Konkretisierung des Kontrollgegenstandes und letztlich der Erkenntnis, auf was sich die Parteien einigten und welcher Rechtmäßigkeitsmaßstab anzuwenden ist, orientiert sich an dem, was ein durchschnittlicher Vertragspartner typischerweise bei Vorlage der Abrede erwarten konnte (objektiver Inhalt und typischer Sinn). Entscheidend ist, was ein nicht-rechtskundiger, aber verständiger und redlicher Arbeitnehmer (nicht juristische Laiensphäre) regelmäßig unter Abwägung der Interessen der normalerweise beteiligten Verkehrskreise versteht.[663] Sofern sich dieser aus der konkreten Abrede herleiten lässt, ist auch der von den Beteiligten verfolgte Regelungszweck sowie die der *„jeweils anderen Seite erkennbare Interessenlage“* von Bedeutung.[664] Individuelle Umstände, Begleitumstände, die bei dem Abschluss der vertraglichen Abrede vorlagen, sind regelmäßig irrelevant.[665] Diesbezüglich ist zu berücksichtigen, dass die Regelung in § 310 Abs. 3 Nr. 3 BGB, welche für die Beurteilung der unangemessenen Benachteiligung nach § 307 Abs. 1 und Abs. 2 BGB auch die den Vertragsschluss begleitenden Umstände mit einbezieht, keine Anwendung auf die Prüfung der Unklarheitenregel des § 305c Abs. 2 BGB und daher auch

---

660 Hierzu ausführlich und in Bezug zu Arbeitsverträgen *Bieder*, RdA 2011, 142.

661 MüKoBGB/*Busche*, BGB, § 133 Rn. 25; *Bieder*, RdA 2011, 142 ff.

662 Ständige Rspr. vgl. nur BGH v. 9.4.2014 – VIII ZR 404/12, NJW 2014, 2269 (2274 = Rn. 57); v. 31.7.2013 – VIII ZR 162/09, NJW 2013, 3647 (3649 = Rn. 30); MüKoBGB/*Busche*, BGB, § 133 Rn. 25 m.w.N.

663 BAG v. 24.10.2007 – 10 AZR 825/06, NZA 2008, 40 (41 = Rn. 13); v. 19.3.2008 – 5 AZR 430/07, NZA 2008, 757 (759 = Rn 23); v. 23.3.2017 – 6 AZR 705/15, NZA 2017, 773 (774 = Rn. 14); ErfK/*Preis*, BGB, §§ 305-310 Rn. 31; MüKoBGB/*Basedow*, BGB, § 305c Rn. 18; H/W/K/*Roloff*, BGB, § 305c Rn. 6; Palandt/*Grüneberg*, BGB, § 305c Rn. 16.

664 H/W/K/Roloff, BGB, § 305c Rn. 6; BAG 19.3.2008 – 5 AZR 429/07, NZA 2008, 757 (759 = Rn. 24); v. 9.6.2010 – 5 AZR 332/09, NZA 2010, 877 (880 = Rn. 36); v. 25.8.2010 – 10 AZR 275/09, NZA 2010, 1355 (1357 = Rn. 19).

665 MüKoBGB/*Basedow*, BGB, § 305c Rn. 26; Palandt/*Grüneberg*, BGB, § 305c Rn. 16; H/W/K/*Roloff*, BGB, § 305c Rn. 6; ErfK/*Preis*, BGB, §§ 305-310 Rn. 31.

nicht auf die Auslegung von AGB im Allgemeinen findet.[666] Sofern sich zwei Auslegungsalternativen gegenüberstehen, geht dies gemäß § 305c Abs. 2 BGB zu Lasten des Verwenders, sodass die für den Empfänger (meist der Arbeitnehmer) günstigere Auslegung heranzuziehen ist.[667]

Bezogen auf die Befristung einer einzelnen Arbeitsbedingung ist also – bevor die eigentliche Inhaltskontrolle vollzogen werden kann – festzustellen, dass eine solche Abrede tatsächlich überhaupt vorliegt. Ebenso möglich ist es, dass der Arbeitgeber vielmehr eine (zusätzliche) Befristung des gesamten Arbeitsverhältnisses verwendet hat und gerade nicht „nur" eine Befristung einer Arbeitsbedingung vorliegt. Sodann wäre konsequenterweise die Kontrolle anhand der Maßstäbe des TzBfG und der AGB-Kontrolle anzuwenden.

F. Inhalts- und Angemessenheitskontrolle

I. Einführung

Nach dem soeben (vergleiche S. 189) festgestellt wurde, dass der Anwendungsbereich der AGB-Kontrolle nach §§ 310 Abs. 1, Abs. 4 Satz 2, 305 Abs. 1 BGB jedenfalls dem Grunde nach für die Kontrolle der Befristung einer einzelnen Arbeitsbedingung erfüllt ist, stellt sich nachfolgend die Frage, wie die konkrete Vertragskontrolle ausgestaltet ist, welche Maßstäbe gelten und was genau der Kontrolle unterliegt.

Wie bereits herausgearbeitet (siehe hierzu S. 107 ff.) stellt die Befristung einer Einzelarbeitsbedingung in Abgrenzung zur Befristungsabrede des gesamten Arbeitsverhältnisses eine sogenannte Nebenabrede im Sinne des § 307 Abs. 3 Satz 1 BGB dar, da nicht die Arbeitsleistung selbst modifiziert wird, sondern „nur" ihre zeitliche Einschränkung bedingt wird.[668] In Folge dessen ist, nachdem festgestellt wurde, dass tatsächlich (wie regelmäßig der Fall) keine Individualabrede im Sinne des §§ 305 Abs. 1 Satz 3, 305b BGB vorliegt, grundsätzlich – sofern

---

666 BAG v. 8.12.2015 – 3 AZR 267/14, NZA-RR 2016, 374 (377 = Rn. 35); zustimmend ErfK/*Preis*, BGB, §§ 305-310 Rn. 31.

667 Vgl. *Bieder*, RdA 2011, 142 (145f.); MüKoBGB/*Basedow*, BGB, § 305c Rn. 33 m.w.N.

668 Vgl. anstatt aller BAG v. 27.7.2005 – 7 AZR 486/04, NZA 2006, 40 (45); v. 23.3.2016 – 7 AZR 828/13, NZA 2016, 881 (885 = Rn. 45); zuletzt v. 25.4.2018 – 7 AZR 520/16, NZA 2018, 1061 (1063 = Rn. 28 m.w.N.); *Wimmer*, S. 74; *Maschmann*, RdA 2005, 212 (220); *Preis/Bender*, NZA-RR 2005, 337 (340); *Schmidt*, NZA 2014, 760; *Biedermann*, NZA-RR 2019, 345 (347); ErfK/*Preis*, BGB, §§ 305-310 Rn. 40, Rn. 75; Clemenz/Kreft/Krause/*Klumpp*, AGB-Arbeitsrecht, § 307 Rn. 144.

jeweils einschlägig – eine Inhalts- und Angemessenheitskontrolle nach den §§ 307 bis 309 BGB durchzuführen.

II. Ausgangspunkt der Inhaltskontrolle der Rechtsprechung

Betrachtet man die Entwicklung der Rechtsprechung zur (Inhalts-)Kontrolle der befristeten Einzelarbeitsbedingung seit der Schuldrechtsmodernisierung, ist – um die Fehlentwicklungen herauszustellen (hierzu nachfolgend ab S. 201 ff.) und auch die aktuellen Entscheidungen des BAG vom 23. März 2016 und vom 25. April 2018[669] – der „Beginn" der Rechtsprechungsentwicklung darzustellen. Maßgebend ist hier die Entscheidung des Siebten Senats vom 27. Juli 2005.[670]

Der Entscheidung vom 27. Juli 2005 liegt ein typischer Sachverhalt zu Grunde, bei dem das Arbeitsverhältnis zwischen der Klägerin, einer Lehrerin, und dem beklagten Land die Möglichkeit zur Aufstockung der Pflichtstundenzahl je nach Lehrerbedarf schuljahresbezogen befristet vorsah.

Das BAG entschied, dass es seit der Schuldrechtsmodernisierung, die zur Anwendung der §§ 305 ff. BGB auf die Befristung einer Einzelarbeitsbedingung geführt habe, zur Wirksamkeit dieser keines sachlichen Grundes mehr bedürfe.[671] Vielmehr sei nach dem anzuwendenden § 307 Abs. 1 Satz 1 BGB *„anhand einer umfassenden Berücksichtigung und Bewertung rechtlich anzuerkennender Interessen der Vertragspartner"* die Angemessenheit unter Beachtung des Gebots von Treu und Glauben durch eine ausführliche Interessenabwägung zu beurteilen, wobei hierbei *„ein genereller, typisierender, vom Einzelfall losgelöster Maßstab anzulegen"* sei, der sich an dem beteiligten Verkehrskreis orientiere.[672] Von Interesse ist ferner, dass das BAG ausdrücklich auf den Willen des Gesetzgebers bei der Reintegration abstellt und insofern von einer vorzunehmenden Änderung der alten Rechtsprechung hin zu einer Anpassung des Schutzniveaus durch die AGB-Kontrolle ausgeht.[673] Hiervon unabhängig sei, auch wenn das TzBfG nicht anzuwenden sei, die ihm zugrundeliegende Wertung, dass eine Befristung gegenüber dem unbefristeten Arbeitsverhältnis die Ausnahme darstelle, zu übertragen und insofern auch für eine befristete Vereinbarung über

---

669 BAG v. 23.3.2016 – 7 AZR 828/13, NZA 2016, 881; v. 25.4.2018 – 7 AZR 520/16, NZA 2018, 1061.

670 BAG v. 27.7.2005 – 7 AZR 486/04, NZA 2006, 40.

671 BAG v. 27.7.2005 – 7 AZR 486/04, NZA 2006, 40 (44).

672 BAG v. 27.7.2005 – 7 AZR 486/04, NZA 2006, 40 (40, 46); so auch BAG v. 8.8.2007 – 7 AZR 855/06, NZA 2008, 229 (230 = Rn. 16 ff.).

673 BAG v. 27.7.2005 – 7 AZR 486/04, NZA 2006, 40 (45).

den Umfang der Arbeitszeit von Bedeutung.[674] Aus dieser Grundentscheidung ergebe sich eine Benachteiligung im Sinne des § 307 Abs. 1 Satz 1 BGB. Begründet wird dies mit der mangelnden Planungssicherheit, welche aus der *nur* befristeten Arbeitszeiterhöhung folge.[675] Diese Benachteiligung sei jedoch nicht unangemessen, da ihr billigenswerte Interessen gegenüberstehen (Arbeitgeber kann die Beschäftigung (Schülerzahl) nicht steuern, alternative betriebsbedingte Kündigungen), die bei einer Abwägung überwiegen.

Das Urteil vermag im Großen und Ganzen zu überzeugen. Insbesondere die konsequente Anwendung der AGB-Kontrolle – unter Aufhebung der alten Rechtsprechung, die keine normative Stütze hatte – gilt es hervorzuheben. Richtigerweise wird die Befristung einer einzelnen Arbeitsbedingung einer Inhaltskontrolle nach § 307 Abs. 1 Satz 1 BGB unterzogen, da sie nicht unter den Ausschluss nach Abs. 3 fällt.[676] Hierbei zieht das BAG neutral und wertungsoffen Grundgedanken des TzBfG heran, was sich bei der Interessenabwägung „zu Gunsten" des Arbeitnehmers auswirkt. Denn hierdurch ergibt sich überhaupt erst eine Benachteiligung für diesen.

Doch bereits in diesem – gewissermaßen – *ersten* Urteil nach der Schuldrechtsmodernisierung ergeben sich Ungereimtheiten und Wertungswidersprüche. So überzeugt es nicht, wenn das BAG von einer nicht vorliegenden „Verdrängung" der AGB-Kontrolle durch das TzBfG spricht. Denn dieses ist – wie zu Recht angenommen – bereits nicht einschlägig; „verdrängen" können nur anwendbare Gesetze.

Festzuhalten ist somit, dass das BAG in dem ersten konkreten Urteil nach der Schuldrechtsmodernisierung zur Befristung einer einzelnen Arbeitsbedingung eine strenge und konsequente Interessenabwägung nach § 307 Abs. 1 Satz 1 BGB vollzogen hat.

---

674 Vgl. BAG v. 27.7.2005 – 7 AZR 486/04, NZA 2006, 40 (46 f.); v. 23.3.2016 – 7 AZR 828/13, NZA 2016, 881 (886 = Rn. 52), welche auf Begründung des Gesetzgebers in BT-Drucks. 14/4374, S. 1 und S. 12 verweisen.

675 BAG v. 27.7.2005 – 7 AZR 486/04, NZA 2006, 40 (47).

676 Zuletzt bestätigt durch BAG v. 23.3.2016 – 7 AZR 828/13, NZA 2016, 881 (885 = Rn. 42).

III. Entwicklung der Rechtsprechung hin zur versteckten TzBfG-Kontrolle

1. Einführung in die Entscheidungen

Nachdem das BAG mit der vorstehend dargestellten Entscheidung vom 27. Juli 2005 den Grundsatz der ausgewogenen Interessenabwägung ausgewiesen hatte, entwickelte sich die Kontrolle der Befristungsabrede der einzelnen Arbeitsbedingung insbesondere durch die Entscheidungen vom 8. August 2007[677], vom 2. September 2009[678] und der Entscheidung vom 15. Dezember 2011[679] zu einer versteckten Sachgrundkontrolle nach dem TzBfG entsprechend der Kontrolle der Befristung des gesamten Arbeitsverhältnisses.

In der zunächst darzustellenden Entscheidung vom 8. August 2007 lag der Sachverhalt zugrunde, dass die Klägerin eine unbefristete Stelle in Höhe von 50 % der Arbeitszeit über mehrere Jahre hatte, sodann in mehreren Befristungsabreden jeweils eine Erhöhung auf 75 % erfolgte.

Auch in der Entscheidung vom 2. September 2009 hatte das BAG sich mit einer befristeten Arbeitszeiterhöhung auseinanderzusetzen. In der Historie dieses Arbeitsverhältnisses war selbiges über Jahre hinweg zunächst auf 50 % sodann auf 75 % der Arbeitszeit das Arbeitsverhältnis ausgestaltet. Darüber hinaus kam es insgesamt zwölf Mal zu einer Erhöhung der Arbeitszeit um 25 %, jedoch immer nur für einen Zeitraum von maximal sechs Monaten. Der Kläger wehrte sich gegen die letzte (12.) befristete Arbeitszeiterhöhung insbesondere mit dem Argument, dass diese nunmehr unangemessen benachteiligend im Sinne des § 307 Abs. 1 Satz 1 BGB sei. Darüber hinaus rügte der Kläger die Verletzung des Transparenzgebots unter dem Hinweis, dass der Arbeitgeber im Rahmen der letzten Arbeitszeiterhöhung nur mitteilte, dass dem Wunsch des Klägers „entsprochen wurde", was daraus resultierte, dass der Kläger zuvor seinen Arbeitgeber nach einer weiteren (unbefristeten) Erhöhung der Arbeitszeit fragte. Es kam hingegen nicht zu einer Verschriftlichung eines Grundes für die weitere Arbeitszeiterhöhung.

In der Entscheidung des BAG vom 15. Dezember 2011 hatte sich das BAG mit einem Sachverhalt auseinanderzusetzen, bei welcher die Klägerin, nachdem sie aus dem Erziehungsurlaub wiederkam, eine 50 %-Stelle bekleidete. Darauf aufbauend erfolgte über 14 Jahre, in jeweils unterschiedlicher Höhe, eine befristete

677 BAG v. 8.8.2007 – 7 AZR 855/06, NZA 2008, 229.

678 BAG v. 2.9.2009 – 7 AZR 233/08, NZA 2009, 1253.

679 BAG v. 10.12.2014 – 7 AZR 1009/12, NZA 2015, 811.

Arbeitszeiterhöhung, mit auch jeweils unterschiedlicher Länge der jeweiligen Befristungsabrede. Zuletzt erfolgte eine Aufstockung um 50 % der Arbeitszeit über einen Zeitraum von drei Monaten, welche mit dem Sonderurlaub einer Kollegin begründet wurde, wogegen sich die Klägerin wendete.

2. *Versteckte Sachgrund-Kontrolle*

Die Rechtsprechung des BAG nahm durch die vorstehenden Sachverhalte eine interessante Entwicklung ihrer konkreten Kontrolle der Vertragsabrede der Befristung einer einzelnen Arbeitsbedingung.

Trotz der Unanwendbarkeit des TzBfG (auch in einer Form einer Analogie) wurde mit Entscheidung vom 8. August 2007 ein Bezug zu den Sachgründen, welche die Befristung des ganzen Arbeitsverhältnisses nach § 14 Abs. 1 TzBfG rechtfertigen würden, aufgebaut. Eine unangemessene Benachteiligung sei im Rahmen der Angemessenheitskontrolle der AGB-Kontrolle *„nicht ohne Weiteres deshalb zu verneinen, weil die Befristung auf einem Sachverhalt beruht, der die Befristung eines Arbeitsvertrags insgesamt nach § 14 I 2 Nr. 3 TzBfG rechtfertigen würde.“*[680] Zu beachten sei, dass die Sachgrundkontrolle nach § 14 Abs. 1 TzBfG und die Inhaltskontrolle nach § 307 Abs. 1 Satz 1 BGB unterschiedliche Prüfungsmaßstäbe haben; mithin stehen sich eine umfassende Berücksichtigung und Bewertung rechtlich anerkannter Interessen und eine (schlichte) Prüfung, ob ein Sachgrund – objektiv – vorliegt, gegenüber.[681] Jedoch sei das Vorliegen eines Sachgrundes, wenn es sich um die Befristung eines Arbeitsverhältnisses handele, zu Gunsten des Arbeitgebers bei der Interessenabwägung zu berücksichtigen, was sich *„aus den im TzBfG zum Ausdruck kommenden gesetzlichen Wertungsmaßstäben“* ergebe.[682] Das BAG führt in seiner Entscheidung vom 8. August 2007 im Weiteren aus, dass der Gesetzgeber sich dazu entschieden habe, dass bei Vorliegen eines Sachgrundes das Interesse des Arbeitgebers an der Beendigung des Arbeitsverhältnisses dem Interesse des Arbeitnehmers überwiege und diese Entscheidung auf die Einzelbefristung zu übertragen sei und nur *„in Ausnahmefällen eine andere Betrachtung in Betracht komme.“*[683]

In der Entscheidung vom 2. September 2009 führte das BAG sogar aus, dass mit Vorliegen einer theoretischen Rechtfertigung nach § 14 Abs. 1 Satz 2 Nr. 3

680 BAG v. 8.8.2007 – 7 AZR 855/06, NZA 2008, 229 (230 = Rn. 21).

681 BAG v. 8.8.2007 – 7 AZR 855/06, NZA 2008, 229 (230 = Rn. 22).

682 BAG v. 8.8.2007 – 7 AZR 855/06, NZA 2008, 229 (231 = Rn. 22); so auch zuletzt v. 23.3.2016 – 7 AZR 828/13, NZA 2016, 881 (885 = Rn. 51).

683 BAG v. 8.8.2007 – 7 AZR 855/06, NZA 2008, 229 (231 = Rn. 23).

TzBfG für die Befristung des *gesamten* Arbeitsvertrags auch keine Unwirksamkeit nach § 307 Abs. 1 Satz 1 BGB folgen könne.[684]

Hierauf aufbauend prüft das BAG das Vorliegen des Sachgrundes inklusive aller Tatbestandsvoraussetzungen im Sinne des § 14 Abs. 1 Satz 2 Nr. 3 TzBfG, wobei abschließend darauf abgestellt wird, dass die Klägerin keine *„außergewöhnlichen Umstände dargelegt"* habe, *„die höher zu bewerten sein könnten als das Interesse des bekl. Landes an der nur befristeten Vereinbarung der Arbeitszeiterhöhung."*[685]

Mit Entscheidung vom 2. September 2009 stellte das BAG erstmals ausdrücklich fest, dass – der nicht überzeugenden Rechtsprechung zur Befristung des gesamten Arbeitsverhältnisses entsprechend – auch kein Verstoß gegen das Transparenzgebot nach § 307 Abs. 1 Satz 2 BGB vorliege, wenn der Grund der Befristung der Einzelarbeitsbedingung nicht angegeben werde.

Dies begründe sich daraus, dass wenn schon eine schriftliche Begründung für die Befristung des gesamten Arbeitsverhältnisses respektive die Auflistung des Sachgrundes nicht notwendig sei, dies nicht für die Befristung einer einzelnen Arbeitsbedingung gefordert werden könne.[686] Die insofern anders lautende Rechtsprechung zur Zulässigkeit von formularmäßigen Widerrufsvorbehalten sei nicht zu übertragen. Bei letzterem Flexibilisierungsmittel ergebe sich erst durch die Auflistung etwaiger Gründe die notwendige Information des Arbeitnehmers, die er für eine Planungssicherheit bedarf, um eine Ungewissheit zu vermeiden. Bei der (kalendarischen) Befristung bestehe eine solche Ungewissheit hingegen nicht.[687] Darüber hinaus läge ein Wertungswiderspruch zu den Regelungen des TzBfG vor, die zwar nicht anzuwenden, jedoch zu beachten seien; mithin sei das TzBfG bei der *„Auslegung und Anwendung des § 307 I 2 BGB* [...] *zu berücksichtigen."*[688]

Abschließend prüft das BAG in seiner Entscheidung vom 2. September 2009 im Rahmen der „Sachgrundprüfung", das Vorliegen von außergewöhnlichen Umständen auf Seiten des Klägers beim Vertragsschluss.[689] Hierbei wird eine

684 BAG v. 2.9.2009 – 7 AZR 233/08, NZA 2009, 1253.

685 BAG v. 8.8.2007 – 7 AZR 855/06, NZA 2008, 229 (232 = Rn. 27); ebenso zu dem Aspekt der „außergewöhnlichen Umstände BAG v. 2.9.2009 – 7 AZR 233/08, NZA 2009, 1253 (1256 f. = Rn. 36 ff.).

686 BAG v. 2.9.2009 – 7 AZR 233/08, NZA 2009, 1253 (1254 f. = Rn. 24 f.).

687 BAG v. 2.9.2009 – 7 AZR 233/08, NZA 2009, 1253 (1255 = Rn. 25).

688 BAG v. 2.9.2009 – 7 AZR 233/08, NZA 2009, 1253 (1255 = Rn. 24); so auch noch zuletzt v. 23.3.2016 – 7 AZR 828/13, BeckRS 2016, 69895 (juris Rn. 51).

689 BAG v. 2.9.2009 – 7 AZR 233/08, NZA 2009, 1253 (1256 f. = Rn. 36 ff.).

„Abwälzung von unternehmerischen Interessen“ dadurch verneint, dass „[...] *so lange jede Befristung von Arbeitsbedingungen in der Vergangenheit sachlich gerechtfertigt bzw. angemessen gewesen sein könnte*[*n*]“, man vom Gegenteil nicht ausgehen könne. Dies sei ein Resultat dessen, dass einzig der letzte Arbeitsvertrag Gegenstand der Kontrolle sei.[690] Ferner wird unter den außergewöhnlichen Umständen geprüft, ob bei Vertragsschluss die Voraussetzungen des § 9 TzBfG vorgelegen haben, was im Hinblick auf einen ausreichenden diesbezüglichen Klägervortrag im Ergebnis verneint wird.

Die „Spitze“ dieser Entwicklung findet sich in der Entscheidung vom 15. Dezember 2011:

Verkürzt fordert das BAG mit Urteil vom 15. Dezember 2011 für die dreimonatige Aufstockung der Arbeitszeit um 50 % das Vorliegen eines sachlichen Grundes nach § 14 Abs. 1 TzBfG, sonst liege eine unangemessene Benachteiligung nach § 307 Abs. 1 Satz 1 BGB vor. Gegenstand der AGB-rechtlichen Inhaltskontrolle sei zwar weiterhin nur die zeitliche Einschränkung durch die Befristung, jedoch erfordere eine Arbeitszeiterhöhung in einem erheblichen Umfang, der nicht beschrieben wird, jedenfalls aber bei 50 % für drei Monate vorliegen solle, eine Rechtfertigung durch Sachgrund.[691] Die Notwendigkeit hierzu ergebe sich aus der Rahmenvereinbarung zur RL 1990/70/EG. Ferner daraus, dass der Arbeitnehmer ein schützenswertes Interesse an der unbefristeten Vereinbarung des Umfangs seiner Arbeitszeit habe, sowie daraus, dass sich diese Art der Vertragsgestaltung „*kaum noch* [...] *vom Abschluss eines zusätzlichen befristeten Arbeitsvertrags* [unterscheiden]“ lasse.[692] Hieraus folge, dass es jedenfalls bei einer derartigen Befristung der Arbeitszeiterhöhung „*besonderer berechtigter Belange auf Arbeitgeberseite*“ bedürfe, die im Rahmen einer Vertragskontrolle nach § 14 Abs. 1 TzBfG (entsprechend der Entfristungskontrolle eines zusätzlichen Vertrags) zu überprüfen seien.[693]

Mit dieser Entscheidung hat das BAG nunmehr ausdrücklich die Unanwendbarkeit des TzBfG für die Befristung einzelner Arbeitsbedingungen *ad absurdum* geführt. In seinem Leitsatz führt es aus, dass das TzBfG weiterhin nicht anwendbar sei, sondern eine Kontrolle nach den §§ 305 ff. BGB zu erfolgen habe, hingegen seien „[j]*edenfalls bei der Erhöhung der Arbeitszeit in einem erheblichen Umfang*“ solche Umstände für die Angemessenheit der Abrede nach § 307 Abs. 1

690 BAG v. 2.9.2009 – 7 AZR 233/08, NZA 2009, 1253 (1256 = Rn. 37).
691 BAG v. 15.12.2011 – 7 AZR 394/10, NZA 2012, 674 (677 = Rn. 23).
692 BAG v. 15.12.2011 – 7 AZR 394/10, NZA 2012, 674 (677 = Rn. 24).
693 BAG v. 15.12.2011 – 7 AZR 394/10, NZA 2012, 674 (677 = Rn. 24 f.).

Satz 1 BGB zu fordern, *„die auch bei einem gesonderten Vertrag über die Arbeitszeitaufstockung dessen Befristung nach § 14 I TzBfG rechtfertigen würden.“*[694]

Anknüpfend an die Anmerkung *Dzidas* handelt es sich nicht nur um eine Anwendung des § 14 Abs. 1 TzBfG „durch die Hintertür“[695], sondern vielmehr um eine unmittelbare Anwendung, welche nicht einmal mehr versucht, ein Hehl hieraus zu machen. Etwaige Ausführungen der zu beachtenden Interessenabwägung gemäß § 307 Abs. 1 BGB, welche sich auch in diesem Urteil wiederfinden, geraten vollends zur Phrase.[696]

Ebenso wenig der Praxis helfend ist der Hinweis, wonach die Parteien auch einen zusätzlichen (weiteren) Arbeitsvertrag hätten schließen können, der sodann dem TzBfG unterliegen würde. Dies ist zwar in der Sache nicht anzugreifen, jedoch nicht das, was die Parteien vereinbart haben, also kein Argumentationsstrang für die Modifikation einer Vertragskontrolle unter AGB-Gesichtspunkten. Hierzu ist ferner anzumerken, dass das BAG in der vorstehenden Entscheidung vom 15. Dezember 2011 keinen Hinweis gibt, unter welchen Voraussetzungen nicht mehr von einer befristeten Arbeitszeiterhöhung in Gestalt der Einzelarbeitsbedingung auszugehen sei, sondern vielmehr ein zusätzlicher und in der Kontrolle zu trennender befristeter Arbeitsvertrag vorliegt.

Was sich bereits bei den vorherigen Urteilen angekündigt hat und nun offensichtlich zu Tage tritt,[697] ist mit Nachdruck abzulehnen und herauszustellen: Wenn das BAG den Schritt geht, nicht mehr von einer Einzelarbeitsbedingung auszugehen, sondern vielmehr von einem befristeten Arbeitsvertrag – jedenfalls bei der Entscheidung für das maßgebliche Kontrollinstrument – dann muss zwingend auch die vollständige (!) Kontrolle eines befristeten Arbeitsvertrags erfolgen.

Hilfreich (und richtig) wäre gewesen, wenn das BAG eine Auslegung der vertraglichen Abrede vollzogen hätte, um so dann das richtige Kontrollinstrument anzuwenden. Der Vertragskontrolle nach AGB-Recht und des TzBfG ist nämliche eine Auslegung der Abrede voranzustellen. Hierdurch entscheidet sich, ob eine Befristung des Arbeitsverhältnisses oder einer einzelnen Arbeitsbedingung vorliegt, welche sodann erst der jeweiligen weiteren Rechtmäßigkeitsvoraussetzungen unterliegt.

---

694 BAG v. 15.12.2011 – 7 AZR 394/10, NZA 2012, 674.

695 *Dzida*, NJW 2012, 2296 (2302).

696 Von einem „Lippenbekenntnis“ spricht überzeugend *Schmidt*, NZA 2014, 760 (762).

697 Diese Rechtsentwicklung bezeichnet *Lunk* hingegen als „etwas überraschend“, *Lunk*, Anmerkung zu AP TzBfG § 14 Nr. 89.

Richtig ist die Feststellung des BAG, dass je höher der flexibilisierte Anteil im Synallagma der Parteien ist, das Interesse des Arbeitnehmers umso mehr bei der Interessenabwägung ins Gewicht zu fallen hat. Insofern stringent ist auch die Begründung des BAG. Unerklärlich ist jedoch, warum nicht der Versuch unternommen wird, eine tatsächliche Interessenabwägung durchzuführen.

Lunk kritisiert diese Rechtsprechung als eine „faktische Verdopplung" der Schranken, wobei er zum einen die AGB-Kontrolle und zum anderen die Voraussetzungen des § 14 Abs. 1 TzBfG meint.[698] Ihm ist zu widersprechen: Es liegt bei genauer Betrachtung keine Verdopplung vor, sondern die Inhaltskontrolle des § 307 Abs. 1 BGB wurde durch das Erfordernis eines Sachgrundes ersetzt. Gewiss ist diese Replik in der Sache wenig erfreulich.

3. *Übertragbarkeit der Sachgrundprüfung*

Die von der Rechtsprechung spätestens mit Entscheidung vom 8. August 2007 durchgeführte Übertragung der Ergebnisse einer vermeintlichen Sachgrundprüfung auf die Angemessenheitskontrolle wäre rechtlich unproblematisch und auch zu akzeptieren, wenn beide Kontrollen den gleichen Normzweck, die gleiche Kontrollintensität sowie bezogen auf die Kontrolle selbst die gleichen Interessen mit derselben Schwerpunktsetzung beachten würden. Mit anderen Worten wäre es unproblematisch, wenn § 14 Abs. 1 TzBfG eine gleiche Interessenwahrung und -abwägung vollzieht, wie es die AGB-Inhaltskontrolle gewährleistet.

Die Angemessenheitskontrolle unter AGB-Gesichtspunkten erfolgt durch Abwägung der jeweiligen Parteiinteressen unter Beachtung von Treu und Glauben.[699] Herangezogen wird hierfür ein objektiv-genereller Faktor, wobei durch § 307 Abs. 1 Satz 1 BGB eine Abwägung der jeweiligen Interessen gewährleistet ist.[700] Ausgangspunkt der AGB-Kontrolle ist, der vertragstypischen Paritätsstörung entgegenzuwirken und den Verbraucher vor unangemessenen, einseitig-gestellten Vertragsklauseln zu schützen. Der Gesetzgeber des Schuldrechtsmodernisierungsgesetzes hatte die Intention, unter anderem durch Durchführung dieser Inhaltskontrolle das Schutzniveau des Arbeitsvertragsrechts an das des allgemeinen Zivilrechts anzugleichen.[701]

---

698 *Lunk*, Anmerkung zu AP TzBfG § 14 Nr. 89.

699 Palandt/*Grüneberg*, BGB, § 307 Rn. 10 ff.; Däubler/Bonin/Deinert/*Deinert*, AGB-Recht, § 307 Rn. 61, Rn. 65.

700 Palandt/*Grüneberg*, BGB, § 307 Rn. 10 ff.; Däubler/Bonin/Deinert/*Deinert*, AGB-Recht, § 307 Rn. 61, Rn. 73 ff.

701 BT-Drucks. 14/6867, S. 54.

Zu fragen ist daher, ob die Suche nach dem Vorliegen eines Sachgrundes ebenso die Parteiinteressen wahrt, wie es die Angemessenheitskontrolle nach § 307 Abs. 1 Satz 1 BGB gewährleistet.

Auch die Ermittlung des sachlichen Grundes erfolgt durch einen objektiven und generalisierenden Kontrollmaßstab; mithin ist sie ebenfalls eine Rechtskontrolle.[702] Genereller Schutzzweck der Ermittlung des sachlichen Grundes ist es – wie bei der Inhaltskontrolle nach AGB-Recht –, den Arbeitnehmer *„vor einer zu weit gehenden Durchsetzung der Arbeitgeberinteresse*[n] [zu] *schützen.*"[703] Die Interessen der Arbeitnehmer werden jedoch nicht über generalisierte Parteiinteressen, sondern in der Regel durch die Fallgruppen nach § 14 Abs. 1 Satz 2 TzBfG geschützt, sodass bereits zweifelhaft ist, ob überhaupt ein tatsächliches Abwiegen der Interessen vollzogen oder nur die objektive Sachlage unter einen Sachgrund subsumiert wird.

Sinn und Zweck des TzBfG ist es, dem vermeintlichen Entzug an Rechten entgegenzuwirken, was sich daraus ergibt, dass der Gesetzgeber die frühere BAG-Rechtsprechung bewusst übernommen hat und auch unverändert weiterführen wollte.[704] Die Rechtsprechung im Befristungsrecht war bis zur Kodifizierung maßgeblich vom Umgehungsgedanken des Kündigungsschutzrechts geleitet.

Hieraus ergibt sich auch, dass eine Beachtung der jeweiligen Parteien oder eine unter Umständen vorliegende Paritätsstörung für die Prüfung irrelevant ist.[705] Die Befristungskontrolle greift auf der einen Seite auch, wenn sich zwei ebenbürtige Vertragspartner gegenüberstehen, und verwendet auf der anderen Seite auch nicht einen höheren Schutz, wenn offensichtlich ein großes Missverhältnis zwischen den Verhandlungspositionen der Arbeitsvertragsparteien besteht. Geschützt wird im Befristungsrecht „schlicht" vor Entzug von Rechten, was auch nach der Kodifizierung des TzBfG vom Gedanken des Kündigungsschutzes herrührt.[706]

Feuerborn geht davon aus, dass eine reine Subsumtion unter die Fallgruppen des § 14 Abs. 1 Satz 2 TzBfG nicht möglich sei, sondern weitere Konkretisierungen der Sachgründe notwendig seien.[707] Diese Konkretisierung erfolge *„im Wege einer Abwägung der widerstreitenden Parteiinteressen in Bezug auf die*

702 *Feuerborn*, S. 24, S. 30, passim.
703 *Feuerborn*, S. 34.
704 BT-Drucks. 14/4374, S. 18.
705 So auch *Feuerborn*, S. 325 ff.
706 Vgl. *Feuerborn*, S. 481.
707 *Feuerborn*, S. 325 ff., S. 476.

Befristung"[708]; mithin des Bestandsschutzinteresses gegen das Interesse an der Beendigung des Arbeitsverhältnisses oder jedenfalls an einer hohen Flexibilität. Jedoch räumt auch *Feuerborn* ein, dass es sich eher um Theorie handele und das BAG in der „Praxis" die Interessenabwägung *„häufig nur verdeckt und pauschal, ohne die methodisch erforderlichen Gedankenschritte einer normativ strukturierten Interessenabwägung*"[709] vollziehe.

Genau diese Praxis war es jedoch, welche den Gesetzgeber zur Reintegration des Arbeitsvertragsrechts in das allgemeine Zivilrecht bewegt hat. Somit gilt es genau dieser Art der „Vertragskontrolle" entgegenzuwirken, was durch eine tatsächlich durchgeführte AGB-Inhaltskontrolle zu erfolgen hat.

Insofern überzeugt es auch, wenn *Feuerborn* zu dem Ergebnis gelangt, dass *„die Befristungskontrolle kein Fall der allgemeinen Angemessenheitskontrolle gem. § 242 BGB*" sei.[710] Begründet wird dies mit dem deutlichen Unterschied zwischen beiden Kontrollinstrumenten, wobei das eine schlicht den Entzug eines Rechts untersucht und zu verhindern vermag und das andere sich auf den Ausgleich der gestörten Parität bei Vertragsschluss fokussiert. *Feuerborn* knüpft die Angemessenheitskontrolle an § 242 BGB an, was jedoch auf die Angemessenheitskontrolle nach § 307 Abs. 1 Satz 1 BGB übertragbar ist. Denn die von *Feuerborn* verwendeten Wertungen sind auf die damals noch nicht auf das Arbeitsrecht ausgeweitete AGB-Inhaltskontrolle zu übertragen. Eine Übertragbarkeit lässt sich insbesondere mit der Anknüpfung an den Paritätsgedanken begründen.

Festzuhalten ist daher, dass gravierende Unterschiede in der Gewichtung und Beachtung der Interessen beider Vertragsparteien zwischen der Sachgrundprüfung und der Angemessenheitskontrolle bestehen. Somit ist von keiner Vergleichbarkeit in puncto Schutzintensität auszugehen, was zur Folge hat, dass eine blinde Übertragung der Wertungen der Sachgrundkontrolle auf die Inhaltskontrolle nach § 307 Abs. 1 Satz 1 BGB abzulehnen ist.

Dieses Ergebnis unterstützend ist auch der Sinn und Zweck der AGB-Kontrolle zu beachten, welche gerade eine Interessenabwägung fordert, um eine Angleichung des Schutzniveaus zu erhalten. Genau jene Inhaltskontrolle ist nach der Reintegration des Arbeitsrechts in das allgemeine Zivilrecht für die Kontrolle der Angemessenheit der Befristung einer einzelnen Arbeitsbedingung vorgegeben worden. Hätte der Gesetzgeber eine Angleichung dieses Rechtsinstituts an die Befristung des gesamten Arbeitsverhältnisses gewollt, so hätte er den

708 *Feuerborn*, S. 340, 431 ff.

709 *Feuerborn*, S. 440.

710 *Feuerborn*, S. 481.

Anwendungsbereich des TzBfG dahingehend eröffnen können. Folglich ist es nicht überzeugend, einzig mit dem Vorliegen eines Sachgrundes eine Interessenabwägung zu entscheiden.

4. *Absolute Befristungsgründe*

Im Bereich der Rechtfertigung durch Sachgrund wird eine Fallgruppe diskutiert, bei welcher eine Interessenabwägung nicht zu erfolgen habe; somit auch eine Übertragung dieser Wertungen auf die Inhaltskontrolle nach § 307 Abs. 1 Satz 1 BGB denkbar ist, ohne dass eine Missachtung der durchzuführenden Interessenabwägung zu kritisieren ist. Gemeint sind die sogenannten „absoluten Befristungsgründe". Hierunter sind all jene Befristungsgründe zu verstehen, welche allein durch das objektive Vorliegen des Interesses einer Seite gerechtfertigt sind und es keiner Berücksichtigung der Interessen der Gegenseite mehr bedarf.[711] Unter *absoluten* Befristungsgründen werden meist betriebsbedingte Befristungsgründe verstanden; mithin übertragen auf die aktuell normierten Befristungsgründe § 14 Abs. 1 Satz 1 Nr. 1 TzBfG.[712] Darüber hinaus wird die Fallgruppe des Arbeitnehmerwunsches als absoluter Befristungsgrund argumentiert.[713]

Die Figur der absoluten Befristungsgründe stammt von den absoluten Kündigungsgründen, bei deren objektiven Vorliegen der Richter ebenso zwingend gebunden ist, die Kündigung als wirksam zu beurteilen; dem Richter insofern keine Interessenabwägung zur Verfügung steht und er sonst mildernde Umstände für seine Entscheidungsfindung nicht berücksichtigen darf.[714] Solche absoluten Kündigungsgründe hat das BAG[715] in Übereinstimmung mit der herrschenden Meinung im Schrifttum[716] überzeugend abgelehnt und zuletzt in der sogenannten „*Emmely*-Entscheidung"[717], bei der es sich um eine Kündigung, begründet durch ein Bagatelldelikt handelte, nochmals bestätigt. Es bedarf immer einer Beachtung des Einzelfalls beziehungsweise einer Abwägung der

---

711 Siehe auch *Feuerborn*, S. 101, S. 443 ff.; *Persch*, S. 214 f.

712 *Feuerborn*, S. 443 f., S. 617 f.

713 *Feuerborn*, S. 444, S. 700 ff.

714 Vgl. A/P/S/*Preis*, Grundlagen H., Rn. 2 ff; zuletzt *Fischermeier*, RdA 2014, 257.

715 Grundlegend BAG v. 9.7.1981 – 2 AZR 788/78, AP BGB § 620 Bedingung Nr. 4.

716 *Stoffels*, NJW 2011, 118 (121); *Fischermeier*, RdA 2014, 257; MüKoBGB/*Hergenröder*, KSchG, § 1 Rn. 69; ErfK/*Oetker*, KSchG, § 1 Rn. 13; A/P/S/*Preis*, Grundlagen H., Rn. 4 m.w.N.

717 BAG v. 10.6.2010 – 2 AZR 541/09, NZA 2010, 1227.

jeweiligen Interessen. Zu beachten gilt es, dass das Kündigungsschutzrecht als zwingendes Recht auch nicht (weiter) zum Nachteil des Arbeitnehmers modifiziert werden kann (§ 1 KSchG, §§ 622, 626 BGB).[718]

Ebenso ist die Figur der absoluten Befristungsgründe abzulehnen.[719] Es besteht auch im Befristungsrecht eine zum Kündigungsschutzrecht vergleichbare Regelung mit § 22 TzBfG. Es stellte sich auch die Anschlussfrage, wie das Vorliegen von absoluten Befristungsgründen festgestellt werden solle und wo die Grenze wäre, bei der ein Befristungsgrund doch einer Gegenüberstellung der Interessen der anderen Vertragspartei zu unterliegen hat.[720] Des Weiteren ist zu beachten, dass das Befristungsrecht aus dem Kündigungsschutzrecht entstammt, sodass es wenig überzeugend ist, dort absolute Gründe entschieden abzulehnen und im Befristungsrecht zu akzeptieren. Ferner ist zu betonen, dass wenn der Arbeitgeber gewichtige wirtschaftliche Gründe hat, um eine Person nur vorübergehend bis zu einem bei Vertragsschluss bekannten Ende einzustellen, diese Gründe auch das Interesse eines Arbeitnehmers an einer dauerhaften Einstellung überwiegen. Denn genau für diese Fallgruppe existiert die Möglichkeit zur Befristung eines Arbeitsverhältnisses überhaupt. Alternativ bedarf es der Überlegung, ob das Befristungsrecht im Ganzen abzulehnen ist, was jedoch hier nicht besprochen werden soll. Auf den vermeintlichen absoluten Sachgrund des Arbeitnehmerwunsches bezogen ist zum einen darauf hinzuweisen, dass bereits die AGB-Kontrolle nach den §§ 305 Abs. 1 Satz 1, 305b BGB (Individualabrede) unter Umständen nicht anwendbar ist, und zum anderen, dass wenn der Arbeitnehmer tatsächlich den freien Wunsch nach einer Befristung hat, kaum eine Fallgestaltung denkbar ist, bei welcher die Arbeitgeberinteressen überwiegen sollen, sodass ein unbefristetes Arbeitsverhältnis zu entstehen hat.[721]

Folglich sind absolute Befristungsgründe abzulehnen und vom Erfordernis der Gegenüberstellung der Interessen bei der Kontrolle des Sachgrundes auszugehen.[722]

Festzuhalten ist hiermit, dass auch unter dem Gesichtspunkt der absoluten Befristungsgründe nicht von einer blinden Übertragung der Wertungen der

---

718 Anstatt aller zuletzt *Fischermeier*, RdA 2014, 257.

719 Sympathisierend hingegen *Feuerborn*, S. 701 ff., S. 707 ff.

720 Siehe *Persch*, S. 214 f.

721 Auch *Feuerborn*, S. 447 geht davon aus, dass es bei dieser Fallgruppe schwierig ist von einem absoluten Befristungsgrund auszugehen, er meint jedoch, dass die Arbeitgeberinteressen zwingend anzubringen sind.

722 Ebenso *Persch*, S. 214 f.

Sachgrundkontrolle beziehungsweise seines Ergebnisses auf die Inhaltskontrolle gemäß § 307 Abs. 1 Satz 1 BGB auszugehen ist. Etwaige Überlegungen sind abzulehnen. Die insoweit durchgeführte Vertragskontrolle des BAG bezüglich der Befristung einer einzelnen Arbeitsbedingung vermag daher auch unter diesem Gesichtspunkt nicht zu überzeugen.

5. *Rückgriff auf Wertungen*

Mit Entscheidung vom 8. August 2007 führt das BAG erstmals aus, dass das Vorliegen eines Sachgrundes, wenn es sich um die Befristung eines Arbeitsverhältnisses handele, *zu Gunsten* des Arbeitgebers bei der Interessenabwägung zu berücksichtigen sei, was sich *„aus den im TzBfG zum Ausdruck kommenden gesetzlichen Wertungsmaßstäben"* ergebe.[723]

Selbstverständlich ist ein Rückgriff auf die Wertungen der Befristungskontrolle des gesamten Vertrags nicht im Ganzen ausgeschlossen. Denn es bestehen hinreichende Schnittpunkte zwischen der Befristung des gesamten Arbeitsverhältnisses und der einer Einzelarbeitsbedingung (siehe hierzu S. 245). Es stellt sich jedoch die Frage, warum die gesetzlichen Wertungsmaßstäbe des § 14 Abs. 1 TzBfG nur zu Gunsten des Arbeitgebers heranzuziehen sind; es mithin nicht (mehr) zu einer ergebnisoffenen Interessenabwägung kommen soll, sofern man festgestellt hat, dass bei Vorliegen einer Befristungsabrede des gesamten Arbeitsverhältnisses diese durch einen Sachgrund nach § 14 Abs. 1 TzBfG gerechtfertigt sei.

Überzeugender ist es doch vielmehr wertungsneutral – also ohne vorher zu bestimmen, dass es sich um Tatsachen einzig „zu Gunsten" einer Partei handelt (entsprechend dem Urteil vom 27. Juli 2005) – das theoretische Vorliegen eines Sachgrundes in eine Interessenabwägung einzuführen.

6. *Kein Rosinenpicken*

Ein Kritikpunkt tritt im Urteil vom 2. September 2009 nun eindeutig zutage und wird auch in der nachfolgenden Entscheidung vom 15. Dezember 2011 nochmals bestätigt: Die Rechtsprechung bedient sich der Wertungen des TzBfG, wo sie es für ihre Argumentation für notwendig hält, lehnt hingegen mit Nachdruck eine Anwendung des TzBfG im Ganzen ab. So werden die Sachgründe des TzBfG bereits vor einer Gegenüberstellung der Interessen der Vertragsparteien einzig

---

723 BAG v. 8.8.2007 – 7 AZR 855/06, NZA 2008, 229 (231 = Rn. 22); so auch zuletzt v. 23.3.2016 – 7 AZR 828/13, NZA 2016, 881 (885 = Rn. 51).

zu Gunsten des Arbeitgebers herangezogen, ohne nachfolgend die tatsächlichen Interessen des Arbeitnehmers gegenüberzustellen respektive abzuwägen. Des Weiteren wird einzig der letzte Arbeitsvertrag kontrolliert und auch die Wertungen des § 14 Abs. 4 TzBfG werden offen herangezogen, damit kein „Wertungswiderspruch“ entsteht. Diese Art der Rechtsanwendung erinnert an Möglichkeiten im Rahmen des § 15 HGB (sogenannte „Rosinentheorie“[724]). Dort kann sich eine Partei anschaulich formuliert die „Rosinen“ heraussuchen, um das für sie günstigste Ergebnis zu erlangen.

Doch geht diese Anwendung durch das BAG bei der AGB-Kontrolle fehl. Zum einen dient das AGB-Recht dem Schutz des durch einseitige Vertragsgestaltung Belasteten, sodass potentiell die falsche Partei bevorzugt wird. Zum anderen liegt kein mit demjenigen, welcher durch seine eigene Handlung die Publizität des Handelsregisters beeinträchtigt hat und deswegen „bestraft“ werden soll, vergleichbares Verschulden des Arbeitnehmers vor. Darüber hinaus ist es nicht eine Partei, die sich die „Rosinen pickt“, sondern die Rechtsprechung.

Davon abgesehen: Wertungen eines Gesetzes ergeben sich nicht aus einzelnen Paragraphen oder gar deren Absätzen, sondern nur aus sämtlichen Regularien, die zu einem gesamten Sachkomplex erlassen wurden (teilweise sogar nur in Verbindung mit anderen Gesetzen).[725] Hieraus folgt, dass auch die den Arbeitgeber belastenden Regelungen des TzBfG in die Wertung der Inhaltskontrolle nach § 307 Abs. 1 Satz 1 BGB mitaufzunehmen sind.

Dass das TzBfG als Regelung zur Befristung von Arbeitsverhältnissen auch eine übertragbare Wertung für die Befristung von einzelnen Arbeitsbedingungen enthält und insofern bei der Abwägung mit ins Gewicht fällt, ergibt sich aus den äußeren Umständen und Gemeinsamkeiten zwischen beiden Vertragsgestaltungsmitteln.[726] So ist beispielsweise die Vergänglichkeit beiden Abreden immanent und auch die Vertragsparteien sind die gleichen. Darüber hinaus gilt es zu berücksichtigen, dass beide Vereinbarungen der AGB-Kontrolle unterliegen. Nur die Inhaltskontrolle nach § 307 Abs. 1 Satz 1 BGB ist für die Befristung des gesamten Arbeitsverhältnisses nicht durchzuführen, da es sich um eine Hauptabrede handelt. Hierfür wird jedoch – gewissermaßen als „Ersatz“ – eine Sachgrundkontrolle nach § 14 TzBfG vollzogen. Wichtig ist, dass der Gesetzgeber des TzBfG an der früheren Rechtsprechung festhalten wollte und vor der Verabschiedung des TzBfG beide Vereinbarungen (Befristung des gesamten

724 Vgl. hierzu nur MüKoHGB/*Krebs*, HGB, § 15 Rn. 54.
725 In diese Argumentationsrichtung wohl auch *Schmidt*, NZA 2014, 760 (762 f.).
726 Siehe auch *Schmidt*, NZA 2014, 760 (762).

Arbeitsverhältnisses und einer Einzelarbeitsbedingung) unter dem gleichen Kontrollansatz geprüft wurden; mithin ist es unvermeidlich, dass sich auch Parallelen und Überschneidungen bei Wertungen ergeben. Dies darf jedoch nicht dazu führen, dass der Gesetzeszweck der Reintegration des Arbeitsrechts in die allgemeine zivilrechtliche AGB-Kontrolle konterkariert beziehungsweise missachtet wird. Es gilt einen (weiteren) Schutz des bei der Vertragsgestaltung Unterlegenen herzustellen und hierdurch das Schutzniveau des Arbeitsrechts an das des allgemeinen Zivilrechts anzuheben (und nicht abzusenken). Auszuführen ist mithin eine Interessenabwägung.

7. Darlegungs- und Beweislast

Problematisch an der dargestellten Rechtsprechung zur Befristung einer einzelnen Arbeitsbedingung ist des Weiteren, dass das BAG seit der Entscheidung vom 8. August 2007[727] davon ausgeht, dass der Arbeitnehmer als Kläger etwaige außergewöhnliche Umstände, die einen Sachgrund nach § 14 Abs. 1 Satz 2 TzBfG widerlegen würden, vollständig darzulegen und zu beweisen habe; mithin es zu keiner Beweiserleichterung kommt.

Dies ist insbesondere problematisch, wenn man bedenkt, dass es sich um eine Prüfung des § 307 Abs. 1 Satz 1 BGB handelt, bei der diese vom BAG durch die Sachgrundprüfung ersetzt wird. Im Rahmen der Inhaltskontrolle gilt der Grundsatz, dass diejenige Partei das darzulegen und zu beweisen hat, was für sie günstig ist.[728] Der Arbeitgeber hat also die Faktoren, welche eine für ihn günstige Abwägung zur Folge hätte, darzulegen. Konsequent wäre es somit, dem Arbeitgeber die Darlegungs- und Beweislast für etwaige ausschließlich „zu seinen Gunsten" dienende Sachgründe aufzuerlegen. Hierfür ist sogar § 14 Abs. 1 TzBfG selbst ins Feld zu führen. Denn auch dort gilt, dass der Arbeitgeber, sofern er sich auf einen Sachgrund beruft, dessen Vorlegen im Prozess darzulegen und gegebenenfalls auch zu beweisen hat.[729]

Zu fragen ist ferner, ob der Arbeitgeber auch für die sogenannten „außergewöhnlichen Umstände" – beziehungsweise deren Nichtvorliegen – die Darlegungs- und Beweislast zu tragen hat, welche trotz Vorliegen eines

---

727 BAG v. 8.8.2007 – 7 AZR 855/06, NZA 2008, 229 (231 f. = Rn. 27, 34); siehe auch BAG v. 2.9.2009 – 7 AZR 233/08, NZA 2009, 1253 (1256 f. = Rn. 36 ff.).

728 Palandt/*Grüneberg*, BGB, § 307 Rn. 9; Däubler/Bonin/Deinert/*Deinert*, AGB-Recht, § 307 Rn. 72.

729 Meinel/Heyn/Herms/*Meinel*, TzBfG, § 14 Rn. 352.

Sachgrundes dafür sorgen, dass nicht unmittelbar von einer angemessenen Abrede im Sinne des § 307 Abs. 1 Satz 1 BGB ausgegangen werden kann.

Normative Anknüpfung für „außergewöhnliche Umstände“ bei der Befristung einer Arbeitszeiterhöhung stellt – jedenfalls für die Rechtsprechung – § 9 TzBfG dar. Ist das Vorliegen der Voraussetzungen des § 9 TzBfG in einem Prozess umstritten, so gilt, dass der Arbeitnehmer die freie Planstelle darzulegen und zu beweisen hat, wobei überzeugenderweise von einer abgestuften Darlegungs- und Beweislast[730] auszugehen ist. Den Arbeitgeber trifft hingegen die volle Darlegungs- und Beweislast für das Vorliegen außergewöhnlicher Umstände (entgegenstehende dringende betriebliche Gründe), die gegen die Verlängerung der Arbeitszeit sprechen.[731] Insofern ist auch in einem Verfahren, bei dem die reinen Voraussetzungen des Anspruchs auf Verlängerung der Arbeitszeit nach § 9 TzBfG umstritten sind, dem Arbeitgeber die Darlegungs- und Beweislast für das Vorliegen von Umständen, die gegen den Anspruch des Arbeitnehmers sprechen, aufzubürden.

Somit ist es nicht überzeugend, wenn das BAG dem Arbeitnehmer die Darlegungs- und Beweislast für etwaige „außergewöhnliche Gründe“ zuweist. Dies gilt insbesondere unter dem Gesichtspunkt, dass es sich hierbei um ein Tatbestandsmerkmal für einen den Arbeitgeber begünstigenden Faktor bei der Interessenabwägung handelt.

Zu beachten ist schließlich, dass sogar das BAG selbst das Negativmerkmal „Nichtvorliegen außergewöhnlicher Umstände“ unter den Prüfungspunkt „Sachgrund“ subsumiert. Also ein Widerspruch vorliegt, wenn die Darlegungs- und Beweislast nicht wie beim „Sachgrund“ zu verteilen ist. Darüber hinaus gilt es sich in Erinnerung zu rufen, dass – auch wenn vom BAG in der Form nicht (mehr) beachtet – weiterhin § 307 Abs. 1 BGB geprüft wird, sodass einzig und allein dessen Darlegungs- und Beweislast maßgebend zu sein hat.

Festzuhalten ist daher, dass ein gravierender Verstoß/Widerspruch gegen die Darlegungs- und Beweislast zu Lasten des Arbeitnehmers sich in der Rechtsprechung des BAG zur Befristung einer einzelnen Arbeitsbedingung eingeschlichen hat, welcher schlichtweg nicht akzeptabel ist.

---

730 ErfK/*Preis*, TzBfG, § 9 Rn. 14; vgl. LAG Berlin v. 2.12.2003 – 3 Sa 1041/03, ArbuR 2004, 468, die jedenfalls für die Frage der gleichen Eignung eine abgestufte Darlegungs- und Beweislast ausweisen.

731 Vgl. Boecken/Joussen/*Boecken*, TzBfG, § 9 Rn. 22; ErfK/*Preis*, TzBfG, § 9 Rn. 14.

8. Fazit

Mit den Entscheidungen vom 8. August 2007, vom 2. September 2009 und vom 15. Dezember 2011 hat die Rechtsprechung des BAG zur Befristung einer Einzelarbeitsbedingung in Gestalt der Arbeitszeiterhöhung eine – im Vergleich zur „ersten" Entscheidung vom 27. Juli 2005 – nicht überzeugende Wendung genommen. Dies zeigt sich insbesondere in der Verdrängung einer tatsächlichen Inhaltskontrolle nach § 307 Abs. 1 Satz 1 BGB durch eine zu Gunsten des Arbeitgebers wirkenden Sachgrundkontrolle, die nicht die gleichen Wertungsmaßstäbe beinhaltet. Dies lässt sich beschreiben mit einem „Rosinen picken" aus dem Regelungsgehalt des TzBfG, welches jedoch nicht anwendbar ist. Zu allem Überfluss wird dem Arbeitnehmer noch entgegen der gesetzlichen Wertung und der sonstigen gerichtlichen Praxis die Darlegungs- und Beweislast aufgebürdet.

IV. Neue Tendenz in der Rechtsprechung zur Befristung einer Einzelarbeitsbedingung

1. Einführung in die Entscheidungen

Nachdem vorstehend die Entwicklung der Rechtsprechung der Befristung einer Arbeitszeiterhöhung bis Ende 2011 erläutert wurde, sollen nachfolgend drei aktuelle Entscheidungen des BAG dargestellt und eingeordnet werden, welche wohl die aktuelle und nunmehr vorherrschende Meinung des BAG zur Befristung einer Arbeitszeitbedingung darstellen. Gleichwohl wird sich herausstellen, dass die wesentliche Kritikpunkte an der bereits dargestellten Rechtsprechung weiterhin bestehen.

2. Befristung einer Arbeitszeitverringerung

Zunächst wird nachfolgend die Entscheidung vom 10. Dezember 2014 dargestellt, welche sich mit der Befristung einer Arbeitszeitverringerung auseinandersetzt. Zwar wurde zuvor der Schwerpunkt in der Befristung einer Arbeitszeiterhöhung gelegt; gleichwohl lassen sich Kontrollen vergleichen und hierdurch die Widersprüche in der derzeitigen Rechtsprechung zur Arbeitszeiterhöhung deutlich aufzeigen.

Nach der Beendigung der Elternzeit im Jahr 2005 hatte die Klägerin den Wunsch nicht mehr der Vollzeitbeschäftigung nachzugehen sondern als Teilzeitkraft zu arbeiten, was die Beklagte zunächst auf Grundlage der Anforderungen an die konkrete Tätigkeit ablehnte. In der Folge kam es jedoch mit dem Gesamtbetriebsrat in Gestalt einer Gesamtbetriebsvereinbarung zu einem Pilotprojekt, welches unter weiteren Voraussetzungen eine befristete Teilzeit ermöglichte.

Hieran nahm die Klägerin teil, sodass sie ab dem 28. Juni 2008 für die Dauer des konkreten Pilotprojekts bis zum 30. April 2010 als „Springerin" mit einer Wochenarbeitszeit von 25 Stunden arbeitete. Am 1. Februar 2010 kam es zu einer weiteren Gesamtbetriebsvereinbarung, welche eine Teilzeittätigkeit zwischen 20 und 25 Wochenarbeitsstunden befristet für 24 Monate (solange keine betrieblichen Gründe entgegenstanden auch mit einer Laufzeit von 36 Monaten) ermöglichte. Daraufhin bot die Beklagte der Klägerin am 7. Mai 2010 an, die bis dahin laufende Vereinbarung bis zum 26. Juni 2011 zu verlängern, was die Klägerin annahm. Am 14. April 2011 erfolgte eine weitere Gesamtbetriebsvereinbarung (GBV 2011), welche unter „3. Dauer der Teilzeitbeschäftigung" auswies, dass eine nach der GBV 2011 mögliche Teilzeitbeschäftigung grundsätzlich 36 Monate zu erfolgen habe; solange jedoch keine betrieblichen Gründe entgegenstehen, eine Teilzeitbeschäftigung auch unbefristet vereinbart werden kann. Hierauf berufend beantragte die Klägerin, ihre befristete Teilzeittätigkeit nunmehr unbefristet zu ermöglichen. Dies lehnte die Beklagte ab, woraufhin die Klägerin Klage erhob, um ihre Interessen durchzusetzen.

Während die erste Instanz[732] noch von einem befristeten Arbeitsverhältnis ausging, hat das LAG Hamburg[733] dies korrigiert und die Abrede der Parteien vom 7. Mai 2010 als befristete Verringerung der Wochenarbeitszeit im Sinne einer Teilbefristung ausgewiesen.

Ferner hat das LAG Hamburg die Abrede als unangemessen benachteiligend im Sinne von § 307 Abs. 1 Satz 1 in Verbindung mit Abs. 2 Nr. 1 bewertet. Denn die Vereinbarung weiche von den *„wesentlichen Grundgedanken der vorliegend maßgeblichen gesetzlichen Regelung in § 8 TzBfG"* ab und sei *„mit dieser nicht zu vereinbaren"*.[734]

In Übereinstimmung mit dem LAG Hamburg geht das BAG von einer befristeten Arbeitszeitverringerung aus, wobei betont wird, dass für die Auslegung *„in erster Linie"* die Tatsacheninstanz entscheidend sei.[735] Dies habe zur Folge, dass die AGB-Kontrolle Anwendung findet. Entgegen dem LAG Hamburg geht das BAG mit Urteil vom 10. Dezember 2014 jedoch davon aus, dass der gesetzliche Anspruch nach § 8 TzBfG auf Verringerung der Arbeitszeit nicht ausgeschlossen werde, sondern tendiert mehr in die Richtung, dass ein zusätzlicher Anspruch durch die GBV 2011 auf Reduzierung der Arbeitszeit geschaffen worden sei.[736]

732 ArbG Hamburg v. 14.12.2011 – 16 Ca 352/11, BeckRS 2015, 66572 (juris Rn. 30).
733 LAG Hamburg v. 13.9.2012 – 7 Sa 8/12, BeckRS 2013, 66715 (juris Rn. 48).
734 LAG Hamburg v. 13.9.2012 – 7 Sa 8/12, BeckRS 2013, 66715 (juris Rn. 50).
735 BAG v. 10.12.2014 – 7 AZR 1009/12, NZA 2015, 811 (812 = Rn. 26).
736 BAG v. 10.12.2014 – 7 AZR 1009/12, NZA 2015, 811 (813 f. = Rn. 40).

Hieraus folgt, dass das BAG die Entscheidung über die Wirksamkeit der Abrede von der Frage abhängig macht, ob es sich um eine Abrede handelt, die den Anspruch nach § 8 TzBfG reduziert (was nach § 22 TzBfG nicht möglich ist und daher zur Unwirksamkeit führt) oder eine weitere Vereinbarung getroffen wurde, die rechtmäßig eine befristete Arbeitszeitreduzierung beinhaltet.[737] Insoweit wurde zur weiteren Tatsachenklärung zurückverwiesen.

Hiervon unabhängig und für die Bearbeitung dieser Arbeit maßgeblich hat das BAG entschieden, dass es bei der Kontrolle der Befristung einer Arbeitszeitverringerung im Rahmen des § 307 Abs. 1 Satz 1 BGB keines sachlichen/rechtfertigenden Grundes bedürfe.[738] Vielmehr solle die Angemessenheitskontrolle durch eine Abwägung der Interessen erfolgen. Im Vergleich zur Befristung einer Arbeitszeiterhöhung, bei welcher es eines sachlichen Grundes bedürfe (jedenfalls bei einer erheblichen Aufstockung), sei diese Vertragsgestaltung auch mit Vorteilen für den Arbeitnehmer verbunden und es bestehe keine vergleichbare Planungsunsicherheit.[739]

Dem Urteil des BAG ist sowohl in der Sache als auch in der Begründung zuzustimmen. Offenbart werden jedoch, ohne dies aufzudecken, Widersprüche zu der Rechtsprechung der Befristung einer Arbeitszeiterhöhung.

Bedenkt man, dass die erste Instanz von einer Befristung des gesamten Arbeitsverhältnisses ausgegangen war und nunmehr die Befristung einer Einzelarbeitsbedingung diskutiert wird, wird deutlich, dass auf diesem Gebiet Unsicherheit herrscht. Umso entschiedener gilt es daher, eine klare Abgrenzung zwischen der Befristungsabrede eines Arbeitsverhältnisses und der einer Einzelarbeitsbedingung zu verfolgen und eine Vermischung der Kontrollinstrumente abzulehnen. Abzulehnen ist daher auch die Aussage des BAG im Urteil vom 15. Dezember 2011, wonach es, wenn der befristete Teil nicht unerheblich ist, einer Rechtfertigung wie bei einer Befristung des gesamten Arbeitsverhältnisses bedürfe. Dies gilt insbesondere, wenn gleichzeitig keine genauen Abgrenzungskriterien oder ähnliches vorgegeben werden. Hieraus folgt einzig Rechtsunsicherheit, wie der Blick auf die vorhergehenden Instanzen anschaulich beweist.

Das BAG hätte auch die Option gehabt, seine Rechtsprechung, wonach sich Befristungsgründe zu Gunsten des Arbeitgebers innerhalb der (faktisch nicht mehr durchgeführten) Interessenabwägung auswirken, weiterzuführen und auf die Befristung einer Arbeitszeitreduzierung zu übertragen. Gefordert wäre

---

737 BAG v. 10.12.2014 – 7 AZR 1009/12, NZA 2015, 811 (814 = Rn. 41).

738 BAG v. 10.12.2014 – 7 AZR 1009/12, NZA 2015, 811 (814 = Rn. 48).

739 BAG v. 10.12.2014 – 7 AZR 1009/12, NZA 2015, 811 (815 = Rn. 50).

schlicht die Prüfung des Vorliegens des Sachgrundes „Arbeitnehmerwunsch" gewesen. Die Klägerin wollte nach ihrer Elternzeit nur noch in Teilzeit arbeiten, was befristet vereinbart wurde. Dass der Wunsch des Arbeitnehmers auf eine unbefristete Veränderung zielte,[740] es jedoch nur zu einer Einigung kam, die eine befristete Modifikation beinhaltete, störte das BAG auch in der Entscheidung vom 15. Dezember 2011 nicht. Somit besteht hinreichend Wahrscheinlichkeit, dass der Sachgrund des Arbeitnehmerwunsches nach § 14 Abs. 1 Satz 2 Nr. 6 TzBfG vorgelegen hat, was nach der bisherigen Rechtsprechung zur Angemessenheit der Abrede geführt hätte.

Das BAG hat sich jedoch anders entschieden, ist zur „reinen" AGB-Kontrolle zurückgekehrt und hat das Erfordernis einer Rechtfertigung durch Sachgrund bei der Arbeitszeitreduzierung negiert. Dies verwundert, weil das BAG dies in seiner Entscheidung allgemein für alle befristeten Arbeitszeitverringerungen ausweist. Es sind jedoch auch Situationen denkbar, in denen der Arbeitgeber darauf drängt, dass es zu einer befristeten Arbeitszeitreduzierung kommt (Stichwort: Kurzarbeit), bei welcher die Intention und der Wunsch zur Modifikation nicht vom Arbeitnehmer stammt. Eine solche Vertragsgestaltung entspricht eher der Ausgangslage, wie sie bei den zuvor besprochenen Urteilen vorlag, bei denen das BAG einen Sachgrund forderte.

Einfach ließe sich dieser Wechsel in der Rechtsprechung mit dem Wechsel des Vorsitzes im Siebten Senat (von Herrn Linsenmaier zu Frau Gräfl zum 1. Oktober 2014) erklären; ganz im Sinne des von *Hanau* geprägten Leitspruchs „Neue Richter, neues Recht."[741]

Meines Erachtens hätte es hierfür jedoch einer ausdrücklichen Aufgabe der damaligen Rechtsprechung bedurft. Vielmehr wird – insofern auch extra betont – ein (nicht schlüssiger) Unterschied zwischen der Befristung einer Arbeitszeitverringerung und -erhöhung hergestellt. Womöglich werden zukünftige Urteile Klarheit verschaffen.

3. 25 Prozent-Rechtsprechung als Wendepunkt?

Mit Entscheidung vom 23. März 2016, aktuell bestätigt durch die Entscheidung vom 25. April 2018, scheint das BAG einen neuen Ansatz zur Feststellung der

740 Grundsätzlich müssen objektive Anhaltspunkte gegeben sein, dass der Arbeitnehmer gerade den Wunsch hatte ein befristetes Arbeitsverhältnis zu haben. Siehe hierzu ausführlich Meinel/Heyn/Herms/*Meinel*, TzBfG, § 14 Rn. 191; A/P/S/*Backhaus*, TzBfG, § 14 Rn. 352; allgemein hierzu *Sievers*, TzBfG, § 14 Rn. 329 ff.

741 *Hanau*, NZA 1996, 841 (841).

Rechtmäßigkeit der Befristung einer Arbeitszeiterhöhung zu verfolgen, welcher bereits länger in der Literatur verfolgt wurde. Maßgebend dafür, ob ein Sachgrund in Sinne des § 14 Abs. 1 TzBfG vorzuliegen hat oder eine Interessenabwägung im Sinne des § 307 Abs. 1 Satz 1 BGB die Rechtmäßigkeit der Befristung der einen Arbeitszeitbedingung bestimmt, soll die Grenze der Flexibilität von 25 Prozent der Arbeitszeit gemessen an einer Vollzeitbeschäftigung (derzeit zwischen 37 bis 40 Stunden pro Arbeitswoche) sein. Ausgangsthese ist, dass mit Erreichung der Flexibilität von 25 % ein „erheblicher Umfang" der Arbeitsleistung befristet werden soll, sodass hierfür nicht mehr die Interessenabwägung nach § 307 Abs. 1 Satz 1 BGB ausreichend sein soll, sondern ein Sachgrund nach § 14 Abs. 1 TzBfG zur Rechtmäßigkeit der Befristungsabrede vorzuliegen hat.

a) Entscheidung vom 23. März 2016

Der Entscheidung des BAG vom 23. März 2016 liegt ein seit 1995 bestehendes Arbeitsverhältnis eines Lehrers zugrunde, welches seit dem Schuljahr 2000/2001 unbefristet auf ein Stundendeputat von zwölf Stunden angelegt war. 25 Wochenstunden entsprachen der üblichen Auslastung eines Vollzeitbeschäftigten in der Schule. Seit der unbefristeten Anstellung wurden 13 befristete Arbeitszeiterhöhungen mit unterschiedlichen (zusätzlichen) Wochenarbeitsstunden vereinbart. Die befristeten Arbeitszeiterhöhungen betrugen zwischen 3 und 13 Wochenstunden (zusätzlich). Die letzte und vom Kläger als unwirksam geltend gemachte Vereinbarung belief sich auf 4 Stunden zusätzlich; mithin eine Wochenarbeitsleistung von insgesamt 16 Stunden. Begründet wurden die einzelnen Erhöhungen der zu leistenden Unterrichtsstunden mit unterschiedlichen Gründen. Die zuletzt vereinbarte Befristung wurde auf die Deputationsreduzierung anderer Lehrkräfte sowie den befristeten Mehrbedarf an Unterrichtsstunden durch die verkürzte Schulzeit gestützt.

Vorinstanz war das LAG Baden-Württemberg[742] mit seiner Entscheidung vom 17. Juni 2013, welche auf Grundlage der beachtenswerten Darstellung der Grundsätze des institutionellen Rechtsmissbrauchs im Fall der Befristung einer einzelnen Arbeitsbedingung später noch im Detail dargestellt werden soll (siehe S. 259).

Der Siebte Senat des BAG hat, wenn auch mit einer vollkommen anderen Begründung, übereinstimmend mit der Vorinstanz die Befristungsabrede als unwirksam erachtet. Die Befristungsabrede der Arbeitszeiterhöhung sei

742 LAG Baden-Württemberg v. 17.6.2013 – 1 Sa 2/13, BeckRS 2013, 71890 (= LAGE BGB 2002 § 307 Nr. 36b).

nach § 307 Abs. 1 Satz 1 BGB unwirksam.[743] Gleichwohl der grundlegenden Übereinstimmung mit der vorherigen Rechtsprechung, werden interessante Abgrenzungen vollzogen, sodass dieses Urteil einer genaueren Betrachtung zu unterziehen ist. Zunächst wird abermals aufgegriffen, dass die Befristung einer einzelnen Arbeitsvertragsbedingung nicht dem TzBfG unterliege, einzig die letzte Vertragsabrede der Kontrolle unterliege[744] und die Befristung einer Einzelarbeitsbedingung auch eine Nebenabrede sei.[745] Ebenso werden die abzulehnenden Ausführungen wiederholt, dass die Rechtfertigungsmöglichkeit der Befristung eines Arbeitsverhältnisses nach § 14 Abs. 1 TzBfG einzig zu Gunsten des Arbeitgebers in der – sodann nur noch auf dem Papier durchgeführten – Interessenabwägung des § 307 Abs. 1 Satz 1 BGB wirke (siehe hierzu bereits S. 202 ff.).[746] Vergleichend zu den Ausführungen des BAG in der Entscheidung vom 15. Dezember 2014 wird jedoch konkretisiert, ab wann eine „*Aufstockung der Arbeitszeit in erheblichem Umfang*" vorliegt, welche die Heranziehung von Rechtfertigungsgründen zur Befristung des gesamten Arbeitsverhältnisses fordere.[747] Eine Aufstockung in erheblichem Umfang sei bei einem Erhöhungsvolumen von mindestens 25 % zum entsprechenden Arbeitszeitverhältnis in Vollzeit gegeben, was sodann eine Rechtfertigung der Befristung einer einzelnen Arbeitsbedingung (!) durch § 14 Abs. 1 TzBfG fordere.[748] Würde nicht auf eine Rechtfertigung nach dem TzBfG abgestellt werden – so das BAG – ergäben sich Wertungswidersprüche. Es sei nämlich ab einer 25-prozentigen Erhöhung „*ein Volumen erreicht, bei dem üblicherweise auch der Abschluss eines gesonderten befristeten Arbeitsvertrags über eine Teilzeitbeschäftigung in Betracht gezogen werden könnte.*"[749] Mit Blick auf die vorangegangenen Urteile des BAG zur Befristung einer einzelnen Arbeitsbedingung ist zu beachten, dass eine Herleitung der 25 %-Grenzen in der aktuellen Entscheidung auch mit Hilfe der Arbeitszeit auf Abruf nach § 12 Abs. 1 Satz 3 TzBfG erfolgt. Hierzu wird ausgeführt, „*dass eine Arbeitszeit von zehn Stunden als vereinbart gilt, wenn die Arbeitsvertragsparteien die Dauer der wöchentlichen Arbeitszeit nicht festgelegt haben*", wobei von einer

743 BAG v. 23.3.2016 – 7 AZR 828/13, NZA 2016, 881 (885 f.).
744 BAG v. 23.3.2016 – 7 AZR 828/13, NZA 2016, 881 (885 = Rn. 41 f.).
745 BAG v. 23.3.2016 – 7 AZR 828/13, NZA 2016, 881 (885 = Rn. 45).
746 BAG v. 23.3.2016 – 7 AZR 828/13, NZA 2016, 881 (886 = Rn. 51).
747 BAG v. 23.3.2016 – 7 AZR 828/13, NZA 2016, 881 (886 = Rn. 52); zuvor v. 7.10.2015 – 7 AZR 945/13, NZA 2016, 441 (445 = Rn. 43); v. 15.12.2011 – 7 AZR 394/10, NZA 2012, 674 (677 = Rn. 24).
748 BAG v. 23.3.2016 – 7 AZR 828/13, NZA 2016, 881 (amtl. Leitsatz; 887 = Rn. 54).
749 BAG v. 23.3.2016 – 7 AZR 828/13, NZA 2016, 881 (887 = Rn. 55).

wöchentlichen Arbeitszeit von 40 Stunden auszugehen sei; folglich ab 25 % Arbeitsvolumen ein Teilzeitarbeitsverhältnis in Betracht komme.[750]

Insofern diese Grenze jedoch unterschritten werde, bedürfe es nur der Interessenabwägung nach § 307 Abs. 1 Satz 1 BGB und eine Heranziehung des § 14 Abs. 1 TzBfG sei zu unterlassen. Folglich stelle sich auch nicht die von der Vorinstanz angenommene Konstellation der Grundsätze des institutionellen Rechtsmissbrauchs.[751]

Im zu entscheidenden Fall lag nur eine Aufstockung um 16 % auf das Vollzeitdeputat vor (4 von 25 Wochenarbeitsstunden), weswegen „*nur*" eine Interessenabwägung unter AGB-Gesichtspunkten zu erfolgen habe. Hierbei sei auch der Umstand von Bedeutung, dass der Kläger wiederholt befristete Aufstockungen erhalten habe; mithin bedürfe es aber keiner Missbrauchskontrolle nach den Grundsätzen des institutionellen Rechtsmissbrauchs.[752] In Anbetracht der seit den 2001/2002 stets abgeschlossenen Aufstockungen sei darauf zu schließen, dass ein dauerhafter Beschäftigungsbedarf bestehe, weswegen die Interessen des Arbeitnehmers an einer unbefristeten Vereinbarung des Arbeitszeitvolumens dem Flexibilisierungsinteresse des Arbeitgebers überwiegen.

b) Entscheidung vom 25. April 2018

Bei der Entscheidung des Siebten Senates vom 25. April 2018 war ebenfalls die Rechtmäßigkeit einer Befristung einer Arbeitszeiterhöhung streitgegenständlich.[753] Die beklagte Rundfunkanstalt bietet eine Teilzeitbeschäftigung mit 40 %, 50 % oder 74,67 % im Vergleich zur vertraglichen regelmäßigen Arbeitszeit in Höhe von 35,5 Stunden wöchentlich an. Die Klägerin war unbefristet in Höhe von 50 % der Wochenarbeitszeit beschäftigt und wurde sodann auf eine prozentuale Beschäftigung in Höhe von 74,67 % zusätzlich befristet. Die Arbeitgeberin (Beklagte) begründet die „*krumme*" Aufstockung von 24,67 % damit, dass hierdurch die genaue tägliche Arbeitszeit in Höhe von 5 Stunden und 45 Minuten geleistet wird. Die Klägerin, welche letztlich eine unbefristete Anstellung in Höhe von 74,76 % beabsichtigt, ist der Ansicht, dass die befristet vereinbarte Arbeitszeiterhöhung unangemessen im Sinne von § 307 Abs. 1 BGB benachteiligend und hierdurch als unwirksam einzuordnen ist.

---

750 BAG v. 23.3.2016 – 7 AZR 828/13, NZA 2016, 881 (887 = Rn. 55).

751 BAG v. 23.3.2016 – 7 AZR 828/13, NZA 2016, 881 (887 = Rn. 54 ff.).

752 BAG v. 23.3.2016 – 7 AZR 828/13, NZA 2016, 881 (887 = Rn. 56).

753 BAG v. 25.4.2018 – 7 AZR 520/16, NZA 2018, 1061.

Das Bundesarbeitsgericht entschied in Übereinstimmung mit dem Landesarbeitsgericht Köln, dass der Klage stattzugeben ist und die vereinbarte Arbeitszeiterhöhung in Höhe von 24,67 % unangemessen benachteiligend nach § 307 Abs. 1 Satz 1 BGB ist. In direkter Anlehnung an die Entscheidung vom 23. März 2016 wird – bei einer Flexibilität von 24,67 % (anstatt damals 16 %) – der Rechtmäßigkeitsmaßstab der (un-)angemessenen Benachteiligung unter AGB-Gesichtspunkten und nicht direkt eine Sachgrundkontrolle nach § 14 Abs. 1 TzBfG vollzogen; mithin handele es sich auch bei der vorliegenden Befristung der Arbeitszeiterhöhung um eine solche mit einem „*erheblichen Umfang*".[754] Vorliegend sei zwar die Grenze von 25 % nicht erreicht worden, allerdings sei dies ausnahmsweise unbeachtlich, da der Arbeitgeber nur deswegen nicht in Höhe von 25 % befristet hat, um „*bei der Verteilung der sich errechnenden wöchentlichen Arbeitszeit - ausgehend von einer regelmäßigen Arbeitszeit von 38,5 Stunden pro Woche - auf die Wochentage zu vermeiden, dass sich eine tägliche Arbeitszeit mit einem Bruchteil von Minuten errechnet*".[755] Der Senat führt wiederholend aus, dass bei einer Befristung einer Aufstockung der Arbeitszeit in erheblichem Umfang „*zur Annahme einer nicht unangemessenen Benachteiligung durch die Befristung einer Vertragsbedingung Umstände erforderlich sein* [können], *die die Befristung eines Arbeitsvertrags insgesamt nach § 14 Abs. 1 TzBfG rechtfertigen würden.*"[756] Insofern läge dem TzBfG die Wertung zu Grunde, dass das unbefristete Arbeitsverhältnis sozialpolitisch erwünscht und für ein dauerhaftes Einkommen zwingend notwendig ist. Das schützenswerte Interesse des Arbeitnehmers an einer unbefristeten (Vollzeit-)Anstellung ist daher zu beachten und werde durch das Sachgrunderfordernis des TzBfG geschützt, was die „*besonderen berechtigten Belange auf Arbeitgeberseite*" zur rechtmäßigen Anwendung dieser Art des Arbeitsverhältnisses fordere.[757] Konsequenterweise wird sodann ausgeführt, dass die fragliche Abrede unangemessen benachteiligend nach § 307 Abs. 1 Satz 1 BGB sei, da „[z]*ur Annahme einer nicht unangemessenen Benachteiligung der Klägerin durch die Befristung der Arbeitszeiterhöhung* […] *Umstände erforderlich* [sind], *welche die Befristung eines gesondert über dieses Arbeitszeitvolumen geschlossenen Arbeitsvertrags nach § 14 Abs. 1 TzBfG rechtfertigen würden*", was der Beklagte nicht hat darlegen- und beweisen können.[758] Insofern wurde

754 BAG v. 25.4.2018 – 7 AZR 520/16, NZA 2018, 1061 (1064 = Rn 34 ff.).
755 BAG v. 25.4.2018 – 7 AZR 520/16, NZA 2018, 1061 (1065 = Rn 40).
756 BAG v. 25.4.2018 – 7 AZR 520/16, NZA 2018, 1061 (1064 = Rn 36).
757 BAG v. 25.4.2018 – 7 AZR 520/16, NZA 2018, 1061 (1064 = Rn 36).
758 BAG v. 25.4.2018 – 7 AZR 520/16, NZA 2018, 1061 (1064 = Rn 38).

eine vollständige Sachgrundprüfung im Sinne des § 14 Abs. 1 Satz 2 Nr. 2 TzBfG innerhalb der vermeintlichen Interessenabwägung nach § 307 Abs. 1 Satz 1 BGB vollzogen, wobei die Beklagte nicht hat ausreichend darlegen können, dass *„im Zeitpunkt des Vertragsschlusses mit hinreichender Sicherheit zu erwarten* [war], *dass nach dem vorgesehenen Vertragsende für die Beschäftigung des befristet eingestellten Arbeitnehmers kein dauerhafter betrieblicher Bedarf mehr besteht“*[759]; mithin wurden dieselben Darlegungs- und Beweisregeln zu denselben Voraussetzungen der Sachgrundkontrolle nach § 14 Abs. 1 TzBfG wie bei der Befristung des gesamten Arbeitsverhältnisses angewandt.

c) Einordnung der neuen Rechtsprechung

aa) Überzeugender Ansatz

Vorstehende Entscheidungen vom 23. März 2016 beziehungsweise vom 25. April 2018 sind herauszustellen, da sie teilweise Rechtssicherheit schaffen, was die vorherigen Entscheidungen vermissen ließen. Es gelten auch bei der Befristung einer einzelnen Arbeitsbedingung, jedenfalls bei der Befristung einer Arbeitszeiterhöhung, wenn diese mehr als 25 % im Vergleich zur Vollzeitbeschäftigung beträgt, die Maßstäbe der Sachgrundrechtfertigung der Befristung eines gesamten Arbeitsverhältnisses nach § 14 Abs. 1 TzBfG. Nachdem in der Entscheidung vom 15. Dezember 2011 ein erheblicher Umfang, bei dessen Vorliegen ein Sachgrund der Befristung gefordert wird, jedenfalls bei 50 % Arbeitszeiterhöhung über drei Monate angenommen wurde (vergleiche ab S. 171 f.), hat das BAG dies nun ohne Bezug zur Dauer bei 25 % konkretisiert. Dies stellt eine für den Kautelarjuristen befriedigende Konkretisierung dar.

Bei genauer Betrachtung ergeben sich jedoch dogmatische Ungereimtheiten und Widersprüche, die zukünftig Konfliktpotential auch für die Kautelarpraxis haben könnten, woraus sich neue Rechtsunsicherheit ergeben kann.

bb) Anlehnung an Arbeit auf Abruf

Irritierend ist die Anlehnung an § 12 Abs. 1 Satz 3 TzBfG, was im Urteil vom 8. August 2007 extra abgelehnt wurde (vergleiche S. 169 f.); gleichwohl unterbleibt eine Aufgabe der damaligen Rechtsprechung. Ungeachtet dieser juristischen Ungereimtheit vermag die Anknüpfung auch in der Sache nicht zu überzeugen. So wird von der Flexibilisierungsebene ab zehn Wochenstunden ein Vergleich zur regelmäßigen Wochenarbeitszeit von 40 Stunden gezogen, was 25 Prozent

---

759 BAG v. 25.4.2018 – 7 AZR 520/16, NZA 2018, 1061 (1065 = Rn 42).

sind. Ab 25 Prozent sei nicht mehr der Maßstab der Interessenabwägung zu verwenden, sondern innerhalb dieser Interessenabwägung eine Orientierung an § 14 Abs. 1 TzBfG zu suchen. Unverständlich ist, warum nicht ein einfacherer – und richtiger – Weg gegangen wurde: Es hätte ebenso festgestellt werden können, dass ab einer 25-prozentigen Veränderung des Arbeitsvolumens eine *Auslegung* der Abrede gemäß §§ 133, 157 BGB eine (zusätzliche) Befristung des Arbeitsverhältnisses ergeben würde, welche sodann – als Hauptabrede[760] – nicht mehr der Angemessenheitskontrolle nach § 307 Abs. 1 Satz 1 BGB unterliegt.

Letztlich gilt die dogmatische Kritik weiter: Der Siebte Senat unterlässt es weiterhin im Wege der Auslegung zu differenzieren, ob eine Befristung einer einzelnen Arbeitsbedingung oder des (gesamten) Arbeitsverhältnisses vorliegt und sodann – nach der Entscheidung ob Haupt- oder Nebenabrede – die korrekte Vertragsinhaltskontrolle durchzuführen.

Die Anknüpfung an § 12 Abs. 1 Satz 3 TzBfG führt auch zu interessanten Deutungen der Entscheidung vom 23. März 2018 und ihren Konsequenzen in der Zukunft. So zieht etwa *Fuhlrott* den Rückschluss, dass eine erhebliche Aufstockung vorliege, „*wenn diese mindestens zehn Stunden beträgt.*“[761] Eine solche Feststellung wurde jedoch nicht vom BAG intendiert; vielmehr war diese Anknüpfung nur Bestandteil der Herleitung zu den 25 %. Gleichwohl führt das BAG in seiner Entscheidung vom 25. April 2018 nunmehr aus, dass „*der Gesetzgeber* [mit § 12 Abs. 1 Satz 3 TzBfG] *zu erkennen* [gegeben hat], *dass er eine wöchentliche Arbeitszeit von zehn Stunden im Regelfall als beiderseits interessengerechtes zeitliches Minimum für eine Beschäftigung ansieht*“; mithin bei einem „*Arbeitszeitvolumen von zehn Wochenstunden* [...] *typisierend als Teilzeitarbeitsverhältnis ernsthaft in Betracht* [kommt].“[762] Nichtsdestotrotz hat das BAG letztlich jedoch auf die prozentuale Erhöhung der Arbeitszeit und gerade nicht auf die konkrete Stundenleistung abgestellt. Angemerkt sei, dass § 12 Abs. 1 Satz 3 TzBfG seit dem 1. Januar 2019 geändert wurde und 20 anstatt 10 Stunden als vereinbart gelten. Folglich diese Verknüpfung nicht mehr überzeugt.

cc) Parallele zum Widerrufsvorbehalt

Gemieden wurde ein Vergleich beziehungsweise die offensichtliche Parallele zum Widerrufsvorbehalt, respektive der diesbezüglichen Rechtsprechung. Eine offene Auseinandersetzung mit der Rechtsprechung zum Widerrufsvorbehalt

---

760 Hierzu bereits S. 107.

761 *Fuhlrott*, NZA 2016, 1000 (1003).

762 BAG v. 25.4.2018 – 7 AZR 520/16, NZA 2018, 1061 (1065 = Rn 39).

hätte – ebenso wie bereits bei der Beleihung des Gedankens des § 12 Abs. 1 Satz 3 TzBfG – der ausdrücklichen Abkehr vorheriger Rechtsprechung verlangt. So wurde in der Entscheidung vom 2. September 2009 (dies bereits aufgezeigt auf S. 170 ff.) betont, dass Unterschiede zum Widerrufsvorbehalt bestehen, welche auch nicht zu einer Übertragung der 25 %-Grenze führen können. Sieben beziehungsweise neun Jahre später bestehen diese Widersprüche offenbar nicht mehr.

Beim Widerrufsvorbehalt, welcher ebenso ein Flexibilisierungsinstrument wie die Befristung einer einzelnen Arbeitsbedingung darstellt, wird dem Arbeitnehmer regelmäßig eine (zusätzliche) Leistung unbefristet zugesagt, hierbei jedoch gleichzeitig die Möglichkeit/Befugnis zur Ausübung des Widerrufes der Leistung eingeräumt.[763] Es bedarf nach der ständigen Rechtsprechung einer ausdrücklichen Vereinbarung des Widerrufs, wobei der Widerrufsgrund und die widerrufbare Leistung genannt werden müssen.[764]

Neben etwaigen im Synallagma stehenden Leistungspflichten, wie etwa die Arbeitszeit, werden regelmäßig auch zusätzliche Leistungen des Arbeitgebers, wie ein Dienstauto oder eine Sonderzulage mit der Möglichkeit des Widerrufs gewährt.

Für den Vergleich zur Befristung einer Arbeitszeiterhöhung im vorliegenden Kontext dient beispielhaft die nachfolgende Klausel:

> *„Der Arbeitnehmer erhält ab September 2019 eine übertarifliche Zulage in Höhe von 15 Prozent seines derzeitigen monatlichen Nettolohns unter dem Vorbehalt des Widerrufs. Die Ausübung des Widerrufsrechts kann ganz oder teilweise aus wirtschaftlichen Gründen (wirtschaftliche Notlage des Unternehmens) erfolgen.“*[765]

Entschiedenstes Abgrenzungsmerkmal hinsichtlich der konkreten Rechtmäßigkeitsprüfung der Abreden zwischen dem Widerrufsvorbehalt und der Befristung einer Einzelarbeitsbedingung ist, dass ein in den AGB enthaltener Widerrufsvorbehalt *„neben einer Inhaltskontrolle nach den §§ 305ff. BGB der Ausübungskontrolle nach § 315 Abs. 1 BGB* [unterliegt].“[766] Hierbei wird eine zweistufige

763 Hierzu anstatt aller Preis/*Preis*, Der Arbeitsvertrag, II V 70 Rn. 14 ff; H/W/K/*Roloff*, BGB, Anh. §§ 305-310 Rn. 57.

764 Siehe hierzu unter anderem BAG v. 16.7.1976 – 5 AZR 270/75, AP BGB § 611 Lohnzuschläge Nr. 7; v. 14.6.1995 – 5 AZR 126/94, NZA 1995, 1194; v. 12.1.2005 – 5 AZR 364/04, NZA 2005, 465; v. 24.1.2017 – 1 AZR 772/14, NZA 2017, 931.

765 In Anlehnung an Preis/*Preis*, Der Arbeitsvertrag, II V 70 Rn. 17.

766 Vgl. nur zuletzt BAG v. 24.1.2017 – 1 AZR 772/14, NZA 2017, 931 (933 = Rn. 24 m.w.N.).

Kontrolle durchgeführt: Auf der ersten Stufe, der formellen Rechtmäßigkeit, erfolgt eine AGB-Kontrolle, welche insbesondere für die Angemessenheit nach § 307 Abs. 1 Satz 1 BGB bei einer im Synallagma stehenden Leistung eine maximale Flexibilisierung von bis zu 25 % gewährt und hinsichtlich der Transparenz die Nennung des Widerrufsgrundes (beispielsweise wirtschaftliche Notlage) verlangt.[767] Auf der zweiten Stufe wird sodann eine Ausübungskontrolle nach § 315 Abs. 1 BGB durchgeführt, die eine im Einzelfall billigem Ermessen entsprechende Ausübung verlangt.[768] Letzteres spiegelt sich meist in einer Kontrolle des Gleichbehandlungsgrundsatzes und des Ultima-Ratio-Prinzips wider,[769] sowie ob die ausgewiesene wirtschaftliche Notlage tatsächlich zum Zeitpunkt der Ausübung des Widerrufsrechts vorlag.

Unabhängig von der Unterscheidung in der konkreten Vertragskontrolle der Abrede sind die beiden Flexibilisierungsmittel durchaus zu vergleichen und beruhen regelmäßig auf derselbe Intention des Arbeitgebers; nämlich eine bestimmte Leistung nur vorrübergehend zu gewähren. Diese Parallele hat das BAG gleichwohl – ohne fundierte Begründung in der Entscheidung – vom 2. September 2009 (siehe hierzu bereits S. 170 ff.) abgelehnt.[770]

Anders sahen dies *Preis/Bender* in ihrem Aufsatz aus dem Jahr 2005, also noch bevor das BAG sich nach der Schuldrechtsmodernisierung erstmals ausführlich mit der Befristung einer einzelnen Arbeitsbedingung auseinandergesetzt hat.[771] Sie führten aus, dass trotz der unterschiedlichen Mechanismen der Beendigung der Abrede (also mit Widerruf oder Eintritt der Bedingung beziehungsweise Ablauf der Befristung) *„keinerlei Anknüpfungspunkte für eine unterschiedliche Behandlung in Ansehung der Kontrollfähigkeit“* respektive der Kontrolle selbst vorlägen.[772] Sodann konsequent verfolgen *Preis/Bender* den Ansatz, dass zum einen für eine transparente Abrede die Benennung des Befristungsgrundes (ausreichend sollen ebenso „wirtschaftliche Gründe“ oder „Gründe im Verhalten

767 BAG v. v. 24.1.2017 – 1 AZR 774/14, NZA 2017, 777 (778 = Rn. 20); *Gaul/Kaul*, BB 2011, 181 ff.; *Kaul*, ArbRAktuell 2017, 505; A/P/S/*Künzel*, KSchG, § 2 Rn. 106 ff.; ErfK/*Preis*, BGB, §§ 305-310 Rn. 60; H/W/K/*Roloff*, BGB, Anh. §§ 305-310 Rn. 57; Preis/*Preis*, Der Arbeitsvertrag, II V 70 Rn. 18 f.

768 BAG v. 24.1.2017 – 1 AZR 772/14, NZA 2017, 931 (933 = Rn. 23 ff.); v. 21.3.2012 – 5 AZR 651/10, NZA 2012, 616 (617 = Rn. 22 ff. m.w.N.); Däubler/Bonin/Deinert/*Bonin*, AGB-Recht, § 308 Nr. 4 Rn. 46; ErfK/*Preis*, BGB, §§ 305-310 Rn. 62.

769 ErfK/*Preis*, BGB, §§ 305-310 Rn. 62; Preis/*Preis*, Der Arbeitsvertrag, II V 70 Rn. 27 f.

770 BAG v. 2.9.2009 – 7 AZR 233/08, NZA 2009, 1253 (1255 = Rn. 25).

771 *Preis/Bender*, NZA-RR 2005, 337.

772 *Preis/Bender*, NZA-RR 2005, 337 (340).

des Arbeitnehmers“ sein) notwendig sei, da *„die Befristung einzelner Arbeitsbedingungen ebenso gut als Widerrufsvorbehalt formuliert werden kann“*, sodass *„keine geringeren Anforderungen an Klarheit und Verständlichkeit befristeter Arbeitsbedingungen zu stellen“* sind.[773] Zum anderen liegt eine Angemessenheit nur dann vor, wenn der „Kernbereich“ des Arbeitsverhältnisses nicht durch die Befristungsabrede betroffen ist.[774] Die Autoren stellen darauf ab, dass, je mehr der Kernbereich der vertraglichen Verpflichtung beeinträchtigt werde, umso mehr die Frage der Verlagerung des *„wirtschaftlichen und unternehmerischen Risiko auf den Arbeitnehmer“* in den Mittelpunkt der Betrachtung gerate, was zur Unwirksamkeit nach § 307 Abs. 1 Satz 1 BGB führen könne. Hierauf aufbauend wird sodann festgestellt, dass wenn in Übereinstimmung mit der alten Rechtsprechung ein sachlicher Grund vorliege, eine unangemessene Benachteiligung zu negieren sei; alternativ bestehe die Gefahr, dass der inhaltliche Schutz über § 307 BGB weiter sei als der des Kündigungsschutzes, was einen Wertungswiderspruch darstelle.[775]

Mit Blick auf die jüngsten Entscheidungen des BAG vom 23. März 2016 und vom 25. April 2018 zur Befristung einer Einzelarbeitsbedingung lässt sich nunmehr vertreten, dass dem Ansatz von *Preis/Bender*, die eine Angleichung des Widerrufsvorbehalts und der Befristung einer einzelnen Arbeitsbedingung forderten, der Siebte Senat in Gestalt der Flexibilitätsgrenze ohne Vorliegen einer sachlichen Rechtfertigung in Höhe von maximal 25 %, gefolgt ist. An dieser Stelle wäre sodann – jedenfalls, wenn man der Ansicht von *Preis/Bender* zu folgen vermag – demnächst die Angabe von Befristungsgründen in der Vertragsklausel zur Wirksamkeit der Abrede vom BAG zu fordern (hierzu nachfolgend ab S. 240).

4. *Stellungnahme zur neuen 25 Prozent-Rechtsprechung*

Unstrittig ist es für die Praxis des Kautelarjuristen nunmehr zur einer akzeptablen, da berechenbaren, Rechtsprechung zur Befristung einer Einzelarbeitsbedingung durch die neue 25 Prozent-Rechtsprechung des BAG gekommen. Dies ist begrüßenswert. Rechtssicherheit bei der Vertragsgestaltung scheint zu bestehen: Der Verwender nennt die Veränderung im Arbeitsverhältnis „Einzelarbeitsbedingung“, befristet diese auf Zeit und sofern der flexibilisierte Bestandteil über/gleich 25 Prozent im Verhältnis zur Vollbeschäftigung ist, bedarf es der

---

773 *Preis/Bender*, NZA-RR 2005, 337 (341).
774 *Preis/Bender*, NZA-RR 2005, 337 (340 f.).
775 *Preis/Bender*, NZA-RR 2005, 337 (341).

Vorlage eines Sachgrundes im Sinne des § 14 Abs. 1 TzBfG. Bei der Vertragskontrolle wird sodann entgegen dem Wortlaut keine Interessenabwägung bei § 307 Abs. 1 Satz 1 BGB, welcher nichtsdestotrotz stets anwendbar sein soll, vollzogen, sondern eine Sachgrundkontrolle nach § 14 Abs. 1 TzBfG durchgeführt.

Gleichwohl dieser für die Praxis vermeintlich befriedigenden Lösung, überzeugt auch die „neue" Rechtsprechung des BAG nicht uneingeschränkt.

a) Keine Beachtung der Dauer der Befristungsabrede

Beachtenswert ist, dass konträr zur Entscheidung des BAG vom 15. Dezember 2011 ein erheblicher Umfang der Arbeitszeit, welcher sodann entscheidend für den anzuwenden Maßstab der Rechtsmäßigkeitskontrolle sein soll, einzig über die Erhöhung des Arbeitsvolumens definiert wird und nicht mehr auch einer gewissen Dauer bedarf. Insofern wird nunmehr nur noch festgestellt, ob eine Erhöhung um 25 Prozent des Arbeitsvolumens erfolgt und nicht (mehr) wie lange der Zeitraum der Erhöhung ist.[776]

Dies ist nicht überzeugend, sorgt für Rechtsunsicherheit und kann zu praxisfernen Konstellationen führen. Ohne eine Verknüpfung der Arbeitszeiterhöhung mit der Dauer der Erhöhung (Bezugszeitraum) ist es denkbar, dass nur bei sehr kurzen Erhöhungen – etwa eine Woche oder gar ein paar Tage – der Arbeitgeber einen Sachgrund nach § 14 Abs. 1 TzBfG darzulegen hat, obwohl beide Parteien ein gerechtfertigtes Interesse haben und übereinstimmend diese Abrede billigen. Dies führt auch nicht zu einer praxisgerechten Lösung, denn die Befristungsabrede nach dem TzBfG ist – beachtet man beispielsweise § 14 Abs. 4 TzBfG – nicht auf eine sehr kurzfristige Befristung von wenigen Tagen ausgelegt. Ferner kann auch eine sehr lange nur 20 prozentige Erhöhung der Arbeitszeit gravierend für eine Vertragspartei sein. Auch die aktuelle Entscheidung vom 25. April 2018 blendet bei der Bestimmung des maßgeblichen Kontrollinstruments die Dauer der Befristungsabrede aus; mithin in die Betrachtung der Rechtmäßigkeit der Befristungsabrede den Bezugszeitraum. Folglich ist Rechtsmissbrauch Tür und Tor geöffnet.

b) Herleitung der 25 Prozent-Grenze

Wie bereits ab S. 223 angedeutet, überzeugt die Herleitung der 25 Prozent als maßgebliche Schranke zur Bestimmung des Kontrollmechanismus nicht. 25 Prozent beziehen sich nach Ansicht der Rechtsprechung auf das Verhältnis

776 Vgl. BAG v. 23.3.2016 – 7 AZR 828/13, NZA 2016, 881 (3. LS).

zur Vollbeschäftigung, welches nach Ansicht des BAG in den letzten Entscheidungen regelmäßig 40 Stunden pro Arbeitswoche beträgt. Wie sich bereits aus der Entscheidung vom 25. April 2018 zeigt, kann gerade nicht von einer *„regelmäßigen“* Vollbeschäftigung bei einer Arbeitszeit in Höhe von 40 Stunden ausgegangen werden; vielmehr ergeben sich deutliche Unterschiede in den jeweiligen Branchen. Insofern existiert in Branchen mit einer starken Gewerkschaft beziehungsweise einflussreichen Tarifpartnern, durchaus üblich nur eine 35-Stunden-Woche; demgegenüber ist auch die 41-Stunden-Woche, beispielsweise bei Landesbeamten in NRW nach § 2 Arbeitszeitverordnung NRW durchaus üblich. Rechtliche Grenze ist nach § 3 Abs. 1 ArbZG die 48-Stunden-Woche, da es grundsätzlich nur zu einer maximalen Arbeitsleistung in Höhe von 8 Stunden pro Werktag (Montag bis Samstag) kommen darf. Insofern ist es also schwierig von einer *„regelmäßigen“* Arbeitsdauer von 40 Stunden pro Woche auszugehen und sodann eine 10-Stunden-Flexibilität nach § 12 Abs. 1 Satz 3 TzBfG alte Fassung anzunehmen, was nach der Anhebung auf 20 Stunden seit dem 1. Januar 2019 (jetzt § 12 Abs. 1 Satz 3 TzBfG) erst recht gilt. Folglich bedarf es – die Rechtsprechung als solches akzeptiert – für den Kautelarjuristen stets eine Beachtung der branchenüblichen und im Arbeitsverhältnis regelmäßig vereinbarten Arbeitszeit, um Rückschlüsse auf das für ihn maßgebliche Kontrollinstrument herleiten zu können. Diese sodann regelmäßige Arbeitszeit im Arbeitsverhältnis kann (und darf) der Arbeitgeber (etwaige tarifvertragliche Sonderregelungen außerachtlassend) jedoch auf Grundlage seiner unternehmerischen Freiheit und Privatautonomie im Arbeitsvertrag regelmäßig ohne weitere Kontrolle festlegen. Darüber hinaus ist zu beachten, dass oberstes Ziel der Kontrolle einer Arbeitsbedingung der Schutz der unterlegenen Vertragspartei (des Arbeitnehmers) ist. Bedenkt man nunmehr, dass es dem Arbeitnehmer möglich sein muss rechtswidrige Klauseln, jedenfalls dem Grunde nach zu erkennen und seine Erfolgsaussichten bei der Kontrolle der Abrede abzuschätzen, so erscheint es fraglich, ob er den Zusammenhang zwischen der für ihn nicht stets geltenden Vollbeschäftigung und der Befristung seiner Arbeitszeiterhöhung erkennt.

c) Starre Anknüpfung an 25 Prozent

Die starre Anknüpfung an die 25 Prozent-Grenze vermag nicht zu überzeugen.

So steht eine streng formale Betrachtung im diametralen Widerspruch zur normativ gewollten (offenen) Interessenabwägung nach der anwendbaren Norm des § 307 Abs. 1 Satz 1 BGB. Insofern lässt sich hierfür gerade keine Anknüpfung im Wortlaut des § 307 Abs. 1 Abs. 1 BGB oder des TzBfG finden. Das TzBfG bezieht sich gerade auf die Befristung eines Arbeitsverhältnisses (§§ 1, 3

Abs. 1, 14 Abs. 1 Satz 1) und ist auch nicht nach dem Sinn und Zweck, welcher darin liegt, vor Missbrauch in der Vertragsgestaltung durch den Verwender zu schützen, auf die Befristung einer Einzelarbeitsbedingung anwendbar (vergleiche S. 182). Letztlich ist oberstes Ziel des AGB-Rechts eine Vertragsgestaltung zu ermöglichen, die beide Interessen der Parteien beachtet und bestmöglich gewährleistet. Eine starre Grenze, wann welches Prüfungsschema zu beachten ist, eröffnet die Möglichkeit des Verwenders, etwa wenn er keinen Sachgrund nachweisen kann, nur 24 % des Arbeitsvolumens anzuheben oder vice versa.

Insofern überzeugt auch die aktuellen Entscheidung des BAG vom 25. April 2018 in der Begründung nicht: Obwohl dort sogar 24,67 Prozent des Arbeitsvolumens erhöht wurde, geht das BAG grundsätzlich davon aus, dass keine „erhebliche" Erhöhung (da die 25 Prozent nicht erreicht wurden) vorliegt; im Ergebnis gleichwohl wird der (vermeintlich strengere) Maßstab des sachlichen Grundes gefordert, da der Arbeitgeber im dortigen Fall letztlich eine Arbeitszeiterhöhung um 25 Prozent wollte, dies aber auf Grundalge der wöchentlichen Arbeitszeit von 38,5 Stunden rechnerisch nicht sinnvoll war.[777]

Der Vorteil der Angemessenheitskontrolle des AGB-Rechts ist gerade, dass keine starren Grenzen gezogen werden (können), sondern die jeweiligen objektivierten Interessen der Parteien für die Wirksamkeit des Vertrags maßgebend sind und die Verteilung des wirtschaftlichen Risikos vom Vortrag des Arbeitgebers unabhängig maßgebend ist. Folglich bringt die starre Grenzziehung zwar dem Verwender mehr Rechtssicherheit, jedoch wird das Regelungsziel des AGB-Rechts verwässert.

d) Auslegung

Das BAG scheint bei der Kontrolle der Befristung einer einzelnen Arbeitsbedingung einen wichtigen und stets zu beachtenden Teil der Vertragskontrolle zu vernachlässigen: Die der Angemessenheitskontrolle vorgeschalte Auslegung der Abrede selbst. Die Bestimmung des Kontrollgegenstandes im Wege der Auslegung der Abrede nach §§ 133, 157 BGB in Verbindung mit § 305c Abs. 2 BGB ist zwingend durchzuführen, um überhaupt den rechtmäßigen Maßstab bestimmen zu können (siehe hierzu bereits im Einzelnen und mit Nachweisen ab S. 196).

Sofern mit der neuen Ansicht der Rechtsprechung davon auszugehen ist, dass bei einer 25-prozentigen Erhöhung der Arbeitszeit Sachgründe im Sinne des § 14 Abs. 1 TzBfG zur Rechtmäßigkeit der Abrede vorzuliegen haben, so stellt sich die Frage, ob die Parteien nicht vielmehr – anstatt der Befristung

777 BAG v. 25.4.2018 – 7 AZR 520/16, NZA 2018, 1061 (1065 = Rn 40).

einer einzelnen Arbeitsbedingung – die Befristung eines (weiteren) gesamten (!) Arbeitsverhältnisses vereinbart haben. Es ist unstreitig möglich, dass neben einem (befristeten) Arbeitsvertrag ein weiterer befristeter Arbeitsvertrag geschlossen werden kann oder dass die Parteien sich durch die Vereinbarung eines weiteren befristeten Arbeitsvertrages auf eine Modifikation des bereits bestehenden Arbeitsverhältnisses einigen. Infolgedessen ließe sich auch ohne Wertungswidersprüche herleiten, dass die neue Abrede den Grundsätzen des § 14 Abs. 1 TzBfG zu unterliegen hat. Gleichwohl ist zu beachten, dass sodann auch die weiteren Voraussetzungen der Befristung des gesamten Arbeitsverhältnisses (wie etwa das Schriftformgebot nach § 14 Abs. 4 TzBfG) zu prüfen sind, was höchstwahrscheinlich der Grund ist, warum eine konsequente Auslegung nach §§ 133, 157, 305c Abs. 2 BGB vermieden wird. Das BAG versucht auch an dieser Stelle den Weg des geringsten Widerstandes und pickt sich das für das Ergebnis förderliche Kontrollinstrument heraus.

e) Mangelnde Unterscheidung zum Widerrufsvorbehalt

Ein weiterer Kritikpunkt an der aktuellen Rechtsprechung des BAG ist, dass abermals eine einzige Wertung aus einem Wirksamkeitskonvolut – dieses Mal aus der Rechtmäßigkeitskontrolle des Widerrufsvorbehalts – herausgenommen wurde, ohne die weiteren Kontrollinstrumente dieses Wirksamkeitskonvoluts zu beachten (vergleiche zur Rosinentheorie bereits S. 211). So sei daran erinnert, dass ein wirksamer Widerrufsvorbehalt[778] unter anderem sowohl der Angabe des Widerrufsgrundes bedarf als auch der Ausübungskontrolle unterliegt, was das BAG jedoch bei der Kontrolle der Befristung einer Einzelarbeitsbedingung nicht anwendet. Auch wenn die Anknüpfung an den Widerrufsvorbehalt in der Sache nicht überzeugend ist (hierzu S. 224 ff.), ist es weit weniger überzeugend einzig einen Aspekt der Kontrolle zu übertragen und das sonstige Kontrollschema zu unterschlagen. Insofern wäre es – wenn man eine Angleichung der Flexibilisierungsinstrumente vollzieht – der Ansicht von *Preis/Bender* entsprechend notwendig, auch die Angabe des Befristungsgrundes in der Vertragsabrede zur Rechtmäßigkeit der Befristung einer einzelnen Arbeitsbedingung zu fordern (siehe hierzu nachfolgend S. 240).[779]

Unabhängig von der Beantwortung der Frage, ob es der Angabe eines Befristungsgrundes bedarf (hierzu jedoch ab S. 240), ist die strukturelle Unterscheidung

---

778 Vgl. u.a. H/W/K/*Roloff*, BGB, Anh. §§ 305-310 Rn. 57; Preis/*Preis*, Der Arbeitsvertrag, II V 70 Rn. 18 f.

779 *Preis/Bender*, NZA-RR 2005, 337 (341).

zwischen dem Widerrufsvorbehalt und der Befristung einer einzelnen Arbeitsbedingung so schwerwiegend, dass eine Übertragung der Kontrollmaßstäbe ohne Modifikation nicht überzeugen kann: Es ist beim Vertragsschluss gerade nicht – wie bei dem Widerrufsvorbehalt – derart ungewiss, wann die Abrede beendet wird und es steht auch nicht während der Laufzeit alleine in der Sphäre des Arbeitgebers, wann es zur Beendigung der zusätzlichen Abrede kommt. Folglich bedarf es weder zur Rechtmäßigkeit der Befristungsabrede einer strengeren Transparenzkontrolle noch einer Ausübungskontrolle nach § 315 BGB, wie es jedoch bei dem Widerrufsvorbehalt zwingend notwendig ist; mithin muss sich diese grundlegende Unterscheidung zwischen den beiden Flexibilisierungsinstrumenten auch bei der Kontrolle der Abrede widerspiegeln (hierzu bereits ab S. 224).[780]

Der Siebte Senat bleibt sich bei der Kontrolle der Befristung einer einzelnen Arbeitsbedingung mit Blick auf die letzten Punkte gewissermaßen treu, als dass nur die Rosinen der Wirksamkeitskontrolle anderer arbeitsvertraglicher Abreden „gepickt" werden.

V. Bewertung der Rechtsprechung zur Rechtmäßigkeit der Befristung einer Einzelarbeitsbedingung

Ein Blick auf die Entwicklung der Rechtsprechung seit der Schuldrechtsmodernisierung im Jahr 2002 zur Befristung einer einzelnen Arbeitsbedingung mit Fokus auf die befristete Arbeitszeiterhöhung hat veranschaulicht, dass trotz der zunächst guten Vorzeichen, was die – vom Gesetzgeber intendierte – Interessenabwägung durch eine Anwendung der AGB-Kontrolle auf das Arbeitsrecht betrifft, die Praxis der Rechtsprechung die normativen Grundsätze anders anwendet. Nachdem zeitweise eine faktisch durchgeführte Sachgrundprüfung ohne Gegenüberstellung oder gar Abwägung weiterer Interessen über die Angemessenheit einer solchen Befristungsabrede einer einzelnen Arbeitsbedingung nach § 307 Abs. 1 Satz 1 BGB entschied, folgt nun eine starre Beachtung der 25 Prozent-Grenze und eine Art Rückgriff auf die Kernbereichsrechtsprechung aus der Zeit vor der Schuldrechtsmodernisierung.

Darüber hinaus haben sich Wertungswidersprüche in der Begründung der Entscheidungen offenbart. So wird zwar stets postuliert, dass das TzBfG weder direkt noch analog anwendbar sei, jedoch werden Teile der Aussagen des TzBfG

---

780 Ebenso anstatt vieler Meinel/Heyn/Herms/*Meinel*, TzBfG, § 14 Rn. 81; MüKoBGB/*Hesse*, TzBfG, § 14 Rn. 17.

übernommen, andere hingegen nicht. Dieses „Rosinenpicken" ist abzulehnen und fördert weder Rechtssicherheit noch Rechtsstaatlichkeit. Es ist herauszustellen, dass die den Arbeitnehmern auferlegte Darlegungs- und Beweislast für die außergewöhnlichen Gründe nicht überzeugt. Vielmehr obliegt es dem Arbeitgeber, im Rahmen der Interessenabwägung die für ihn günstigen Tatsachen vorzutragen, worunter, wenn dies zu einer einseitig für ihn günstigen Abwägung führt, etwaige Sachgründe zählen. Im Rahmen dieser Sachgründe ist sodann auch das Fehlen außergewöhnlicher Umstände vom Arbeitgeber darzulegen.

Das TzBfG ist weder direkt noch analog auf die Befristung einer einzelnen Arbeitsbedingung anwendbar. Insoweit ist es auch verfehlt, von einer „Verdrängung der AGB-Kontrolle durch das TzBfG"[781] zu sprechen. Hierfür müsste jedenfalls der Anwendungsbereich beider Normen eröffnet sein, was nicht der Fall ist.

Folglich ist es zu akzeptieren, dass unterschiedliche Kontrollinstrumente auch zu unterschiedlichen Ergebnissen führen. Hingegen ist es abzulehnen, dass das gleiche Kontrollinstrument bei denselben Vertragsparteien zu unterschiedlichen Ergebnissen führt. Insbesondere abzulehnen ist es, einen anderen Maßstab der Transparenzkontrolle im Sinne des § 307 Abs. 1 Satz 2 BGB bei der Befristung einer einzelnen Arbeitsbedingung gegenüber der Befristung des gesamten Arbeitsverhältnisses anzuwenden, welcher sodann zu widersprüchlichen Ergebnissen führt.

Es gilt sich in Erinnerung zu rufen, dass die damalige Umgehungsrechtsprechung kritisiert wurde, als dass diese im Ergebnis nur einer verkappten/verdeckten Inhaltskontrolle der Befristungsvereinbarung diene.[782] Nunmehr lässt sich konstatieren, dass – trotz der Änderung der Gesetzgebung – jedenfalls bezogen auf die Kontrolle einer befristeten Arbeitszeiterhöhung die Kritik umzukehren ist: Es wird eine Sachgrundprüfung anstatt einer Angemessenheitskontrolle durchgeführt.[783]

Die zuletzt mit den Entscheidungen vom 23. März 2016 sowie vom 25. April 2018 offensichtliche Angleichung an den Widerrufsvorbehalt überzeugt nicht;

781 So jedoch in der Formulierung, wenn auch im Ergebnis negiert *Schmidt*, NZA 2014, 760 (Überschrift zu II.); *Schramm/Naber*, NZA 2009, 1318 (1319); ebenso die Rspr. vgl. BAG v. 8.8.2007 – 7 AZR 855/06, NZA 2008, 229 (229 = Rn. 13); v. 15.12.2011 – 7 AZR 394/10, NZA 2012, 674 (676 = Rn. 18); v. 10.12.2014 – 7 AZR 1009/12, NZA 2015, 811 (813 = Rn. 29).

782 *Fastrich*, S. 170 f.; *Linke*, S. 43; zustimmend *Wimmer*, S. 39 ff. m.w.N.

783 So auch *Schmidt*, NZA 2014, 760 (763); wohl zustimmend *Maschmann*, Anmerkung zu AP TzBfG § 14 Nr. 41.

wenn dies auch für die Praxis nunmehr zu einer erhöhten Rechtssicherheit sorgen wird.

Bei der Befristung einer einzelnen Arbeitsbedingung fällt sowohl in Gestalt der kalendarischen Befristung als auch bei der Zweckbefristung die Leistungsgewährung oder die vereinbarte Modifikation der Arbeitsbedingung automatisch wieder weg. Maßgebend zur Bestimmung des genauen Wegfalls ist die Vereinbarung der Parteien zum Zeitpunkt des Einigseins. Hieraus folgt, dass die Befristung einer einzelnen Arbeitsbedingung – anders als der Widerrufsvorbehalt – keiner Ausübungskontrolle unterliegt.[784] Entscheidend für die Kontrolle der Angemessenheit und Rechtmäßigkeit ist der Zeitpunkt des Vertragsschlusses. Demgegenüber entscheidet über die Rechtmäßigkeit eines Widerrufsvorbehalts zusätzlich zur Angemessenheit der Abrede zum Zeitpunkt des Vertragsschlusses auch die konkrete Ausübung des Widerrufs (sogenannte Ausübungskontrolle).[785] Dies stellt auch einen entscheidenden Unterschied zu anderen Flexibilisierungsmitteln dar, weswegen eine Angleichung der Prüfungsmaßstäbe nicht überzeugt.

Richtigerweise ist weiterhin einzig die Interessenabwägung der Parteien maßgebend, welche sodann in den meisten Fallgestaltungen einer befristeten höherwertigen Tätigkeit bis zur Grenze des Rechtsmissbrauchs (hierzu später ab S. 151 ff.) eine Wirksamkeit der Abrede ergeben sollte, da das wirtschaftliche Risiko (siehe S. 235 ff.) gerade nicht verlagert wurde.

Schmidt weist zu Recht darauf hin, dass die Befristung einer Einzelarbeitsbedingung als ein *Minus* zur Befristung des gesamten Arbeitsverhältnisses anzusehen ist. Insofern muss auch das Vorliegen eines sachlichen Grundes nach § 14 Abs. 1 TzBfG eine Auswirkung auf die Angemessenheit der Befristung einer einzelnen Arbeitsbedingung haben.[786] Die Überlegung, an dieser Stelle Wertungswidersprüche abzubauen, ist legitim; mithin wird auch von *Schmidt* die Ersetzung der Interessenabwägung durch eine Sachgrundprüfung abgelehnt.[787] Die Prüfung, ob theoretisch ein Sachgrund vorliegt, darf somit nicht das Ende der Kontrolle sein, sondern es bedarf stets einer Interessenabwägung unter AGB-Gesichtspunkten.[788]

Wimmer, die ebenso die Ansicht vertritt, dass das TzBfG nicht anzuwenden sei, stellt auch bei der Inhaltskontrolle der Abrede auf § 307 Abs. 1 Satz 1 BGB

784 *Wimmer*, S. 65; A/P/S/*Künzel*, KSchG, § 2 Rn. 89; ErfK/*Preis*, BGB, §§ 305-310 Rn. 75.
785 Vgl. u.a. ErfK/*Preis*, BGB, §§ 305-310 Rn. 75.
786 *Schmidt*, NZA 2014, 760 (762).
787 *Schmidt*, NZA 2014, 760 (761 f.).
788 *Schmidt*, NZA 2014, 760 (762).

ab. Die Autorin betont, dass die *„Einheit der Rechtsordnung“* eine *„Übernahme bestimmter Wertungsgesichtspunkte und die Herstellung einer Wertungskongruenz zum Befristungsrecht“* gebietet.[789]

Dem ist zuzustimmen: Trotz der Abkehr von der Umgehungsrechtsprechung ist somit ein Blick auf die Rechtmäßigkeitsvoraussetzungen der Befristung des gesamten Arbeitsverhältnisses selbstverständlich von Interesse und muss aufgrund der Wertungsoffenheit der AGB-Kontrolle auch in selbige einfließen.[790] Insoweit gilt es – wie bereits bezogen auf das Verhältnis der AGB-Kontrolle zum (anwendbaren) TzBfG – eine Wertungsharmonie herzustellen. Darüber hinaus ist ein Blick auf die Voraussetzungen der Befristung des gesamten Arbeitsverhältnisses allein deshalb sinnvoll, da die Befristung einer einzelnen Arbeitsbedingung ein *Minus* zu ihr darstellt, was nachfolgend mit konkretem Bezug zur Rechtsprechung im Detail aufgeführt werden soll.

VI. Abwälzung des wirtschaftlichen Risikos als Kriterium der Inhaltskontrolle

Unbeantwortet ist, soweit man die Rechtsprechung der schlichten Heranziehung von Sachgründen nach § 14 Abs. 1 TzBfG zu Gunsten des Arbeitgebers sowie die starre 25 Prozent-Rechtsprechung ablehnt, welche Faktoren zur Bestimmung der Angemessenheit der Befristungsabrede einer einzelnen Arbeitsbedingung maßgebend sein sollen.

In diesem Zusammenhang wurde von *Schmidt* eingebracht, dass es für die Inhaltskontrolle gar keines Vergleiches mit der Sachgrundprüfung bedürfe. Vielmehr seien unter dem Gesichtspunkt der Abwälzung des wirtschaftlichen Risikos ebenso überzeugende Ergebnisse zu erzielen.[791] Wenngleich auch *Schmidt* sich weitere Ausführungen oder gar Erklärungen zu Abwägungskriterien spart, ist dieser Bezug nicht unbekannt.

Ähnlich hat sich bereits *Preis* geäußert, indem er anspricht, dass der Arbeitgeber *„sein Wirtschaftsrisiko nicht auf den AN verlagern darf.“*[792] Dies sieht er als gegeben an, was als eine unangemessene Benachteiligung im Sinne des § 307 Abs. 1 Satz 1 BGB zu werten sei, *„wenn durch mehrfache Befristung von Einzelarbeitsbedingungen das Wirtschafts- und Beschäftigungsrisiko bzw. das*

789 *Wimmer*, S. 65.
790 In diese Richtung auch *Willemsen/Grau*, NZA 2005, 1137 (1141).
791 *Schmidt*, NZA 2014, 760 (762); zustimmend *Biedermann*, NZA-RR 2019, 345 (351).
792 ErfK/*Preis*, BGB, §§ 305-310 Rn. 75a; vgl. auch *Preis/Bender*, NZA-RR 2005, 337 (343).

Bestandsschutzrisiko auf den AN verlagert wird.“[793] Anwendungsfälle werden (jedoch) erst bei einer mehrfachen Befristung gesehen, was damit zusammenhängt, dass nach Ansicht von *Preis* die erste Befristungsabrede einer einzelnen Arbeitsbedingung regelmäßig nicht unangemessen benachteiligend sein könne.[794]

Sowohl das BAG als auch *Wimmer* haben sich bereits mit dem Kriterium der Abwälzung des wirtschaftlichen Risikos in Bezug auf die Befristung einer einzelnen Arbeitsbedingung auseinandergesetzt, wenngleich nicht vergleichbar exponiert.

Nach der Reintegration des Arbeitsrechts in das allgemeine Zivilrecht hat das BAG[795] überzeugend zunächst innerhalb der Gegenüberstellung der Arbeitgeberinteressen und der Interessen des Arbeitnehmers (bei der Angemessenheitskontrolle) die Arbeitgeberinteressen an der Hürde gemessen, ob durch die Befristung der einzelnen Arbeitsbedingung nicht das wirtschaftliche Risiko auf den Arbeitnehmer verlagert wird. Insoweit dies zutreffe, dürfe das Interesse des Arbeitgebers bei der Abwägung im Rahmen des § 307 Abs. 1 Satz 1 BGB nicht berücksichtigt werden, was in logischer Konsequenz das Überwiegen der Arbeitnehmerinteressen, typischerweise an einer unbefristeten Arbeitsbedingung, zur Folge habe.

Nachdem das schlichte Abstellen auf einen Sachgrund im Sinne des TzBfG, jedenfalls nach Überschreitung der 25-Prozent-Grenze die Interessenabwägung faktisch abgelöst hat, wurde das wirtschaftliche Risiko – soweit ersichtlich – nicht mehr als Bestandteil der Interessenabwägung betrachtet, sondern als Bestandteil eines möglichen außerordentlichen Umstands, der die regelmäßig zu Gunsten des Arbeitgebers wirkende Entscheidung noch erschüttern könne.[796] Wie bereits herausgearbeitet (vergleiche ab S. 213 ff.), wird der Arbeitnehmer hierdurch jedoch unzumutbar beweisbelastet. Warum nunmehr das Kriterium der Abwälzung des wirtschaftlichen Risikos nicht mehr unmittelbar Teil der Interessenabwägung, sondern vielmehr außenstehend und von der Darlegungs- und Beweislast beim Arbeitnehmer zu verordnen ist, bleibt von der Rechtsprechung unbeantwortet.

---

793 ErfK/*Preis*, BGB, §§ 305-310 Rn. 75a.

794 ErfK/*Preis*, BGB, §§ 305-310 Rn. 75a; ebenso Meinel/Heyn/Herms/*Meinel*, TzBfG, § 14 Rn. 83.

795 So BAG v. 27.7.2005 – 7 AZR 486/04, NZA 2006, 40 (47 = II. 2. b) bb) (2)); v. 18.1.2006 – 7 AZR 191/05, AP BGB § 305 Nr. 8 (Rn. 35).

796 So BAG v. 2.9.2009 – 7 AZR 233/08, NZA 2009, 1253 (1256 = Rn. 37).

Wimmer untersucht ebenso das Kriterium der Abwälzung des Wirtschaftsrisikos als Konkretisierung einer unangemessenen Befristungsabrede einer einzelnen Arbeitsbedingung.[797] Als normative Anknüpfung wird § 615 BGB herangezogen, welcher zwar nach allgemeiner Ansicht individualvertraglich und kollektivrechtlich disponibel (§ 619 BGB), hingegen bei einer Abbedingung durch Allgemeine Geschäftsbedingungen der AGB-Kontrolle zu unterziehen sei.[798] Dies hat zur Folge, dass im Ergebnis weiterhin eine Gegenüberstellung der Interessen nach § 307 BGB notwendig ist.

Die vorstehenden Ausführungen *Wimmers* überzeugen. Die alleinige Kontrolle eines vermeintlichen Abwälzens des Wirtschaftsrisikos kann nicht ausreichen, sondern bedarf der normativen Anknüpfung. In der allgemeinen Systematik der AGB-Kontrolle kann das Kriterium jedoch als – unter Umständen sogar maßgebender – Indikator respektive Kriterium der Interessenabwägung nach § 307 Abs. 1 Satz 1 BGB fungieren.

Nichtsdestoweniger lohnt sich eine genaue Betrachtung der Verlagerung des Wirtschaftsrisikos, da hierdurch entscheidende Fallgruppen der Befristung einer einzelnen Arbeitsbedingung entschieden werden können: Hierzu zählt zunächst die Fallgruppe des (institutionellen) Rechtsmissbrauchs. Denn wenn man bedenkt, dass es zum wiederholten Male zu einer Befristung einer Einzelarbeitsbedingung kommt, die jedoch einen großen Teil des Synallagmas ausmacht, so liegt hierin (auch) eine Verlagerung des Beschäftigungs- und Wirtschaftsrisikos.

Darüber hinaus lassen sich unter dem Kriterium der Verlagerung wirtschaftlicher Risiken auch die Interessen des Arbeitgebers hinreichend berücksichtigen. So ist zum einen daran zu denken, dass die Verantwortung des Arbeitnehmers gegenüber dem Betrieb und auch seine Vergütung so hoch sein können, dass ein höheres Maß an Abwälzung des Risikos für den Arbeitnehmer zu verkraften ist. Hier lässt sich ein gerechtes Ergebnis bei der Gegenüberstellung der Interessen und ein Ausgleich für vermeintliche Lasten herstellen. Zum anderen kann es auch sein, dass der Arbeitnehmer, sei es durch seine Intention oder seinen beruflichen Status, ein erhöhtes Interesse an einer „nur" befristeten Arbeitsbedingung hat, was sich durch das Kriterium des wirtschaftlichen Risikos auch für den Arbeitgeber günstig bewerten lässt.

---

797 Siehe *Wimmer*, S. 89 ff. (im Speziellen S. 94 ff.), die auch weitere Kriterien anführt, die jedoch im Weiteren zur Abgrenzung des Themas nicht besprochen werden.

798 ErfK/*Preis*, BGB, § 615 Rn. 8, §§ 305-310 Rn. 82 f.; MüKoBGB/*Henssler*, BGB, § 615 Rn. 10 f. m.w.N.

Festzuhalten ist somit, dass die Verlagerung des Wirtschaftsrisikos, welches regelmäßig der Arbeitgeber zu tragen hat, auf den Arbeitnehmer durch die Befristung einer einzelnen Arbeitsbedingung ein (entscheidender) Faktor bei der Beurteilung der Angemessenheit sein kann. Gleichwohl bleibt eine von § 307 Abs. 1 Satz 1 BGB geforderte Interessenabwägung inklusive der Gegenüberstellung der Parteiinteressen notwendig.

Dass der Arbeitgeber ab Überschreitung einer Flexibilisierung von über 25 Prozent regelmäßig gravierendere Gründe darzulegen und zu beweisen hat, ist – auch wenn die starre Anknüpfung an 25 Prozent nicht überzeugt – billig. Diese vom Arbeitgeber vorzutragenden Gründe können ebenso in der Sphäre des Arbeitnehmers liegen und die Verlagerung des wirtschaftlichen Risikos als Merkmal der Interessenabwägung nach § 307 Abs. 1 Satz 1 BGB rechtfertigen. Gleichwohl ist zu beachten, dass wenn tastsächlich ein Sachgrund im Sinne des § 14 Abs. 1 TzBfG dargelegt und bewiesen werden kann, regelmäßig die Interessenabwägung zugunsten der Rechtmäßigkeit der Befristungsabrede ausgehen wird. Wichtig ist hierbei jedoch, dass das Vorliegen eines Sachgrundes nur ein Teil der Interessenabwägung ist und nicht unmittelbar das Ergebnis dieser darstellt.

G. Transparenzgebot

Integraler Bestandteil jeder AGB-Kontrolle – gemäß § 307 Abs. 3 Satz 2 BGB auch bei Hauptabreden anzuwenden – ist die Transparenzkontrolle nach § 307 Abs. 1 Satz 2 BGB, beziehungsweise die Einhaltung des Transparenzgebots (vergleiche hierzu bereits ausführlich ab S. 157). Folglich ist nach der Interessenabwägung im engeren Sinne nach § 307 Abs. 1 Satz 1 BGB die Kontrolle der hinreichenden Transparenz der Befristungsabrede einer Einzelarbeitsbedingung durchzuführen.

Nachfolgend sollen zwei Konstellationen, die insbesondere bei der Befristung einer einzelnen Arbeitsbedingung von Interesse sind, dargestellt und hierzu Stellung bezogen werden. Gleichwohl sind selbstverständlich darüber hinaus auch die Grundsätze der hinreichenden Transparenz nach § 307 Abs. 1 Satz 2 BGB – orientiert an denselben Fallgruppen, wie sie auch bei der Befristungsabrede des gesamten Arbeitsverhältnisses angewandt werden (nämlich Verständlichkeitsgebot, Bestimmtheitsgebot, Intransparenz wegen des Zusammenwirkens mehrerer Abreden und des Täuschungs- und Verschleierungsverbot, siehe hierzu ausführlich ab S. 161) – zu beachten.

I. Umgehung der Nichtanwendbarkeit des Schriftformgebots

Bei einer oberflächlichen Betrachtung des Regelungsgegenstandes der Transparenzkontrolle, ließe sich darüber nachdenken, ob durch die Nichtanwendbarkeit des Schriftformgebots nach § 14 Abs. 4 TzBfG (hierzu S. 183), wenigstens dessen Regelungsinhalt über § 307 Abs. 1 Satz 2 BGB als Kontrollgegenstand auf die Befristungsabrede der Einzelarbeitsbedingung Anwendung findet; ob also nur dann von einer hinreichenden Transparenz auszugehen sein kann, wenn die Befristungsabrede der Befristung einer einzelnen Arbeitsbedingung schriftlich zwischen den Vertragsparteien festgelegt wird. Hierdurch ließen sich Funktionen des § 14 Abs. 4 TzBfG (Klarstellungs-, Beweis-, und Warnfunktion)[799] übertragen und anwenden, dessen Vorteile bereits herausgearbeitet wurden (siehe S. 183). Letzterer Gedanke wäre jedoch nicht nur eine Umgehung der Nichtanwendbarkeit des TzBfG (siehe S. 183 f.), sondern auch eine überschießende Auslegung der Anforderungen an eine Abrede durch das Transparenzgebot (hierzu im Einzelnen bereits ab S. 157 ff.).

Darüber hinaus ist – neben dem Verstoß gegen die Nichtanwendbarkeit des TzBfG auf die Befristung einer einzelnen Arbeitsbedingung – zu beachten, dass die Unterschiede zwischen dem von den Parteien zu beachtenden Transparenzgebot nach § 307 Abs. 1 Satz 2 BGB und dem (unanwendbaren) Schriftformgebot nach § 14 Abs. 4 TzBfG groß sind, was anschaulich *Preis/Bender* herausgearbeitet haben. Maßgebend seien die unterschiedlichen Zwecke, welche von beiden Kontrollinstrumenten verfolgt werden. § 14 Abs. 4 TzBfG habe eine Klarstellungs-, Beweis- und Warnfunktion, welche dem Arbeitnehmer verdeutlichen solle, dass seine Existenzgrundlage unter Umständen nicht von Dauer ist; mithin solle verdeutlicht werden, wann diese wegfällt.[800] Diese Vorgaben an den Verwender rechtfertigen sich aus der Schutzbedürftigkeit des Arbeitnehmers, wobei zu beachten sei, dass das Schriftformgebot nicht die Angabe des Befristungsgrundes, sondern nur die schriftliche Fixierung der Abrede selbst fordere.[801] Hingegen verfolge das Transparenzgebot, welches als eigenständige Prüfungskategorie zu beachten sei, nach *Preis/Bender* (lediglich) hinreichende Klarheit und Verständlichkeit.

---

799 Hierzu anstatt vieler Meinel/Heyn/Herms/*Meinel*, TzBfG, § 14 Rn. 331; BAG v. 3.9.2003 – 7 AZR 106/03, NZA 2004, 255 (256).

800 *Preis/Bender*, NZA-RR 2005, 337 (340).

801 *Preis/Bender*, NZA-RR 2005, 337 (340).

II. Angabe des Befristungsgrundes

Unabhängig von der Frage der (Nicht-)Anwendbarkeit des Schriftformgebots nach § 14 Abs. 4 TzBfG wird teilweise vertreten, dass es zur Rechtmäßigkeit der Befristungsabrede einer Einzelarbeitsbedingung der Angabe des Befristungsgrundes in der vertraglichen Vereinbarung bedarf.[802] Insofern erfordere die hinreichende Transparenz im Sinne des § 307 Abs. 1 Satz 2 BGB bei der Befristung einer Einzelarbeitsbedingung die Angabe des Befristungsgrundes. Genauer wird gefordert, dass aus der Klausel selbst zu erkennen sein müsse, weshalb eine Arbeitsbedingung befristet sei. Hierfür ausreichend sollen Hinweise auf „wirtschaftliche Gründe" oder zur „Erprobung" sein. Von Interesse ist, dass – begründet durch die Parallele zum Widerrufsvorbehalt – die Angabe des Befristungsgrundes für *Preis/Bender* für die Einhaltung des Transparenzgebots erforderlich sei.[803] Unter dem Gesichtspunkt des Verhältnisses der Normen zueinander und dem Vergleich zu anderen Vertragsgestaltungsmitteln gehen *Preis/Bender* davon aus, dass die Befristung einer Einzelarbeitsbedingung kein *Minus* zur Befristung des gesamten Arbeitsverhältnisses sei, sondern vielmehr als ein *Aliud* zu bewerten sei, was die Autoren unter anderem mit der zu erstrebenden Vereinheitlichung der Wertungsmaßstäbe von sämtlichen Flexibilisierungsinstrumenten begründen.[804] Insofern sei die Befristung einer einzelnen Arbeitsbedingung als „antizipierter Widerruf" zu verstehen.[805] Hieraus sei zu folgern, dass das Transparenzgebot fordere, dass der Arbeitnehmer aus der Vertragsurkunde selbst hinreichend klar erkennen könne, weshalb die Arbeitsbedingung befristet sei, wobei ausreichend sei, wenn „wirtschaftliche Gründe" oder „Gründe im Verhalten des Arbeitnehmers" in der konkreten Abrede aufgeführt werden.[806] Hierdurch soll für den Arbeitnehmer erkennbar sein, warum seine Arbeitsbedingung (wieder) abgeändert wird und worauf er sich letztlich einlässt.[807]

Das BAG hat sich mit der Entscheidung vom 2. September 2009 (übereinstimmend mit seiner Rechtsprechung zur Befristung des gesamten

---

802 *Preis/Bender*, NZA-RR 2005, 337 (340 f.); bestätigend *Preis/Lindemann*, NZA 2006, 632 (637); ErfK/*Preis*, BGB, §§ 305-310 Rn. 75; *Sievers*, TzBfG, § 14 Rn. 24.

803 *Preis/Bender*, NZA-RR 2005, 337 (341); zuletzt sympathisierend *Biedermann*, NZA-RR 2019 345 (347).

804 *Preis/Bender*, NZA-RR 2005, 337 (341 f.).

805 *Preis/Bender*, NZA-RR 2005, 337 (342).

806 *Preis/Bender*, NZA-RR 2005, 337 (340 f.); bestätigend *Preis/Lindemann*, NZA 2006, 632 (637); ErfK/*Preis*, BGB, §§ 305-310 Rn. 75; *Sievers*, TzBfG, § 14 Rn. 24.

807 So Däubler/Hjort/Schubert/Wolmerath/*Tillmanns*, TzBfG, § 3 Rn. 6.

Arbeitsverhältnisses)[808] dazu entschieden, die Voraussetzungen der Transparenzkontrolle als formelle Voraussetzung nicht zu hoch zu setzen und insbesondere die schriftliche Fixierung des Befristungsgrundes nicht zu fordern.[809] Ausreichend ist also – ebenso wie bei der Befristung des gesamten Arbeitsverhältnisses, wenn für den Arbeitnehmer die flexibilisierte Arbeitsbedingung erkenn- und bestimmbar ist und der Zeitpunkt, zu dem die Änderung eintreten soll für den (juristisch ungebildeten) Arbeitnehmer bestimmbar ist. Es ist notwendig, aber auch ausreichend, wenn für den Arbeitnehmer erkennbar ist, wann und wie der Arbeitgeber das Vertragsverhältnis verändert; mithin muss aus der Abrede selbst erkennbar sein, wann, welche Arbeitsbedingung, in welchem Umfang und Maße wegfällt.[810]

Meines Erachtens überzeugt die maßgeblich von *Preis/Bender* geprägte Ansicht nicht vollständig. Zwar wird richtigerweise eine Parallele zum Widerrufsvorbehalt gezogen und insoweit auch der Versuch unternommen, die Wertungsmaßstäbe anzugleichen. Dies kann jedoch nur auf den Prüfungsebenen geschehen, welche auch tatsächlich gleich sind. Zu beachten ist nämlich, dass die Befristung einer Einzelarbeitsbedingung keiner Ausübungskontrolle nach § 315 BGB unterliegt; vielmehr ist – ebenso wie bei der Befristung des gesamten Arbeitsverhältnisses – der Zeitpunkt der Abrede maßgebend, was ebenso von *Preis* vertreten wird.[811] Des Weiteren werden (übrigens auch von den Autoren) etliche Anleihen beispielsweise im Rahmen der Interessenabwägung von der Kontrolle der Befristungsabrede des gesamten Arbeitsverhältnisses entnommen. In Folge dessen stellt die Befristung einer einzelnen Arbeitsbedingung zumindest in den angewandten Prüfungsmaßstäben doch ein *Minus* und kein *Aliud* zur Befristung des gesamten Arbeitsverhältnisses dar.[812]

Etwaige Gemeinsamkeiten, die richtigerweise zwischen dem Widerrufsvorbehalt und der Befristung einer Einzelarbeitsbedingung gesehen werden, hängen vielmehr damit zusammen, dass beide als Flexibilisierungsmittel einer

---

808 Vgl. u. a. BAG v. 29.6.2011 – 7 AZR 774/09, NZA 2011, 1151; v. 12.8.2009 – 7 AZR 270/08, AP TzBfG § 14 Nr. 63.

809 BAG v. 2.9.2009 – 7 AZR 233/08, NZA 2009, 1253 (1255).

810 Vgl. hierzu u.a. A/P/S/*Künzel*, KSchG, § 2 Rn. 91; Meinel/Heyn/Herms/*Meinel*, TzBfG, § 14 Rn.80; *Stoffels*, ZfA 2009, 883.

811 ErfK/*Preis*, BGB, §§ 305-310 Rn. 75.

812 Wohl ebenso *Hanau*, ZIP 2005, 1661 (1665); *Hanau/Hromadka*, NZA 2005, 73 (77); *Schmidt*, NZA 2014, 760 (761); in diese Richtung wohl auch *Löwisch*, 50 Jahre BAG, S. 423 (440 f.).

Arbeitsbedingung einzusortieren sind und den gleichen Zweck verfolgen, nämlich einer nicht dauerhaften Bindung an eine Leistungsgewährung oder eine Handlung.

In Anbetracht dessen, dass die Befristung einer Einzelarbeitsbedingung als *Minus* zur Befristung des gesamten Arbeitsverhältnisses einzusortieren ist, ist es auch nur überzeugend, dieselben Anforderungen an das Transparenzgebot für beide Abreden zu fordern.[813] Insofern bedarf es nicht der Angabe des Befristungsgrundes bei der Befristung einer einzelnen Arbeitsbedingung.[814] Zu differenzieren ist – ebenso wie bei der Befristung des gesamten Arbeitsverhältnisses – bei der Zweckbefristung. Dort wird die Angabe des Befristungszwecks, aus dem der Arbeitnehmer sodann hinreichend deutlich bereits bei Vertragsschluss das Ende bestimmen kann, zur Erfüllung des Transparenzgebots gefordert.[815] Dies erscheint folgerichtig, da der Zweck für den Wegfall der Abrede unterschiedlich ist.

Modifikationen beim Maßstab des Transparenzgebots erfolgen nur über die jeweiligen Parteien und nicht über die zu beurteilende Abrede. Einen Einfluss auf das Transparenzgebot hat, in welchem Rechtskreis (Erfahrung, äußere Umstände der Vereinbarung, etc.) die Abrede vereinbart wurde;[816] mithin hat es grundsätzlich keinen Einfluss auf den Maßstab, ob es sich um eine Haupt- oder Nebenabrede handelt, sofern die vertragsschließenden Parteien dieselben sind. Somit ist es stringent, entweder die Forderung von *Preis/Bender* nach der Angabe des Befristungsgrundes auf die Befristung des gesamten Arbeitsverhältnisses zu übertragen oder andersherum diese Forderung mit Blick auf die Befristung des gesamten Arbeitsverhältnisses abzulehnen. Letzteres überzeugt. Denn sonst würde die eindeutige Entscheidung des Gesetzgebers im Rahmen des § 14

---

813 Wohl auch *Hanau*, ZIP 2005, 1661 (1665), der davon ausgeht, dass jedenfalls an die Befristung einzelner Arbeitsbedingung keine höheren Voraussetzungen zu knüpfen sind.

814 *Hanau/Hromadka*, NZA 2005, 73 (75); *Willemsen/Grau*, NZA 2005, 1137 (1142); *Hohenstatt/Schramm*, NZA 2007, 238 (243); *Lunk/Leder*, NZA 2008, 504 (508); *Bauer*, ArbRAktuell 2009, 185; *Schramm/Naber*, NZA 2009, 1318 (1319); *Willemsen/Jansen*, RdA 2010, 1 (8); MüHdbArbeitsR/*Krause*, 3. Aufl. 2009, § 56 Rn. 27.

815 *Hromadka*, BB 2001, 674 (674); *Richardi/Annuß*, NJW 2000, 1231 (1234); A/P/S/*Greiner*, TzBfG, § 14 Rn. 467; Staudinger/*Preis*, 2019, BGB, § 620 Rn. 61; Meinel/Heyn/Herms/*Meinel*, TzBfG, § 14 Rn. 33.

816 Staudinger/*Krause*, 2019, BGB, Anhang zu §§ 305 – 310 Rn. K 244; Clemenz/Kreft/Krause/*Klumpp*, AGB-Arbeitsrecht, § 307 Rn. 83; Palandt/*Grüneberg*, BGB, § 307 Rn. 23.

Abs. 4 TzBfG, dass gerade nicht die Angabe des konkreten Sachgrundes notwendig ist, konterkariert.

Darüber hinaus stellt sich die Frage, welchen Erkenntnisgewinn der Arbeitnehmer durch die Angabe haben soll.[817] Denn welchen Mehrwert hat ein Arbeitnehmer, wenn er (unter Umständen sogar neben einer Datumsangabe bei der kalendarischen Befristung) weiß, dass „wirtschaftliche Gründe" der Befristung der Einzelarbeitsbedingung zugrunde liegen, was von den Autoren gefordert wird. Zu beachten ist nämlich, dass der Arbeitnehmer diese selbst deuten und einsortieren muss, was, wenn er keinen Einblick in die tatsächlichen, wirtschaftlichen Verhältnisse des Arbeitgebers hat, wenig hilfreich bei Ermittlung der Dauer der Modifikation der Einzelarbeitsbedingung ist, was Ziel dieser Information sein soll.

Somit ist festzuhalten, dass entgegen *Preis/Bender* das Transparenzgebot nicht die Angabe des Befristungsgrundes bei Befristung einzelner Arbeitsbedingungen fordert.[818]

Hiervon völlig unabhängig zu bewerten ist jedoch die Ausgangslage, wenn tatsächlich ein Befristungsgrund angegeben wurde oder im Rahmen der Abrede zwischen den Parteien Konsens war. Hier gilt es in Abstimmung mit der Beantwortung dieser Frage bei Befristung des gesamten Arbeitsverhältnisses eine strenge und konsequente Linie zu verfolgen (siehe hierzu S. 284 f.).

III. Zwischenfazit

Die befristete Einzelarbeitsbedingung hält dem Transparenzgebot insofern stand, wenn hinreichend klar und verständlich ausgewiesen wird, welche Arbeitsbedingung in welchem Maße flexibilisiert werden soll; nicht erforderlich ist, dass der Grund der Befristung hierfür in der Abrede selbst genannt werden muss.

H. Zusammenfassung

Vorstehende Ausführungen zur Befristung einer einzelnen Arbeitsbedingung haben die rechtlichen Grenzen der Vertragsgestaltung zu erkennen gegeben. In Übereinstimmung mit der Rechtsprechung und der weit überwiegenden

---

817 So *Hohenstatt/Schramm*, NZA 2007, 238 (243).

818 Ebenso *Hanau/Hromadka,* NZA 2005, 73 (75); *Willemsen/Grau,* NZA 2005, 1137 (1142); *Hohenstatt/Schramm*, NZA 2007, 238 (243); *Lunk/Leder*, NZA 2008, 504 (508); *Schramm/Naber*, NZA 2009, 1318 (1319); *Willemsen/Jansen*, RdA 2010, 1 (8); MüHdbArbeitsR/*Krause*, 3. Aufl. 2009, § 56 Rn. 27.

Ansicht im Schrifttum ist das TzBfG auf die Befristung einer einzelnen Arbeitsbedingung nicht – auch nicht analog – anwendbar. Hieraus folgt, dass die Wertungen des TzBfG auch nicht unmittelbar in die anwendbare und zu beachtende AGB-Kontrolle integriert werden dürfen und im Besonderen, dass etwaige Wertungen (etwa die Befristungsgründe nach § 14 Abs. 1 TzBfG) nicht unmittelbar die durchzuführende Interessenabwägung nach § 307 Abs. 1 Satz 1 BGB entscheiden oder gar ersetzen. Diese Aspekte stellen vielmehr einen Bestandteil der Gegenüberstellung der Interessen beider Vertragsparteien dar. Dies gilt gleichwohl der Einordnung der Befristung einer Einzelarbeitsbedingung als *Minus* (und nicht Aliud) zur Befristung des gesamten Arbeitsverhältnisses. Die nunmehr gefestigte 25-Prozent-Rechtsprechung vermag auf den ersten Blick eine Rechtssicherheit zu gewähren, hat jedoch ihrerseits gravierende Schwächen. Herauszustellen sind diesbezüglich, dass die Dauer der Befristungsabrede unberücksichtigt bleibt, die Herleitung dieser 25 Prozent-Grenze nicht zu überzeugen vermag, die Grenze starr ist und die Wertungswidersprüche zum Widerrufsvorbehalt nicht überwunden wurden. Im Gegensatz zum Widerrufsvorbehalt wird gerade keine Ausübungskontrolle durchgeführt und es ist – konsequenter Weise – auch nicht die Angabe des Befristungsgrundes zu fordern. Überzeugender wäre es vielmehr sich wieder auf den Norminhalt der Interessenabwägung zur fokussieren und den Abwägungsgedanken der Verlagerung des wirtschaftlichen Risikos mehr Gewicht zu verleihen. Hier ist selbstverständlich – unter Beachtung der vom Arbeitgeber zu tragenden Darlegungs- und Beweislast – der Vortrag des Vorliegens eines Befristungsgrundes nach § 14 Abs. 1 TzBfG zu berücksichtigen, jedoch nur als Ausgangspunkt (nicht Ergebnis) einer Interessenabwägung. Abschließend ist zu betonen, dass der Vertragskontrolle eine Auslegung der Abrede vorgeschaltet ist, welche den Norminhalt und die sodann maßgeblichen rechtlichen Grenzen und Maßstäbe herausstellt.

§ 8 Vergleich der Vertragskontrolle Befristung einer Einzelarbeitsbedingung eines gesamten Arbeitsverhältnisses

Nachdem vorstehend die Möglichkeiten der Vertragsgestaltung, die Wirkung und Zwecke der Kontrollinstrumente sowie die Kontrolle der Befristungsabrede des gesamten Arbeitsverhältnisses und der einer einzelnen Arbeitsbedingung dargestellt wurden, gilt es nachfolgend einen Vergleich zwischen den Befristungsmöglichkeiten in Bezug auf ihre Vertragskontrolle und deren Voraussetzungen darzustellen. Neben den bereits gezogenen Vergleichen, insbesondere bei der Darstellung der Befristung einer einzelnen Arbeitsbedingung, sollen nachfolgend zunächst die Gemeinsamkeiten und sodann die Unterschiede in der Kontrolle beider Vertragsgestaltungsmittel des Arbeitsrechts dargestellt werden.

A. Gemeinsamkeiten

Beiden Vertragskontrollen gemein ist, dass zunächst dieselbe „Pforte" zum richtigen Kontrollinstrument zu passieren ist. Es hat stets zunächst eine Auslegung der vertraglichen Abrede der Parteien nach §§ 133, 157 BGB zu erfolgen. Erst mit der Kenntnis über die gewünschte Art der Abrede, ergeben sich die zu beachtenden Voraussetzungen an die Wirksamkeit der Abrede.

Die Befristung einer einzelnen Arbeitsbedingung stellt nach hier vertretener Ansicht ein *Minus* zur Befristung des gesamten Arbeitsverhältnisses dar. So ist beiden Abreden eine Vergänglichkeit des Vereinbarten immanent, was bereits zur Zeit des Vertragsschlusses hinreichend bestimmbar ist und zu sein hat; woraus folgt, dass im Gegensatz zum Widerrufsvorbehalt keine Ausübungskontrolle zu vollziehen ist.

Ferner sind die Vertragsparteien die gleichen; eine Abrede im Befristungsrecht erfolgt zwischen einem Arbeitnehmer und einem Arbeitgeber, der die Abrede regelmäßig in Form von AGB stellt. Dem Arbeitnehmer bleibt meist nur der Entschluss zur Annahme der vertraglichen Abrede oder zur Ablehnung; eine Einwirkungsmöglichkeit in der Sache besteht regelmäßig nicht.

Hieraus folgt konsequenterweise, dass beide Befristungsabreden in der Regel der AGB-Kontrolle unterliegen. Insbesondere sind dieselben Maßstäbe im Rahmen des Überraschungsverbots nach § 305c Abs. 1 BGB und des

Transparenzgebots nach § 307 Abs. 1 Satz 2 BGB einzuhalten. Das Transparenzgebot ermöglicht es, eine Parallelität der Wertungen zwischen beiden Arten der Abrede herzustellen. In Folge der gleich anzuwendenden Norm sind auch die Fallgruppen des Transparenzgebots bei beiden Abreden regelmäßig mit dem gleichen Maßstab einzuhalten.[819] So ist primär auf das Verständlichkeitsgebot hinzuweisen, welches in Bezug zu beiden Befristungsabreden eine klare und verständliche Abrede aus Sicht des Arbeitnehmers fordert. Ferner ist auch das Bestimmtheitsgebot zu beachten, welches fordert, dass „[t]*atbestandliche Voraussetzungen und Rechtsfolgen* [...] *so beschrieben sein* [müssen], *dass für den Verwender keine ungerechtfertigten Beurteilungsspielräume entstehen.*“[820] Insofern müssen die Leistungspflichten bereits zum Zeitpunkt des Vertragsschlusses eindeutig und unzweifelhaft feststehen. Eine weitere Fallgruppe des § 307 Abs. 1 Satz 2 BGB ist die Intransparenz aufgrund des Zusammenwirkens von mehreren Klauseln oder ihrer systematischen Stellung. Darüber hinaus haben beide Befristungsmöglichkeiten das Täuschungs- und Verschleierungsverbot zu achten. Aus dem Transparenzgebot folgt, dass sich auch Parallelen im Rahmen der tatsächlichen Fixierung der Befristungsgründe im Arbeitsvertrag zwischen der Befristung einer einzelnen Arbeitsbedingung und der des gesamten Arbeitsverhältnisses ergeben (hierzu noch im Detail S. 279 ff.; insbesondere S. 284).

Der letzten Gemeinsamkeit entsprechend ist es konsequent, dass gerade nicht aus dem Transparenzgebot gefolgert werden kann, dass bei der Befristung einer einzelnen Arbeitsbedingung eine Angabe eines Befristungsgrunds gefordert wird. Es bedarf zur Angemessenheit der Befristungsabrede also nicht der Angabe eines Grundes, wie beispielsweise „wirtschaftliche Gründe“. Eine solche Angabe ist vom Wortlaut, dem Sinn und Zweck sowie der Systematik des AGB-Rechts nicht verlangt und führt darüber hinaus für der Arbeitnehmer zu keinerlei Mehrwert (vorstehendes im Detail ab S. 240). Ebenso fordert das Transparenzgebot bei der Befristung des gesamten Arbeitsverhältnisses jedenfalls bei der ersten Befristungsabrede der Parteien nicht die Angabe eines Grundes.

Sowohl die Befristung eines Arbeitsverhältnisses als auch die einer einzelnen Arbeitsbedingung kann rechtsmissbräuchlich sein. Im Speziellen ist bei der Vertragskontrolle darauf zu achten, dass kein institutioneller Rechtsmissbrauch vorliegt. Anknüpfungspunkt ist bei der Befristung des Arbeitsverhältnisses der Sachgrund; insofern man richtigerweise eine Heranziehung des Sachgrundes bei der Befristung einer einzelnen Arbeitsbedingung ablehnt, so erfolgt die gleiche Prüfung im

819 Zu den einzelnen Fallgruppen siehe bereits S. 161 ff.

820 Siehe Staudinger/*Krause*, 2013, BGB, Anhang zu § 310 Rn. 247.

Rahmen der Interessenabwägung unter dem Kriterium der Abwälzung des wirtschaftlichen Risikos. Wird hingegen weiterhin an der Übertragung der Sachgründe des § 14 Abs. 1 TzBfG ohne Interessenabwägung festgehalten, so muss auch dort innerhalb der Sachgrundprüfung eine Kontrolle des Nichtvorliegens eines Rechtsmissbrauchs erfolgen (siehe zum Ganzen nachfolgend ab S. 251).

Darüber hinaus unterliegen beide Vertragsgestaltungen keiner Ausübungskontrolle. Maßgebender Zeitpunkt zur Rechtmäßigkeitskontrolle der Abrede ist der Zeitpunkt des Vertragsschlusses. Zu diesem Zeitpunkt müssen die Tatbestandsvoraussetzungen vorliegen und die Abrede muss im Speziellen hinreichend transparent sein.

Eine weitere Gemeinsamkeit ist in Bezug zur Darlegungs- und Beweislast zu sehen. Es gilt der Grundsatz, dass derjenige das zu beweisen hat, was für ihn günstig ist, wobei der Arbeitgeber die Voraussetzungen der Wirksamkeit der Befristungsabrede im Besonderen in Bezug auf das Vorliegen des Sachgrundes darzulegen und zu beweisen hat; dies beinhaltet das Nichtvorliegen außergewöhnlicher Umstände. Ebenso hat der Arbeitgeber die Rechtmäßigkeit der Befristungsabrede einer einzelnen Arbeitsbedingung zu beweisen. Dies rechtfertigt sich zum einen aus Anleihen, welche aus dem Befristungsrecht des ganzen Arbeitsverhältnisses entnommen werden und zum anderen aus dem Gedanken, dass es dem Arbeitnehmer regelmäßig nicht möglich sein wird, wirtschaftliche Notwendigkeiten des Betriebs darzulegen und zu beweisen respektive deren Negierung.

B. Unterschiede

Neben den vorstehenden Gemeinsamkeiten bestehen auch Unterschiede zwischen den Abreden des Befristungsrechts. Diese resultieren zum einen daraus, dass es sich bei der Befristung einer Arbeitsbedingung „nur“ um ein *Minus* handelt und zum anderen aus der Kodifikation der Befristung des gesamten Arbeitsverhältnisses durch das TzBfG. Das TzBfG ist bereits auf Grundlage seiner Wortlautanknüpfung an das „Arbeitsverhältnis“ nicht – auch nicht analog – auf die Befristung einer einzelnen Arbeitsbedingung anwendbar. Folglich sind die dargestellten Zwecke, Motive und Regelungsinhalt des TzBfG regelmäßig nicht bei der Befristung einer einzelnen Arbeitsbedingung zu beachten, sofern diese nicht auch bei der AGB-Kontrolle zu berücksichtigen sind.

Bereits aus der unterschiedlichen Bezeichnung lässt sich entnehmen, dass es sich nur um eine Befristung einer einzelnen Bedingung des Arbeitsverhältnisses handelt, wobei das Arbeitsverhältnis zwischen den Parteien aus einer Vielzahl an Bedingungen besteht. Hieraus ergibt sich auch, dass die Befristungsabrede eines

Arbeitsverhältnisses eine Hauptabrede im Sinne des § 307 Abs. 3 Satz 1 BGB darstellt, wo hingegen die Befristung einer einzelnen Befristungsbedingung als Nebenabrede zu werten ist.

Die Rechtmäßigkeit der Befristung eines gesamten Arbeitsverhältnisses erfolgt durch die Kontrolle des Vorliegens eines Sachgrundes. Demgegenüber hat die Rechtmäßigkeit der Befristung einer einzelnen Arbeitsbedingung anhand einer Angemessenheitskontrolle, also durch eine Interessenabwägung, zu erfolgen. Der Unterschied besteht nicht nur in der konkreten Vertragskontrolle, sondern auch darin, dass bei der Befristung des gesamten Arbeitsverhältnisses der Gesetzgeber sich in der Pflicht sah, etwaige Rechtmäßigkeitsvoraussetzungen vorzugeben, währenddessen bei der Befristung einer Einzelarbeitsbedingung der Jurisdiktion die Kontrolle im Ganzen ohne vergleichbare Vorgaben aufgebürdet wird.

Ein weiterer Unterschied bei der Kontrolle der Abreden liegt in der Beachtung des § 14 Abs. 4 TzBfG. Insofern bedarf die Befristung einer Einzelarbeitsbedingung zu ihrer Wirksamkeit keiner Schriftform, was auch nicht durch einen anderen Maßstab des § 307 Abs. 1 Satz 2 BGB hergestellt werden kann.

Ebenso unterliegt die Kontrolle der Befristung einer einzelnen Arbeitsbedingung keiner Präklusionsfrist. Sie muss entsprechend der derzeitigen Rechtsprechung im Wege der allgemeinen Feststellungsklage geltend gemacht werden.

Vorstehendes steht im besonderen Widerspruch zur allgemeinen Systematik, wenn man bedenkt, dass bei der Vertragskontrolle des gesamten Arbeitsverhältnisses die aktuelle Rechtsprechung bei Verletzung des Transparenzgebots nach § 307 Abs. 1 Satz 2 BGB die Beachtung des § 17 Satz 1 TzBfG verlangt; gleichwohl dies ein Bestandteil der AGB-Inhaltskontrolle ist. Entsprechend der Ausführungen hierzu (siehe S. 141) wäre überzeugend und konsequent, die vollständige Vertragskontrolle im Befristungsrecht des gesamten Arbeitsverhältnisses unter die Präklusionsfrist zu stellen. Ebenso wäre sodann auch eine Übertragung dieser Wertung auf die Kontrolle der Befristung einer einzelnen Arbeitsbedingung zu fordern. Gleichwohl ist die derzeitige eindeutige Rechtslage anders: § 17 TzBfG bezieht sich entsprechend seines unmissverständlichen Wortlauts (nur) auf ein Arbeitsverhältnis im Ganzen.

Folglich besteht in der zu beachtenden materiellen Präklusionsfrist ein weiterer Unterschied zwischen den Befristungsabreden und ihrer (zeitlichen) Kontrollmöglichkeiten.

C. Schlussfolgerung

Als Schlussfolgerung bleibt festzuhalten, dass die Gemeinsamkeiten beider Abreden gegenüber den Unterschieden überwiegen. Die Unterschiede, die bestehen, ergeben sich meist durch die Kodifizierung der Wirksamkeitsvoraussetzungen der Befristung des gesamten Arbeitsverhältnisses durch das TzBfG. Gleichwohl muss sich hieraus für einer der beiden Befristungsabreden nicht ein geringerer Rechtsschutz oder willkürlichere Entscheidungen der Rechtsprechung ergeben, was die Vielzahl an Urteilen zum Befristungsrecht anschaulich gezeigt haben. Hiervon unabhängig gilt es stets zu bedenken, dass die Befristung einer einzelnen Arbeitsbedingung auf Grundlage des geringeren Eingriffs in das Synallagma der Vertragsparteien auch ein geringeres Schutzniveau verlangt, was sich bei der Abwägung der Interessen im Rahmen der Angemessenheitskontrolle auswirkt.

Beiden Befristungsabreden gemein ist die zu beachtende AGB-Kontrolle.

Den hier vorgeschlagenen Prüfungsaufbau der Befristung eines Arbeitsverhältnisses nochmal vergegenwärtigend, lässt sich dieser eins zu eins auch auf die Befristung einer einzelnen Arbeitsbedingung übertragen. Insofern vermag die Integration der Wertungen des TzBfG in die AGB-Kontrolle als weiteres Argument für sich geltend machen, dass der vorgeschlagene Prüfungsaufbau auch für die Befristung einer einzelnen Arbeitsbedingung Anwendung findet.

Maßgebende Stellschrauben bei der Frage, „wie viele Wertungen" des TzBfG zu beachten sind, sind die Auslegung der Abrede zur Ermittlung des tatsächlichen Inhalts nach §§ 133, 157 BGB und die Bestimmung, ob es sich um eine Haupt- oder eine Nebenabrede handelt. Im Fall einer Hauptabrede, und hierdurch des Vorliegens der Befristung des gesamten Arbeitsverhältnisses, hat anstatt der durch § 307 Abs. 3 Satz 1 BGB ausgeschlossenen Angemessenheitskontrolle unter AGB-Gesichtspunkten eine Sachgrundkontrolle nach § 14 Abs. 1 TzBfG beziehungsweise die Kontrolle des Vorliegens der Voraussetzungen der sachgrundlosen Befristung zu erfolgen. Bei der Befristung einer Einzelarbeitsbedingung erfolgt dagegen eine Inhaltskontrolle nach § 307 Abs. 1 Satz 1 BGB.

Durch die Integration von Wertungen in die AGB-Kontrolle darf es jedoch nicht zur Entscheidung der Einhaltung einer Voraussetzung durch die Wertungen eines anderen Kontrollinstruments kommen. Es gilt also zu beachten, dass nicht ein tatsächlich bestehender Verstoß gegen das Transparenzgebot mit Wertungen des TzBfG im Ergebnis negiert wird. Ebenso gilt es die Grundentscheidung des Gesetzgebers zu respektieren, dass das TzBfG nicht auf die Befristung einer einzelnen Arbeitsbedingung anwendbar ist. Zwar können selbstverständlich Wirksamkeitserwägungen übertragen werden, jedoch sind sie nur *ein* Bestandteil der durchzuführenden Interessenabwägung nach § 307 Abs. 1 Satz 1 BGB.

§ 9 Rechtsmissbrauch im Befristungsrecht

Im Bereich des Befristungsrechts hat in jüngerer Vergangenheit eine Problematik verhältnismäßig viel Aufmerksamkeit sowohl in der Rechtsprechung als auch im Schrifttum auf sich gezogen: Die Rechtsmissbrauchskontrolle.

Dieses „neue" Teilgebiet des Befristungsrechts hat seinen Ursprung in der Befristung eines Arbeitsverhältnisses mit Sachgrund, wurde jedoch in einem Urteil des LAG Baden-Württemberg[821] auf die Befristung einer einzelnen Arbeitsbedingung übertragen. Im Folgenden soll geklärt werden, ob dieser Schritt überzeugt.

Hierfür gilt es in einem ersten Schritt die Ausgangslage der Rechtsmissbrauchskontrolle darzustellen. Denn nur, wenn diese dogmatisch hinreichend überzeugt, kann auch eine Übertragung der Grundsätze auf die Befristung von Einzelarbeitsbedingungen überzeugen, was abschließend diskutiert werden soll.

Ferner beinhaltet der Koalitionsvertrag der Bundesregierung der 19. Legislaturperiode eine Zielsetzung zur Verhinderung von Missbrauch im Befristungsrecht, dessen Ansätze nachfolgend dargestellt und einer ersten Bewertung unterzogen werden sollen (hier ab S. 264).[822]

A. Ausgangslage

Bei der Kontrolle, ob ein Rechtsmissbrauch (teilweise auch Missbrauchskontrolle bezeichnet) vorliegt, ist zwischen individuellem und institutionellem Rechtsmissbrauch zu unterscheiden, wobei weitere Unter-Fallgruppen gebildet werden können. Ein individueller Rechtsmissbrauch[823] liegt vor, wenn die Handlung eines Beteiligten nach Abwägung im Einzelfall gegen das Gebot von Treu und Glauben verstößt. Institutioneller Rechtsmissbrauch[824] ist hingegen dann gegeben, wenn etwaige Rechtsfolgen, welche sich aus einem (be- und anerkannten) Rechtsinstitut ergeben, dergestalt zu einem untragbaren Ergebnis

---

821 LAG Baden-Württemberg v. 17.6.2013 – 1 Sa 2/13, BeckRS 2013, 71890 (= LAGE BGB 2002 § 307 Nr. 36b).

822 Koalitionsvertrag zwischen CDU, CSU und SPD vom 12.3.2018, S. 52.

823 Staudinger/*Olzen/Looschelders*, 2015, BGB, § 242 Rn. 217; *Heinrich*, FS Laufs, S. 585 (596 ff.); *Feuerborn*, S. 91 m.w.N.

824 Staudinger/*Olzen/Looschelders*, 2015, BGB, § 242 Rn. 217; *Heinrich*, FS Laufs, S. 585 (591 ff.); *Feuerborn*, S. 90 m.w.N.

führen, dass sie (vollständig) zurücktreten müssen. Ein institutioneller Rechtsmissbrauch ergibt sich also bereits aus dem Sinn und Zweck des Rechtsinstituts und nicht – wie beim individuellen Rechtsmissbrauch – nach oder durch Verhalten eines Vertragspartners.[825] Ferner ist für das Vorliegen des institutionellen Rechtsmissbrauchs keine subjektive Komponente, wie etwa eine Umgehungsabsicht, notwendig.[826]

I. Institutioneller Rechtsmissbrauch

Im weiteren Verlauf soll sich zunächst dem institutionellen Rechtsmissbrauch gewidmet werden. Aufmerksam wurde man nach der Schuldrechtsmodernisierung auf dieses Problem wieder durch die Entscheidung des EuGH in der Rechtssache *Kücük*[827], deren Ursprung ein Verfahren des Arbeitsgerichts Köln[828] war, das durch eine Vorlage des BAG[829] zum EuGH gelangte. Bewusst wird im Folgenden auf eine „materielle" Betrachtung und Bewertung der Entscheidungen im Instanzenzug und der Problematik des Sachgrundes der Vertretungsbefristung verzichtet.[830]

Der Fokus der Betrachtung soll allein der technisch-formale Aspekt der Prüfung (dogmatischer Ansatz) und seines Standorts im allgemeinen Prüfungsaufbau der Befristungskontrolle sein, wobei etwaige Überlegungen einer Rechtsmissbrauchskontrolle – wenn auch in einem abgeschwächten Rahmen – stets für eine Befristung (ob mit Sachgrund oder ohne) zu berücksichtigen sind; mithin nicht nur in Bezug zum Sachgrund der Vertretung.[831]

Derzeit werden zwei Alternativen des Standorts der Prüfung eines Rechtsmissbrauchs vertreten.

---

825 Staudinger/*Olzen/Looschelders*, 2015, BGB, § 242 Rn. 217.

826 BAG v. 18.7.2012 – 7 AZR 443/09, NZA 2012, 1351 (1356 f. = Rn. 38); *Kiel*, JbArbR 50 (2013), 25 (43); Staudinger/*Preis*, 2019, BGB, § 620 Rn. 54b m.w.N.

827 EuGH v. 26.1.2012 – C-586/10 (Kücük), NZA 2012, 135.

828 ArbG Köln v. 28.5.2008 – 12 Ca 571/08, BeckRS 2010, 75789.

829 BAG v. 17.11.2010 – 7 AZR 443/09 (A), NZA 2011, 34.

830 Siehe hierzu jedoch *Loth*, S. 227 ff., passim; *Schlachter*, FS Wank, S. 303; *Bruns*, NZA 2013, 769 (772); *Brose/Sagan*, NZA 2012, 308; *v. Stein*, NJW 2015, 369; Staudinger/*Preis*, 2019, BGB, § 620 Rn. 54a ff.

831 *Willemsen*, RdA 2012, 291 (295); *v. Stein*, NJW 2015, 369 (370); vgl. auch BAG v. 13.2.2013 – 7 AZR 225/11, NZA 2013, 777 (781 = Rn. 36); v. 12.11.2014 – 7 AZR 891/12, NZA 2015, 379.

1. *Separate Prüfung, § 242 BGB*

Das BAG und ein beachtlicher Teil des Schrifttums vollziehen eine von der Prüfung der sachlichen Rechtfertigung der Befristung nach § 14 TzBfG losgelöste und getrennte – meist nachfolgende – Rechtsmissbrauchsprüfung, deren normative Grundlage in § 242 BGB gesehen wird.[832] Begründet wird diese Prüfung mit dem Verlangen des EuGH nach einer *„umfassende*[n] *Missbrauchskontrolle unter Einbeziehung sämtlicher Umstände einschließlich der Zahl und der Gesamtdauer der in der Vergangenheit mit demselben Arbeitgeber geschlossenen befristeten Arbeitsverträge"*, welche im nationalen Recht *„mit Grundsätzen des institutionellen Rechtsmissbrauchs (§ 242 BGB)"* zu erfolgen habe.[833]

Diese eigenständige, der Sachgrundkontrolle gemäß § 14 Abs. 1 TzBfG nachfolgende, Prüfungsebene hat keine Anknüpfung oder Verbindung zu den sonstigen Kontrollinstrumenten der Befristungskontrolle. Sie erscheint gewissermaßen zusätzlich hinzugefügt, ohne sie in Relation zu den anderen Kontrollmechanismen zu setzen.

2. *Prüfung als Bestandteil des Sachgrundes*

Alternativ vertreten Teile des Schrifttums die Ansicht, dass die Rechtsmissbrauchsprüfung Bestandteil der Prüfung des Sachgrundes der Befristungsabrede sei; mithin es nicht „möglich" sei, dass zwar ein rechtmäßiger Sachgrund gegeben, die Befristung jedoch dennoch missbräuchlich sei.[834] Auch *Bayreuther*, *Greiner* und *Schlachter* sehen sich in den Ausführungen des EuGH bestärkt, beziehungsweise deuten die Entscheidung in diese Richtung.[835] So wird zum

---

832 BAG v. 21.11.2018 – 7 AZR 234/17, NZA 2019, 611 (615 = Rn 39); v. 18.7.2012 – 7 AZR 443/09, NZA 2012, 1351 (1352 = Rn. 10); v. 13.2.2013 – 7 AZR 225/11, NZA 2013, 777 (781 = Rn 36 f.); v. 19.3.2014 – 7 AZR 527/12, NZA 2014, 840; v. 19.2.2014 – 7 AZR 260/12, NZA-RR 2014, 408 (411 = Rn. 35); v. 14.1.2015 – 7 AZR 2/14, BeckRS 2015, 67389 (Rn. 37 ff.); v. 29.4.2015 – 7 AZR 310/13, NZA 2015, 928 (930 = Rn. 24); v. 26.10.2016 – 7 AZR 135/15, NZA 2017, 382; zuletzt BAG v. 21.11.2018 – 7 AZR 234/17, NZA 2019, 611 (615 = Rn 39); *Schmitt*, ZESAR 2012, 369 (374 ff., 377); *Kiel*, JbArbR 50 (2013), 25 (43); *v. Stein*, NJW 2015, 369.

833 BAG v. 18.7.2012 – 7 AZR 443/09, NZA 2012, 1351 (1352 = Rn. 10).

834 *Bayreuther*, NZA 2013, 23 (24); *Schlachter*, FS Wank, S. 303 (304); *Greiner*, Anmerkung zu AP TzBfG § 14 Nr. 99; *ders.*, ZESAR 2013, 305 (308 f.); *ders.*, ZESAR 2014, 357 (362); zustimmend Staudinger/*Preis*, 2019, BGB, § 620 Rn. 54b.

835 *Bayreuther*, NZA 2013, 23 (24); *Greiner*, ZESAR 2013, 305 (309); *ders.*, ZESAR 2014, 357 (362).

einen darauf abgestellt, dass die Entscheidung des EuGH nur den Anschein mache, als fordere man eine zweistufige Prüfung. Dieser Anschein resultiere aus der konsequenten Reihenfolge der Beantwortung der Vorlagefragen und der Funktion des Vorabentscheidungsverfahrens.[836] Zum anderen würde eine Trennung bedeuten, dass die Prüfung des Sachgrundes (im engeren Sinne) nur eine „*rein formal*[e] *im Sinne einer abstrakt nachvollziehbaren Begründung unter Ausblendung von Besonderheiten des Einzelfalles*“ sein solle, wohingegen nach dem EuGH der Sachgrundbegriff „*eine konkret materiell-inhaltliche Dimension aufweist*“.[837]

Schlachter führt hierzu ins Feld, dass „[d]*er äußere Schein einer Erfüllung von Tatbestandsvoraussetzungen* [...] *nicht bedeutungsgleich mit deren tatsächlichem Vorliegen* [ist].“[838] Vielmehr sei Voraussetzung für das Vorliegen des Sachgrundes, „*dass der konkrete Befristungsgrund auch zur Realisierung des Regelungszwecks der Rahmenrichtlinie geeignet ist, also einen Missbrauch* [...] *tatsächlich verhindert, der von der Ersetzung regulärer Normalarbeitsverhältnisse durch eine Abfolge unsicherer befristeter Verträge droht.*“[839]

Folglich sind nach dieser Ansicht auf der Tatbestandsebene „*alle relevanten Gesichtspunkte des Einzelfalls*“ zu kontrollieren, worunter auch eine Kontrolle des (institutionellen) Rechtsmissbrauchs zu zählen ist.[840]

3. *Stellungnahme*

Der EuGH – auf den sich beide Ansichten beziehen beziehungsweise berufen – führte aus, dass § 5 Nr. 1 der Rahmenvereinbarung[841] stets von den Mitgliedstaaten zu beachten und daher missbräuchliches Verhalten zu verhindern sei.[842] Keine Erläuterung liegt hingegen vor, worin ein missbräuchliches Verhalten explizit zu sehen ist und wie seine Grenzen sind.[843] Entgegen einiger Stimmen[844] ist dem Urteil des EuGH vom 26. Januar 2012 nicht ausdrücklich zu entnehmen,

---

836 *Greiner*, Anmerkung zu AP TzBfG § 14 Nr. 99 (unter II.).
837 *Greiner*, Anmerkung zu AP TzBfG § 14 Nr. 99 (unter II.).
838 *Schlachter*, FS Wank, S. 303 (304 f.).
839 *Schlachter*, FS Wank, S. 303 (305).
840 *Bayreuther*, NZA 2013, 23 (25).
841 EGB-UNICE-CEEP-Rahmenvereinbarung über befristete Arbeitsverträge zur RL 1999/70/EG des Rates vom 28.6.1999, (Anhang) ABl. EG 1999 Nr. L 175, S. 45 ff.
842 EuGH v. 26.1.2012 - C-586/10 (Kücük), NZA 2012, 135 (136 = Rn. 26).
843 Vgl. *Schmitt*, ZESAR 2012, 369 (371).
844 So jedoch *Bruns*, NZA 2013, 769 (770).

dass eine weitere Prüfungsebene, die getrennt von einer Sachgrundprüfung zu erfolgen hat, zu vollziehen ist.[845] Vielmehr hat (einzig) eine am Einzelfall orientierte Kontrolle der missbräuchlichen Nutzung des Befristungsrechts unter Beachtung der Faktoren „*der Zahl und der Gesamtdauer der in der Vergangenheit mit demselben Arbeitgeber geschlossenen befristeten Arbeitsverträge*“ zu erfolgen.[846]

In seinem Referat während des 8. Europarechtlichen Symposions beim Bundesarbeitsgericht Ende April 2015 kommt *Joussen*[847] passend zum Fazit: „*In den letzten Jahren war das BAG darum bemüht, diese Rechtsprechung* [gemeint ist die Rechtsprechung des EuGH zur missbräuchlichen Befristungsabrede][848] *in die deutsche Befristungssystematik zu implementieren*“[849], jedoch „*Rechtssicherheit im engeren Sinne zu erwarten, wäre allerdings eine Überforderung dieser Grundzüge* [gemeint sind die Hilfestellungen des EuGH zur innerstaatlichen Bekämpfung missbräuchlicher Vertragsgestaltung][850]“[851].

Eine dogmatisch überzeugendere und damit rechtssichere Lösung ist meines Erachtens nur über grundsätzliche Überlegungen zu finden. Einzig wenn die zugrundeliegende Dogmatik aufgeschlüsselt wird, lässt sich die nunmehr sehr unter einen materiellen Deckmantel gekleidete Diskussion entschlüsseln. Denn – und hier sind fast alle Autoren mit der Rechtsprechung im Einklang – das „schlussendliche Ergebnis“ ist regelmäßig im Einzelfall „gerecht“. Hierdurch sind jedoch keine rechtssichere Vertragsgestaltung und auch Bewertung möglich.

Zu überzeugen vermag daher der grundsätzliche Ansatz *Feuerborns*[852] – gewiss zeitlich deutlich vor der aktuellen Diskussion –, welcher im Ergebnis herausgearbeitet hat, dass das Ziel der Richtlinie zu befristeten Arbeitsverhältnissen (dort insbesondere, aber nicht einzig, § 5 der Rahmenvereinbarung) „*nämlich die Verhinderung des Befristungsmissbrauchs*“ im Einklang mit der richterlichen

---

845 Dies erkennenden ebenfalls *v. Stein*, NJW 2015, 369 (371); *Bayreuther*, NZA 2013, 23 (24); *Greiner*, ZESAR 2014, 357 (362).

846 EuGH v. 26.1.2012 – C-586/10 (Kücük), NZA 2012, 135 (139 = Rn. 56).

847 Vortragstitel „Auswirkungen der Rechtsprechung des EuGH auf das deutsche Arbeitsrecht Diskriminierungsrecht, Befristungsrecht, Urlaubsrecht“, gehalten am 24.4.2015 in Erfurt, abgedruckt in RdA 2015, 305.

848 Anmerkung des Verfassers.

849 *Joussen*, RdA 2015, 305 (321).

850 Anmerkung des Verfassers.

851 *Joussen*, RdA 2015, 305 (315).

852 *Feuerborn*, S. 316.

Befristungskontrolle vor der Kodifizierung des TzBfG stehe, welche ihrerseits nunmehr eins zu eins durch das TzBfG in Gesetzesform gegossen sei. Hieraus sei rückzuschließen, dass das eine nicht ohne das andere bestehen könne und daher beide unmittelbar (auch im Prüfungsaufbau nach dem deutschen Recht) miteinander verbunden seien beziehungsweise sein sollten.

Hierzu führt *Feuerborn* aus, dass „[d]*as Erfordernis eines sachlichen Befristungsgrundes gem. § 14 Abs. 1 S. 1 TzBfG* [...] *zunächst die europarechtliche Vorgabe* [erfüllt], *die missbräuchliche Aushöhlung des Bestandsschutzes durch die Befristungen zu verhindern.*“[853] Im Weiteren stellt er richtigerweise darauf ab, dass die Richtlinie ebenso wie das TzBfG davon ausgehe, dass als Normalfall das unbefristete Arbeitsverhältnis gelte, sodass „[d]*ie Abweichung von diesem Normalfall* [...] *missbräuchlich* [ist], *wenn das befristete Arbeitsverhältnis nicht den objektiven Bedürfnissen der Vertragsparteien entspricht.*“[854]

Hierbei werde – so *Feuerborn* – durch die Kontrolle des sachlichen Grundes nicht nur eine Kontrolle der Angemessenheit der Vertragsgestaltung vollzogen, sondern auch die objektiven Bedürfnisse der Arbeitsvertragsparteien ausgeglichen berücksichtigt.[855]

Es ist somit überzeugend die Prüfung des sachlichen Grundes und des Rechtsmissbrauchs als eine zusammenhänge Prüfung zu verstehen. Denn warum sollten Prüfungen, die auf dasselbe abzielen, zu unterschiedlichen Ergebnissen führen?[856]

Darüber hinaus ist als Argument hin zur Integration der Rechtsmissbrauchskontrolle in die Sachgrundprüfung die Darlegungs- und Beweislast anzuführen. Die Darlegungs- und Beweislast ob des Vorliegens eines Rechtsmissbrauchs trägt nach der Rechtsprechung der Arbeitnehmer.[857] Hieran ändert sich auch nichts durch die nunmehr gewährte abgestufte Darlegungs- und Beweislast, die den Arbeitnehmer trifft.[858] Den Arbeitnehmer trifft weiterhin ein *non liquet.*[859] Betrachtet man die sonstige Darlegungs- und Beweislast im Entfristungsprozess,

853 *Feuerborn*, S. 350.

854 *Feuerborn*, S. 350 f.

855 *Feuerborn*, S. 30, S. 42, S. 100, passim.

856 So auch *Greiner*, ZESAR 2013, 305 (309); *ders.*, ZESAR 2014, 357 (362); *ders.*, Anmerkung zu AP TzBfG § 14 Nr. 99 (unter II.).

857 Vgl. BAG v. 4.12.2013 – 7 AZR 290/12, NZA 2014, 426 (429 = Rn. 22); vgl. auch zuletzt v. 26.10.2016 – 7 AZR 135/15, NZA 2017, 382 (387).

858 Vgl. BAG v. 4.12.2013 – 7 AZR 290/12, NZA 2014, 426 (429 = Rn. 22); hierzu *v. Stein*, NJW 2015, 369 (371 f.).

859 So auch *Greiner*, DB 2014, 1987.

so vermag dies nicht zu überzeugen: Der Arbeitgeber trägt nach der normativen Grundkonzeption des § 14 Abs. 1 und Abs. 2 TzBfG die Darlegungs- und Beweislast für das Vorliegen eines Sachgrundes.[860] Warum dies in Bezug zum Rechtsmissbrauch, was ebenso, wenn nicht gar im erhöhten Maße, in der Sphäre des Arbeitgebers liegt, anders sein soll, ist nicht verständlich. Überzeugender ist daher die Integration der Rechtsmissbrauchsprüfung in die Sachgrundprüfung mit der Folge einer einheitlichen Verteilung der Darlegungs- und Beweislast.

Festzuhalten ist somit, dass nach überzeugender Ansicht die Kontrolle, ob ein Verstoß gegen das Verbot des institutionellen Rechtsmissbrauchs vorliegt, innerhalb der Sachgrundprüfung zu vollziehen ist.

II. Individueller Rechtsmissbrauch

Die Fallgestaltung des individuellen Rechtsmissbrauches wird im Befristungsrecht regelmäßig im Rahmen der sachgrundlosen Befristungsabrede nach § 14 Abs. 2 bis Abs. 3 TzBfG diskutiert.[861] Eine Gefahr zur (individuellen) rechtsmissbräuchlichen Vertragsgestaltung besteht hier insbesondere, wenn das Tatbestandsmerkmal „*derselbe Arbeitgeber*" im Sinne des § 14 Abs. 2 Satz 2 TzBfG konterkariert wird.[862] Insofern kann sich ein Rechtsmissbrauch des (aktuellen) Vertragsarbeitgebers nicht nur aus dem Tatbestandsmerkmal der „bereits zuvor-Beschäftigung" (siehe hierzu auch ab S. 78 sowie zur aktuellen Diskussion ab S. 88) ergeben, sondern auch aus dem missbräuchlichen Austausch des vermeintlichen Vertragsarbeitgebers, um eine weitere sachgrundlose Beschäftigung zu ermöglichen. „*‚Arbeitgeber' iSv § 14 Abs. 2 Satz 2 TzBfG ist der Vertragsarbeitgeber. Das ist die natürliche oder juristische Person, die mit dem Arbeitnehmer den Arbeitsvertrag geschlossen hat.*"[863] Entscheidend ist die natürliche oder juristische Person, die letztlich hinter dem Beschäftigungsverhältnis steht; ein anderer Betrieb oder sogar eine andere Ressortzuständigkeit (anderes Ministerium der

---

860 Vgl. BAG v. 12.10.1994 – 7 AZR 745/93, AP BGB § 620 Befristeter Arbeitsvertrag Nr. 165; zuletzt BAG v. 20.8.2014 – 7 AZR 924/12, NZA-RR 2015, 9 (12 = Rn. 33); ErfK/*Müller-Glöge*, TzBfG, § 17 Rn. 13; A/P/S/*Backhaus*, TzBfG, § 3 Rn. 38; Staudinger/*Preis*, 2019, BGB, § 620 Rn. 65 f.

861 BAG v. 15.5.2013 – 7 AZR 525/11, NZA 2013, 1214; v. 4.12.2013 – 7 AZR 290/12, NZA 2014, 426; v. 22.1.2014 – 7 AZR 243/12, NZA 2014, 483; v. 19.3.2014 – 7 AZR 527/12, NZA 2014, 840; zuletzt BVerfG v. 6.6.2018 – 1 BvL 7/14 und 1 BvR 1375/14, NZA 2018, 774 und BAG v. 21.8.2019 – 7 AZR 452/17, NZA 2020, 40.

862 siehe u.a. BAG v. 24.6.2015 – 7 AZR 452/13, NZA 2015, 1507.

863 Siehe nur zuletzt BAG v. 20.3.2019 – 7 AZR 409/16, NZA 2019, 1274 (1276 = Rn. 20).

Bundesrepublik Deutschland) ändert den Vertragsarbeitgeber nicht.[864] Rechtsmissbräuchlich und dem Gebot von Treu und Glauben zuwider ist, wenn der selbe Arbeitnehmer mit mehreren de facto rechtlich beziehungsweise tatsächlich verbundenen Arbeitgebern mehrere aneinander gereihte Arbeitsverträge schließt und hierdurch der Schutzzweck des § 14 Abs. 2 Satz 2 TzBfG umgangen wird.[865] Interessant ist, dass das BAG zwar den Schutzzweck der Verhinderung des Missbrauchs, des Verbots der Umgehung des Vorbeschäftigungsverbots sowie die Regelungen zum Vertragsarbeitgebers unmittelbar am Wortlaut des § 14 Abs. 2 Satz 2 TzBfG („Arbeitgeber") anknüpft, jedoch die rechtliche Wertung, nämlich, dass dem „letzten" Arbeitgeber eine Berufung auf die sachgrundlose Befristungsabrede verwehrt ist, aus dem Gebot von Treu und Glauben nach § 242 BGB zieht.[866] Dies vermag – unter Bezugnahme des soeben zum institutionellen Rechtsmissbrauch Geschriebenen (siehe insbesondere ab S. 254) – nicht zu überzeugen, was sich insbesondere hier aufzeigt, da die Norm des § 14 Abs. 2 TzBfG selbst ausreichend Tatbestandsmerkmale gewährt, welche eine Anknüpfung des Rechtsmissbrauchsverbots erlauben.

B. Übertragung und Anwendung bei Befristung einer einzelnen Arbeitsbedingung

Nachdem vorstehend dargestellt wurde, dass die Kontrolle des Rechtsmissbrauchs bei der Befristung des gesamten Arbeitsverhältnisses als Bestandteil der Prüfung des Sachgrundes beziehungsweise innerhalb der Kontrolle der Voraussetzungen der sachgrundlosen Befristung erfolgt beziehungsweise erfolgen sollte, stellt sich die Frage der Übertragung dieser Grundsätze auf die Kontrolle der Befristung einer einzelnen Arbeitsbedingung.

---

864 BAG v. 19.3.2014 – 7 AZR 527/12, NZA 2014, 840; v. 24.2.2016 – 7 AZR 712/13, NZA 2016, 758; v. 24.06.2015 – 7 AZR 474/13, BeckRS 2016, 6502 (Rn. 15); v. 20.3.2019 – 7 AZR 409/16, NZA 2019, 1274 (1276 = Rn. 21); siehe auch Staudinger/*Preis*, 2019, BGB, § 620 Rn. 189.

865 BAG v. 9.3.2011 – 7 AZR 657/09, NZA 2011, 1147 (1149 = Rn. 18 ff.); v. 4.12.2013 – 7 AZR 290/12, NZA 2014, 426 (429 = Rn. 24); ErfK/*Müller-Glöge*, TzBfG, § 14 Rn. 93a m.w.N.

866 Vgl. nur BAG v. 4.12.2013 – 7 AZR 290/12, NZA 2014, 426 (429 = Rn. 24).

I. LAG Baden-Württemberg vom 17. Juni 2013 – 1 Sa 2/13

In der herauszustellen Entscheidung des LAG Baden-Württemberg mit Urteil vom 17. Juni 2013 wurde eine Übertragbarkeit der Grundsätze des institutionellen Rechtsmissbrauchs auf die Befristung einer einzelnen Arbeitsbedingung bejaht.

Die Kammer des LAG Baden-Württemberg, welche die Vorinstanz zur Entscheidung des Siebten Senats vom 23. März 2016 (siehe für den der Entscheidung zu Grunde liegenden Sachverhalt S. 219 f.) ist,[867] hat in der Sache und auch in der Begründung überzeugend entschieden, dass ein unbefristetes Arbeitsverhältnis in Höhe von 16 Wochenarbeitsstunden zwischen den Parteien bestehe.[868] In grundsätzlicher Übereinstimmung mit der BAG-Rechtsprechung zur Befristung einer einzelnen Arbeitsbedingung, knüpft das LAG an das Merkmal der „außergewöhnlichen Umstände" an, die bei Vorliegen eines Sachgrundes, welcher bei einer befristeten Arbeitszeiterhöhung von erheblichen Umfang vorzuliegen habe, abzulehnen sein könnte.

Die außergewöhnlichen Umstände seien in dem zu entscheidenden Fall „[b]*ei einer Gesamtwürdigung aller zwischen den Parteien geschlossenen Arbeitsverhältnisse*" gegeben. Die Arbeitszeiterhöhung sei „*nach den Grundsätzen des institutionellen Rechtsmissbrauchs rechtsunwirksam*".[869]

Dem Prüfungsschema des BAG entsprechend, sei bei einer Erhöhung von 16 % von einer nicht mehr geringfügigen Aufstockung der Arbeitszeit auszugehen. Darüber hinaus sei die Aufstockung mit einer „erheblichen Verbesserung" auf eine nun gegebene 2/3-Stelle zu begründen. Hieraus folge, dass eine sachliche Rechtfertigung durch Sachgrund vorliegen müsse, was seit den Urteilen in der Sache *Kücük* vom BAG und dem EuGH auch die grundsätzliche Beachtung der Grundsätze des institutionellen Rechtsmissbrauchs beinhalte.[870] Diese seien „*zwar nicht uneingeschränkt auf* [...] *befristete Arbeitszeiterhöhungen übertragbar*", jedoch heranzuziehen, „*wenn bei der Inhalts- und Befristungskontrolle wertungsmäßig vergleichbare Sachverhalte*[] *vorliegen*", was sodann zur Folge habe,

867 BAG v. 23.3.2016 – 7 AZR 828/13, NZA 2016, 881.

868 LAG Baden-Württemberg v. 17.6.2013 – 1 Sa 2/13, BeckRS 2013, 71890 (= LAGE BGB 2002 § 307 Nr. 36b).

869 LAG Baden-Württemberg v. 17.6.2013 – 1 Sa 2/13, BeckRS 2013, 71890 (unter II. 2. c) cc)).

870 Siehe BAG v. 18.7.2012 –7 AZR 443/09, NZA 2012, 1351 im Anschluss an EuGH v. 26.1.2012 – C-586/10 (Kücük), NZA 2012, 135.

dass der zu Gunsten des Arbeitgebers zu berücksichtigende Sachgrund nicht (mehr) vorliege.[871]

Der Rechtsprechung des BAG zum institutionellen Rechtsmissbrauch (sogenanntes „Ampel-Modell“)[872] entsprechend sei daher bei einer solchen Vertragsbeziehung mit einer kumulativen oder alternativen Überschreitung der Grundwertung des § 14 Abs. 2 TzBfG von einem besonders gravierenden Fall des Rechtsmissbrauchs auszugehen.

Beachtenswert ist, dass das LAG Baden-Württemberg die Prüfung dieser Abrede mit einer Gegenüberstellung der Interessen der Parteien beendet und hierbei im Rahmen einer Interessenabwägung die zu schützende Seite des Klägers, welcher nach einer Planungssicherheit strebt, herausstellt.[873] Diese Rückführung auf den ursprünglichen Startpunkt der Vertragskontrolle, also auf die Inhaltskontrolle gemäß § 307 Abs. 1 Satz 1 BGB, überzeugt.

Ebenso überzeugend ist auch die restliche Begründung der Entscheidung. Wenn dem Arbeitgeber gewährt wird, für sich einen Sachgrund einzubringen, welcher die Befristung des gesamten Arbeitsverhältnisses rechtfertigen würde, so müssen auch die diesbezüglichen Rechtsprechungsgrundsätze beachtet werden. Die Alternative stellt ein unzulässiges Herausgreifen der Wertungen dar, was, insbesondere wenn es nur zu Gunsten einer Partei in die Angemessenheitskontrolle eingeführt wird, abzulehnen ist (Stichwort: keine Rosinentheorie)[874]. Nach überzeugender Ansicht stellt das Nichtvorliegen eines institutionellen Rechtsmissbrauchs einen Teil des Sachgrundes selbst dar[875], sodass diese Rechtsmissbrauchskontrolle ebenso bei der Kontrolle bei Befristung einer einzelnen Arbeitsbedingung zu beachten ist. Dies gilt jedenfalls so lange, wie bei der Kontrolle der Befristung einer einzelnen Arbeitsbedingung blind die Sachgrundprüfung des § 14 Abs. 1 TzBfG übertragen wird. Unterlässt man richtigerweise diesen Vergleich, so ist jedoch dennoch eine Kontrolle des Rechtsmissbrauchs durchzuführen; Anknüpfungspunkt bietet sodann die Abwägung nach Treu und

---

871 LAG Baden-Württemberg v. 17.6.2013 – 1 Sa 2/13, BeckRS 2013, 71890 (unter II. 2. c) cc) (2)).

872 Das BAG selbst vermeidet diesen Ausdruck; in diesem Sinne herausgearbeitet durch *v. Stein*, NJW 2015, 369; zuletzt mit einer Aufarbeitung der aktuellen Rechtsprechung *Oberthür*, ArbRB 2017, 79 ff.

873 LAG Baden-Württemberg v. 17.6.2013 – 1 Sa 2/13, BeckRS 2013, 71890 (unter II. 2. c) cc) (3) a.E.).

874 Siehe hierzu weiter oben S. 182.

875 Hierzu S. 251 ff.

Glauben nach § 307 Abs. 1 Satz 1 BGB unter dem Kriterium der Abwälzung des wirtschaftlichen Risikos (siehe hierzu S. 235).

Das BAG hat in der Entscheidung vom 23. März 2016 eine Entscheidung ob der Anwendbarkeit der Rechtsmissbrauchskontrolle auf die Befristung einer einzelnen Arbeitsbedingung ausdrücklich offengelassen und insoweit darauf verwiesen, dass sich diese Frage, wenn überhaupt, nur bei einer Arbeitszeiterhöhung in einem erheblichen Umfang stelle, was nicht gegeben sei.[876] Vergleicht man die Ausführungen des Senats zum Ende der Abwägung im Rahmen des § 307 Abs. 1 Satz 1 BGB, so vermag diese Entscheidung im Besonderen nicht zu überzeugen, dort heißt es: „*Der Wunsch der Beklagten,* [...] *flexibel reagieren zu können, rechtfertigt es nicht, die Arbeitszeit einer teilzeitbeschäftigten Lehrkraft über Jahre hinweg jeweils nur befristet aufzustocken, wenn ein dauerhafter Bedarf an der zusätzlichen Arbeitsleistung besteht.*“[877] Gerade solche Gedanken sind die des institutionellen Rechtsmissbrauchs! Der Arbeitnehmer soll davor beschützt werden, über „Jahre hinweg“ auf eine Befristung angewiesen zu sein, wenn gleichwohl ein Arbeitsbedarf über längeren Zeitraum besteht.

II. Ablehnende Stellungnahme im Schrifttum

Schmidt hingegen lehnt eine Anwendung des institutionellen Rechtsmissbrauchs auf die Befristung einer einzelnen Arbeitsbedingung ab. Vielmehr seien die Grundsätze nur auf die Befristung des gesamten Arbeitsverhältnisses anzuwenden, was sich daraus ergebe, dass die RL 1999/70/EG, welche zur Begründung dieses Instituts herangezogen werde, nur für die Befristung ganzer Arbeitsverhältnisse gelte und sich auch das EuGH-Urteil in der Sache *Kücük* nur auf die Befristung des gesamten Arbeitsverhältnisses beziehe.[878] Ferner wird angeführt, dass das TzBfG hierzu keine Grundlage biete und davon auszugehen sei, dass teilweise auch der Arbeitnehmer ein Interesse an der befristeten Arbeitsbedingung habe.[879]

III. Stellungnahme

Der Argumentation *Schmidts* kann direkt nicht widersprochen werden, da er Argumente bringt, welche sich auf die Ablehnung der Anwendbarkeit des TzBfG

876 BAG v. 23.3.2016 – 7 AZR 828/13, NZA 2016, 881 (887 = Rn. 54).
877 BAG v. 23.3.2016 – 7 AZR 828/13, NZA 2016, 881 (888 = Rn. 60).
878 *Schmidt*, NZA 2014, 760 (763); zustimmend *Biedermann*, NZA-RR 2019, 345 (350).
879 *Schmidt*, NZA 2014, 760 (763).

auf die Befristung einer einzelnen Arbeitsbedingung stützen; jedoch ist zu bedenken, dass das BAG die Grundsätze des TzBfG auf die Befristung einer einzelnen Arbeitsbedingung bei der Angemessenheitskontrolle tatsächlich anwendet, was bereits hinreichend dargestellt wurde.

Insofern gilt es – in Übereinstimmung mit dem LAG Baden-Württemberg – zu erwidern, dass ein Rosinenpicken abzulehnen ist. Vielmehr stellt die Übertragung der Rechtsmissbrauchskontrolle auf die Kontrolle der Befristung einer einzelnen Arbeitsbedingung die logische Konsequenz der Rechtsprechung des BAG dar. Sofern das BAG Wertungen und Regelungen des TzBfG auf die Befristung einer einzelnen Arbeitsbedingung überträgt, so müssen sämtliche Wertungen des TzBfG einen Anklang in der Kontrolle der Befristungsabrede der einzelnen Arbeitsbedingung finden. Darüber hinaus ist darauf hinzuweisen, dass sich die RL 1999/70/EG zwar nur zur Befristung eines Arbeitsverhältnisses äußert, jedoch die Anwendbarkeit ihrer Grundsätze auf die Befristung einer einzelnen Arbeitsbedingung auch nicht ausdrücklich ausschließt. Ferner ist es ein durchgängiges Rechtsprinzip sowohl in der Bundesrepublik als auch auf Unionsebene, dass der Klauselverwender beziehungsweise eine Partei sich nicht rechtsmissbräuchlich verhalten darf. Vielmehr stellt das Verbot des institutionellen Rechtsmissbrauchs ein (weiteres) Kontrollinstrument zum Ausgleich oder jedenfalls eine Angleichung der faktisch bestehenden gestörten Vertragsparität dar.

Des Weiteren ist *Schmidt* zu entgegnen, dass es zwar sein kann, dass es teilweise auch dem Wunsch des Arbeitnehmers entspricht, dass es zu einer Befristung einer einzelnen Arbeitsbedingung kommt, hierfür jedoch hinreichende Schranken, beziehungsweise Möglichkeiten der Rechtmäßigkeit bestehen. So liegt entweder tatsächlich eine Individualabrede vor, weswegen bereits keine AGB-Kontrolle durchzuführen ist, oder die durchzuführende Interessenabwägung nach § 307 Abs. 1 Satz 1 BGB fällt zu Gunsten des Arbeitgebers aus. In letzterer Ausgestaltung liegt sodann keine unangemessene Benachteiligung seitens des Arbeitnehmers vor.

Ein weiteres Argument für die Übertragung der Grundsätze des Rechtsmissbrauchs ist, dass nach hier vertretener Ansicht die Befristung einer einzelnen Arbeitsbedingung ein *Minus* zur Befristung des gesamten Arbeitsverhältnisses darstellt. Somit wäre es wertungswidersprüchlich, nicht auch alle Rechtmäßigkeitserwägungen – wenn auch mit abgeschwächtem Maßstab – zu übertragen.

Ferner gilt es zu bedenken, dass der Missbrauch ebenso gravierend sein kann wie bei der Befristung des gesamten Arbeitsverhältnisses. Dies gilt insbesondere, als dass eine Flexibilisierung des Arbeitszeitanteils im Wege der Befristung einer einzelnen Arbeitsbedingung bis zur 25 %-Grenze oder darüber hinaus weiterhin möglich ist.

An diesem Punkt lässt sich die Entscheidung des BAG vom 23. März 2016 dahingehend interpretieren, dass der Siebte Senat sich dieses Problems jedenfalls bewusst ist.[880] Insofern führt der Senat aus, dass eine Übertragung der Grundsätze des institutionellen Rechtsmissbrauchs auf die Befristung einer einzelnen Arbeitsbedingung, wenn überhaupt, dann erst bei einer Erhöhung der Arbeitszeit in einem erheblichen Umfang in Frage käme, was ein Aufstockungsvolumen von mindestens 25 % fordere.[881] Eine Entscheidung in der Sache liegt jedoch nicht vor, da das BAG das Quorum als nicht erfüllt ansah. Diese Entscheidung vermag nicht zu überzeugen, da sich zum einen etwaige Missbräuche auch bei einer Aufstockung um 24 % ebenso zeigen können und gerade eine Einzelbetrachtung ohne starre Grenze gefordert ist. Zum anderen gilt es zu bedenken, dass das BAG bereits Erhöhungen oberhalb von 25 % ohne Kontrolle nicht beanstandet hat.[882] Hier hätte es einer klaren Abgrenzung zur vorherigen Rechtsprechung des Senats bedurft, wenn nicht gar der Übertragung der – richtigen – Ausführungen des LAG Baden-Württemberg.

Hiervon unabhängig ist zu bedenken, dass, selbst wenn man es für überzeugend hält, die Rechtsmissbrauchskontrolle an § 242 BGB anzuknüpfen, dies ebenso auf die Kontrolle der Befristung einer einzelnen Arbeitsbedingung übertragbar ist. Zu beachten ist nämlich, dass eine Kontrolle über § 307 Abs. 1 Satz 1 BGB erfolgt. Das Gebot von Treu und Glauben, welches Leitkriterium des § 242 BGB ist, ist ebenso in § 307 Abs. 1 Satz 1 BGB enthalten, sodass es der Anknüpfung an § 242 BGB nicht (mehr) bedarf.[883]

Darüber hinaus ist das maßgebliche Kriterium bei der Abwägung einer Angemessenheit der Befristung einer einzelnen Arbeitsbedingung die Abwälzung des wirtschaftlichen Risikos. Unter diesem Kriterium ist auch ein Rechtsmissbrauch zu prüfen. Es ist meines Erachtens absurd eine rechtswidrige Abwälzung des wirtschaftlichen Risikos auf den Arbeitnehmer zu negieren, wenn die Voraussetzungen eines institutionellen Rechtsmissbrauchs vorliegen. Unterstützend gilt es hierzu auf die aktuelle Entscheidung des BAG hinzuweisen, in welcher das BAG gerade eine solche Abwägung des Missbrauchs – wenn auch als solche nicht bezeichnet – tätigt.[884]

---

880 BAG v. 23.3.2016 – 7 AZR 828/13, NZA 2016, 881 (887 = Rn. 54).

881 BAG v. 23.3.2016 – 7 AZR 828/13, NZA 2016, 881 (887 = Rn. 54).

882 So BAG v. 2.9.2009 – 7 AZR 233/08, NZA 2009, 1253.

883 Vgl. Palandt/*Grüneberg*, BGB, Überbl. v. § 305 Rn. 16.

884 BAG v. 23.3.2016 – 7 AZR 828/13, NZA 2016, 881 (888 = 60 a.E.).

Somit gilt es in Übereinstimmung mit dem LAG Baden-Württemberg[885] von einer Anwendung der Grundsätze des Verbots des institutionellen Rechtsmissbrauchs bei der Befristung einer einzelnen Arbeitsbedingung auszugehen.[886]

C. Geplante Neuregelung zur Verhinderung von Rechtsmissbrauch

Der Koalitionsvertrag der Bundesregierung der 19. Legislaturperiode erkennt das Missbrauchsrisiko im Befristungsrecht (jedenfalls hinsichtlich der Befristung des gesamten Arbeitsverhältnisses) und plante dieses künftig zu verhindern.[887] Sachgrundlos befristete Arbeitsverträge nach § 14 Abs. 2 TzBfG dürfen Arbeitgeber mit mehr als 75 Beschäftigten nur noch mit maximal 2,5 Prozent der Belegschaft schließen. Ferner soll die maximale Dauer einer sachgrundlosen Befristung von 2 Jahren auf 18 Monate reduziert werden, hierbei nur eine einmalige Verlängerung (anstatt dreimalig) erlaubt sein und die drei-Jahres-Karenzzeit „*wiedereingeführt*" werden. Darüber hinaus soll jede Art der Befristung (auch mit Sachgrund) zwischen denselben Vertragsparteien unwirksam sein, wenn „*zuvor ein unbefristetes oder ein oder mehrere befristete Arbeitsverhältnisse mit einer Gesamtdauer von fünf oder mehr Jahren bestanden haben.*"[888]

Auch wenn es zum Zeitpunkt der Erstellung dieser Arbeit bereits unrealistisch erscheint, dass vorstehende Ansätze (vollständig) tatsächlich in Gesetzeskraft erwachsen, gilt es sie einer kurzen Bewertung zu unterziehen.

Eine Bewertung der Pläne der Koalitionspartner der 19. Legislaturperiode ist insbesondere schwierig, da aktuell keine weitere Begründung der Bundesregierung zu diesem Vorhaben vorliegt. Daher sind beispielsweise etwaige Bezugsgrößen für die geplanten festen rechtlichen Grenzen vollkommen unklar. Unklar ist zum Beispiel, ob die zu beachtenden 75 Beschäftigten unternehmens- oder „nur" betriebsbezogen zu zählen sind. Sinnvollerweise ist von einer unternehmensweiten (aber nicht konzernweiten) Betrachtung auszugehen, da sonst einem Missbrauch durch Teilung von Betrieben Tür und Tor geöffnet ist und der Schutz der Beschäftigten sich nicht verbessern wird. Zu klären wäre des

885 LAG Baden-Württemberg v. 17.6.2013 –1 Sa 2/13, BeckRS 2013, 71890.

886 Ebenso zustimmend – wenn auch ohne zusätzliche Argumente – *Brodtrück*, ArbRAktuell 2013, 479; ErfK/*Preis*, BGB, §§ 305-310 Rn. 74; Staudinger/*Richardi/Fischinger*, 2016, BGB, § 611 Rn. 932 a.E.

887 Koalitionsvertrag zwischen CDU, CSU und SPD vom 12.3.2018, S. 52.

888 Koalitionsvertrag zwischen CDU, CSU und SPD vom 12.3.2018, S. 52.

Weiteren, ob bei der 75 Beschäftigten-Grenze auch Leiharbeitnehmer zu beachten sind. Sofern ein umfassender Schutz der Arbeitnehmer gewünscht ist, wären die entliehenen Leiharbeitnehmer mitzuzählen, da sonst das Vehikel der Leiharbeit gefördert werden würde, der Arbeitgeber sein Flexibilisierungsinteresse durch Leiharbeitnehmer befriedigen würde und der Schutz der Beschäftigten sich letztlich nicht verbessern würde. Ein Rechtsmissbrauch würde nur auf eine andere Ebene (Leiharbeit) verlagert werden.

Die 75-Beschäftigten-Grenze ist darüber hinaus problematisch, da es hierbei vom Zufall abhängt, ob eine sachgrundlose Befristung möglich ist oder nicht. Zu beachten ist nämlich, dass bei Betrieben um die 75 Beschäftigten zum Beispiel eine Eigenkündigung eines Arbeitnehmers für den Arbeitgeber entscheidend dafür sein kann, ob er eine weitere sachgrundlose Befristung vereinbaren kann. Hinzu tritt, dass es schwer zu bestimmen ist, wann die Quote überschritten ist, da einzelne Vertragsschlüsse manchmal über einen längeren Zeitraum erfolgen. Ferner ist es für den einzelnen Arbeitnehmer schwer zu bestimmen und zu erfahren, wann die Grenze überschritten ist. Notwendige wäre – sofern man den Arbeitgeber nicht dazu verpflichtet, bei der Einstellung Auskunft über seine Beschäftigten und die geplante Einstellung zu geben –, dass der Arbeitnehmer eine Entfristungsklage auf Verdacht erhebt und sodann zu dieser Frage Beweis zu erheben ist. Dies kann weder sinnvoll noch praxisgerecht sein, zumal der Arbeitnehmer diesbezüglich grundsätzlich darlegungs- und beweisbelastet ist.

Die forcierte Beschränkung der sachgrundlosen Befristung auf 18 Monate ist nicht anzugreifen, sondern stellt eine Rückbesinnung auf die Regelungen des BeschFG 1985 dar. Zu beachten ist gleichwohl, dass letztlich die Auswirkungen dieser Einschränkungen nicht beurteilt werden können. Spannend wird sein, wie (insbesondere mit welchen empirischen Daten) die Bundesregierung die Notwendigkeit dieser Beschränkung in der zu erwartenden Gesetzesbegründung ausführen wird. Aktuell liegt – soweit ersichtlich – keine solche Studie vor. Ungewiss ist es ebenso, warum nur noch eine einmalige Verlängerung der sachgrundlosen Befristung möglich sein soll und warum diese sich nicht nachteilig auf den Arbeitsmarkt auswirkt.

Begrüßenswert ist die „*Wiedereinführung*" der Beschränkung des Zuvor-Beschäftigungs-Verbots auf drei Jahre. Diese vom BAG erfundene Grenze stellt eine rechtsichere Lösung dar, wobei zu beachten ist, dass die derzeitige Rechtsprechung des BAG nach dem BVerfG-Urteil vom 6. Juni 2018 weder hinreichend konkretisierbar noch wirklich interessensgerecht ist (siehe hierzu bereits ab S. 88). Durch eine normative Vorgabe der drei-Jahres-Frist würde auch das

Hauptargument des BVerfG, nämlich der Verstoß gegen die Gewaltenteilung sowie das Rechtsstaatsprinzip, entkräftet werden.

Eine Beschränkung der Befristungsmöglichkeit auf einen Zeitraum von maximal fünf Jahre stellt ein absolutes Novum dar; eine zeitliche Limitierung der Befristungsmöglichkeit mit Sachgrund gab es zuvor nicht. Die Höchstdauer wurde bisher einzig durch die Rechtsprechung im Wege der Kontrolle eines institutionellen Rechtsmissbrauchs gesetzt. Diese starre Vorgabe wäre eine echte Einschränkung der Möglichkeit zum Rechtsmissbrauch, gleichwohl eine massive Einschränkung des Flexibilisierungsinteresses des Arbeitgebers. Gerade aus diesem letzten Aspekt scheint es äußerst fraglich, ob der Begrenzungsvorschlag (in der vorgegebenen Form) eine Mehrheit im Parlament beziehungsweise in der Regierungskoalition kriegen wird.

D. Ergebnis

Als Ergebnis ist festzuhalten, dass die Rechtsmissbrauchskontrolle eine weitere Grenze der Vertragsgestaltung im Befristungsrecht darstellt. Hier hat sich insbesondere im Bereich der Befristung mit Sachgrund des gesamten Arbeitsverhältnisses eine nunmehr klare Rechtsprechung entwickelt (institutioneller Rechtsmissbrauch). Nicht zu überzeugen vermag die isolierte Anknüpfung an § 242 BGB; vielmehr stellt die Rechtsmissbrauchskontrolle einen Bestandteil der Sachgrundprüfung beziehungsweise der Kontrolle der Voraussetzungen der Befristung nach § 14 Abs. 1, Abs. 2 TzBfG dar.

Die Grundsätze des Verbots des institutionellen Rechtsmissbrauchs sind auf die Befristung einer einzelnen Arbeitsbedingung zu übertragen. Zu überzeugen vermag zum einen, dass die Rechtsprechung die Voraussetzungen des § 14 Abs. 1 TzBfG nicht in die Angemessenheitskontrolle übertragen kann und sodann diesen Bestandteil der Befristungskontrolle weglässt. Zum anderen gilt es zu bedenken, dass die Befristung einer einzelnen Arbeitsbedingung ein *Minus* zur Befristung des ganzen Vertrags darstellt.

Insofern überzeugenderweise eine blinde Übertragung der Sachgrundprüfung des TzBfG auf die Angemessenheitskontrolle nach § 307 Abs. 1 Satz 1 BGB abgelehnt wird, greifen gleichwohl die Grundsätze des Verbots institutionellen Rechtsmissbrauchs. Liegt eine Abwälzung des wirtschaftlichen Risikos auf den Arbeitnehmer vor, ist ein Rechtsmissbrauch gegeben. Ferner ist die Anknüpfung der Rechtsprechung an § 242 BGB sogar in der zwingend durchzuführenden Interessenabwägung nach § 307 Abs. 1 Satz 1 BGB enthalten.

Die Ansätze im Koalitionsvertrag für die 19. Legislaturperiode zur Verhinderung eines Missbrauchs im Befristungsrecht sind durchaus geeignet ihren Zweck zu erfüllen und einen Missbrauch einzudämmen. Zu beachten ist jedoch, dass die Ansätze, um tatsächlich einen Missbrauch zu bekämpfen und nicht auf ein anderes arbeitsrechtliches Vertragsgestaltungsmittel (Stichwort: Leiharbeit) zu verschieben, mit Abstimmung anderer Flexibilisierungsinstrumente erfolgen sollten und nicht zuvor weitgehend aufgeweicht werden dürfen.

§ 10 Schriftliche Fixierung eines Befristungsgrundes

A. Allgemein

Unter den Stich-/Schlagwörtern „schriftliche Fixierung eines Befristungsgrundes", „Abbedingung der sachgrundlosen Befristung(-smöglichkeit)" sowie der Frage nach der Möglichkeit des „Nachschiebens von Befristungsgründen" wird eine in etwa gleich zu behandelnde Problematik diskutiert. Im Kern stellt sich die Frage, welche Auswirkung es für die Vertragsparteien hat, wenn ein (konkreter) Sachgrund der Befristung im Vertragswerk angegeben oder diese Möglichkeit bewusst ausgelassen wird.

Zu beachten ist zunächst das sogenannte *„Zitiergebot"*, also die Frage, inwiefern der Arbeitgeber zur Rechtmäßigkeit der Befristungsabrede diese hinreichend konkret in der Vertragsurkunde darstellen muss. Normative Anknüpfung eines vermeintlichen Zitiergebots stellt die (halb-)zwingende Schriftform nach § 14 Abs. 4 TzBfG sowie die Regelung des § 2 Abs. 1 Satz 2 Nr. 3 NachwG[889] dar, welche an die Befristung eines Arbeitsvertrags beziehungsweise das befristete Arbeitsverhältnis anknüpfen. Im allgemeinen Zivilrecht herrscht eine grundsätzliche Freiheit in Bezug zur gewählten Form, sodass etwaige Formgebote im Speziellen geregelt sind, § 126 Abs. 1 BGB (zum Beispiel für die Kündigung § 623 BGB oder für den befristeten Wohnraummietvertrag § 550 Satz 1 BGB).[890]

§ 14 Abs. 4 TzBfG differenziert zwischen der kalendarischen Befristung auf der einen sowie der Zweckbefristung und der Fallgruppe der auflösenden Bedingung auf der anderen Seite. Für die letzteren beiden Arten der Befristungsmöglichkeit ist es zwingend, dass auch der konkrete Grund für die Befristung vertraglich fixiert wird. Denn nur mit Kenntnis des konkreten Befristungsgrundes ist die Laufzeit des Arbeitsvertrags hinreichend erkennbar (Bestimmtheitserfordernis

---

889 Vgl. A/P/S/*Greiner*, TzBfG, § 14 Rn. 487 f.

890 *Richardi/Annuß*, FS Schwerdtner, S. 133 ff.; ErfK/*Preis*, BGB, §§ 125-127 Rn. 1, Rn. 12 ff.; Jauernig/*Mansel*, § 125 BGB Rn. 1 ff; Annuß/Thüsing/*Maschmann*, TzBfG, § 14 Rn. 88; vgl. zum alten Recht, jedoch nicht minder aktuell in Bezug auf das allgemeine Zivilrecht *Preis/Gotthardt*, NZA 2000, 348 (358).

der Abrede) respektive sind Anforderungen zur Erfüllung der Leistungspflicht des Arbeitnehmers hinreichend bestimmt.[891]

Interessanter ist die Konsequenz des § 14 Abs. 4 TzBfG in Bezug zur kalendarischen Befristung. Spätestens durch die Rechtsentwicklung in den einzelnen Stadien des Gesetzgebungsverfahrens des § 14 (Abs. 4) TzBfG hat sich eindeutig der sogenannte „Wille" des Gesetzgebers herauskristallisiert, wonach das Zitiergebot nicht die Angabe des Befristungsgrundes erfordere.[892] Auch wenn dies in der Sache nach wie vor wenig überzeugt, so ist dies jedoch hinzunehmen. Denn neben der überwiegenden Zahl der Autoren im Schrifttum[893] hat sich auch die Rechtsprechung[894] eindeutig gegen ein Zitiergebot des Befristungsgrunds ausgesprochen.

Es gilt also festzuhalten, dass die Angabe des Befristungsgrundes als solche keine Wirksamkeitsvoraussetzung nach dem TzBfG für die Befristungsabrede des gesamten Arbeitsverhältnisses darstellt.[895] Nach dieser Ansicht muss ein Befristungsgrund (oder die Voraussetzungen der sachgrundlosen Befristung) einzig objektiv bei Vertragsschluss vorliegen, damit die Befristungsabrede ausreichend gerechtfertigt ist. Akzeptiert man dies, ist auch die Nichtangabe des

---

891 *Hromadka*, BB 2001, 674 (674); *Richardi/Annuß*, NJW 2000, 1231 (1234); A/P/S/*Greiner*, TzBfG, § 14 Rn. 467; Staudinger/*Preis*, 2019, BGB, § 620 Rn. 61; Meinel/Heyn/Herms/*Meinel*, TzBfG, § 14 Rn. 33.

892 Während der Referentenentwurf des TzBfG (vgl. NZA 2000, 1045 (1047)) ein Schriftformerfordernis auch für die Art der Befristung, insbesondere die genaue Rechtfertigung vorsah, folgte der Regierungsentwurf dieser (wünschenswerten) Ansicht nicht mehr. Allerdings sah der Regierungsentwurf vor, den befristeten Arbeitsvertrag insgesamt der Schriftform zu unterwerfen (BTDrucks. 14/4374, S. 9, 20). Auch dies setzte sich im Laufe des Gesetzgebungsverfahrens nicht durch. Die jetzige Fassung des § 14 IV TzBfG ist bereits Bestandteil der Beschlussempfehlung und des Berichtes des Ausschusses für Arbeit und Sozialordnung vom 15.11.2000 (vgl. BT-Drucks. 14/4625, S. 11). Siehe zur Rechtsentwicklung auch A/P/S/*Greiner*, TzBfG, § 14 Rn. 471 f.; Meinel/Heyn/Herms/*Meinel*, TzBfG, § 14 Rn. 262.

893 *Hromadka*, BB 2001, 674 (674); Meinel/Heyn/Herms/*Meinel*, TzBfG, § 14 Rn. 272; Annuß/Thüsing/*Maschmann*, TzBfG, § 14 Rn. 87b; A/P/S/*Greiner*, TzBfG, § 14 Rn. 466, Rn. 468 m.w.N.

894 BAG v. 29.6.2011 – 7 AZR 774/09, NZA 2011, 1151; v. 12.8.2009 – 7 AZR 270/08, AP TzBfG § 14 Nr. 63; zuletzt LAG Rheinland-Pfalz v. 20.3.2018 – 6 Sa 439/17, BeckRS 2018, 19176 (Rn. 19); siehe auch zu § 1 BeschFG bereits BAG v. 5.5.2004 – 7 AZR 629/03, NZA 2004, 1346 (1349); v. 5.6.2002 – 7 AZR 241/01, NZA 2003, 149 (152).

895 Siehe vorhergehende Verweise aus dem Schrifttum und der Rechtsprechung; zum alten Recht *Preis/Gotthardt*, NZA 2000, 348 (359) m.w.N.

Befristungsgrundes in der Vertragsklausel im Hinblick auf die einzuhaltenden Voraussetzungen nach dem AGB-Recht unproblematisch. Denn einzig die Angabe, dass es sich um einen befristeten Arbeitsvertrag handelt, ist in der Regel für beide Parteien nicht überraschend und ebenso hinreichend klar und verständlich; jedenfalls für den maßgeblichen Zeitpunkt des Vertragsschlusses. Darüber hinaus ist hierdurch sowohl eine Befristung mit Sachgrund (§ 14 Abs. 1 TzBfG) als auch – unter Beachtung der weiteren Voraussetzungen – die sachgrundlose Befristung nach § 14 Abs. 2 TzBfG möglich. Eine Konkretisierung bei Vertragsschluss liegt nicht vor. Daher empfiehlt eine Vielzahl der Autoren, dass ganz bewusst auf eine Angabe des Befristungsgrundes, jedenfalls bei erstmaliger Befristung mit einer Vertragsdauer von unter zwei Jahren, verzichtet wird.[896]

Ebenso wird auch aus dem Transparenzgebot des § 307 Abs. 1 Satz 2 BGB keine Angabe des Befristungsgrundes jedenfalls bezogen auf die Befristung des gesamten Arbeitsverhältnisses gefordert (siehe hierzu bereits S. 161 ff.). Diskutiert wird hingegen, ob bei der Befristung einer einzelnen Arbeitsbedingung die Angabe des Befristungsgrundes zu fordern ist. Wie bereits hinreichend dargestellt, findet das TzBfG keine Anwendung; mithin ist eine Anwendung des § 14 Abs. 4 TzBfG ausgeschlossen. Einige Autoren fordern jedoch die Angabe eines Sachgrundes – wobei „wirtschaftliche Gründe" oder „Gründe im Verhalten des Arbeitnehmers" in der konkreten Abrede als Angabe ausreichen sollen – resultierend aus dem Transparenzgebot für das Flexibilisierungsinstrument der Befristung einer einzelnen Arbeitsbedingung.[897] Doch wie bereits ausgeführt (vergleiche S. 240 ff.), überzeugt diese Ansicht nicht: So stellt sich die Frage nach dem Mehrwert für den Arbeitnehmer. Dies gilt insbesondere unter dem Aspekt, dass der Arbeitnehmer kaum die Fähigkeit besitzen wird, eine wirtschaftliche Prognose der Entwicklung des Betriebs anzustellen; mithin stellt sich eine solche Angabe von Befristungsgründen für den Arbeitnehmer als eine leere Formel dar. Darüber hinaus gilt es zu bedenken, dass nach überzeugender Ansicht die Befristung einer einzelnen Arbeitsbedingung ein *Minus* zur Befristung des gesamten Arbeitsverhältnisses darstellt, sodass innerhalb dieser beiden Befristungsmöglichkeiten keine Wertungswidersprüche bestehen dürfen und im Rahmen des § 14 Abs. 1 und Abs. 2 TzBfG ebenso keine Angabe des Befristungsgrundes gefordert wird.

---

896 Staudinger/*Preis*, 2019, BGB, § 620 Rn. 58; A/P/S/*Backhaus*, TzBfG, § 22 Rn. 34 m.w.N.
897 *Preis/Bender*, NZA-RR 2005, 337 (340 f.); bestätigend *Preis/Lindemann*, NZA 2006, 632 (637); ErfK/*Preis*, BGB, §§ 305 bis 310 Rn. 75; *Sievers*, TzBfG, § 14 Rn. 24.

Kritisch zu hinterfragen ist aber, wie es sich auswirkt, wenn ein konkreter Sachgrund im Arbeitsvertrag angegeben ist; mithin der Arbeitgeber seine Vertragsgestaltungsfreiheit zu Gunsten einer Angabe der Rechtsgrundlage für die Rechtfertigung der Befristungsabrede genutzt hat.

Hier stellt sich – gewiss nur bei der Befristung des gesamten Arbeitsverhältnisses – die Frage, ob durch die schriftliche Fixierung des Befristungsgrundes die Möglichkeit der sachgrundlosen Befristung abbedungen ist oder der Arbeitgeber sich auch weiter auf die sachgrundlose Befristung berufen kann. Ferner problematisch erscheint, ob der Arbeitgeber hierdurch die Befristungsabrede auf einen bestimmten Sachgrund konkretisiert hat und nur noch dieser zur Rechtfertigung herangezogen werden kann, oder ob auch das Nachschieben anderer Befristungsgründe weiterhin möglich ist.

B. Abbedingung der sachgrundlosen Befristung

BAG vom 12. August 2009 – 7 AZR 270/08, AP TzBfG § 14 Nr. 63; vom 29. Juni 2011 – 7 AZR 774/09, NZA 2011, 1151

Die beiden Urteile beziehen sich auf die Konstellation, dass im letzten Arbeitsvertrag ein Sachgrund für die Befristung nach § 14 Abs. 1 TzBfG angegeben ist. Dieser Sachgrund ist jedoch (objektiv) nicht gegeben, sodass die Befristungsabrede nicht nach § 14 Abs. 1 TzBfG gerechtfertigt ist.

In dem Urteil vom 12. August 2009 kam hinzu, dass die Parteien insgesamt drei hintereinander folgende Verträge geschlossen hatten, wobei die ersten beiden Arbeitsverträge mit § 14 Abs. 2 TzBfG gerechtfertigt wurden und einzig der strittige letzte Arbeitsvertrag auf einen vorübergehenden Beschäftigungsbedarf nach § 14 Abs. 1 Satz 2 Nr. 1 TzBfG abstellte, welcher jedoch objektiv nicht vorlag und daher die Befristung nicht rechtfertigen konnte.

Zu klären gilt es, ob auch trotz des Verweises im Vertragstext auf einen Sachgrund die Prüfung der sachgrundlosen Befristung möglich oder vielmehr abbedungen worden ist, also die Rechtfertigungsmöglichkeit nach § 14 Abs. 2 TzBfG durch den Verweis in der Vertragsabrede auf einen Sachgrund ausgeschlossen ist.

Unstrittig besteht die Möglichkeit, § 14 Abs. 2 TzBfG abzubedingen.[898] Dies ergibt sich bereits aus dem halbzwingenden Charakter, den die Norm durch

898 Siehe anstatt aller nur Staudinger/*Preis*, 2019, BGB, § 620 Rn. 58.

§ 22 Abs. 1 TzBfG hat. Ferner muss diese Abbedingung nicht zwingend ausdrücklich erfolgen, die Vertragsparteien können sie vielmehr auch konkludent vereinbaren.

Das BAG führt in ständiger Rechtsprechung hierzu aus, dass „[e]*in konkludenter Ausschluss der Anwendbarkeit von § 14 Abs. 2 TzBfG* [...] *etwa dann* [...] [vorliegt], *wenn der Arbeitnehmer die Erklärungen des Arbeitgebers so verstehen darf, dass die Befristung ausschließlich auf einen bestimmten Sachgrund gestützt werden und nur von seinem Bestehen abhängen soll.*“[899]

Wie stets ist der Einzelfall ausschlaggebend, wobei „[d]*ie Benennung eines Sachgrundes* [...] *ein wesentliches Indiz sein* [kann].“[900] Ausweichlich der Rechtsprechung des BAG ist hingegen die Benennung eines Sachgrundes im Arbeitsvertrag alleine hierfür nicht ausreichend. Gefordert werden vielmehr weitere hinzutretende Umstände.[901]

Eine Konkretisierung durch die Rechtsprechung, unter welchen Voraussetzungen solche „zusätzlichen Umstände“ vorliegen, fehlt. Eine Konkretisierung auf einen Sachgrund (mit der Folge einer Abbedingung der anderen Rechtfertigungsmöglichkeiten) soll nur dann eintreten, wenn der Arbeitnehmer die Erklärung des Arbeitgebers dergestalt verstehen durfte, dass die Befristung einzig mit dem angegebenen Sachgrund „stehen und fallen“ [902] soll.

Insbesondere *Preis* tritt dieser weiten Ansicht jedoch entgegen und vertritt, dass bereits aus der konkreten Angabe des Befristungsgrundes *„regelmäßig zu schließen* [sei], *dass die Vertragsparteien zulässigerweise die zugunsten des Arbeitnehmers dispositive Norm des § 14 Abs. 2 TzBfG abbedungen haben* [...].“[903]

Hesse stellt der Regel von *Preis* die Auslegungsgrundsätze eines Vertrags nach dem allgemeinen Zivilrecht gemäß §§ 133, 157 BGB entgegen, welche durch diese konterkariert seien.[904]

---

899 BAG v. 29.6.2011 – 7 AZR 774/09, NZA 2011, 1151 (1152 = Rn. 20).

900 BAG v. 29.6.2011 – 7 AZR 774/09, NZA 2011, 1151 (1152 = Rn. 20).

901 Vgl. BAG v. 29.6.2011 – 7 AZR 774/09, NZA 2011, 1151 (1152 = Rn. 20); zuvor BAG v. 12.8.2009 – 7 AZR 270/08, AP TzBfG § 14 Nr. 63; bereits angeklungen bei BAG v. 6.12.1989 – 7 AZR 441/89, NZA 1990, 741 (744= IV. 3); v. 26.7.2000 – 7 AZR 51/99, NZA 2001, 546 (549 = IV. 1); v. 5.5.2004 – 7 AZR 692/03, NZA 2004, 1346 (1349 = I. 3. c. bb. (1)).

902 So die eingängige – gleichwohl nichtssagende – Marschroute, vgl. anstatt aller BAG v. 5.6.2002 – 7 AZR 241/01, NZA 2003, 149 (152).

903 Staudinger/*Preis*, 2019, BGB, § 620 Rn. 58; ebenso wohl auch Däubler/Hjort/Schubert/Wolmerath/*Tillmanns*, TzBfG, § 14 Rn. 107.

904 MüKoBGB/*Hesse*, TzBfG, § 14 Rn. 13.

Gemäß der §§ 133, 157 BGB sind Verträge respektive die ihnen zugrundeliegenden Willenserklärungen nach Treu und Glauben mit Rücksicht auf die Verkehrssitte auszulegen, wobei der wirkliche Wille der Parteien maßgebend ist und nicht der *buchstäbliche Sinn des Ausdrucks*. Grundvoraussetzung ist eine Auslegungsnotwendigkeit und -fähigkeit, was bei einer klaren und eindeutigen Regelung regelmäßig ausscheidet.[905] In diesem Zusammenhang wird richtigerweise vertreten, dass die Feststellung, wonach eine Abrede klar und verständlich sei, Ergebnis der Auslegung ist.[906] Ohne nochmals im Detail auf die Auslegung eines Rechtsgeschäfts einzugehen,[907] ist jedenfalls auch bei der Auslegung die schriftliche Fixierung der Abrede von Bedeutung. Des Weiteren haben beide Parteiinteressen hinreichend Niederschlag in dem Auslegungsergebnis zu finden.

Hesse widerspricht der Ansicht *Preis*, indem er postuliert, dass es „[d]*iesen Auslegungsgrundsätzen* [...] *widersprechen* [würde], *regelmäßig allein aus der Benennung des Sachgrundes den Willen des Arbeitgebers abzuleiten, auf die für ihn günstige Möglichkeit einer erleichterten Befristung verzichten zu wollen.*“[908]

Die Argumentation von *Hesse* erschöpft sich also in dem regelmäßig zu vermutenden Willen des Arbeitgebers, sich keine Rechtfertigungsmöglichkeit bei Vertragsschluss auszuschließen. Selbstverständlich lässt sich dies gut hören und erscheint auch insofern plausibel, als dass dies wohl ein gut beratener Arbeitgeber regelmäßig im Sinn haben wird. Hingegen bleibt völlig außer Betrachtung, dass nach den §§ 133, 157 BGB *beide* Parteiinteressen zu berücksichtigen sind. Folglich ist auch der (wirkliche) Wille des Arbeitnehmers von Bedeutung. Hier stellt sich nun die Frage, ob der Arbeitnehmer, welcher einen Arbeitsvertrag mit Angabe eines bestimmten Sachgrundes (etwa der der Vertretung einer konkreten Person) abschließt, auch den Willen hat, sachgrundlos befristet zu sein. Dies wird man nur in den wenigsten Fällen annehmen können. Die Argumentation, „besser sachgrundlos als gar nicht befristet zu sein“, ist jedenfalls grundsätzlich abzulehnen und vermag auch im konkreten Fall erst Recht nicht zu überzeugen. Vielmehr ist regelmäßig zu unterstellen, dass der Arbeitnehmer auch den Willen hat, genau auf Grundlage des angegebenen Sachgrundes einen Arbeitsvertrag

---

905 Palandt/*Ellenberger*, BGB, § 133 Rn. 6 f.; Jauernig/*Mansel*, § 133 BGB Rn. 3.

906 BAG v. 20.7.2004 – 9 AZR 626/03, NZA 2004, 1090 (1092 m.w.N.); MüKoBGB/*Busche*, BGB, § 133 Rn. 53; Palandt/*Ellenberger*, BGB, § 133 Rn. 6; Jauernig/*Mansel*, § 133 BGB Rn. 2.

907 Siehe hierzu MüKoBGB/*Busche*, BGB, § 133 u. § 157; Palandt/*Ellenberger*, BGB, § 133 Rn. 5 ff.

908 MüKoBGB/*Hesse*, TzBfG, § 14 Rn. 13.

geschlossen zu haben. Denn nur hierdurch kann er die Vertragserfüllung bereits mit Vertragsschluss hinreichend genau absehen.

Darüber hinaus vermag die Ansicht von *Hesse* nicht zu überzeugen. Zu beachten ist nämlich, dass er der allgemein-objektiven Regel von *Preis* eine reine Einzelfallentscheidung entgegenstellt. Zwar bedarf es stets eines Einfalltors für etwaige Besonderheiten des Einzelfalls, jedoch gilt es einen grundsätzlich anzuwendenden Regelfall bei Angabe eines Befristungsgrundes aufzustellen. Darüber hinaus sei darauf hingewiesen, dass auch *Preis* in seiner Argumentation respektive dem von ihm vertretenen Lösungsmodel Raum für die Einzelfallentscheidung lässt. Denn auch er geht (nur) von einer „regelmäßigen" Abbedingung aus.

Berücksichtigung finden muss ebenso, dass die Angabe des Befristungsgrundes auch für den Arbeitgeber von deutlichem Vorteil sein kann. Denn er ist in einem Prozess über das Bestehen der sachlichen Rechtfertigung der Befristungsabrede Träger der Darlegungs- und Beweislast, welche sich durch eine schriftliche Fixierung deutlich erleichtert.[909]

Preis/Greiner kritisieren die Entscheidung des BAG vom 12. August 2009[910] und führen richtigerweise aus, dass das BAG durch seine Rechtsprechung „*den Blickwinkel* [...] *von einer reinen Rechtsfrage – wie ist die Klausel auszulegen, insbesondere auch im Lichte des § 305c Abs. 2 BGB? – zu einer Tatsachenfrage: Sind außerhalb der Klausel weitere Anhaltspunkte für einen Parteiwillen ersichtlich (und vom Arbeitnehmer belegbar)*? [verschiebt]"[911] Dies hat zur Konsequenz, dass dem Arbeitnehmer „*eine in der Regel nicht leistbare tatsächliche Darlegung abverlangt* [wird], *obwohl die Antwort eigentlich bereits im Vertragstext zu finden ist.*"[912]

Dies steht in dem nicht unproblematischen Kontext, dass vom Grundsatz her die Darlegungs- und Beweislast der sachlichen Rechtfertigung der Befristung dem Arbeitgeber obliegt.[913] Nunmehr soll jedoch den Arbeitnehmer die Darlegungslast dahingehend treffen, wie er den Willen der Parteien empfunden hat und wie die Konstellation bei Vertragsschluss war. Überzeugend weisen *Preis/Greiner* darauf hin, dass in der fraglichen arbeitsvertraglichen Gestaltung ein

909 Staudinger/*Preis*, 2019, BGB, § 620 Rn. 58 a.E.

910 BAG v. 12.8.2009 – 7 AZR 270/08, AP TzBfG § 14 Nr. 63.

911 *Preis/Greiner*, RdA 2010, 148 (159).

912 *Preis/Greiner*, RdA 2010, 148 (159).

913 Meinel/Heyn/Herms/*Meinel*, TzBfG, § 14 Rn. 282; ErfK/*Müller-Glöge*, TzBfG, § 17 Rn. 13; A/P/S/*Backhaus*, TzBfG, § 3 Rn. 38, § 14 Rn. 413; Laux/Schlachter/*Laux/Schlachter*, TzBfG, § 14 Rn. 27; bezogen auf § 14 II TzBfG: *Lembke*, NJW 2006, 325 (331); grundlegend BAG v. 12.10.1994 – 7 AZR 745/93, NZA 1995, 780.

besonderes Schutzbedürfnis des Arbeitnehmers besteht und ferner nicht im Einklang mit dem Grundsatz der Vertragstreue steht.[914]

In diesem Zusammenhang gilt es sich in Erinnerung zu rufen, dass der Arbeitgeber in der Praxis meistens die Vertragsgestaltungsfreiheit hat und daher das TzBfG und die AGB-Kontrolle als Schutznormen für eine Herstellung der Parität sorgen sollen. Wird der Arbeitnehmer jedoch im Prozess mit der Darlegungslast belastet, ist der Schutz faktisch aufgehoben und eine gewollte Vertragsparität vollends verfehlt. Darüber hinaus scheint der Grundsatz der Vertragstreue, wie *Preis/Greiner* überzeugend herausarbeiten, kaum beachtet zu werden. Denn der Arbeitgeber, welcher regelmäßig einseitig die Vertragsabreden stellt, ist an diese hinterher nicht mehr gebunden; mithin hat seine vertragliche Fixierung für ihn keine Bedeutung, was – konträr zu § 305c Abs. 2 BGB – zu einer faktischen Auslegung zu Lasten des Arbeitnehmers führt.[915]

Für die Lösung des Streits vermag jedoch eine weitere Anknüpfung im Ergebnis zu überzeugen. Zu beachten ist nämlich, dass neben § 14 Abs. 4 TzBfG und einer Auslegung nach den §§ 133, 157 BGB auch die AGB-Kontrolle durchzuführen und zu beachten ist. Denn eine rein mündliche Abrede des befristeten Arbeitsverhältnisses ist – sogar mit der weitesten Ansicht zum Schriftformgebot nach § 14 Abs. 4 TzBfG – abzulehnen. Hier erscheint insbesondere die Beachtung des Transparenzgebots in Gestalt sowohl des Bestimmtheitsgebots als auch des Täuschungs- und Verschleierungsverbots äußerst in Frage zu stehen.

Das Bestimmtheitsgebot nach § 307 Abs. 1 Satz 2 BGB fordert zur Angemessenheit der Klausel, dass die Tatbestandsvoraussetzungen und deren Rechtsfolgen hinreichend deutlich bei Vertragsschluss erkennbar sind (siehe hierzu S. 161). Hierzu zählt ebenso, dass die Leistungsrechte und -pflichten erkennbar sind, was auch die Erkennbarkeit der vertraglichen Dauer der Leistungserbringung miteinschließt.[916]

Gerade im Bereich des Arbeitsvertragsrechts als ein spezieller Fall eines Dauerschuldverhältnisses ist es für die Vertragsparteien von Interesse, wie lange das Vertragsverhältnis dauert. Denn auf der einen Seite ist zu bedenken, dass es sich in der Regel um die Existenzgrundlage des Arbeitnehmers handelt, sodass er ein begründetes Interesse an Planungssicherheit hat. So kann der Arbeitnehmer sich entweder nach einer anderen Arbeitsstelle umschauen oder beispielsweise

914 *Preis/Greiner,* RdA 2010, 148 (159 f.).

915 *Preis/Greiner,* RdA 2010, 148 (160).

916 Vgl. hierzu allein zuletzt BAG v. 9.12.2015 – 7 AZR 68/14, NZA 2016, 695 (696 f. = Rn. 24 m.w.N.).

begründet aus dem Sachgrund der Erprobung überdurchschnittliche Leistungen (unter Umständen sogar jenseits des Arbeitsschutzrechts; Stichwort: Überstunden – Arbeiten über die erlaubte Anzahl von acht Arbeitsstunden am Werktag nach § 3 Satz 1 ArbZG) abrufen. Auf der anderen Seite steht das Interesse des Arbeitgebers, welcher ebenso ein wirtschaftliches Interesse an einer konkreten, bereits bei Vertragsschluss feststehenden Vertragsdauer hat. Hierdurch kann er eine Doppelbesetzung und eine Nichtbesetzung einer Arbeitsstelle vermeiden.

Zu bedenken ist ferner, dass das Transparenzgebot in Gestalt des Bestimmtheitsgebots unter anderem zum Ausgleich der typischerweise nicht bestehenden Vertragsparität entwickelt wurde.[917] Der Verwender soll trotz der ihm gewährten Vertragsgestaltungsfreiheit Klauseln verwenden, die ihm nicht (auch noch) nachträglich – unrechtmäßige – Beurteilungs- und Gestaltungsräume bieten und für seinen typischerweise unterlegenen Vertragspartner nicht vorherzusehen sind.[918]

Gewährt man dem Arbeitgeber jedoch, sich trotz Angabe eines Sachgrundes nachträglich auf eine andere Rechtfertigungsgrundlage, nämlich die der sachgrundlosen Befristungsabrede nach § 14 Abs. 2 TzBfG, zu stützen, so wird ein Beurteilungsraum geschaffen, welcher auch von einem durchschnittlichen Arbeitnehmer bei Vertragsschluss nicht abzusehen war. Hieran ändert sich auch nichts dadurch, dass es sich bei der Rechtsprechung, wonach der Sachgrund nur objektiv vorliegen müsse, um eine sogenannte „ständige Rechtsprechung“ im Rahmen des § 14 TzBfG handelt. Maßgebend ist die Erkenntnismöglichkeit des Arbeitnehmers aus der Vertragsurkunde selbst und deren (rechtliche) Deutung. Der Arbeitnehmer darf regelmäßig auf das in der Vertragsurkunde Stehende vertrauen; alternativ wäre jeder schriftliche Vertragsschluss nicht mehr vertrauenswürdig; mithin sinnentleert.

Des Weiteren könnte bei nachträglicher Gewährung der Rechtfertigungsmöglichkeit nach § 14 Abs. 2 TzBfG trotz Angabe eines Sachgrundes die Fallgruppe des Täuschungs- und Verschleierungsverbots nach § 307 Abs. 1 Satz 2 TzBfG verletzt sein.

Täuschungs- und Verschleierungsverbot beinhaltet – wie bereits ausgeführt (siehe S. 164 f.) –, dass eine für den Vertragspartner ungünstige Regelung verschleiert oder die Rechtslage falsch beziehungsweise missverständlich dargestellt

---

917 Vgl. Staudinger/*Krause*, 2019, BGB, Anhang zu §§ 305 – 310 Rn. K 247.

918 Vgl. ständige Rspr. BAG v. 1.9.2010 – 5 AZR 517/09, NZA 2011, 575 (575 f. = Rn. 14); siehe bereits BAG v. 31.8.2005 – 5 AZR 545/04, NZA 2006, 324 (328 = Rn. 45) m. N. aus der Rspr. des BGH.

wird, wobei bereits eine irreführende Darstellung der Rechtslage zu pönalisieren ist.[919]

Zur Veranschaulichung dieser Fallgruppe sei nochmals auf den Sachgrund der Erprobung nach § 14 Abs. 1 Satz 2 Nr. 6 TzBfG hingewiesen, welcher dem Arbeitnehmer suggeriert, dass er sich bei guter Leistung bewähren kann und eine gute Chance auf eine unbefristete Anstellung hat. Der Arbeitnehmer hat bei Vertragsschluss eine konkrete Vorstellung und auch eine Hoffnung zur unbefristeten Stelle, welche ihn womöglich zusätzlich und unter Umständen sogar zur deutlichen Mehrarbeit motiviert.

Die zusätzliche Motivation kann darüber hinaus auch dazu führen, dass andere Vertragsangebote in der Hoffnung auf ein unbefristetes Arbeitsverhältnis ausgeschlagen werden.

Dem Arbeitgeber ist es daher möglich, allein durch diese falsche Angabe den Arbeitnehmer bewusst in seiner Motivation und seiner Arbeitsbereitschaft zu beeinflussen, was – wenn der Arbeitgeber es von Beginn an bewusst begeht – nicht zu tolerieren ist; mithin genau durch die Fallgruppe des Täuschungs- und Verschleierungsverbots verhindert werden soll.

Darüber hinaus ist denkbar, dass der Arbeitgeber das befristete Arbeitsverhältnis generell nach zwei Jahren Vertragsdauer als beendet ausweist, womöglich um dem Risiko auszuweichen, dass der angegebene Sachgrund beziehungsweise irgendein Sachgrund nicht vorliegt. Dieser Gedanke ist nicht in Einklang zu bringen mit der Konzeption des Gesetzes, wonach die sachgrundlose Befristungsmöglichkeit nur für die kalendarische Befristung gilt und nicht (auch) bei der Zweckbefristung (dort mit Sachgrund) anzuwenden ist.[920] Insofern wird die vertraglich vereinbarte Zweckbefristung nach Vertragsschluss zu einer kalendarischen Befristung gewandelt, ohne die Arbeitnehmer nochmals mit einzubeziehen; einzig unter dem Aspekt, dass der Arbeitgeber trotz seiner täuschenden Vertragsgestaltung hierfür nicht mit einem unbefristeten Arbeitsverhältnis nach § 16 Satz 1 TzBfG „bestraft" wird. Das TzBfG und auch die AGB-Kontrolle sind jedoch von der Grundausrichtung arbeitnehmerschützende Normen, was zur Folge hat, dass der Schutz des Arbeitnehmers vor missbräuchlicher Vertragsgestaltung primär zu beachten ist.

Zusammenfassend ist daher festzuhalten, dass es dem Arbeitgeber durch das Transparenzgebot nach § 307 Abs. 1 Satz 2 BGB verwehrt ist, sich trotz Angabe

---

919 Staudinger/*Wendland*, 2019, BGB, § 307 Rn. 191; Staudinger/*Krause*, 2019, BGB, Anhang zu §§ 305 – 310 Rn. K 248; Palandt/*Grüneberg*, BGB, § 307 Rn. 27.

920 Siehe Meinel/Heyn/Herms/*Meinel*, TzBfG, § 14 Rn. 249.

eines Befristungsgrundes im Arbeitsvertrag nachträglich auf die sachgrundlose Befristung nach § 14 Abs. 2 TzBfG zu berufen.

Dieses Ergebnis lässt sich nicht auf die Befristung einer einzelnen Arbeitsbedingung übertragen, da dort eine sachgrundlose Befristung nicht möglich ist. Fruchtbar lässt sich dieser Gedanke jedoch unter dem Aspekt des Nachschiebens von Befristungsgründen machen, was nachfolgend dargestellt werden soll.

C. Nachschieben von Befristungsgründen

In der Sache stringent, erlaubt das BAG sogar trotz Angabe eines Befristungsgrundes, dass nicht nur die Rechtfertigung nach § 14 Abs. 2 TzBfG nicht verwehrt sein soll, sondern auch weitere Befristungsgründe zur Rechtfertigung der Befristung des gesamten Arbeitsverhältnisses im Prozess als Rechtfertigung an- und eingeführt werden können.[921] Die Möglichkeit des Nachschiebens von Befristungsgründen findet auch im Schrifttum Zustimmung.[922]

Diese Rechtsprechung respektive die ihr zugrundeliegende Ansicht vermag jedoch erst recht nicht zu überzeugen. Denn dem Arbeitgeber wird faktisch eingeräumt, in den Vertrag einzubeziehen, was ihm beliebt, mit dem Vorteil einer Erleichterung der Beweislast; gleichwohl ohne Konsequenzen für den Fall, dass der fixierte Befristungsgrund tatsächlich nicht besteht.

Dies kann unter dem Gesichtspunkt, dass das normierte Befristungsrecht eine vertragliche Parität unter Beachtung der Schutzbedürfnisse des Arbeitnehmers zu fördern und zu beachten hat, nicht überzeugen.

Richtigerweise ist vielmehr mit *Preis* von einer Konkretisierung des genannten Sachgrundes auszugehen (§ 22 Abs. 1 TzBfG). Denn der Arbeitgeber hat sich mit der Angabe eines Sachgrundes auf diesen festgelegt.

Ein nachträglicher Wechsel der Begründung und Rechtfertigung ist – ebenso wie die Abbedingung der sachgrundlosen Befristung durch Angabe eines Sachgrundes im Vertrag – an der Maßgabe des Verbots widersprüchlichen

---

921 Vgl. hierfür BAG v. 29.6.2011 – 7 AZR 774/09, NZA 2011, 1151; v. 12.8.2009 – 7 AZR 270/08, AP TzBfG § 14 Nr. 63; siehe auch zu § 1 BeschFG bereits BAG v. 5.5.2004 – 7 AZR 629/03, NZA 2004, 1346 (1349); v. 5.6.2002 – 7 AZR 241/01, NZA 2003, 149 (152).

922 MüKoBGB/*Hesse*, TzBfG, § 14 Rn. 13; ErfK/*Müller-Glöge*, TzBfG, § 14 Rn. 118a; a.A. MüHdbArbeitsR/*Wank*, 3. Aufl. 2009, § 95 Rn. 191; Staudinger/*Preis*, 2019, BGB, § 620 Rn. 62.

Verhaltens[923] und dem Grundsatz der Vertragstreue[924] zu messen. Ferner hat das Nachschieben von Befristungsgründen im Einklang mit dem Transparenzgebot zu stehen.

I. Verbot widersprüchlichen Handelns

Durch das Nachschieben eines anderen/weiteren Befristungsgrundes handelt der Arbeitgeber widersprüchlich zu seiner Handlung bei Vertragsschluss. Zu bedenken ist, dass es dem Arbeitgeber anheim steht, im Arbeitsvertrag keinen oder auch mehrere Befristungsgründe anzugeben. In jedem Fall muss der Befristungsgrund jedoch im Zeitpunkt des Vertragsschlusses vorliegen. Hieraus folgt, dass es dem Arbeitgeber, resultierend aus dem faktischen Vorliegen des Sachgrundes, auch mit ausreichender Anstrengung möglich ist, diesen im Vertrag aufzuführen. Vielmehr unterlässt er dies und soll sich hieraus unbeeinträchtigt weiterhin frei auf alle möglichen Sachgründe berufen können. Er handelt somit widersprüchlich zu seiner Handlung zum Zeitpunkt des Vertragsschlusses.[925]

II. Grundsatz der Vertragstreue

Ebenso ist der Grundsatz der Vertragstreue zu beachten.[926] Hierunter ist zu verstehen, dass sich die Vertragsparteien sowohl auf das Vereinbarte verlassen dürfen als auch nicht damit zu rechnen brauchen, dass darüber hinaus weitere Rechtsgrundlagen das Synallagma bestimmen werden. Das Vereinbarte bestimmt das Vertragsverhältnis und dessen Inhalt und begrenzt gleichzeitig die vertraglichen Pflichten. Das Prinzip „pacta sunt servanda“ ist mithin nicht nur dergestalt zu verstehen, dass Verträge einzuhalten sind und sich eine Vertragspartei nicht von ihm frei lösen kann.[927] Darüber hinaus darf auch die Grundlage des Vertrags respektive seine im Vertrag angegebene Rechtfertigung nicht frei von einer Partei verändert werden.[928]

---

923 Siehe auch Staudinger/*Preis*, 2019, BGB, § 620 Rn. 62; ebenso zum alten Recht schon *Preis/Gotthardt*, NZA 2000, 348 (360); in dieser Richtung auch die frühere Rspr. BAG v. 16.3.1989 – 2 AZR 325/88, NZA 1989 719 (721); zustimmend MüHdbArbeitsR/*Wank*, 3. Aufl. 2009, § 95 Rn. 191.

924 Vgl. *Preis/Greiner*, RdA 2010, 148 (160).

925 Ebenso Staudinger/*Preis*, 2019, BGB, § 620 Rn. 62 m.w.N.; zum alten Recht schon *Preis/Gotthardt*, NZA 2000, 348 (360); in dieser Richtung auch die frühere Rspr. BAG v. 16.3.1989 – 2 AZR 325/88, NZA 1989 719 (721).

926 Vgl. *Preis/Greiner*, RdA 2010, 148 (160).

927 Vgl. Palandt/*Ellenberger*, BGB, Einf. v § 145 Rn. 4a; ErfK/*Preis*, BGB, § 611 Rn. 216.

928 Ebenso *Preis/Greiner*, RdA 2010, 148 (160).

III. Transparenzgebot nach § 307 Abs. 1 Satz 2 BGB

Des Weiteren liegt in der freien Gewährung des Nachschiebens von Befristungsgründen und der Möglichkeit der Berufung auf die sachgrundlose Befristung ein Verstoß gegen das Transparenzgebot nach § 307 Abs. 1 Satz 2 BGB, was sich ebenso begründet wie bei der Abbedingung der sachgrundlosen Befristung (vergleiche im Besonderen S. 272 ff.).

IV. Vergleich zum Nachschieben von Kündigungsgründen

Auch ein Vergleich zum Kündigungsschutzprozess und der dortigen Möglichkeit des „Nachschiebens von *Kündigungs*gründen" gewährt der Ansicht der Rechtsprechung im Hinblick auf die Entfristungsklage keine Argumente, sondern führt im Gegenteil zur Ablehnung der Ansicht.

Es entspricht der ständigen Rechtsprechung[929], unter breiter Zustimmung im Schrifttum[930], dass es dem Arbeitgeber möglich ist, (weitere) Kündigungsgründe jedenfalls bis zum Abschluss der ersten Instanz des Kündigungsschutzverfahrens nachzureichen, sofern diese bereits zum Kündigungszeitpunkt objektiv vorlagen. Auch wenn dies bei oberflächlicher Betrachtung gleich im Ansatz erscheint, ergeben sich bei genauer Betrachtung enorme Unterschiede in dem argumentativen Fundament dieser weiten Ansicht der Rechtsprechung zur Frage des Nachschiebens von Befristungsgründen.

Beim Kündigungsschutzprozess ist ein rechtswirksames Nachschieben von Gründen an eine Vielzahl von weiteren Voraussetzungen und Faktoren gebunden. So muss – ähnlich wie beim Befristungsrecht – der nachgeschobene Grund objektiv bereits zum Kündigungszeitpunkt vorgelegen haben. Zeitliche Anknüpfung ist regelmäßig die Erklärung des Arbeitgebers gegenüber dem Arbeitnehmer; mithin lässt sich insoweit eine Parallele zum Vertragsschluss im Befristungsrecht ziehen. Jedoch ist Vorbedingung, dass der Betriebsrat als Kontrollinstanz ebenfalls informiert respektive angehört wurde, § 102 Abs. 1 Satz 1 BetrVG. Der nachgeschobene Grund unterliegt daher einer (weiteren) Kontrollinstanz, welche, begründet aus einer betriebsverfassungsrechtlichen Amtspflicht,

---

929 Grundlegend BAG v. 18.1.1980 – 7 AZR 260/78, NJW 1980, 2486 m.w.N.; vgl. auch BAG v. 4.6.1997 – 2 AZR 362/96, NZA 1997, 1158 (1159 f.); v. 6.9.2007 – 2 AZR 264/06, NZA 2008, 636 (638 = Rn. 21).

930 Allg. ErfK/*Oetker*, KSchG, § 1 Rn. 66; *Diller*, NZA 2006, 569 (570); *Ittmann*, ArbRAktuell 2011, 6; in Bezug zur außerordentlichen Kündigung MüHdbArbeitsR/*Wank*, 3. Aufl. 2009, § 98 Rn. 129 ff.; A/P/S/*Vossen*, BGB, § 626 Rn. 49 ff.

diesen regelmäßig auf seine Plausibilität und (bestenfalls) auch Rechtmäßigkeit prüft.[931] Hieraus ergibt sich zwangsläufig eine geringe Kreierungs- und Nachforschungsphase des Arbeitgebers für einen weiteren potentiellen Grund, mithin also ein enormer Schutz des Arbeitnehmers.

Eine solche zeitliche Zäsur zwischen der Entstehung des Kündigungsgrundes und der schlussendlichen Geltendmachung während des Prozesses gibt es im Befristungsrecht nicht. Gravierender ist jedoch, dass auch eine vorgeschaltete Kontrollinstanz im Fall des Nachschiebens von Befristungsgründen nicht existiert.

Umstritten ist im Kündigungsfall, ob auch Kündigungsgründe nachgereicht werden können, welche den Charakter der Kündigung (grundlegend) verändern. Eine höchstrichterliche Entscheidung liegt derzeit (bewusst)[932] nicht vor, jedoch spricht sich eine überzeugende Anzahl an Autoren im Schrifttum[933] hiergegen aus. Somit muss ein hinreichender sachlicher Zusammenhang zwischen dem bekannten und dem nachgereichten Rechtfertigungsgrund bestehen.

Bezogen auf das Befristungsrecht besteht eine solche Differenzierung hingegen nicht. Es soll irrelevant sein, ob die Befristung beispielsweise auf die Vertretung einer bestimmten Person oder aus dem eigenen Wunsch des Arbeitnehmers herrührt oder schlicht die Voraussetzungen einer sachgrundlosen Befristung eingehalten werden. Diese Ungenauigkeit zeugt davon, dass eine Auseinandersetzung mit dem Einzelfall unterbleibt und mit wenig Interesse begegnet wird. In Anbetracht dessen, dass die Rechtsprechung zum Befristungsrecht aus der Rechtsprechung des Kündigungsschutzes entstanden ist und weiterhin große Schnittstellen bestehen, vermag dies wenig zu überzeugen.

Rechtfertigen lässt sich die Möglichkeit des Nachschiebens von Kündigungsgründen darüber hinaus mit der kurzen Zeitspanne, in der ein etwaiger Nachtrag getätigt werden kann. Hierbei ist insbesondere zu beachten, dass der Arbeitnehmer sich besser an etwaige Ereignisse erinnern kann und dadurch im Prozess einfacher widerlegen kann. Im Gegensatz hierzu kann der Arbeitgeber in einem Entfristungsprozess Gründe nachzeigen, welche erheblich weiter zurückliegen.

---

931 Anstatt vieler Richardi/*Thüsing*, BetrVG, § 102 Rn. 117 m.w.N., der von „pflichtgemäßem Ermessen" bei der Entscheidungsfindung spricht, die aus einer *betriebsverfassungsrechtlichen Amtspflicht* herrührt.

932 BAG v. 18.1.1980 – 7 AZR 260/78, NJW 1980, 2486; vgl. auch BAG v. 4.6.1997 – 2 AZR 362/96, NZA 1997, 1158 (1160).

933 Es existieren nur wenig aktuelle Stellungnahmen hierzu; gegen ein Nachreichen trotz Charakterwechsel *Diller*, NZA 2006, 569 (570); wohl auch *Ittmann*, ArbRAktuell 2011, 6 (7).

So kann der Vertragsschluss bei einer sachgrundlosen Befristung bis zu zwei Jahre zurückliegen und bei einer Befristung mit Sachgrund sogar deutlich länger. Nach einer solchen Zeitspanne ist eine Replik deutlich schwieriger.

Der gravierendste Unterschied zwischen der Rechtfertigung des Nachschiebens von Rechtfertigungsgründen im Kündigungsrecht und im Befristungsrecht ist jedoch, dass etwaige Gründe in einem Kündigungsschutzprozess regelmäßig in der Sphäre des Arbeitnehmers liegen. Der Arbeitgeber beruft sich (außer bei der betriebsbedingten Kündigung) meist auf Gründe, die er nicht beeinflussen konnte und daher auch nicht aus seiner sofortigen Kenntnis bei der Kündigungserklärung entspringen müssen. Erlangt der Arbeitgeber beispielsweise nach der Kündigungserklärung darüber Kenntnis, dass der Arbeitnehmer (weitere) Diebstähle begangen hat, welche ebenfalls eine verhaltensbedingte Kündigung rechtfertigen, so entstammen diese Gründe nicht aus seiner Sphäre. Vielmehr werden sie maßgeblich vom Arbeitnehmer beeinflusst und können auch von ihm verhindert werden. Ferner hat sich der Arbeitnehmer auch auf diese Gründe einzustellen und ein nachfolgendes Bestreiten oder eine Erwiderung mit der Argumentation der Verfristung ist rechtsmissbräuchlich. Ähnliche Beispiele lassen sich für die personenbedingte Kündigung bilden.

Konträr hierzu sind etwaige Befristungsgründe jedoch regelmäßig in der Sphäre des Arbeitgebers; er kann sie jedenfalls beeinflussen und eine unternehmerische Entscheidung hierauf stützen. Der Arbeitnehmer hat – mit Ausnahme der in seiner Person liegenden Gründe nach § 14 Abs. 1 Satz 2 Nr. 6 TzBfG – regelmäßig keinen Einfluss auf die Rechtfertigung seiner Befristung und steht der Handlung des Arbeitgebers insoweit einflusslos gegenüber.

Somit folgt auch aus dem Vergleich der Rechtfertigung des Nachschiebens etwaiger Kündigungsgründe, dass selbiges im Befristungsrecht nicht zu rechtfertigen ist.

V. Zwischenfazit

Somit ist es nicht überzeugend, ein Nachschieben von Befristungsgründen zu gewähren; vielmehr ist dies abzulehnen.[934]

934 Ebenso MüHdbArbeitsR/*Wank*, 3. Aufl. 2009, § 95 Rn. 191; Staudinger/*Preis*, 2019, BGB, § 620 Rn. 62.

VI. Übertragung auf die Befristung von einzelnen Arbeitsbedingungen?

Abschließend soll der Frage nachgegangen werden, ob die vorstehenden Ausführungen zur Befristung des gesamten Arbeitsverhältnisses auch für die Befristung einer einzelnen Arbeitsbedingung fruchtbar gemacht werden können.

Hierbei sind zwei Aspekte, die bereits ausgeführt wurden zu beachten: Zum einen wird die Unwirksamkeit einer Befristung einer einzelnen Arbeitsbedingung nicht mit der Entfristungsklage nach § 17 TzBfG, sondern mit der allgemeinen Feststellungsklage nach § 256 ZPO angegriffen. Zum anderen sind nach den grundsätzlichen Ausführungen sachliche Gründe nicht ausschlaggebend, insbesondere sind die Grundsätze der sachgrundlosen Befristung nicht (auch nicht analog) anwendbar. Vielmehr hat eine Interessenabwägung nach § 307 Abs. 1 Satz 1 BGB zur Feststellung der Angemessenheit zu erfolgen.

Hieraus ergibt sich, dass die Überlegungen zum Nachschieben von Sach*gründen* grundsätzlich nicht zu übertragen sind, da sie schlicht keine Anwendung auf die Befristung von einzelnen Arbeitsbedingungen finden. Somit kann auch innerhalb eines Prozesses um die Wirksamkeit der Befristung einer einzelnen Arbeitsbedingung kein Sachgrund im Sinne der Rechtsprechung zum Befristungsrecht des gesamten Arbeitsverhältnisses oder des Kündigungsschutzrechtes nachgeschoben werden. Dies führt dazu, dass die allgemeinen prozessualen Grundsätze gelten, wonach den Parteien bis zum Schluss der mündlichen Verhandlung der Parteivortrag gestattet ist, aus welchem sich sodann die rechtliche Würdigung hin zur Angemessenheit der Abrede oder ihrer Negierung ergibt, § 46 Abs. 2 Satz 1 ArbGG in Verbindung mit § 296a Satz 1 ZPO. Bezogen auf den konkreten Fall der Befristungsabrede ist ferner zu beachten, dass auch die Befristungsabrede einer einzelnen Arbeitsbedingung einzig zum Zeitpunkt des Vertragsschlusses wirksam zu sein hat.[935] Hieraus folgt, dass – konsequenterweise – auch die Gründe, welche für eine Angemessenheit der Abrede nach § 307 Abs. 1 Satz 1 BGB vorgetragen werden, bereits zum Zeitpunkt der Abrede vorgelegen haben müssen. Dieser Anknüpfungspunkt des maßgeblichen Beurteilungszeitpunkts entspricht auch dem allgemeinen Beurteilungszeitpunkt im

---

935 Vgl. Für die Befristung eines ganzen Arbeitsverhältnisses BAG v. 15.1.2003 – 7 AZR 346/02, NZA 2003, 914; v. 27.7.2005 – 7 AZR 443/04, NZA 2006, 37 (38 = Rn. 18); v. 17.6.2009 – 7 AZR 112/08 (A), NZA 2009, 1355 (1360 = Rn. 37): v. 24.9.2014 – 7 AZR 987/12, NZA 2015, 301 (303); anstatt aller ErfK/*Müller-Glöge*, TzBfG, § 14 Rn. 16; A/P/S/*Backhaus*, TzBfG, § 14 Rn. 12 m.w.N.

Rahmen der Angemessenheitskontrolle nach § 307 Abs. 1 Satz 1 BGB.[936] Ferner gilt auch im Rahmen der Befristung einer einzelnen Arbeitsbedingung, dass regelmäßig kein Rechtfertigungsgrund in der Vertragsabrede enthalten sein muss. Es gilt mithin § 296a Satz 1 ZPO, woraus sich die Möglichkeit zum Begründungsvortrag seiner Ansicht bis zum Schluss der mündlichen Verhandlung ergibt.

Die Analyse der Rechtsprechung hat jedoch hinreichend gezeigt, dass teilweise eine tatsächliche Interessenabwägung unterbleibt, vielmehr schlicht ein Sachgrund im Sinne des § 14 Abs. 1 Satz 2 TzBfG die sodann nicht mehr tatsächlich durchgeführte Angemessenheitskontrolle nach § 307 Abs. 1 Satz 1 TzBfG entscheidet.

Hieraus ergibt sich, soweit ersichtlich, der bisweilen nicht diskutierte Fall, bei dem der Verwender innerhalb der Vertragsurkunde einen vermeintlichen Sachgrund zur Wirksamkeit der Befristung der Einzelarbeitsbedingung aufführt, sich jedoch während des Prozesses zur Darstellung seiner Interessen auf einen anderen Sachgrund beruft. Dass dieses Beispiel praxisrelevant ist, hat der Sachverhalt, welcher dem Urteil des BAG vom 15. Dezember 2011 zugrunde lag, gezeigt. Dort wurde innerhalb der Vereinbarung auf einen Sachgrund hingewiesen, dessen tatsächliches Vorliegen von der Rechtsprechung auch verlangt wurde.[937]

Folglich lässt sich durch die Rechtsprechungsentwicklung hin zur Forderung eines Sachgrundes nach § 14 Abs. 1 Satz 2 TzBfG im Rahmen der AGB-rechtlichen Angemessenheitskontrolle die ganze Problematik des Nachschiebens von Befristungsgründen trotz Angabe eines Befristungsgrundes innerhalb der Vertragsabrede übertragen.

Entsprechend den bereits getätigten Ausführungen ist die Rechtsprechung des BAG, welche ohne weitere Interessenabwägung einen Sachgrund einzig zu Gunsten des Arbeitgebers heranzieht, abzulehnen (S. 201 ff.).

Fernab hiervon gelten ebenso die Grundsätze der Transparenzkontrolle. Hieraus folgt, dass die Angabe eines Befristungsgrundes, auch wenn es dieser tatsächlich nicht bedarf, eine Erwartungshaltung beim Arbeitnehmer erzeugt. In Folge dessen ist es dem Arbeitgeber durch das Täuschungs- und Verschleierungsverbot verwehrt, nachträglich die Abrede auf eine andere Rechtfertigungsgrundlage zu stellen. Dies gilt insbesondere vor dem Hintergrund, dass es für den Verwender im Rahmen seiner Darlegungs- und Beweislast ein deutlicher

---

936 Vgl. nur BGH v. 30.3.2010 – XI ZR 200/09, NJW 2010, 2041 (2043 f. = Rn. 30); Palandt/*Grüneberg*, BGB, § 307 Rn. 7.

937 BAG v. 15.12.2011 – 7 AZR 394/10, NZA 2012, 674.

Vorteil ist, möglichst viel schriftlich zu vereinbaren. Als Kehrseite dieses Vorteils muss sich der Verwender aber auch die Nachteile entgegenhalten lassen, wenn bewiesen wird, dass das Vereinbarte nicht vorliegt. Es ist mithin nicht in Einklang mit dem Grundsatz der Vertragstreue zu bringen, wenn der Arbeitgeber sich trotz schriftlicher Vereinbarung eines Sachgrundes frei zwischen anderen Sachgründen entscheiden und somit dem Arbeitnehmer eine enorme Last des Gegenbeweises aufbürden kann.

Zusammenfassend ist festzustellen, dass sich angesichts der gesetzgeberischen Konzeption die Frage des Nachschiebens von Sach*gründen* bei der Befristung von einzelnen Arbeitsbedingungen nicht stellen sollte; sich hingegen durch die aktuelle Rechtsprechung stellt, was zur Folge hat, dass die Ausführungen zum Nachschieben von Sachgründen bei der Entfristungsklage auf die Feststellungsklage nach § 256 ZPO zu übertragen sind.

Auch bei der Befristung einer einzelnen Arbeitsbedingung gilt, dass unter anderem das Transparenzgebot einen nachträglichen Austausch trotz Angabe eines Sachgrundes unterbindet. Ferner bedarf es richtigerweise eines Gegengewichts zur Erleichterung der Darlegungs- und Beweislast im Fall der Fixierung des Befristungsgrundes im Arbeitsvertrag.

D. Fazit

Als Fazit lässt sich sowohl für die Befristung eines gesamten Arbeitsverhältnisses als auch für die einer einzelnen Arbeitsbedingung ziehen, dass die schriftliche Fixierung eines Sachgrundes innerhalb der Vereinbarung zur Konkretisierung der Rechtfertigung auf diesen Sachgrund führt. Zwar sollte sich diese Konstellation für die Befristung einer einzelnen Arbeitsbedingung nicht im großen Maße stellen, gleichwohl ist der Arbeitgeber im Fall des Prozesses in seinem Vortrag an den Inhalt der Vertragsurkunde gebunden. Mit Blick auf die Befristung eines gesamten Arbeitsverhältnisses folgt mit der Angabe eines Sachgrundes ferner (entgegen der herrschenden Ansicht), dass die sachgrundlose Befristung abbedungen ist und sich sowohl auf die sachgrundlose Befristung als auch auf einen anderen Sachgrund nicht nachfolgend im Prozess berufen werden kann. Die alternative Rechtsprechung steht nicht im Einklang mit dem Transparenzgebot und dem Gebot der Vertragstreue.

§ 11 Schlussthesen

A.I. Die Vertragsgestaltungsfreiheit als Bestandteil der Privatautonomie (Art. 2 Abs. 1 GG in Verbindung mit der Berufsfreiheit nach Art. 12 Abs. 1 GG) ermöglicht den Vertragsparteien die Befristung des gesamten Arbeitsverhältnisses (zum Bespiel im Wege der kalendarischen Befristungsabrede) als auch die Befristung nur einer einzelnen Arbeitsbedingung.

A.II. Auf Grundlage der Disparität der Vertragsparteien folgt aus der staatlichen Schutzpflicht eine Einschränkung der Vertragsgestaltungsfreiheit durch Gesetze, die insbesondere Wertungsmaßstäbe für eine Vertragskontrolle von Arbeitsverträgen (und Arbeitsbedingungen) sowie die Folgen beim Verstoß gegen diese Vertragskontrolle vorsehen.

A.III. Mit der Reintegration des Arbeits(vertrags)rechts in die allgemeine zivilrechtliche Vertragskontrolle – im Speziellen die AGB-Kontrolle nach §§ 305 bis 310 BGB – durch die Schuldrechtsmodernisierung wurde ein neues Kontrollsystem für Arbeitsverträge eingeführt, ohne Vorgaben oder Handlungsanweisung über das Verhältnis der Kontrollinstrumente, die auf die (befristungsrechtliche) Abrede wirken festzulegen.

A.IV. Neben den zu beachtenden Voraussetzungen der AGB-Kontrolle sind im Besonderen in § 14 TzBfG Rechtmäßigkeitsvoraussetzungen für die *Befristung des gesamten Arbeitsvertrages* normiert. Eine dogmatische Auseinandersetzung zum Verhältnis der Kontrollinstrumente, die auf die Befristungsabrede des Arbeitsvertrags wirken, liegt nicht vor. Ein solcher Bedarf der Analyse des Verhältnisses zum Kündigungsschutz, der Regelungszwecke und -inhalte der normativen Regelungen sowie der Normcharaktere der auf die Befristungsabrede wirkenden Normen.

B.I. Befristungsrecht und Kündigungsschutz(recht) stehen in einem *Spannungsverhältnis* zueinander. Beide Regelungsregime knüpfen grundsätzlich ihre Rechtmäßigkeitsvoraussetzungen an sachliche Gründe. Sachliche Gründe sind demgegenüber dann nicht notwendig, wenn ein Eingriff in die Vertragsgestaltungs- und Unternehmerfreiheit durch die staatliche Schutzpflicht nicht notwendig ist. Dies ist beispielsweise bei Vorliegen des freien Willens des Arbeitnehmers der Fall, sodass weder die Kündigungserklärung des Arbeitnehmers noch der Wunsch des Arbeitnehmers nach einer Befristung des gesamten Arbeitsverhältnisses eines weiteren sachlichen Grundes zur Rechtfertigung bedürfen.

B.II. Gegensätze bestehen unter anderem darin, dass durch das Befristungsrecht der Bestandsschutz des Arbeitnehmers nach dem Kündigungsschutz aufgeweicht wird und das Flexibilisierungsinteresse des Arbeitgebers gefördert wird. Demgegenüber ist es für das Befristungsrecht nach dem TzBfG irrelevant, ob das KSchG Anwendung findet oder sogar ein Sonderkündigungsschutz bestehen würde. Die sachgrundlose Befristung des gesamten Arbeitsverhältnisses nach § 14 Abs. 2 bis Abs. 3 TzBfG gewährt dem Arbeitgeber (insbesondere, wenn die Möglichkeit zur ordentlichen Kündigung eingeräumt wird) faktisch eine Verlängerung der Probezeit auf zwei Jahre, was eine strenge Reglementierung erfordert.

C.I. *Regelungszwecke des TzBfG* wurden in dem Programmsatz des § 1 TzBfG niedergelegt; mithin ist von keiner bewussten Förderung des befristeten Arbeitsverhältnisses mehr auszugehen, vielmehr bedarf der befristete Arbeitsvertrag nunmehr der gesetzgeberischen Legitimation (§ 14 Abs. 1 bis Abs. 3 TzBfG).

C.II. Die Vertragskontrolle des befristeten Arbeitsvertrags nach dem TzBfG bezweckt das Bestandsschutzinteresse des Arbeitnehmers (Bestandsschutz) gegenüber der Vertragsgestaltungsfreiheit beziehungsweise dem Flexibilisierungsinteresse des Arbeitgebers zu gewährleisten. Weiterhin verhindert die Normierung der Rechtmäßigkeitsvoraussetzungen einer Befristungsabrede des gesamten Arbeitsvertrags die Aushöhlung des Kündigungsschutzes. Neben der Verhinderung von Diskriminierung des Arbeitnehmers und der Förderung der Chance auf eine Dauerbeschäftigung wird die Verhinderung von missbräuchlichen Vertragsgestaltungen durch Kettenbefristungen bezweckt. Letzteres gelingt dem TzBfG in seiner derzeitigen Form nicht, was sich an der notwendigen Rechtsmissbrauchsprüfung zeigt (hierzu sogleich).

C.III. Mit der Verwendung von AGB verfolgt der Arbeitgeber (Verwender) eine Rationalisierung seiner Arbeitsverträge sowie eine Risikoverlagerung zu Lasten des Arbeitnehmers. Die *AGB-Kontrolle* verfolgt demgegenüber das Ziel ein einseitiges Ausnutzen der Vertragsgestaltungsfreiheit einzuschränken, welche sich aus der persönlichen und situativen Unterlegenheit des Arbeitnehmers ergibt.

C.IV. Die Regelungszwecke der AGB-Kontrolle und des TzBfG ergänzen sich; zusammenfassend verlangen beide Regelungsinstrumente eine faire und transparente Vertragsgestaltung des Arbeitgebers unter Beachtung des Bestandsschutzinteresses des Arbeitnehmers.

D.I. Eine Einstufung des Verhältnisses des TzBfG gegenüber der AGB-Kontrolle (respektive der Inhaltskontrolle) als lex specialis ist bereits wegen der Einordnung der *Befristungsabrede des gesamten Arbeitsverhältnisses* als Hauptabrede nach § 307 Abs. 3 Satz 1 BGB nicht überzeugend. Insofern liegt keine Überschneidung der Anwendungs- und Wirkungsbereiche vor, was jedoch die Einordnung als lex specialis bedingen würde. Im Widerspruch zur Kategorisierung als lex specialis steht ferner die gleichzeitige Durchführung einer Transparenzkontrolle, welche Teil der Inhaltskontrolle ist und nach § 307 Abs. 3 Satz 2 BGB trotz Vorliegen einer Hauptabrede vorzunehmen ist. Es bedarf einer neuen/anderen Betrachtung des Verhältnisses beider Kontrollinstrumente.

D.II. Das TzBfG und die AGB-Kontrolle haben den gleichen Normcharakter; sie sind als halbzwingende Normen einzuordnen und stehen sich daher ebenbürtig gegenüber, sodass die Wertungen eines Kontrollinstrumentes nicht das Ergebnis des anderen verdrängen können.

D.III. Es entspricht dem Willen des Gesetzgebers der Schuldrechtsmodernisierung (und der dortigen Reintegration des Arbeitsrechts in das allgemeine Zivilrecht), ein einheitliches – höheres – Schutzniveau unter den Leitlinien der AGB-Kontrolle zu schaffen. Dies gelingt bestmöglich durch die Integration der Wertungen des TzBfG in die AGB-Kontrolle. Hierdurch lässt sich eine rechtssichere Vertragskontrolle mit vorhersehbaren Rechtsfolgen gewährleisten.

D.IV. Für die Herstellung einer einheitlichen, rechtssicheren Kontrolle der Befristungsabrede des gesamten Arbeitsverhältnisses ist es notwendig, die Präklusionsfrist des § 17 TzBfG einheitlich für das gesamte – und nicht nur wie die derzeitige Rechtsprechung für manche Teile des – AGB-Recht anzuwenden. Dies fördert eine Wertungsharmonie innerhalb des Befristungsrechts.

D.V. Ebenfalls unter das Stichwort der *Wertungsharmonie* zu subsumieren ist eine eindeutigere Differenzierung der Voraussetzungen des Transparenzgebots und des Verbots überraschender Klauseln von den Regelungen des TzBfG. Diese Differenzierung wird gerade durch die Integration des TzBfG erreicht. Es gilt nämlich mit den Wertungen des TzBfG die Transparenzkontrolle durchzuführen und nicht durch die Wertungen des TzBfG die Transparenzkontrolle zu entscheiden. Eine ergebnisorientierte – bisweilen sogar willkürlich anmutende – Rechtsprechung wird hierdurch erschwert.

D.VI. Durch die arbeitsrechtlichen Besonderheiten nach § 310 Abs. 4 Satz 2 Halbs. 1 BGB lassen sich fremde Wertungen und ganze Normen in die AGB-Kontrolle integrieren, die gerade durch ihre Wertungsoffenheit hierauf angewiesen und insgesamt ausgelegt ist.

D.VII. Die inhaltliche Kontrolle einer Hauptleistungspflicht durch ein Gesetz ist auch innerhalb der AGB-Kontrolle bereits anerkannt, wie das Beispiel des § 6 Abs. 5 ArbZG zeigt, sodass auch die Kontrolle nach dem TzBfG bei der Befristungsabrede innerhalb der AGB-Kontrolle vollzogen werden kann.

E.I. Die normativen Voraussetzungen (die Grenze der Vertragsgestaltung) *der sachgrundlosen Befristung* (insbesondere nach § 14 Abs. 2 TzBfG) sind eng am Wortlaut und der Entstehungsgeschichte auszulegen (subjektive Auslegungsmethode), da es sich um ein nur im Sonderfall zu verwendendes beschäftigungspolitisches Vertragsgestaltungsmittel handelt. Insofern kann das *Vorbeschäftigungsverbot* nicht auf eine Drei-Jahres-Karenzzeit reduziert werden, sondern gilt regelmäßig ohne zeitliche Einschränkung zurück.

E.II. Die Disparität der Vertragsparteien erfordert einen Schutz des Arbeitnehmers, der nach sozialer/finanzieller Absicherung strebt, gegenüber dem Flexibilisierungsinteresse des Arbeitgebers, welches durch das Vertragsgestaltungsmittel der sachgrundlosen Befristung befriedigt werden soll. Die Arbeitgeberinteressen sind demgegenüber ausreichend über die Möglichkeit der Kündigung während der Probezeit nach § 1 Abs. 1 KSchG gesichert. Daneben bedürfen weitere Kündigungen oder Befristungen jeweils einer sachlichen Rechtfertigung. Der Gefahr, dass ein Arbeitgeber – auf Grundlage des Datenschutzes – nicht mehr nachvollziehen kann, ob ein Arbeitnehmer bei ihm beschäftigt war, kann durch das Fragerecht des Arbeitgebers gegenüber einem Bewerber entgegnet werden; dem Bewerber steht kein „Recht-zur-Lüge“ zu.

E.III. Da sowohl ein vollständiges Verbot der sachgrundlosen Befristung des gesamten Arbeitsverhältnisses als auch ein grenzenloses und striktes Vorbeschäftigungsverbot unbillig ist, gleichwohl der derzeitige Wortlaut und die Gesetzeshistorie ein solches Verständnis des Vorbeschäftigungsverbots verlangt, ist das Vorbeschäftigungsverbot nach § 14 Abs. 2 Satz 2 TzBfG verfassungswidrig und bedarf der Neugestaltung durch den Gesetzgeber.

E.IV. Das BVerfG behilft sich mit einer – letztlich inkonsequenten – verfassungskonformen Auslegung, dass diejenigen Beschäftigungsverhältnisse, die sehr lange zurückliegen, ganz anders geartet oder von nur sehr kurzer Dauer waren, nicht unter den Anwendungsbereich des Vorbeschäftigungsverbots fallen, wobei die Auslegung dieser Merkmale den Fachgerichten zugesprochen wurde. Das BAG konkretisiert diese Merkmale dahingehend, dass eine sehr kurze Dauer vergleichend zu § 622 Abs. 5 Satz 1 Nr. 1 BGB bei drei Monaten erreicht ist, dass eine sehr lange Zeitspanne zwischen beiden Befristungen vergleichend zu § 622 Abs. 2 Nr. 7 BGB nach 20 Jahren vorliegt und eine ganz anders geartete Beschäftigung liegt – übereinstimmend mit dem BVerfG – unter anderem bei geringfügigen Nebenbeschäftigungen während der Schulzeit oder bei einer Werkstudententätigkeit vor.

E.V. Der Vergleich zu den kündigungsrechtlichen Vorschriften des § 622 BGB überzeugt unter Beachtung der unterschiedlichen Norm- und Regelungszwecke des § 622 BGB und § 14 Abs. 2 TzBfG nicht; kann jedoch durch das Spannungsfeld und die Überschneidungspunkte zwischen Kündigungs- und Befristungsschutz, die unzureichenden Vorgaben des BVerfG sowie die letztlich nicht reagierende Gesetzgebung gerechtfertigt werden.

E.VI. Entgegen den rein beschäftigungspolitischen Zielen des § 14 Abs. 2 TzBfG bezweckt § 622 Abs. 2 BGB, dass sich beide Vertragsparteien auf die Beendigung des Arbeitsverhältnisses einstellen können, wobei der Arbeitnehmer möglichst ohne große finanzielle Risiken die Möglichkeit haben soll, ein neues Arbeitsverhältnis zu finden und zu begründen und der Arbeitgeber eine größere Planungssicherheit haben soll. Geschützt werden also im Besonderen ältere Arbeitnehmer/Arbeitnehmer mit längeren Beschäftigungsverhältnissen. Dieser Schutz dreht sich nunmehr zu ihren Lasten, wobei das Vorbeschäftigungsverbot selbst keine Altersgrenze kennt, sondern vielmehr eine Flexibilisierung bei älteren Arbeitnehmern akzeptiert wird (§ 14 Abs. 3 TzBfG). Ferner schützt § 622 BGB die Interessen der konkreten Vertragsparteien; das Vorbeschäftigungsverbot bezweckt allgemein gesellschaftliche Ziele der Beschäftigungspolitik und die soziale Absicherung der Arbeitnehmer.

E.VII. Demgegenüber überzeugt die Parallele zwischen den Aushilfsverhältnissen nach § 622 Abs. 5 Satz 1 Nr. 1 BGB und dem Vergleich zur (anderes gearteten) Nebentätigkeit, sodass bei einer Beschäftigung von bis zu drei Monaten von einem sehr kurzen Vertragsverhältnis auszugehen ist.

E.VIII. Überzeugenderweise trägt einzig der Arbeitgeber die volle Darlegungs- und Beweislast für das Vorliegen der besonderen Umstände, die eine verfassungskonforme Auslegung des Vorbeschäftigungsverbots erfordern.

E.IX. Die geplante Neuregelung im *Koalitionsvertrag* der Bundesregierung der 19. Legislaturperiode (auch wenn die Umsetzung unwahrscheinlich ist), ist dahingehend auszulegen, dass die Schwelle von 75 Beschäftigten unter Beachtung des gesamten Unternehmens inklusive etwaigen Leiharbeitnehmern zu verstehen ist. Die Begrenzung des Vorbeschäftigungsverbot auf eine Drei-Jahres-Karenzzeit rechtfertigt sich durch praktische Gesichtspunkte und ist von der Gestaltungsfreiheit des Gesetzgebers gedeckt. Die Verhinderung des Rechtmissbrauchs durch die Verwendung der Befristungsabrede ist nur durch die – begrüßenswerte – Maximalgrenze von fünf Jahren effektiv umgesetzt.

F.I. Normative Grundlage der Überprüfung der *Befristung einer einzelnen Arbeitsbedingung* ist einzig die AGB-Kontrolle. Das TzBfG ist weder direkt noch analog anwendbar. Dies respektierend ist weder die Klagefrist, das Schriftformgebot noch eine Sachgrundkontrolle nach dem TzBfG auf die Vertragskontrolle der Befristung einer einzelnen Arbeitsbedingung übertragbar.

F.II. Abzulehnen ist die Rechtsprechung zur Rechtmäßigkeit der Befristung einer einzelnen Arbeitsbedingung, die unter dem Stichwort des „Rosinenpickens“ einzuordnen ist. Etwaige Sachgründe im Sinne des TzBfG können nicht einzig zu Gunsten des Arbeitgebers herangezogen werden, ohne nachfolgend die Interessen des Arbeitnehmers gegenüberzustellen respektive diese mit ihnen abzuwägen. Insofern Rechtsgedanken aus den Rechtmäßigkeitsanforderungen der Befristung des gesamten Arbeitsverhältnisses herangezogen werden, sind sämtliche Wirksamkeitsvoraussetzungen in die Kontrolle einer einzelnen Arbeitsbedingung zu integrieren.

F.III. Die Rechtmäßigkeitskontrolle der Befristung einer einzelnen Arbeitsbedingung erfolgt im Wege der Interessenabwägung nach § 307 Abs. 1 Satz 1 BGB. Maßgebliches – gleichwohl nicht einziges – Kriterium der Interessenabwägung ist überzeugenderweise die Abwälzung des wirtschaftlichen Risikos.

F.IV. Die normativ geforderte (tatsächliche) Interessenabwägung ist nicht durch die Übertragung einer Sachgrundkontrolle zu ersetzen. Dies würde eine Rückkehr zur Umgehungsrechtsprechung vor der Schuldrechtsmodernisierung darstellen, die aufgegeben wurde und nicht in Einklang mit § 307 Abs. 1 Satz 1 BGB steht. Im Besonderen gilt dies, wenn etwaige Sachgründe des § 14 Abs. 1 TzBfG einzig zu Gunsten des Arbeitgebers Wirkung entfalten. Gleichwohl können für die Kontrolle einer befristeten Einzelarbeitsbedingung die bei der Überprüfung der Befristung des gesamten Arbeitsverhältnisses maßgeblichen Wertungen des TzBfG herangezogen werden; sie stellen jedoch nur den Beginn der Interessenabwägung dar und ersetzen diese nicht.

F.V. Auch eine starre 25 Prozent-Schwelle, die bestimmt ob einen Interessenabwägung vollzogen wird (unter 25 Prozent) oder zur Rechtfertigung der Befristungsabrede der einzelnen Arbeitsbedingung Sachgründe vorliegen müssen, überzeugt nicht, sondern schafft weitere Rechtsunsicherheit. Hierdurch kann möglichem Missbrauch sowohl durch die starre Grenze an sich als auch durch eine mangelnde zeitliche Eingrenzung Vorschub geleistet werden. So ist es dem Verwender der Abrede durch kurzzeitige Befristungsabreden oder durch eine Flexibilisierung von nur 20 Prozent möglich, den vermeintlich höheren Schutz durch das Erfordernis des Sachgrundes zu umgehen. Ferner lässt sich eine allein an der Erhöhung des Arbeitszeitvolumens ausgerichtete Schwelle nicht auf die Befristung anderer Arbeitsbedingungen (wie etwa die befristete Übertragung einer höheren Tätigkeit oder eine Sonderzahlung) übertragen.

F.VI. Dass der Arbeitnehmer die volle Darlegungs- und Beweislast dafür trägt, dass etwaige vom Arbeitgeber behauptete Sachgründe zur Rechtfertigung der Befristung der Einzelarbeitsbedingung nicht vorliegen, überzeugt nicht und steht im diametralen Widerspruch zu den Grundsätzen der Darlegungs- und Beweislast. Darlegungs- und beweisbelastet ist im Rahmen der Interessenabwägung nach § 307 Abs. 1 Satz 1 BGB (die durchzuführen ist) jede Partei für das für sie Günstige; mithin der Arbeitgeber für die Faktoren, die für seine Rechtsansicht sprechen. Beruft er sich auf einen Sachgrund im Sinne der Befristung des gesamten Arbeitsverhältnisses bei der Befristung einer einzelnen Arbeitsbedingung, so trägt er die volle Darlegungs- und Beweislast hierfür. Dies beinhaltet das Nichtvorliegen außergewöhnlicher Umstände, die diese Sachgründe ausschließen.

G.I. Die *Prüfung des Vorliegens eines Rechtsmissbrauchs* stellt bei der Befristung des gesamten Arbeitsverhältnisses einen Bestandteil der Sachgrundprüfung nach § 14 Abs. 1 beziehungsweise Abs. 2 TzBfG und nicht eine hiervon getrennte Prüfungsebene dar; es gelten die Darlegungs- und Beweislastgrundsätze des Vorliegens/Nichtvorliegens eines Sachgrundes.

G.II. Die Grundsätze des Verbots institutionellen Rechtsmissbrauchs sind auf die Befristung einer einzelnen Arbeitsbedingung zu übertragen. Hierfür spricht nicht nur die Strukturgleichheit beider Vertragsgestaltungen, sondern auch die ebenso bestehende Möglichkeit des Rechtsmissbrauchs.

G.III. Anknüpfungspunkt für die Prüfung eines Verstoßes gegen das Verbot des institutionellen Rechtsmissbrauchs ist die Verteilung des wirtschaftlichen Risikos innerhalb der Interessenabwägung des § 307 Abs. 1 Satz 1 BGB; mithin ist – nach Auffassung des Bearbeiters – bei einem einschlägigen Verlauf des bestehenden Arbeitsverhältnisses (mehrmalige Verlängerung der Befristungsabrede in kurzen Abständen) regelmäßig von einer – unwirksamen – Abwälzung des wirtschaftlichen Risikos auf den Arbeitnehmer auszugehen.

H.I. Die *Angabe des Befristungsgrundes* stellt keine Wirksamkeitsvoraussetzung für die Befristungsabrede des gesamten Arbeitsverhältnisses und der einer einzelnen Arbeitsbedingung dar; es besteht auch bei Nichtangabe des Befristungsgrundes in der Vertragsklausel kein Konflikt mit dem AGB-Recht.

H.II. Die Angabe eines Befristungsgrundes in der Vertragsklausel führt zu einer Konkretisierung auf diesen Befristungsgrund, mit dem Vorteil der erleichterten Darlegungs- und Beweislast. Im Gegenzug steht eine nachträgliche Berufung auf die Voraussetzungen der sachgrundlosen Befristung oder das Nachschieben von (anderen) Befristungsgründen nicht im Einklang mit dem Grundsatz der Vertragstreue, widerspricht dem Verbot widersprüchlichen Verhaltens und stellt einen Verstoß gegen das Transparenzgebot nach § 307 Abs. 1 Satz 2 BGB dar.

Literaturverzeichnis

Stand: Anfang April 2021

Annuß, Georg/Thüsing, Gregor: Kommentar zum Teilzeit- und Befristungsgesetz, 3. Auflage, 2012 (zit.: Annuß/Thüsing/*Bearbeiter*, TzBfG).

Ascheid, Reiner/Preis, Ulrich/Schmidt, Ingrid: Kündigungsrecht, Großkommentar zum gesamten Recht der Beendigung von Arbeitsverhältnissen, 6. Auflage, 2021 (zit.: A/P/S/*Bearbeiter*).

Bauer, Jobst-Hubertus: Tückisches Befristungsrecht, NZA 2011, 241 – 249.

Bauer, Jobst-Hubertus: Befristete Arbeitszeiterhöhung, Anmerkung zu BAG vom 2.9.2009 – 7 AZR 233/08, ArbRAktuell 2009, 185.

Bauer, Jobst-Hubertus: Das Verbot mehrfacher sachgrundloser Befristungen (§ 14 II 2 TzBfG) ist grundsätzlich verfassungsgemäß, Anmerkung zu BVerfG vom 6.6.2018 – 1 BvL/714, 1 BvR 1375/14, ArbRAktuell 2018, 334.

Bayreuther, Frank: Kettenbefristung zur Vertretung von Arbeitnehmern, NZA 2013, 23 – 26.

Bayreuther, Frank: Das BVerfG und die sachgrundlose Befristung – Neues aus dem Arbeitsverfassungsrecht, NZA 2018, 905 – 909.

Bergwitz, Christoph: Die Bedeutung des Nachweisgesetzes für die Darlegungs- und Beweislast beim Arbeitsvertrag, BB 2001, 2316 – 2320.

Bieder, Marcus: Grundfragen der Auslegung arbeitsrechtlicher Willenserklärungen, RdA 2011, 142 – 154.

Biedermann, Anna Kristin: Die Rechtsprechung zur Zulässigkeit der Befristung einzelner Arbeitsbedingungen, NZA-RR 2019, 345 – 351.

Boecken, Winfried/Joussen, Jacob: Teilzeit- und Befristungsgesetz, Handkommentar, 6. Auflage, 2019 (zit.: Boecken/Joussen/*Bearbeiter*, TzBfG).

Brodtrück, Lydia: Inhaltskontrolle bei der Befristung einzelner Arbeitsbedingungen – institutioneller Rechtsmissbrauch, Anmerkung zu LAG Baden-Württemberg vom 17.6.2013 – 1 Sa 2/13, ArbRAktuell 2013, 479.

Brose, Wiebke/ Sagan, Adam: Kettenbefristung wegen Vertretungsbedarf im Zwielicht des Unionsrechts, NZA 2012, 308 – 310.

Bruns, Patrick: BB-Rechtsprechungsreport zu den prozessualen Besonderheiten des arbeitsrechtlichen Teilzeit- und Befristungsrechts, BB 2010, 1151 – 1155.

Bruns, Patrick: Institutioneller Missbrauch als Kontrollparameter im arbeitsrechtlichen Befristungsrecht, NZA 2013, 769 – 772.

Canaris, Claus-Wilhelm: Zinsberechnungs- und Tilgungsverrechnungsklauseln beim Annuitätendarlehen - Zugleich ein Beitrag zur Abgrenzung von § 8 und § 9 AGB-Gesetz, NJW 1987, 609 – 617.

Clemenz, Susanne/Kreft, Burghard/Krause, Rüdiger: AGB-Arbeitsrecht, Kommentar zu den §§ 305-310 BGB, 2. Auflage, 2019 (zit.: Clemenz/Kreft/Krause/*Bearbeiter*, AGB-Arbeitsrecht).

Däubler, Wolfgang/Hjort, Jens Peter/Schubert, Michael/Wolmerath, Martin: Arbeitsrecht – Individualarbeitsrecht mit kollektivrechtlichen Bezügen, Handkommentar, 4. Auflage, 2017 (zit.: Däubler/Hjort/Schubert/Wolmerath/*Bearbeiter*).

Däubler, Wolfgang: AGB-Kontrolle im Arbeitsrecht - Bilanz nach zehn Jahren, ZTR 2012, 543 – 554.

Däubler, Wolfgang/Bonin, Birger/Deinert, Olaf: AGB-Kontrolle im Arbeitsrecht, Kommentar zu den §§ 305 bis 310 BGB, 4. Auflage, 2014 (zit.: Däubler/Bonin/Deinert/*Bearbeiter*, AGB-Recht).

Däubler, Wolfgang/Bertzbach, Martin: Allgemeines Gleichbehandlungsgesetz, Kommentar, 4. Auflage, 2018 (zit.: Däubler/Bertzbach/*Bearbeiter*).

Diller, Martin: „Gesuchte" Kündigungsgründe, NZA 2006, 569 – 572.

Dörner, Hans-Jürgen: Der befristete Arbeitsvertrag, 2. Auflage, 2011 (zit.: *Dörner*).

Dörner, Hans-Jürgen: Kontrolle befristeter Arbeitsverträge nach dem neuen Recht im TzBfG, NZA 2003, Sonderbeilage zu Heft 16, 33 41.

Dzida, Boris: Anmerkung zur Entscheidung des, BAG vom 15.12.2011 – 7 AZR 394/10, NJW 2012, 2296.

Einfeldt, Ricardo: Altersgrenzen in Arbeitsverträgen sind „dynamisch" anzupassen, GWR 2016, 175.

Engisch, Karl: Einführung in das juristische Denken, Hrsg. und bearbeitet von: Würtenberger, Thomas/ Otto, Dirk, 12. Auflage, 2018 (zit.: *Engisch*, Einführung in das juristische Denken).

Fastrich, Lorenz: Richterliche Inhaltskontrolle im Privatrecht, Habilitation, 1992 (zit.: *Fastrich*).

Feuerborn, Andreas: Sachliche Gründe im Arbeitsrecht, Habilitation, 2003 (zit.: *Feuerborn*).

Feuerborn, Andreas: Die Wurzel des sachlichen Befristungsgrundes in der Rechtsprechung des Reichsarbeitsgerichts, in: Recht als Erbe und Aufgabe (Festschrift) für Heinz Holzhauer zum 21.4.2005, Hrsg.: Saar, Stefan Chr./ Roth, Andreas/ Hattenhauser, Christian, 2005, S. 232 – 243 (zit.: *Feuerborn*, FS Holzhauer).

Fikentscher, Wolfgang/Heinemann, Andreas: Schuldrecht, 11. Auflage, 2017 (zit.: *Fikentscher/Heinemann*, Schuldrecht).

Fischer, Lorenz Lloyd: Die Rechtsprechungsänderung zum befristungsrechtlichen Vorbeschäftigungsverbot und ihre Folgen für die BB Personalpraxis, BB 2019, 2356 - 2360.

Fischermeier, Ernst: Kündigungen wegen Loyalitätspflichtverletzungen kirchlicher Arbeitnehmer, RdA 2014, 257 - 262.

Frieling, Tino/Münder, Matthias: Neue richterrechtliche Grenzen der Tarifdispositivität sachgrundloser Befristungsmöglichkeiten, NZA 2017, 766 - 771.

Fuhlrott, Michael: Anforderungen an die Befristung einzelner Arbeitsbedingungen, NZA 2016, 1000 - 1003.

Gamillscheg, Franz: Zivilrechtliche Denkformen und die Entwicklung des Individualarbeitsrechts, AcP 176 (1976), 197 - 220.

Gaul, Björn/Kaul, Christoph: Verschärfung der Rechtsprechung zum Widerrufsvorbehalt, BB 2011, 181 - 186.

Greiner, Stefan: Befristungskontrolle im Gemeinschaftsbetrieb mehrerer Unternehmen - die „Jobcenter"- Fälle, DB 2014, 1987 - 1990.

Greiner, Stefan: Das Recht der befristeten Arbeitsverhältnisse im Umbruch, ZESAR 2014, 357 - 363.

Greiner, Stefan: Sachgrundbefristung und sachgrundlose Befristung als komplementäre Schutzkonzepte mit Annährungstendenz, ZESAR 2013, 305 - 312.

Greiner, Stefan: Anmerkung zur Entscheidung des, BAG vom 18.7.2012 - 7 AZR 443/09, AP TzBfG § 14 Nr. 99.

Grosse-Brockhoff, Simon: Kein Anspruch auf unbefristetes Arbeitsverhältnis trotz maßregelnder Nichtverlängerung einer Befristung, GWR 2012, 192.

Hamann, Wolfgang: Die Tariföffnungsklausel in § 14 II 3 TzBfG - Ein Fall für den Gesetzgeber?, NZA 2019, 424 - 429.

Hanau, Peter: Der neue Erste Senat. NZA 1996, 841 - 847.

Hanau, Peter: Neuste Rechtsprechung zum flexiblen Arbeitsverhältnis: Erfurter Allerlei oder neues Rezept?, ZIP 2005, 1661 - 1667.

Hanau, Peter: Schranken zwingenden gesetzlichen Arbeitsrechts, in: Festschrift für Hellmut Wissmann 65. Geburtstag, Hrsg.: Kohte, Wolfhard/ Dörner, Hans-Jürgen/ Anzinger, Rudolf, 2005, S. 27 - 36 (zit.: *Hanau*, FS Wissmann).

Hanau, Peter: Die wiederholte Reform des arbeitsrechtlichen Kündigungs- und Befristungsschutzes, ZIP 2004, 1169 - 1179.

Hanau, Peter/Hromadka, Wolfgang: Richterliche Kontrolle flexibler Entgeltregelungen in Allgemeinen Arbeitsbedingungen, NZA 2005, 73 - 78.

Heinrich, Christian: Die Generalklausel des § 242 BGB, in: Festschrift für Adolf Laufs zum 70. Geburtstag, Hrsg.: Kern, Bernd-Rüdiger/ Wadle, Elmar/ Schroeder, Klaus-Peter/ Katzenmeier, Christian, 2006, S. 585 – 607 (zit.: *Heinrich*, FS Laufs).

Heinrichs, Helmut: Das Transparenzgebot und die EG-Richtlinie über mißbräuchliche Klauseln in Verbraucherverträgen, in: Festschrift für Reinhold Trinkner zum 65. Geburtstag, Hrsg: von Westphalen, Friedrich/ Sandrock, Otto, 1995, S. 157 – 177 (zit.: *Heinrichs*, FS Trinkner).

Henssler, Martin/Willemsen, Heinz Josef/Kalb, Heinz-Jürgen: Arbeitsrecht Kommentar, 9. Auflage, 2020 (zit.: H/W/K/*Bearbeiter*).

Hofelich, Andreas: Von der Bereichsausnahme zur Bereichseinschränkung, Dissertation, 2013 (zit.: *Hofelich*).

Hohenstatt, Klaus-Stefan/Schramm, Nils: Neue Gestaltungsmöglichkeiten zur Flexibilisierung der Arbeitszeit NZA 2007, 238 – 244.

Hönn, Günther: Zu den »Besonderheiten« des Arbeitsrechts, ZfA 2003, 325 – 359.

Höpfner, Clemens: Die Reform der sachgrundlosen Befristung durch das BAG – Arbeitsmarktpolitische Vernunft contra Gesetzestreue, NZA 2011, 893 – 899.

Höpfner, Clemens: Gesetzesbindung und verfassungskonforme Auslegung im Arbeits- und Verfassungsrecht, RdA 2018, 321 – 337.

Horcher, Michael: Kontrahierungszwang im Arbeitsrecht – unter besonderer Berücksichtigung von § 15 Abs. 6 AGG, RdA 2014, 93 – 102.

Hromadka, Wolfgang Schmitt-Rolfes, Günter: Die AGB-Rechtsprechung zu Tätigkeit, Entgelt und Arbeitszeit, NJW 2007, 1777 – 1783.

Hromadka, Wolfgang: Befristete und bedingte Arbeitsverhältnisse neu geregelt, BB 2001, 674 – 677.

Hromadka, Wolfgang: Inhaltskontrolle von Arbeitsverträgen, in: Festschrift für Thomas Dieterich zum 65. Geburtstag, Hrsg.: Hanau, Peter/ Heither, Friedrich/ Kühling, Jürgen, 1999, S. 251 – 278 (zit.: *Hromadka*, FS Dieterich).

Hromadka, Wolfgang: Das neue Teilzeit- und Befristungsgesetz, NJW 2001, 400 – 405.

Ittmann, Benjamin: Das Nachschieben von Gründen im Kündigungsschutzprozess, ArbRAktuell 2011, 6 – 8.

Jauernig, Othmar: Bürgerliches Gesetzbuch Kommentar 18. Auflage, 2021 Hrsg.: Stürner, Rolf (zit.: Jauernig/*Bearbeiter*).

Joost, Detlev: Allgemeine Geschäftsbedingungen und Arbeitsvertrag - Ein Beispiel für eine missglückte Gesetzgebung, in: Festschrift für Peter Ulmer zum

70. Geburtstag, Hrsg.: Habersack, Mathias/ Hommelhoff, Peter/ Hüffer, Uwe/ Schmidt, Karsten, 2003, S. 1199 – 1210 (zit.: *Joost*, FS Ulmer).

Kaul, Christoph: Widerrufsvorbehalt – Rechtssicherheit bei „wirtschaftlicher Notlage", ArbRAktuell 2017, 505 – 508.

Kiel, Heinrich: Vertretungsbefristung und Rechtsmissbrauch: Die Konzeption des Bundesarbeitsgerichts zur Befristungskontrolle bei Befristungsketten, in: Jahrbuch des Arbeitsrechts (Band 50), Hrsg.: Schmidt, Ingrid 2013, Seite 25 – 49 (zit.: *Kiel*, JbArbR 50 (2013)).

Kiel, Heinrich: Einstellung auf Zeit, NZA-Beilage 2016, 72 – 85.

Kiel, Heinrich/Lunk, Stefan/Oetker, Hartmut: Münchener Handbuch zum Arbeitsrecht, 4. Auflage, 2018 (siehe auch Altauflage) (zit.: MüHdbArbeitsR/ *Bearbeiter*, 4. Aufl. 2018).

Kliemt, Michael: Das neue Befristungsrecht, NZA 2001, 296 – 307.

Kollhosser, Helmut: Zur Tilgungsverrechnung bei Amortisationsdarlehen, ZIP 1986, 1429 – 1440.

Krause, Rüdiger: Anmerkung zur Entscheidung des, BAG vom 31.8.2005 – 5 AZR 545/04, AP ArbZG § 6 Nr. 8.

Krüger, Hildegard: Die Rechtsprechung des BAG zum Kündigungsschutzgesetz, NJW 1955, 1049 – 1054.

Lakies, Thomas: AGB-Kontrolle im Arbeitsrecht, in: Arbeitsrecht-Blattei - Systematische Darstellung, Band 172, Nov. 2007, Hrsg.: Schwab, Bernt (zit.: *Lakies*, AR-Blattei SD 172).

Lakies, Thomas: AGB-Kontrolle: Ausschlussfristen vor dem Aus?, NZA 2004, 569 – 576.

Lange, Björn: Die arbeitsgerichtliche Befristungskontrolle als Angemessenheitskontrolle, Dissertation, 2008 (zit.: *Lange*).

Larenz, Karl/Wolf, Manfred: Allgemeiner Teil des Bürgerlichen Rechts, 9. Auflage 2004 (Altauflage) (zit.: *Larenz/Wolf*).

Laux, Helge/Schlachter, Monika: Teilzeit- und Befristungsrecht Kommentar, 2. Auflage, 2011 (zit.: Laux/Schlachter/*Bearbeiter*, TzBfG).

Lembke, Mark: Die sachgrundlose Befristung von Arbeitsverträgen in der Praxis, NJW 2006, 325 – 332.

Lembke, Mark/Tegel, Johannes: Neues zum Vorbeschäftigungsverbot des Befristungsrechts, NZA 2019, 1029 – 1035.

Lieb, Manfred: Grundfragen der arbeitsrechtlichen Angemessenheitskontrolle gemäß §§ 305 ff. BGB nach Aufhebung der Bereichsausnahme, in: Festschrift für Horst Konzen zum 70. Geburtstag, Hrsg.: Dauner-Lieb, Barbara/

Hommelhoff, Peter/ Jacobs, Matthias/ Kaiser, Dagmar/ Weber, Christoph, 2006, S. 501 – 514 (zit.: *Lieb*, FS Konzen).

Linke, Reiner: Richterliche Kontrolle der Befristung einzelner Arbeitsbedingungen, Dissertation, 1993 (zit.: *Linke*).

Loth, Katharina: Prognoseprinzip und Vertragskontrolle im befristeten Arbeitsverhältnis, Dissertation, 2015 (zit.: *Loth*).

Löwisch, Manfred: Bundesarbeitsgericht und Recht der Allgemeinen Geschäftsbedingung, in: Festschrift für Claus-Wilhelm Canaris zum 70. Geburtstag, Hrsg: Heldrich, Andreas/ Prölss, Jürgen/ Koller, Ingo/ Langenbucher, Katja/ Grigoleit, Hans Christoph/ Hey, Felix Christopher/ Neuner, Jörg/ Petersen, Jens/ Singer, Reinhard, 2007, S. 1403 1419 (zit.: *Löwisch*, FS Canaris).

Löwisch, Manfred: Die Befristung einzelner Bedingungen des Arbeitsvertrages, ZfA 1986, 1 – 18.

Löwisch, Manfred: Auswege aus dem Kündigungsschutzrisiko?, in: 50 Jahre Bundesarbeitsgericht, Hrsg.: Oetker, Hartmut/ Preis, Ulrich/ Rieble, Volker, 2004, S. 423 – 443 (zit.: *Löwisch*, 50 Jahre BAG).

Lunk, Stefan: Anmerkung zur Entscheidung des, BAG vom 15.12.2011 – 7 AZR 394/10, AP TzBfG § 14 Nr. 89.

Lunk, Stefan/Leder, Tobias: Teilbefristungen – Neues Recht und alte Regeln?, NZA 2008, 504 – 509.

Maschmann, Frank: Die Befristung einzelner Arbeitsbedingungen, RdA 2005, 212 – 226.

Maschmann, Frank: Anmerkung zur Entscheidung des, BAG vom 8.8.2007 – 7 AZR 855/06, AP TzBfG § 14 Nr. 41.

Maunz, Theodor/Dürig, Günther: Grundgesetz-Kommentar, Stand: 92. Ergänzungslieferung August 2020 (zit.: Maunz/Dürig/*Bearbeiter*).

Meinel, Gernod/Heyn, Judith/Herms, Sascha: Teilzeit- und Befristungsgesetz, Kommentar, 5. Auflage, 2015 (zit.: Meinel/Heyn/Herms/*Bearbeiter*, TzBfG).

Möslein, Florian: Dispositives Recht, Habilitationsschrift, 2011 (zit.: *Möslein*).

Mugdan, Benno: Die gesamten Materialien zum Bürgerlichen Gesetzbuch für das Deutsche Reich, Band 2, Recht der Schuldverhältnisse, Neudruck der Ausgabe von 1899, 1979 (zit.: *Mugdan*, Motive).

Müller-Glöge, Rudi/Preis, Ulrich/Schmidt, Ingrid: Erfurter Kommentar zum Arbeitsrecht, 21. Auflage, 2021 (zit.: ErfK/*Bearbeiter*).

Oberthür, Nathalie: Die neue Rechtsprechung zum Rechtsmissbrauch bei, Kettenbefristungen, ArbRB 2017, 79 – 81.

Palandt, Otto: Bürgerliches Gesetzbuch, 80. Auflage, 2021 (zit.: Palandt/ *Bearbeiter*).

Pallasch, Ulrich: Benachteiligungsverbote und Vertragsabschlussfreiheit - Zugleich Besprechung des Urteils BAG v. 25. 6. 2014 – 7 AZR 847/12, RdA 2015, 108 – 114.

Persch, Sven: Kernfragen des Befristungsrechts, Dissertation, 2010 (zit.: *Persch*).

Preis, Ulrich: Der Arbeitsvertrag, Handbuch der Vertragsgestaltung, 6. Auflage, 2020 (zit.: Preis/*Bearbeiter*, Der Arbeitsvertrag).

Preis, Ulrich: Grundfragen der Vertragsgestaltung im Arbeitsrecht, Habilitation, 1993 (zit.: *Preis*).

Preis, Ulrich: Arbeitsrecht, Verbraucherschutz und Inhaltskontrolle, NZA 2003, Sonderbeilage zu Heft 16, 19 33.

Preis, Ulrich: AGB-Recht und Arbeitsrecht - Eine Zwischenbilanz, NZA-Beilage 2006, 115 – 122.

Preis, Ulrich: Privatautonomie und das Recht der Allgemeinen Geschäftsbedingungen, in: Festschrift für Reinhard Richardi zum 70. Geburtstag, Hrsg: Annuss, Georg/ Picker, Eduard/ Wissmann, Hellmut, 2007, S. 339 – 359 (zit.: *Preis*, FS Richardi).

Preis, Ulrich: Kompensation von Ungleichgewichtslagen in der Rechtsprechung der Arbeitsgerichte und Zivilgerichte – ein Vergleich, AuR 1994, 139 – 152.

Preis, Ulrich: § 611 a BGB – Potenziale des Arbeitnehmerbegriffes, NZA 2018, 817 – 826.

Preis, Ulrich: Der Kündigungsschutz außerhalb des Kündigungsschutzgesetzes, NZA 1997, 1256 – 1270.

Preis, Ulrich: Autonome Unternehmerentscheidung und „dringendes betriebliches Erfordernis", NZA 1995, 241 – 250.

Preis, Ulrich/Roloff, Sebastian: Die neueste Entwicklung der Vertragsinhaltskontrolle im Arbeitsrecht - Zwischenbilanz und Ausblick, ZfA 2007, 43 – 86.

Preis, Ulrich/Rolfs, Christian: Gestörte Vertragsparität und richterliche Inhaltskontrolle - Anmerkung zum Beschluß des BVerfG vom 19.10.1993 - DB 1994, 261 – 268.

Preis, Ulrich/Gotthardt, Michael: Schriftformerfordernis für Kündigungen, Aufhebungsverträge und Befristungen nach § 623 BGB, NZA 2000, 348 – 361.

Preis, Ulrich/Greiner, Stefan: Befristungsrecht – Quo vadis?, RdA 2010, 148 – 162.

Preis, Ulrich/Bender, Wolfgang: Die Befristung einzelner Arbeitsbedingungen – Kontrolle durch Gesetz oder Richterrecht?, NZA-RR 2005, 337 – 345.

Preis, Ulrich/Gotthardt, Michael: Neuregelung der Teilzeitarbeit und befristeten Arbeitsverhältnisses, DB 2000, 2065 – 2074.

Rech, Antje: Die Rechtsprechung zur Vorbeschäftigung bei sachgrundloser Befristung – ein Beitrag zur Bestimmung der Grenzen des Richterrechts?, RdA 2020, 31 – 38.

Reinecke, Gerhard: Vertragskontrolle im Arbeitsverhältnis, NZA 2000, Sonderbeilage zu Heft 3, 23 – 33.

Richardi, Reinhard: Betriebsverfassungsgesetz mit Wahlordnung Kommentar, 16. Auflage, 2018 (zit.: Richardi/*Bearbeiter*, BetrVG).

Richardi, Reinhard: Der Arbeitsvertrag im Licht des neuen § 611 a BGB, NZA 2017, 36 – 39.

Richardi, Reinhard: § 611 a BGB als Restriktion des Arbeitsvertrags, NZA 2018, 974 – 976.

Richardi, Reinhard: Das Gleichbehandlungsgebot für Teilzeitarbeit und seine Auswirkung auf Entgeltregelungen, NZA 1992, 625 – 631.

Richardi, Reinhard/Wißmann, Hellmut/Wlotzke, Otfried/Oetker, Hartmut: Münchener Handbuch zum Arbeitsrecht, 3. Auflage, 2009 (siehe auch Neuauflage) (zit.: MüHdbArbeitsR/*Bearbeiter*, 3. Aufl. 2009).

Richardi, Reinhard/Annuß, Georg: Der neue § 623 BGB - Eine Falle im Arbeitsrecht?, NJW 2000, 1231 –1235.

Richardi, Reinhard/Annuß, Georg: Nachweispflicht und Formzwang beim befristeten Arbeitsvertrag, in: Festschrift für Peter Schwerdtner zum 65. Geburtstag, Hrsg.: Bauer, Jobst-Hubertus/ Boewer, Dietrich (mit Unterstützung des Deutschen Anwaltsinstituts e.V.), 2003, S. 133 – 149 (zit.: *Richardi/ Annuß*, FS Schwerdtner).

Richardt, Winfried: Arbeitsvertragliche Flexibilisierung von Entgeltbedingungen, Dissertation, 1998 (zit.: *Richardt*).

Rolfs, Christian: Fehlentwicklungen in der arbeitsrechtlichen AGB-Kontrolle, in: Individuelle Freiheit und kollektive Interessenwahrnehmung im deutschen und europäischen Arbeitsrecht, Hrsg.: Bieder, Marcus/Hartmann, Felix, 2012, Seite 1 – 34 (zit.: *Rolfs*, Individuelle Freiheit und kollektive Interessenwahrnehmung).

Rolfs, Christian/Giesen, Richard/Kreikebohm, Ralf/Udsching, Peter: BeckOK Arbeitsrecht, 59. Edition (zit.: BeckOK ArbR/*Bearbeiter*).

Säcker, Franz Jürgen/Rixecker, Roland: Münchener Kommentar zum Bürgerlichen Gesetzbuch, Band 4, §§ 611704 BGB, Redakteur: Henssler, Martin/ Krüger, Wolfgang, 8. Auflage, 2020 (zit.: MüKoBGB/*Bearbeiter*).

Säcker, Franz Jürgen/Rixecker, Roland: Münchener Kommentar zum Bürgerlichen Gesetzbuch, Band 1, §§ 1 – 240 BGB, Redakteur: Schubert, Claudia, 8. Auflage, 2018 (zit.: MüKoBGB/*Bearbeiter*).

Säcker, Franz Jürgen/Rixecker, Roland: Münchener Kommentar zum Bürgerlichen Gesetzbuch, Band 2, §§ 241 – 310 BGB, Redakteur: Krüger, Wolfgang, 8. Auflage, 2019 (zit.: MüKoBGB/*Bearbeiter*).

Schlachter, Monika: Das Konzept des Missbrauchs im EU-Befristungsrecht, in: Festschrift für Rolf Wank zum 70. Geburtstag, Hrsg.: Henssler, Martin/ Joussen, Jacob/ Maties, Martin/ Preis, Ulrich, 2014, S. 503 – 512 (zit.: *Schlachter*, FS Wank).

Schliemann, Harald: Arbeitszeitgesetz mit Nebengesetzen, Kommentar, 2. Auflage, 2013 (zit.: *Schliemann*, ArbZG).

Schmidt, Karsten: Münchener Kommentar zum Handelsgesetzbuch, Band 1, §§ 1 – 104a HGB, Redakteur: Schmidt, Karsten, 5. Auflage, 2021 (zit.: MüKoHGB/*Bearbeiter*).

Schmidt, Maximilian: Neues zur Teilbefristung - Das TzBfG im Gewand der AGB-Kontrolle, NZA 2014, 760 – 763.

Schmitt, Laura: Kettenbefristung im Vertretungsfall - ein neuer Maßstab für die Missbrauchskontrolle?, ZESAR 2012, 369 – 379.

Schramm, Nils/Naber, Sebastian: Die Wirksamkeitsanforderungen an die Befristung von einzelnen Vertragsbestandteilen, NZA 2009, 1318 – 1322.

Schürnbrand, Jan: Zwingender Verbraucherschutz und das Verbot unzulässiger Rechtsausübung, JZ 2009, 133 – 139.

Sievers, Jochen: Kommentar zum Teilzeit- und Befristungsgesetz, 6. Auflage, 2018 (zit.: *Sievers*, TzBfG).

Singer, Reinhard: Arbeitsvertragsgestaltung nach der Reform des BGB, RdA 2003, 194 – 204.

Staudinger, Julius von: Kommentar zum Bürgerlichen Gesetzbuch mit Einführungsgesetz und Nebengesetzen, Buch 2, Recht der Schuldverhältnisse (§§ 305-310 BGB; UKlaG), Neubearbeitung 2019; Dienstvertragsrecht 1 (§§ 611- 613 BGB), Neubearbeitung 2016; Beendigung von Dienst- und Arbeitsverhältnissen (§§ 620-630, Neubearbeitung 2019; (zit.: Staudinger/ *Bearbeiter*).

Stoffels, Markus: AGB-Recht, 3. Auflage 2015 (zit.: *Stoffels*, AGB-Recht).

Stoffels, Markus: Gesetzlich nicht geregelte Schuldverträge, Rechtsfindung und Inhaltskontrolle, Habilitationsschrift, 2001 (zit.: *Stoffels*).

Stoffels, Markus: Schranken der Inhaltskontrolle, JZ 2001, 843 – 849.

Stoffels, Markus: Grundfragen der Inhaltskontrolle von Arbeitsverträgen, ZfA 2009, 861 – 895.

Stoffels, Markus: Die „Emmely“-Entscheidung des BAG – bloß eine Klarstellung von Missverständnissen?, NJW 2011, 118 – 123.

Stöhr, Alexander: Die Inhaltskontrolle von Arbeitsverträgen auf dem Prüfstand, ZfA 2013, 213 – 238.

Thüsing, Gregor: Inhaltskontrolle von Formulararbeitsverträgen nach neuem Recht, BB 2002, 2666 – 2674.

Thüsing, Gregor: Was sind die Besonderheiten des Arbeitsrechts?, NZA 2002, 591 – 595.

Thüsing, Gregor/ Leder, Tobias: Gestaltungsspielräume bei der Verwendung vorformulierter Arbeitsvertragsbedingungen - Besondere Klauseln, BB 2005, 1563 – 1569.

Thüsing, Gregor/Lambrich, Thomas: Umsetzungsdefizite in § 14 TzBfG?, BB 2002, 829 – 832.

Treber, Jürgen/ u.a.: KR, Gemeinschaftskommentar zum Kündigungsschutzgesetz und sonstigen kündigungsschutzrechtlichen Vorschriften, 12. Auflage, 2019 (zit.: KR/*Bearbeiter*).

Ulmer, Peter/Brandner, Hans Erich/Hensen, Horst-Diether: AGB-Recht, Kommentar zu den §§ 305-310 BGB und zum UklaG, 12. Auflage, 2016 (zit.: Ulmer/Brandner/Hensen/*Bearbeiter*, AGB-Recht).

vom Stein, Jürgen: Missbrauchskontrolle bei befristeten Arbeitsverträgen, NJW 2015, 369 374.

Vossen, Reinhard: Die Entfristungsklage nach § Satz 1 TzBfG, in: Festschrift für Peter Schwerdtner zum 65. Geburtstag, Hrsg.: Bauer, Jobst-Hubertus/ Boewer, Dietrich (mit Unterstützung des Deutschen Anwaltsinstituts e.V.), 2003, S. 693 – 713 (zit.: *Vossen*, FS Schwerdtner).

Wank, Rolf: Änderung von Arbeitsbedingungen, NZA-Beilage 2012, 41– 49.

Wank, Rolf: Anmerkung zur Entscheidung des, BVerfG vom 6.6.2012 – 1 BvL 7/14, 1 BvR 1375/14, AP TzBfG § 14 Nr. 170.

Wank, Rolf: Die unmittelbare Wirkung von Unionsrecht unter Privaten im Arbeitsrecht, RdA 2020, 1 – 12.

Willemsen, Heinz Josef: Aktuelle Rechtsprechung des EuGH zum Arbeits- und Sozialrecht - Befristung, Betriebsübergang, RdA 2012, 291 – 303.

Willemsen, Heinz Josef/Jansen, Jan-Philip: Die Befristung von Entgeltbestandteilen als Alternative zu Widerrufs- und Freiwilligkeitsvorbehalten, RdA 2010, 1 – 10.

Willemsen, Heinz Josef/Grau, Timon: Alternative Instrumente zur Entgeltflexibilisierung im Standardarbeitsvertrag, NZA 2005, 1137 – 1142.

Wolf, Manfred/Lindacher, Walter F./Pfeiffer, Thomas: AGB-Recht, Kommentar, 7. Auflage, 2020 (zit.: Wolf/Lindacher/Pfeifer/*Bearbeiter*, AGB-Recht).

Worzalla, Michael: Rechtsfragen zur Klagefrist für die Erhebung der Entfristungslage nach § 17 TzBfG, in: Festschrift für Jobst-Hubertus Bauer zum 65. Geburtstag, Hrsg.: Baeck, Ulrich/ Hauck, Friedrich/ Preis, Ulrich/ Rieble, Volker/ Röder, Gerhard/ Schunder, Achim, 2010, S. 1183 – 1194 (zit.: *Worzalla*, FS Bauer).

Zeh, Ricarda: Sachgrundlose Befristung und Vorbeschäftigung, Anmerkung zu BAG vom 21.08.2019 - 7 AZR 452/17, ArbRAktuell 2019, 437.

Zöllner, Wolfgang: Kritische Grundsatzüberlegungen zum AGB-Recht als arbeitsrechtlichem Kontrollinstrument, ZfA 2010, 637 – 656.

www.ingramcontent.com/pod-product-compliance
Ingram Content Group UK Ltd.
Pitfield, Milton Keynes, MK11 3LW, UK
UKHW022103051026
15623UKWH00003B/642